凝煉知識品味閱讀
U0154468

青山瑠妙 著
李世暉 譯

中國的亞洲外交

五南圖書出版公司 印行

中国の
アジア外交

作者序

本書《中國的亞洲外交》的中文版能夠在臺灣出版，與更多的讀者見面，身爲作者感到十分的榮幸和感激。此次的翻譯出版如果沒有臺灣國立政治大學李世暉教授的盡心盡力，是無法實現的。在此特別向李教授致上衷心的感謝。

現在回想起來，此書日文版執筆和出版的時期，可以說是經歷了幾個時代的轉折點，從中也可以看到日本對亞洲地區的政策關心與日中關係的基本走向。從 1980 年代到 1990 年代，日本非常關注亞太地區的經濟合作。1980 年，日本大平正芳首相提出「環太平洋構想」；1990 年以後，又出現了環渤海經濟圈等各種亞洲經濟圈的構想。進入 2000 年代，亞洲地域主義亦成爲日本政策圈與學界議論的熱點。圍繞著中國與亞洲關係爲主題的本書，正是在這種日本「亞洲熱」的背景下孕育成形。

2013 年 11 月底，《中國的亞洲外交》日文版問世。當時正値美國歐巴馬政權推動「重返亞洲」的戰略，抑制中國的政策日趨明顯，中美關係也日趨呈現對立的趨勢。此後，亞洲作爲牽引 21 世紀經濟成長的主要地區，以及中美兩國爭奪國際影響力的主戰場而備受矚目，對於中國在亞洲的崛起政策，也成爲了一個關切點。因此，此書一出版就受到關注，《日本經濟新聞》也以短評介紹此書。

對於中國的亞洲外交研究，往往有「斷裂化」的現象。也就是說，以往很多研究都在關心中國亞洲外交中特定的議題，比如朝核問題、中國和中亞的關係、中印關係等。但這樣的研究方式忽略了重要的一點：中國外交高層並不是單獨地考慮各個問題。中國高層會從總體外交政策出發，協調中國與亞洲其他各個地區與國家的關係後，對特定的外交問題進行決策。因此，為了對中國的亞洲外交特點做出較為整體全面的研究，本書研究中國和亞洲國家外交關係時，關注的是整個亞洲，包括中亞、東北亞、東南亞和南亞；亦論及中國與上合組織、六方會談、ASEAN、SAARC 的關係。

本書探討中國的亞洲外交，包括三個切入點：一是中國與亞洲各個國家的關係，二是中國與亞洲各個區域組織的關係，三是中國本身的亞洲外交政策決策過程與其亞洲外交政策的演變過程。本書從「關係」與「政策」兩個側面，切入討論冷戰後中國的亞洲外交。在「關係」面上，筆者研究了中國與亞洲國家關係之變化，試圖從此種關係變化中說明中國在經濟、政治與安全保障等各個領域的不同影響力，同時也剖析其亞洲外交的開展歷程。在「政策」面上，則是以分裂式威權主義體制的觀點，透過案例研究各個邊境省和自治區與中央的互動，從而解析中國外交政策的決策過程和特點。本書認為，中國在亞洲的崛起取決於其亞洲外交的三個戰略支柱：實現以中國為媒介的區域經濟一體化、積極推進與亞洲國家的非傳統安全保障領域的合作、提供區域公共財。威權主義中國的對外政策決策乃是基於「兩層次決策模型」，具有多次元性和多向性、僵硬性等特點。同時，這種決策模式也給中國外交創造了很多機會和活力。

《中國的亞洲外交》日文版出版後，各種情勢發生了很大的變化。從國際關係層面來看，從 2010 年左右開始，中美兩國在軍事、外交、科技等廣泛領域的對抗程度不斷上升，此種對立也影響到國際關係整體的格局。從中國國內的政治外交層面來看，中國的內政、外交機制與政策都發生了顯著的變化。習近平時代告別了中國的集體領導體制，透過重塑黨政合一的國家機制來鞏固共產黨政權，以實現

「中國民族的復興」。由於日文版所涉及的是冷戰結束後到胡錦濤政權時的內容，所以在此臺灣版本中，筆者補充了許多習近平執政後的中國亞洲政策部分，希望能夠更全面地對中國亞洲外交的「變」與「不變」做出解釋。

本書的研究課題，是圍繞中國的國際關係與亞洲的地域秩序，但使用的研究手法是區域研究。區域研究在日本的中國研究和國際關係研究中，具有相當的歷史並占有重要的地位。如果說國際關係理論注重總結一般規律或理論的話，日本的區域研究更重視定時定點的深度觀察。運用區域研究的手法研究中國外交，最需要回答的一個核心問題就是：中國外交的連續性和變化點。本書認爲，在冷戰結束後到胡錦濤政權爲止，有可能引起中國外交政策變化的有幾個議題。包括中國的海洋政策、能源安全保障政策和跨境水資源管理問題。本書也對這些問題做了探討和論述。

中國的亞洲外交的政策走向爲何？中國和亞洲區域組織的關係爲何？中國和亞洲各國的關係如何變化？中國外交政策的決策特點爲何？中國的亞洲外交特點爲何？對於本書所探討的這些問題，筆者非常希望能在疫情過後，有機會向臺灣的研究先進與讀者討教。

最後，再次感謝臺灣國立政治大學李世暉教授，以及五南圖書法政編輯室的劉靜芬副總編輯，在疫情不安定的非常時期，爲本書的翻譯出版付出的努力和辛勞。

疫情期間，謹祝大家平安健康。

青山瑠妙

於日本東京 早稻田大學

譯者序

在 2010 年之前，日本的中國研究重點，集中在與菁英領導有關的政治發展，以及與經濟貿易有關的成長戰略領域。這些聚焦中國內政、中國共產黨歷史研究的成果，爲現代的中國研究提供具參考價值的日本觀點。2010 年之後，隨著習近平政權的成立，中國藉由全球第二的經濟實力，開始在周邊地區推動擴張型的對外政策。與此相對地，全球對於中國外交政策的關注急速升高，中國的外交政策亦成爲日本國內研究中國的重點領域。早稻田大學青山瑠妙教授於 2013 年出版的《中国のアジア外交》（東京大學出版會）一書，即爲此一背景下，日本國內分析中國外交，特別是中國與周邊國家關係的重要著作。

對我個人來說，日本與中國的外交互動，一直是我關注的研究議題之一。於國立政治大學東亞研究所攻讀碩士之際，我即以「日美安保體制變遷之中國因素」爲主題撰寫碩士論文。自日本京都回臺任教後，我也經常以日本專家的身分，參與東北亞區域穩定、中日關係爲主題的座談會與研討會。而在建構區域安全，特別是東北亞局勢發展論述的過程中，青山教授此書的論點，有助我釐清中國外交政策研究上的盲點。

2017 年，青山教授以臺灣民主基金會訪問學人的身分來臺灣進行研究之際，我和青山教授共同參與了多場座談會。期間有許多臺灣的學者專家提及，國內的中國外交研究成果相對較少，如果青山教授的代表著作能夠翻譯成中文的話，會有很高的價值。我也向她傳達，過去我在閱讀此一專書時得到的助益與心得感想。經過幾次意見交換，青山教授同意由我來負責本書的翻譯。

本書籌備出版中文譯本的過程中，中國所處的國際環境，出現了重大變化，包括中美貿易戰的激化、中國在邊境與鄰近海域上與周邊國家的摩擦等。青山教授也爲此變化增加了內容篇幅，對中國的亞洲外交做出進一步的分析，提升了本書的可讀性。

在本書出版的過程中，要特別感謝各方的協助。慶應義塾大學的蘇韋綸博士生在中日文專有名詞的細心確認，大幅縮短了本書的翻譯時間。五南圖書法政編輯室劉靜芬副總編輯的支持，則是本書得以順利出版的關鍵。而對於臺灣日本研究院同仁的協助，在此一併表達由衷的謝意。

最後，衷心希望透過本書的出版，能夠爲關心現代中國外交政策，以及亞洲區域安全研究的讀者，提供一個新的觀點與思考判斷的方向。

李世暉
臺灣日本研究院理事長
國立政治大學國際事務學院教授

目　錄

表目次

圖目次

序章
如何看待中國的亞洲外交

壹、問題的所在

2030 年，將會是個什麼樣的世界？

美國國家情報委員會（NIC）在 2012 年 12 月發表的「世界趨勢 2030」[1] 中，以國內生產總額（GDP）、人口、軍事支出以及技術投資作爲基準，預測在 2030 年時，亞洲將會超越北美與歐洲，成爲全球規模的強權；而中國更可能會在 2030 年之前超越美國，成爲全球最大經濟體。

由於貿易摩擦，中美兩國關係發生了巨大變化，中國經濟是否還可以持續發展已經成爲世界各國注目焦點。儘管如此，近 30 年來亞洲地區的急速成長，基本上印證了美國國家情報委員會對未來預測的先見。同時，經過近 30 年來的經濟急速成長，中國在亞洲以及世界其他地區的經濟與政治影響力也與日俱增。中國的崛起，是觀察和分析亞洲局勢和世界情勢的一個舉足輕重的變數。

過去 40 年來，中國以年平均超過 9% 的經濟成長率，持續著其亮眼的經濟發展。1978 年，中國啓動改革開放之際，GDP 的推測值約爲 3,645 億元（人民幣）；也就是說，人均 GDP 只有 381 元。但是，到了 40 年後的 2018 年，整體的 GDP 超過 90 兆元，中國的人均 GDP 已經接近 1 萬美金。中國也追過日本，正式躍升爲僅次於美國的全球第二大經濟體。

亞洲區域秩序長久以來是由美國與其同盟國的雙邊安全保障體制，以及具有壓倒性優勢的美國海軍所支撐的。但是，此一體制因爲中國在經濟上的崛起而出現變化。美國外交關係協會的亞洲負責人費根鮑姆（Evan Feigenbaum）表示：「在安全保障領域，美國依舊扮演著重要的角色；然而在經濟方面，中國已經開始成爲該地區的中心了。」[2] 另外，加藤洋一也將這種「經濟與安全保障的不均衡狀態」，命名爲「雙重依存的困境」。[3]

在此背景下，中國從經濟發展當中逐漸獲得自信；而一個持續朝「富國強兵」道路前進的強大中國，也引起了各國對其軍事擴張態勢的憂心。特別是在 2000 年代末期開始，中國的對外政策開始轉爲強硬，並開始高聲疾呼要維護其海洋主權。在南海主權爭議問題上，中國與菲律賓、越南等國的衝突對立在 2007 年以後日漸加深。2010 年 9 月，東海發生了中國漁船與日本海上保安廳巡邏船在尖閣諸島海域中的碰撞事件；接著在 2012 年 9 月，日本政府將尖閣諸島國有化後，中日關係一口氣跌到谷底。[4]2017 年以後，中日兩國關係雖然逐步重回正軌，但是在東海問題上一直沒有達成共識，領土紛爭仍然是兩國安全對立的一個重要原因。而在黃海主權上，也引發了中韓之間的對立。

就在經濟大國化的中國與一部分周邊各國，因海洋問題關係不合趨於對立之時，美國在 2011 年秋天宣示將「重返亞洲」，強烈地傳達了「將繼續維持美國在亞洲地區的一國優勢體制」之訊息。在此重返亞洲的戰略下，美國歐巴馬（Barack Obama）政權在經濟層面上推動了跨太平洋夥伴協定（TPP），在軍事上則強化與日本、澳洲等亞洲同盟國之間的軍事合作網絡。在此不難發現，美國此時已經開始轉變其對中政策，即從將中國納入國際社會的交往政策，轉換爲抑制中國崛起的外交戰略。2017 年美國總統川普（Donald Trump）上任後，更加明顯地揚棄交往政策（engagement policy），對中政策中的圍堵（containment）色彩日益濃厚。2017 年 11 月，川普總統在第一次出訪亞洲時已開始避免使用「亞洲—太平洋」一詞。此後美國政府積極推行「印度—太平洋戰略」，聯合日本、印度、澳大利亞以抗衡中國在亞洲地區影響力的擴展。

在前述國際環境下，中國的亞洲外交，即成爲了一個極爲重要的研究課題。其原因有三。第一，隨著中國的崛起和亞洲經濟的迅速增長，亞洲已成爲世界大國關注及角逐的焦點，世界的政治、經濟中心正在向亞洲轉移。現階段，謀求增強軍備力量的中國，軍事費用仍不到美國的四分之一，因此在軍事力量上明顯不及美國。然而，根據英國國際戰略研究所（IISS）的試算，如果中國從 2001 年之後，以平均每年增加 15.6% 的幅度持續支出軍事費用的話，到了 2023 年時，中國的國防費用就會超越美國。[5] 持續在經濟、政治以及軍事層面進行大國化的中國，正與超級大國美國彼此競逐在亞洲地區的影響力。此一印象已經日益強烈，逐漸醞釀出「中美冷戰」即將到來的氛圍。這也表示，亞洲太平洋地區正逐漸成爲權力政治的中心。

第二，亞洲是中國外交的最前線，中國的崛起會從亞洲起步。因此，透過檢視中國的亞洲外交，有利於預測中國崛起對國際秩序的影響。作爲一區域大國，進入 21 世紀之後，中國政府一直將亞洲地區視爲其對外戰略的重點地區。在亞洲影響力日趨增長的中國，接下來是否會順從國際規則，成爲一個肩負責任的大國？以及在亞洲經濟與安全保障不均衡的狀態下，中國的崛起和中美的權力抗爭會給亞洲地區的權力均衡走向帶來怎樣的影響？這些都將成爲檢視今後世界局勢時的重大啓示。

第三，研究中國的亞洲外交，有助於加深對中國整體外交戰略的理解。首先，中國外交政策的最大特點之一，就是呈現同心圓式的發展。因此，如果能夠加深對中國亞洲外交的理解，就有助於理解中國對其他地區的外交政策。同時，多邊主義外交是冷戰後中國外交的一個重要特徵之一。與其他的金融、世界經濟相關之首腦峰會（G20）、金磚五國（BRICS）[6]、77 國集團（G77）一樣，亞洲地區成爲了中國的多邊主義舞台。在此意義下，中國的亞洲外交可視作其對外政策的縮影。

有鑑於此，本書將透過解答以下兩個問題，考察中國在後冷戰時期的亞洲外交政策。

1. **中國到目前爲止採取何種亞洲地區政策？而在這樣的亞洲外交當中，中國與周邊各國之間的關係又發生了什麼樣的變化？**

1990 年代之後，亞洲地區政策便成爲了中國對外政策重要的支柱。以冷戰終結爲契機，中國的外交持續展現其活躍力，並從周邊國家開始拓展到全亞洲地區。特別是在 1997 年亞洲金融危機以後，中國開始積極參與亞洲地區事務。2002 年 12 月召開的中國共產黨第十六次全國代表大會上，「周邊外交」被放在最重要政策的位置，而中國政府也更進一步地推進亞洲地區外交。

現在的國際社會普遍認爲中國已是經濟、政治以及軍事上的大國，中、美兩國正在亞洲地區角逐主導權。然而，中國是否眞的在亞洲地區擴大了其影響力呢？若確實擴大，又擴大到什麼地步呢？爲了理解亞洲在權力平衡上的變化，我們必須對這些問題進行更加細膩的分析。

此外，中國雖然在海洋主權的問題上展現了強硬的態度，但另一方面也努力與俄羅斯保持友好關係；而在持續激化的北韓核武問題上，也試圖進行中美之間的協調。現有對中國亞洲外交的研究，往往是在北韓核武問題、南海問題、中俄關係上做個案研究。但是，爲了了解中國目前爲止採行的亞洲地區整體政策，有必要綜合考量中國在東北亞、東南亞、南亞以及中亞的區域政策。在掌握各自的動向與特徵的同時，也需要對其全體圖像進行總括性的檢視。

改革開放以來已經過了 40 年的時間，中國的外交政策的重要目標之一，一直是創造可促進本國經濟發展的國際環境。告別了毛澤東時代以意識形態爲支柱的對外戰略，轉向以經濟發展爲優先的對外政策，也爲中國與周邊各國之間的關係帶來了重大的轉變。

因此，本書將以東北亞、東南亞、南亞以及中亞這四個區域爲分析對象，在捕捉中國亞洲外交全貌的同時，也進一步檢視在經濟發展優先的亞洲外交之下，中國如何與周邊國家確立關係互動。

2. 在社會邁向多元化的今日中國，其亞洲外交政策究竟如何決定，又有著什麼樣的特徵？

中國改革開放政策的實施已超過 40 年，加入世界貿易組織（WTO）也已經 20 年。目前，在權威主義體制下的中國決策機制，已經出現了相當大的變化。隨著中國社會的多元化，主張各式經濟權益的國內行爲者，與國家的對外政策有著更深的牽連。經濟發展既然被認爲是國家最重要的課題，那麼各種國內權益就會被反映在中國的亞洲外交政策中。同時，隨著中國貿易逐步走向世界，從中國流向亞洲各地的人才、物品以及金錢相關的風險管理，也成爲了一項新的課題。

要解答「到底是誰如何決定中國的對外政策」[7] 此一問題絕不容

易，但本書將會從解析權威主義體制下的對外政策決策過程切入，試圖分析權威主義體制下的政策決策特徵對中國亞洲外交的方向究竟產生何種影響。

貳、先行研究與本書的分析視角

國內因素與國際環境這兩項變數，究竟誰對外交政策上的規範更為強大？這是中國外交研究的老問題，也是新挑戰，經常在各界之間引起意見分歧。在關注區域研究的日本國內，「外交是內政的延長」的立場是主流觀點。然而，在全球化、區域化傾向日漸顯著的國際社會，中國的國內問題也變得國際化，而國際議題也與其國內政治深切連結。有鑑於此，本書採用連結取向，立足於國內政治與國際體系，透過雙方視野加以分析。

採用連結取向產生的另一個問題，是如何分析與國際體系及國內政治相互連結的對外政策。依據新古典現實主義（neoclassical realism）的主流思想，[8] 一個國家的對外政策必然先以該國的物質權力（material power）來決定；而國際體系對一國對外政策的制約，是經由政策決策者、國家結構（state structure）這些國內層次的媒介來發揮其作用。[9] 此外，在國際壓力下，國內菁英領導階層對相對權力的追求與國內因素有關的思慮與認識，是影響一國對外政策的媒介變數。

然而，若是只以領導層的想法為分析焦點（也就是以菁英的思慮打算來作為媒介變數）的話，要捕捉今日中國這樣與多種行為者相互牽連的對外政策方向性，有其困難度。從圖序-1可以看出，中國從建國之初，其政策立案就是分成兩個階段。由中央指導部來決定國家

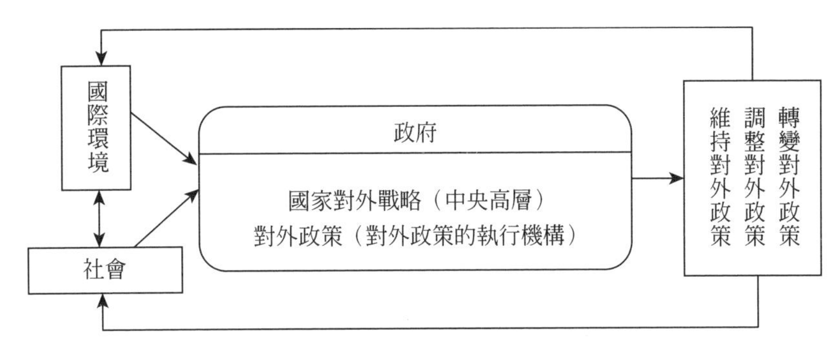

圖序 -1　中國對外政策變動的分析模式

對外戰略原則、基本方針，以及極爲重要議題的對外政策。而承襲國家對外戰略來制定、執行具體的對外政策，則是各部委、地方政府的職責。也就是說，中國的政策並不是只是由毛澤東、鄧小平或中央政治局常委決定的，各部委、地方政府乃至重要的國有企業，這些政策執行機構也都是決策行爲者。此一中國政策決定的最大特點，本書將其稱爲中國「兩層次決策模型」。

因此，本書將以中國的實際情況爲基礎，以中央高層（最高領導者或中央政治局常委）、各部委以及各地方政府、大型國有企業作爲將對外戰略落實爲對外政策的主要角色媒介變數，對其加以分析，進行中國亞洲政策的實證研究。

一、中國崛起與亞洲的區域秩序

由於中國與亞洲地區受到注目程度相當高，對於中國崛起於亞洲的地域秩序問題已經有相當豐富的研究成果。涉及的議題廣泛，包括對亞洲區域秩序的研究、對亞洲地區主義的研究，以及中國在此一地區的行爲角色研究等。在國際關係領域中具代表性的研究，包括 David Shambaugh and Micheal Yahuda eds., *International Relations of*

Asia（Rowman& Littlefield Publishers, 2008）、平野健一郎、毛里和子編的《新區域的成形》（岩波書店，2007）以及天兒慧主編的《亞洲地域整合講座》（全 12 卷，勁草書房，2011-2013）等。

在國際關係領域的研究中，針對中國崛起究竟爲亞洲區域秩序帶來了何種變化的問題，有著各種不同的結論。[10] 立基於古典現實主義，以約翰．米夏摩（John J. Mearsheimer）爲代表的攻勢現實主義，以及羅伯特．吉爾平（Robert Gilpin）、A. K. F. 歐岡斯基（A. K. F. Organski）所代表的權力轉移理論（power transition）等眾多研究，對於未來的亞洲秩序多半抱持著悲觀的態度。

古典現實主義認爲，冷戰的終結與中國崛起將帶來多極間的競爭，未來的亞洲將步上 19 世紀末到 20 世紀初的歐洲後塵。甚至早在 1993 年，佛里德柏格（Aaron Friedberg）就已經認爲，「亞洲將會成爲大國對立的駕駛艙」了。[11] 攻勢現實主義則是強調，修正主義國家爲了要打破國際體系的制約，將會追求相對權力的最大化。[12] 抱持這種觀點的學者們，大多認爲中國未來將會像美國一樣，走向對外擴張的道路。

而權力轉移理論則認爲，新興大國由於對國際秩序現狀有所不滿，因此將努力建構出新的秩序，如此一來，大國間發生戰爭的可能性也會日漸提高。將此一理論用以探討中國崛起的現象時，很容易出現下面結論，即美中間的全球戰爭可能性將日益升高。

另一方面，也有對中國崛起抱持著樂觀態度，認爲不一定會引起戰爭的主張。例如，自由主義就認爲透過資本流動與擴大貿易，將會進一步強化各國之間的相互依存關係。因此，新興大國之間若是發動戰爭，其所背負的成本也會提高，而中國崛起應該會帶來多極間的安定。[13] 建構主義者則主張，可透過對話與非官方的制度，建立雙方認可的規範與溝通管道。其中一個可能性是由康大衛（David C. Kang）所主張，構築出以中國爲頂點的階級型中華秩序。[14]

中國著名國際政治學者秦亞青則將中華文化與建構主義結合，認爲中國對外政策不同於西方國際關係，注重關係性實力（Relational Power）。中國文化的基礎理念之一的中庸思想重視關係的非衝突性，也爲中國的和平崛起提供發展空間。[15]

除此之外，艾肯貝瑞（G. John Ikenberry）認爲，必須要將目光放在行使至今的現行國際秩序與其本質上的差異之處。依據艾肯貝瑞的觀點，目前由歐美各國所主導的國際秩序（Western order），是基於開放的市場以及自由民主的規範，而這種國際秩序已經被規則化、制度化了。且由於其具有開放性，如中國等新興國家得以在歐美各國建構出來的國際秩序中，實現其本國的經濟、政治目的。也就是說，雖然美國的單極時代可能迎來終結，但勝利依然屬於歐美各國建立的「自由主義霸權秩序」。[16]

如上所述，無論是從權力、經濟的相互依賴關係，或是規範與國際機構乃至於地區機構等的分析角度，由於切入點的不同，隨著中國崛起而產生的未來亞洲之預測，在國際關係研究領域中也有很大的差異。如果稍微回顧一下歷史就會發現，上述國際關係理論也不是沒有「例外」。例如，英國與美國之間的權力轉移是和平的，並沒有引發戰爭；但德國與英國、法國之間的經濟互賴，卻未能防止世界大戰的爆發。

關於亞洲秩序的論點雖然有喜有憂，但若從區域和平與穩定的角度來看，扮演著「game changer」角色的中國，無疑是掌握著關鍵的鑰匙。如果將目光放在制定中國亞洲政策的國家內部因素黑盒子，那麼就有必要針對以下兩個問題，進行更進一步的思考。第一，中國究竟如何看待區域機制與經濟互賴，又將其放在亞洲戰略的哪個位置上？透過這項討論，或許才能對「經濟互賴是否可抑制中國的對外擴張」、「中國自身是依據何種國際規範來策定外交戰略」等問題，給出較爲明確的答案。

第二，中國在經濟上的崛起，是否眞能擴大其政治影響力或提升其軍事力量的影響力？目前多數研究者認爲，「雖然在安全保障領域中，美國還是扮演了重要的角色，但在經濟領域，中國已經開始扮演區域中樞的角色」。而這也就是所謂的亞洲地區雙重依存困境。如果反過來思考這種亞洲區域特徵的話，其實這也就意味著中國在經濟與安全保障這兩個領域之內，其權力增強並沒有達到平衡。

關於亞洲區域整合議題，許多日本的實證研究證明，經濟、政治、安全保障以及社會等不同層次，其區域整合的步調是不一致的。山本吉宣就將區域整合分成經濟整合（機能性合作）、價值觀整合（社會統合）、安全保障共同體以及政治整合等四個不同的領域來加以討論。[17] 就區域整合論而言，新機能主義（Neo-Functionalism）[18] 認爲，若進一步擴大經濟等機能性領域的相互合作／整合，這些合作必然會外溢至政治領域（spill-over，溢出效應），最後帶動政治上的整合。交易主義（Transactionalist Approach）[19] 則進一步認爲，當出現價值觀的整合時，並不只是會帶動政治整合，也可能會開始出現多元而分散的安全保障共同體。[20]

與歐洲的區域整合相比，東亞區域合作中的區域主義或基本理念相對薄弱。在如此缺乏制度化 [21] 的狀況之下，多數學者對於東亞的區域形成過程是否會產生溢出效應，皆抱持著懷疑的態度。如李鍾元提到，東亞區域形成的一大特徵，是有「物理性的區域」與「機能性的區域」兩者分化的現象。他認爲，這是因爲經濟與社會的全球化及去領域化，與古典安全保障的地政學之間產生乖離的結果。[22] 葉胡達（Michael Yahuda）也認爲，亞洲區域形成的問題點在於：「緊密的經濟互賴關係，並沒有造就出主張強化亞洲區域政治連結的政治家和一般市民。」[23] 當然，針對這些想法也出現反對意見。例如彭佩爾（T. J. Pempel）就著眼於跨國合作與相互依存關係，主張由國家、企業等進行的合作產生出了連結機制，因此亞洲越來越具有凝聚力（coherence）。[24] 另外，因爲特定領域形成的各種地區合作機制很難處理現實發生的所有問題，所以目前既存之各式各樣的地區合作架構在經過適者生存的自然淘汰後，逐漸收斂的可能性相當高。[25]

以中國爲焦點的研究中，沈大偉（David Shambaugh）認爲中國並不只有硬實力，包括規範在內的軟實力也在日漸上升。[26] 另外，高龍江（John W. Garver）則著眼於中國與周邊各國內急速開展的交通基礎建設，他認爲透過這些建設將會搬運（bearer）中國的影響力，主張透過物理性連結或經濟互賴，中國所扮演的角色將會越來越重要。[27]

除此之外，以區域研究視角觀察中國的崛起，各國的接受方式皆有不同。例如，白石隆就提到，東南亞國家協會（ASEAN）的成員國之一的泰國，與中國沒有領土上的糾紛，因此積極推動大湄公河圈市場整合，對於中國崛起幾乎沒有任何擔心。另外在寮國、柬埔寨以及緬甸等威權體制國家，也在政治菁英、商務菁英之間與中國建立了穩定的跨國關係。[28] 菲律賓與越南雖然跟中國在海權問題上對立，但中野亞里也指出，越南政府因體制維持與安全保障的原因，也必須與中國維持良好的關係。[29] 目前，東協各國通過能夠發揮東協主導權的廣域制度的建設，積極納入大國，將各大國權力社會化，採取了「馴養」大國的戰略。[30] 也就是說，非大國的亞洲各國並不只緊守「權力平衡」此一邏輯，他們一方面在經濟、政治等領域積極納入中國，以區域規定拘束中國的對外行動；另一方面由於美國在亞洲的存在感，也讓他們的行動如同加了一層保險。[31] 由於周邊各國對中國在亞洲的影響力擴大此一情形反應各有不同，因此中國與周邊各國之間有可能已形成一種全新關係，完全不同於冷戰時期以意識形態相連結的關係。

中國強力推動亞洲經濟整合，並透過道路、鐵路等交通基礎建設來達到物理性的連結；加上人才、物品以及金錢的交流，更使得經濟相互依存關係逐漸深化。在此種環境下，分析中國與周邊國家關係正在發生的轉變，也有必要採納區域整合論的觀點，將中國的影響力區分爲經濟、政治、安全保障以及社會等層面，分別從不同的角度來進一步的討論中國日漸擴大的經濟影響力，以及可能帶來的溢出效應問題。

要發揮大國的領導力，需要由有能夠吸引他國的價値規範，也需要有物質權力的擴張。究竟中國是否能在亞洲地區的經濟、政治以及安全保障的各個議題上眞的崛起？而其對外行動又是建立在什麼規範的基礎之下？雖然這些問題難以給出一個明確的答案，但本書希望從中國亞洲地區政策的變化過程此一線索來加以論述，試圖找出其解答。

二、權威主義中國的對外政策決策

有關目前中國對外政策決策，目前已有鮑大可（A · Doak Barnett）、魯寧（Lu Ning）、岡部達味、小島朋之以及國分良成等人的優秀研究。[32] 另外最近受到矚目的還有雅各布森（Linda Jakobson）與諾克斯（Dean Knox）的《中國的新對外政策——由誰如何來做決定》一書。

如同鮑大可、魯寧以及岡部、小島與國分等人的研究所指出，在改革開放初期的對外政策決策過程中，個人與最高領導層的權力相當大，官僚組織的功能則非常有限。然時至今日，由於改革開放後中國國內政治、社會環境都發生了巨大變化，對外政策的決定過程，也已經與 1980 年代的改革開放初期有著相當大的差異。雅各布森與諾克斯在他們的研究中提出了 6 種對中國對外政策施加影響的新型行為者：資源關係企業、金融機關、地方政府、研究調查機構、媒體以及網民。他們的研究認為，由於這些新型行為者對政策的干預，中國的政策決策過程已經變得更加複雜。

雅各布森與諾克斯並沒有對這些參與對外政策的各式行為者進行明確的分類，淺野亮在此研究的基礎上，將新型行為者分為「黨、政、軍、地、企」這五項分類，再加上輿論和新聞，總共六個層級的說法。淺野認為除了毛澤東時代的黨、政（國務院）、軍之外，改革開放後的地方、企業、新聞以及輿論的角色也越來越重要。[33]

從以上這些先行研究中可以發現，由於中國社會逐漸多元化，各式行為者也開始與對外政策扯上關係。儘管如此，也不是所有與對外政策有關係的行為者都能影響到政策決策；同時，軍方、地方政府與企業，對中國對外政策決策的參與程度可能並不相同。在這樣的意義下，要思考「由誰如何來做決定」這個問題時，從制度論的觀點來切入會更加有效。具體來說，在研究和分析中國對外政策的決定過程時，需要導入兩個視角。第一個視角是「分裂式威權主義體制」（fragmented authoritarianism）。也就是說，應該將中國的國家體制視作「分裂式威權主義體制」來考察中國的對外政策決策。第二則是導入官僚政治的概念，從官僚政治角度來思考中國的對外政策的決策。

（一）「分裂式威權主義體制」與中國的對外政策決策

所謂「威權主義」，指的就是「非民主主義式、非全體主義式的政治體制」。也就是說，這是一種政治體制，它「伴隨著限定的、無責任能力的政治多元主義，沒有詳盡闡述的指導性意識形態，但卻有顯著的思想指導。除了發展中的某個時期之外，政治動員都既不廣泛也不集中。此外，指導部或小團體行使權力的範圍，正規但並不明確，而其權力行使是可預期的」。[34]

改革開放以後的中國，其政治特徵就是所謂「分裂式威權主義」。[35] 這個概念最早是由美國的中國研究學者李侃如（Kenneth Lieberthal）等人所提出來的。根據其說法，在 1980 年代中國政治體制頂端的下層中，各權限（authority）呈現分裂狀態，彼此之間相互脫節（disjointed）。[36] 權限的分裂是基於制度之上，[37] 早在改革開放以前就已經存在。隨著全球化與區域化，分權化與市場化也持續進行，這使得中國社會越來越多元化。因此，現今的中國有更多的行爲者得以參與政策形成過程，[38] 李侃如所分析之「分裂式權威主義體制」的特徵也更爲明顯。

近年，針對威權主義體制的強韌性，在比較政治學領域有許多的研究成果。過去黎安友（Andrew James Nathan）就曾力陳，中國的威權主義體制不會輕易消滅。[39] 從各種體制強韌性的研究 [40] 來看，很多研究都指出中國共產黨透過強化黨的機制的制度化和推進制度改革，在很大程度上減輕了社會變遷帶來的壓力。認爲這些黨內的改革，強化了其對社會各種利益的調整功能和利益匯集功能。

雖然權威主義體制強韌性的討論是將焦點放在黨的統治能力，

但對於「分裂式威權主義」之討論則是將重點放在行政權限的分裂性上。這兩項討論正好恰當地描述出今日中國「分裂式威權主義」的特徵。也就是說，中國藉由採取黨國體制，一方面使中國共產黨擁有極大的權力，另一方面，政策層面的共產黨權限被分散給作爲執行機構的各省廳等（參照圖序-1）。因此，「龐大的權力和分散的權限」是改革開放以後中國的政治體制的一大特徵，而中國的對外政策決策架構也受到此一強力的制約。

（二）官僚政治與中國的對外政策決策

有關對外政策決策的分析模型，主要有艾里遜（Graham T. Allison）所提出的三項模型（合理行爲者模型、組織過程模型、官僚政治模型）、漸進主義模型、普特南（Robert D. Putnam）的雙階賽局理論、小團體動力（small group dynamics）以及多元啓發理論（poliheuristic theory）等。[41] 中國共產黨雖然具有龐大的權力，但卻將其權限分派給各個執行機構，所以在這種「分裂式威權主義」的基本構架下，除了最高層級的政策決定者／團體以外，也不能忽略官僚政治對外交決策的影響。[42] 在此意義下，要分析中國的外交決策，自然也需要官僚政治的視角。

根據大嶽秀夫的說法，官僚政治模式有以下三個重點[43]：

1. 誰參與了遊戲？
2. 決定各參與者對議題之立場的是什麼？
3. 各參與者之立場如何收斂成爲政策？

也就是說，從官僚政治模式的角度來看，聚焦何人爲何參加遊戲固然重要，如何達成共識也是官僚政治的一項重要問題。外交決策在某種意義上，也是一種達成共識的過程。一個國家的國家戰略（grand strategy）無法用國家利益這種抽象字眼加以概括，多數是立基於社會偏好（societal preferences）之上。[44] 國內的行爲者在對外政策上有其不同利益上的選擇偏好，對於對外政策的願景也各有不同。在民主主義的政治體制之下，透過選舉與利益團體間的連結等來達成利益的匯集（interests aggregation），最後才能串連起政府的對外政策。

那麼，在沒有辦法充分發揮選舉功能的威權主義體制之下，如何調整、匯集在對外政策上的這些國內的不同利益偏好？就如同中川涼司所提出的，在中國的共產黨與政府各部門間之調整，是透過黨的領導工作小組的小組工作會議，或者其他非正式的渠道來進行的。在這些非正式渠道中，各部意見將會向上反映，進而反映在政策之上。[45] 唐亮也指出，雖然與西歐型民主主義有著根本上的不同，但在中國政策形成的過程中，擴大版的國家統合主義（state corporatism）或審議式民主等新型態，也扮演了相當重要的角色。[46]

利益的調整和利益的匯集是權威主義政權難以解決的重要政治課題，在「分裂式威權主義」的中國，這個問題更加嚴重。爲了去除行政垂直分化所帶來的改革開放後日漸加深的弊害，胡錦濤政權從 2006 年開始強化利益調整、匯集的功能。[47]2006 年的措施，包括了新設置專門負責利益調整的新組織，或者賦予現存機構利益調整權限等。但是，這些措施並沒有取得預期的成效。到了習近平時代，中國政府透過強化黨的領導的方式，力求收回分散給各個執行部門的權限。

當中國與國際社會之間的關聯越來越深的同時，「外在壓力」也開始承擔起調整國內各式利益的機能。例如，負責進行中國加入 WTO 交涉的龍永圖，就直率地承認利用外在壓力來促進國內改革，是加入 WTO 的一個主要目標。[48] 另外，中居良文也發表了一項研究成果，表示中國政府在智慧財產權政策的決定過程中，學習了美國利用外在壓力來進行國內改革。[49] 在此意義下，主張中國利用對外交涉來進行國內利益調整 [50] 的說法，並不爲過。

雖然改革開放後的每個政權都在努力強化國內利益調整、匯集功能，但是這樣的利益調整、匯集機制，究竟有沒有在運作？研究者之間對此問題有不同的看法。利瑪（Adrian Lema）與盧比（Kristian Ruby）考察了中國的風力能源政策，主張自 2000 年以後就已經在進行組織間的協調。[51] 另一方面，也有很多學者認爲中國的國內利益並沒有受到適當的調整。梁瑋（Wei Liang）在其研究中指出，由於政策調整困難導致政策決策遭到延宕，最後導致組織間的交涉失敗而終結的案例，在中國經常發生。[52]

在民主主義國家中，由於垂直分化體制導致組織間利益調整無法有效運作的例子並不少見，在中國也相當常見。然而，謝淑麗（Susan L. Shirk）早在 1992 年就已經提出，在中國這樣的威權主義國家中，由於缺乏政治課責以及對官僚機構的監察機能，利益調整、匯集一旦無法有效運作，其所引起組織之間的對策分裂，將會帶來比民主國家更嚴重的問題。[53]

雖然官僚政治的模型最早是由艾里遜所提出來的，但在官僚政治研究上，哈柏林（Morton H. Halperin）[54] 則被認爲是與其並列的代表性先驅研究者。官僚政治模型的其中一項命題是：「最終的政策決策是由各行爲者進行折衝、妥協的政治性結果」，同時也是一種「共識性結果」。[55] 從先行研究中我們可以看到，中國國內的利益調整、匯集功能有可能無法有效運作。同時就如同圖序 -1 所呈現的，若各部委被授予得以依照國家對外戰略來進行政策決策的權限，導致權限產生分裂的話，那麼官僚政治模型也有可能根本就不適用於中國的情形。因此，要思考中國的對外政策決策，與其從官僚政治本身切入，不如從大嶽秀夫所提的官僚政治三大面向來作爲重要的分析視角較爲恰當。

綜合以上觀點，本書將從「關係」與「政策」兩個側面，切入討論中國的亞洲外交。在「關係」面上，筆者將試圖說明中國在經濟、政治與安全保障等各個領域的不同的影響力，同時也剖析其亞洲外交的開展歷程。在「政策」面上，則是以分裂式威權主義體制、官僚政治的觀點，解析中國對外政策的決策。

參、何謂亞洲？

本書雖然以冷戰終結後的中國亞洲外交作爲分析對象，但所謂「亞洲」一詞仍有其曖昧性，目前對亞洲所指的地理上的範圍也沒有共識。

重要的是，對中國來說，亞洲到底是什麼？

在中國外交部的區分中，亞洲指的是包含了以下 46 國的廣大區域：阿富汗、阿拉伯聯合大公國、阿曼、亞塞拜然、巴基斯坦、巴勒斯坦、巴林、不丹、北韓、東帝汶、菲律賓、喬治亞、哈薩克、韓國、吉爾吉斯、柬埔寨、卡達、科威特、寮國、黎巴嫩、馬爾地夫、馬來西亞、蒙古、孟加拉、緬甸、尼泊爾、日本、沙烏地阿拉伯、斯里蘭卡、塔吉克、泰國、土耳其、土庫曼、汶萊、亞美尼亞、烏茲別克、新加坡、敘利亞、葉門、伊拉克、伊朗、以色列、印度、印尼、約旦以及越南。

儘管有以上的分類，中國外交部亞洲司所管轄的業務區域，實際上只有東北亞 4 國（日本、蒙古、韓國、北韓）、東南亞 11 國（越南、柬埔寨、寮國、緬甸、泰國、新加坡、菲律賓、印尼、馬來西亞、汶萊、東帝汶）、南亞 8 國（印度、巴基斯坦、孟加拉、斯里蘭卡、尼泊爾、不丹、馬爾地夫、阿富汗）等，總共 23 國。至於俄羅斯與舊蘇聯新獨立國家（NIS），也不屬於管轄東歐與西歐各國的歐洲司，而是屬於歐亞司的責任。另外，中東各國則是屬於西亞北非司的負責區域。[56]

由於亞洲在地理概念上的模糊，加上自中華人民共和國成立以來，中國沒有公布或制定所謂亞洲政策，因此在中國內部對亞洲政策究竟包不包含俄羅斯與 NIS 各國，存在著意見分歧。不過在冷戰終結後，中國的「周邊外交」概念逐漸形成，其對象則是包含了俄羅斯與中國周邊各國（請參照第一章第二節）。本書爲符合中國對外政策的實際情況，故將亞洲定義爲東北亞、東南亞、南亞以及中亞。在中國外交部亞洲司所管轄的 23 國以外，也將上海合作組織（SCO）的成員國（俄羅斯、哈薩克、吉爾吉斯、塔吉克、烏茲別克）列爲分析對象，總共 28 個國家（含中國共 29 國）。

許多國家因爲美國次級貸款風波而陷入財政危機之時，亞洲地區經濟依舊繁榮且持續發展，因此受到各國的注目。另一方面，之前由於基礎建設發展較遲緩因而處在分斷狀態的亞洲，伴隨著經濟成長而帶來了人才、物品、金錢的跨國流動，但因此也產生了許多新的課題。例如，羽場久美子指出，民族主義的高漲、仇外情緒（對外國人的恐懼）以及人口販賣等發生在歐洲的共通現象，目前在亞洲也同樣層出不窮。[57]

亞洲地區具有石油、煤炭等豐富資源，且由於土地遼闊，在人口、宗教[58]與經濟能力上都充滿了多樣性。而這樣的地區多樣性，在各種層面上都有其重要的意義。在亞洲各國之間，由於領土大小、人口多寡、經濟能力與軍事能力上的不平衡，導致了權力的不對稱。例如，既有國土較小、人口較少，或者經濟發展較爲緩慢的國家；同時也有人口數、經濟、軍事都在世界前幾名的國家。從人口的角度來看，2019 年世界人口前 10 名中，就有 7 個國家位於亞洲（第 1 名是中國，接著依序爲印度、印尼、巴基斯坦、孟加拉、俄羅斯；日本位於 11 名），形成了一個約有 35.7 億人的市場。從經濟的角度來看的話，中國與日本分別是世界第二與第三大經濟體。從軍事的角度來看的話，亞洲的軍事大國相當多。2018 年全世界軍事支出最多的 10 個國家中，就有 5 個位於亞洲。其中，中國爲第 2 名、印度第 4 名、俄羅斯第 6 名、日本第 9 名，而韓國則是第 10 名。[59] 另外，全球擁有核武的 9 個國家 [60] 裡面，俄羅斯、中國、印度、巴基斯坦與北韓等五國都位於亞洲。這樣的不對稱性，對中國與周邊各國的關係帶來了相當大的影響。[61]

在亞洲的安全保障中，朝鮮半島與臺灣海峽的情勢、阿富汗的和平走向以及與領海、領土相關的各方對立，讓亞洲地區同時存在著許多不安定的要素。另外，雖然亞洲地區的軍備競爭還不到白熱化，但大幅增加軍事費用以增強軍備的國家也在逐漸增加。在過去 10 年中，東南亞國家的軍事費用支出總額已增加了 40%，其中柬埔寨的軍事支出是 10 年前的 4 倍，印尼與孟加拉的增長比率也是 2 倍。[62]

值得注意的是，在民族國家未建立完成的國家中，尤以亞洲各國的主權意識特別強烈，且國內情勢不穩定的國家也較多。與中國領土接壤的國家有北韓、俄羅斯、蒙古、哈薩克、吉爾吉斯、塔吉克、阿富汗、巴基斯坦、印度、尼泊爾、不丹、緬甸、寮國以及越南 14 國。而這周邊 14 國裡面有 5 國（阿富汗、巴基斯坦、緬甸、北韓、尼泊爾），在 2012 年被列入由美國非政府組織「和平基金會」與外交專門雜誌《外交政策》共同做成的「失敗國家」排行榜[63]前 30 名，寮國也被列在前 40 幾名。另外，2018 年有 7 個亞洲國家（阿富汗、印度、印尼、緬甸、巴基斯坦、菲律賓、泰國）發生了戰火。[64]

除此之外，從亞洲的地區特質來看，環境問題、資源、移民、麻藥、HIV/AIDS、SARS 以及恐怖攻擊等非傳統的安全保障也相當的重要。[65]以 2002 年到 2003 年發生的 SARS，以及 2004 年的印度洋大地震爲開端，流行病與自然災害等非傳統安全保障問題開始受到整個地區的關注。另外，麻六甲海峽的海盜對策也變成了一個重要的區域問題。

而中國正在這有著豐富多樣性、可能性與風險的亞洲地區力圖崛起，因此在討論中國的亞洲外交時，也要從以上的地區特性來切入思考才是較爲妥當的做法。

肆、本書之構成

亞洲地區在語言、宗教與政治體制等都充滿了多樣性，因此中國的北亞、東南亞、南亞以及中亞政策對策，必須也自然是因地制宜的政策。那麼，中國是否有一個統一的「亞洲政策」？近年來，有關中國對外政策的研究，也開始專注討論究竟中國存不存在一個所謂統一協調的國家戰略。也就是說，在分裂式威權主義體制下，各式行爲者都在參與對外政策決策，而中國又缺乏調整利益和匯集利益的有效體制，那麼究竟中國有沒有可能擁有統一的對外戰略或對外政策？

對照圖序 -1 來看，最高政策決定者／團體所制定的政策方針越是曖昧，承襲國家對外戰略的具體政策制定者之權限就越是擴大，當然也就越難保持全體對外政策的統一性。在此，書中將會進一步檢驗在北亞、東南亞、南亞以及中亞 4 個區域之間所展開的政策實況，並分析其政策動向如何產生，以及該政策是否有為中國與周邊各國帶來什麼樣的影響。透過這些分析，本書也可以對學術界的中國是否擁有所謂大戰略的問題做出回答。

具體來說，本書的篇章構成如下：

在第一章與第二章中，主要會針對冷戰終結後的亞洲區域秩序之變化以及中國對亞洲各國政策變遷加以論述。首先，第一章除了解明 1949 年以後的中國在亞洲地區的政策與其發展過程之外，也會考察中國與日本以及其他亞洲國家之間的關係。第二章則是探討中國在東北亞、東南亞、南亞以及中亞等各區域內的政策如何開展。

在第三章與第四章裡則會配合中國的國內焦點，說明各地方政府（第三章）、各部委（第四章第二節）以及國有企業（第四章第三節）如何參與對外政策之制定流程。另外也將試圖分析，近年來高漲的民族主義國內輿論與中國對外政策之間的關係（第四章第四節）。

綜合上述，本書將以東北亞、東南亞、南亞以及中亞的 28 個國家作為分析對象，來分析威權主義體制之下的中國亞洲外交。

註解

1 「世界趨勢 2030」（Global Trends 2030: Alternative Worlds）全文請參閱：https://globaltrends2030.files.wordpress.com/2012/11/global-trends-2030-november2012.pdf，查閱時間：2019 年 5 月 1 日。

2 埃文・費根鮑姆，〈美國如何對應變化中的亞洲戰略環境：經濟與安全保障的平衡〉，https://www.foreignaffairsj.co.jp/articles/201112_feigenbaum/，查閱時間：2019 年 5 月 1 日。

3 加藤洋一，〈國際環境變化中的日美同盟〉《國際問題》，608 期，2012 年 1、2 月，29 頁。

4 譯者註：尖閣諸島為日本的稱呼，臺灣稱之為釣魚臺列嶼，中國則稱為釣魚島及其附屬島嶼。本書尊重作者用語，將其譯成「尖閣諸島」。

5 IISS, *2013 edition of the Military Balance*, http://www.iiss.org/en/about%20us/press%20room/press%20releases/press%20releases/archive/2013-61eb/march-c5a4/military-balance-2013-press-

statement-61a2，查閱時間：2019 年 5 月 1 日。

6 BRICS 由巴西、俄羅斯、印度、中國、南非五個新興市場組成。2009 年 6 月，巴西、俄羅斯、印度、中國四國在俄羅斯的葉卡捷琳堡召開首次首腦會議。2012 年 12 月以後南非正式加入，「金磚四國」集團擴大為「金磚五國」。

7 琳達・雅各布森（Linda Jakobson）著，岡部達味監修、辻康吾翻譯，《中國的新對外政策——到底是誰怎麼樣決定了中國對外政策》，岩波書店，2011 年。原文為 Linda Jakobson and Dean Knox, "New Foreign Policy Actors in China", *SIPRI Policy Paper,* 26/2010。

8 Steven E. Lobell, Norrin M. Ripsman, and Jeffrey W. Taliaferro eds., *Neoclassical Realism, the State, and Foreign Policy*, Cambridge: Cambridge University Press, 2009, p. 28.

9 Gideon Rose, "Neoclassical Realism and Theories of Foreign Policy", *World Politics*, Vol. 51, No. 1, October 1998, pp. 44-177.

10 對於中國崛起究竟為亞洲區域秩序帶來了何種變化的問題，請參閱：Amitav Acharya, "Theoretical Perspectives on International Relations in Asia", in David Shambaugh and Michael Yahuda eds., *International Relations of Asia*, UK: Rowman & Littlefield Publishers, 2008, pp.56-82. M. Taylor Fravel, "International Relations Theory and China's Rise: Assessing China's Potential for Territorial Expansion", *International Studies Review*, 2012 (12), pp. 505-532. Avery Goldstein, "Power Transitions, Institutions, and China's Rise in East Asia: Theoretical Expectations and Evidence", in G. John Ikenberry and Chung-in Moon eds., *The United States and Northeast Asia: Debates, Issues, and New Order*, Rowman & Littlefield Publishers, Inc., 2008, pp. 39-78。

11 Aaron Friedberg, "Ripe for Rivalry: Prospects for Peace in a Multipolar Asia", *International Security*, Vol. 18, No. 3, Winter 1993/1994, pp. 5-33.

12 須藤季夫，《國家的對外行為》，東京大學出版會，2007 年，59 頁。

13 持這種觀點的論文，有 Benjamin E. Gldsmith, "A Liberal Peace in Asia", *Journal of Peace Research*, Vol. 44, No. 1, 2007, pp. 5-27 等。

14 David C. Kang, *China Rising: Peace, Power, and Order in East Asia*, NY: Columbia University Press, 2008.

15 Yaqing Qin, *A Ralational Theory of World Politcs*, Cambridge University Press, 2018.

16 G. John Ikenberry, "The Rise of China and the Future of the West: Can the Liberal System Survive?", *Foreign Affairs*, No. 23, 2008, pp. 23-37.

17 山本吉宣，〈區域整合的理論與問題〉，山本吉宣、羽場久美子、押村高編，《從國際政治角度看東亞共同體》，ミネルヴァ書房，2012 年，4-5 頁。

18 Ernst B. Hass, *Beyond the Nation-State*, Stanford : Stanford University Press, 1964.

19 Karl. W. Deutsch *et al.*, *Political Community and the North Atlantic Area*, Princeton : Princeton University Press, 1957.

20 山本吉宣，〈區域整合的理論與問題〉，4-5 頁。

21 Amitav Acharya and Alastair Iain Johnston, "Comparing Regional institutions: An Introduction", in Amitav Acharya and Alastair Iain Johnston eds., *Crafting Cooperation: Regional International Institutions in Comparative Perspective*, Cambridge: Cambridge University Press, 2007, p. 1.

22 李鍾元，〈東亞地域論的現狀與課題〉《國際政治》，2004 年 3 月第 135 期，2 頁。

23 Michael Yahuda, "The Limits of Economic Interdependence: Sino-Japanese Relations", in Michael Yahuda, *The International Politics of the Asia-Pacific*, London: Routledge Curzon, 2006, p. 11.

24 T. J. Pempel, *Remapping East Asia: The Construction of a Region*, Ithaca: Cornell University Press, 2005.

25 T. J. Pempel, "Soft Balancing, Hedging, and Institutional Darwinism: The Economic-Security Nexus and East Asia Regionalism", *Journal of East Asian Studies,* No.10, 2010, pp. 209-238.

26 David Shambaugh, "Return to the Middle Kingdom? China and Asia in the Early Twenty-First Century", in David Shambaugh ed., *Power Shift: Asian and Asia's New Dynamics*, California: University of California Press, 2005, p. 25.

27 John W. Garver, "Development of China's Overland Transportation Links with Central, South-west and South Asia", *China Quarterly*, Vol. 185, March 2006, pp. 1-22.

28 白石隆，〈中國的崛起與東亞的變化〉，https://www.nippon.com/ja/in-depth/a00801/，查閱時間：2019 年 5 月 1 日。

29 中野亞里，〈苦思對中關係的越南〉，http://www.rips.or.jp/rips_eye/575/，查閱時間：2019 年 5 月 1 日。

30 山影進，〈小國的「馴養」大國的戰略——聚焦東協影響力〉《日美中三國關係的中長期展望》，日本國籍問題研究所，2012 年，139-154 頁。

31 Alastair Iain Johnston, "What (If Anything) Does East Asia Tell Us about International Relations Theory?", *The Annual Review of Political Science*, Vol. 15, 2012, pp. 53-78.

32 A. Doak Barnett, *The Making of Foreign Policy in China: Structure and Process,* Boulder: Westview Press, 1985. Lu Ning, *The Dynamics of Foreign Policy Making in China*, Boulder: Westview Press, 2000. 岡部達味編，《中國外交——政策決定的結構》，日本國際問題研究所，1983 年。小島朋之，《現代中國的政治——理論與實踐》，慶應義塾大學出版會，1999 年。國分良成，《現代中國政治與官僚制》，慶應義塾大學出版會，2004 年。

33 淺野亮，〈中國的對外政策方針的變化——政策決定的機制與過程〉《國際問題》，2011 年 6 月第 602 號，36-47 頁。

34 胡安・和塞・林茲（Juan J. Linz）著，高橋進監譯，《集權主義與權威主義體制》，法律文化社，1995 年，141 頁。

35 Kenneth Lieberthal and Miche Oksenberg, *Policy Making in China: Leaders, Structures, and Processes*, Princeton: Princeton University Press, 1988. Kenneth Lieberthal and David M. Lampton eds., *Bureaucracy, Politics, and Decision Making in Post-Mao China*, Berkeley: University of California Press, 1992.

36 Kenneth Lieberthal, "The 'Fragmented Authoritarianism' Model and Its Limitations", in Lieberthal and Lampton eds., *Bureaucracy, Politics, and Decision Making in Post-Mao China*, p. 8.

37 Ibid., pp. 9-10.

38 Andrew Mertha, "'Fragmented Authoritarianism 2.0': Political Pluralization in the Chinese Policy Process", *The China Quarterly*, Vol. 200, December 2009, pp. 995-1012.

39 2013 年以後，黎安友改變了他以前的主張，認為中國的權威主義體制接近極限。Andrew J. Nathan, "Authoritarian Resilience", *Journal of Democracy*, Vol. 14, No. 1, January 2003, pp. 6-17. Andrew J. Nathan, "China at the Tipping Point? Foreseeing the Unforeseeable", *Journal of Democracy*, Vol. 24, No. 1, January 2013, pp. 20-25.

40 有關中國政治體制強韌性的研究，請參閱：Minxin Pei, "Is CCP Rule Fragile or Resilient", *Journal of Democracy*, Vol. 23, No. 1, January 2012, pp. 27-41。

41 對外政策決策的諸多模型，請參閱：草野厚，《政策過程分析入門》，東京大學出版會，2012 年。有賀貞、宇野重昭、木戸翁、山本吉宣、渡邊昭夫編，《國際政治講座② 外交政策》，東京大學出版會，1989 年，39-94 頁。張清敏，〈外交政策分析的三個流派〉《世界經濟與政治》，2001 年第 9 期，18-23 頁。韓召穎、袁維傑，〈對外政策分析中的多元啟發理論〉《外交評論》，2007 年第 12 期，75-83 頁。

42 Ryan K. Beasley, Juliet Kaarbo, Jeffrey S. Lantis, Michael T. Snarr ed., *Foreign Policy in Comparative Perspective: Domestic and International Influences on State Behavior*, Second Edition, Los Angeles, London, New Delhi, Singapore, Washington DC: CQ Press, 2013, p. 18.

43 大嶽秀夫，《政策過程》，東京大學出版會，1990 年，51 頁。

44 Kevin Narizny, *The Political Economy of Grand Strategy*, Ithaca, NY: Cornell University Press, 2007.

45 中川涼司，〈中國對外經濟政策的新階段與政策決定的主體、交涉渠道、政策方向性的變化〉《立命館國際地域研究》，2011 年 10 月第 34 期，127-157 頁。

46 唐亮，《現代中國政治——「開發獨裁」及其去向》，岩波新書，2012 年，148-156 頁。

47 青山瑠妙，《現代中國的外交》，慶應義塾大學出版會，2007 年，38 頁。

48 〈做一個永遠充滿激情，中國改革開放的推動者，宣傳者〉，https://chinadigitaltimes.net/chinese/2012/11/ohmymedia- 南方周末 %EF%BC%9A 做一个永远充激情、中国改革 /，查閱時間：2019 年 5 月 1 日。

49 中居良文編著，《中國的政策決定過程》，日本貿易振興會アジア經濟研究所，2000 年。

50 Ka Zeng, "Multilateral versus Bilateral and Regional Trade Liberalization: Explaining China's Pursuit of Free Trade Agreements (FTAs)", *Journal of Contemporary China*, Vol. 19, Issue 36, September 2010, pp. 635-652.

51 Adrian Lema and Kristian Ruby, "Between Fragmented Authoritarianism and Policy Coordination: Creating a Chinese Market for Wind Energy", *Energy Policy*, Vol. 35, Issue 7, July 2007, pp. 3879-3890.

52 Wei Liang, "The Case of China's Accession to GATT/WTO", http://dss.ucsd.edu/~mnaoi/Papers_files/Wei%20Liang.pdf，查閱時間：2019 年 5 月 1 日。

53 Susan L. Shirk, "The Chinese Political System and the Political Strategy of Economic Reform", in Lieberthal and Lamptom eds., *Bureaucracy, Politics, and Decision Making in Post-Mao China*, pp. 62-63.

54 相關莫頓．哈柏林的論點請參照：Morton H. Halperin, *Bureaucratic Politics and Foreign Policy*, 2nd edition, Washington: The Brookings Institution, 2006。

55 Jerel A. Rosati, "Developing a Systematic Decision-Making Framework: Bureaucratic Politics in Perspective", *World Politics*, Vol. 33, No. 2, January 1981, pp. 237-238.

56 日本外務省將阿富汗分歸為中東地區。

57 羽場久美子，《全球化時代的亞洲地域整合——日美中關係與TPP的走向》，岩波小冊子，828，5頁。

58 世界三大伊斯蘭教國家（印尼、巴基斯坦、孟加拉）都是亞洲國家。

59 Trends in World Military Expenditure, 2018, SIPRI Fact Sheet, April 2019, https://www.sipri.org/sites/default/files/2019-04/fs_1904_milex_2018.pdf,，查閱時間：2019年5月1日。

60 世界的9個擁有核武器的國家為美國、俄羅斯、英國、法國、中國、印度、巴基斯坦、以色列、北韓。

61 Brantly Womack, *China among Unequals: Asymmetric Foreign Relationships in Asia*, Singapore: World Scientific Publishing, 2010.

62 "China and Asia-Pacific Fuel Global Military Spending Binge", *Nikkei Asia Review*, August 29, 2018.

63 美國非政府組織和平基金會（Fund for Peace）和外交雜誌《外交政策》（Foreign Policy）共同發表了「失敗國家」2012年的排名 http://www.foreignpolicy.com/failed_states_index_2012_interactive，查閱時間：2019年5月1日。

64 *SIPRI Yearbook 2019: Armaments, Disarmament and International Security*, Oxford: Oxford University Press, 2019.

65 Tsuneo Akaha, "Seeking Non-traditional Security in 'Traditional' Ways: Northeast Asia and Emerging Security Challenges", in Ramesh Thakur and Edward Newman eds., *Broadening Asia's Security Discourse and Agenda: Political and Environmental Perspectives*, Tokyo: United Nations University Press, 2004.

第一章
席捲亞洲的動力與中國

世界上很少有國家同時擁有大國以及發展中國家這兩種自我認同。然而，中國在冷戰終結之後，同時以「大國」以及「發展中國家」這兩種不同的面貌，周旋在各式各樣的國際議題當中，並且逐漸擴大其影響力。

中國作爲聯合國安全理事會的常任理事國，自 1990 年代以後便積極參與聯合國維持和平部隊（PKO）；並在北韓、伊朗的核武問題等重大國際議題上握有相當大的發言權。另一方面，中國作爲國際經濟的牽引力以及新興國家的一員，在 BRICS 以及金融、經濟相關首腦峰會（G20）上也顯示出其存在感。尤其在這幾年，因爲國際貨幣體系多元需求，中國在相關議題上更加活躍。

除此之外，由於「區域外交」的蓬勃發展，中國將其存在感更進一步地擴展至全球。例如，2000 年 10 月設立了「中非合作論壇」，與中國具有邦交的 50 個非洲國家都參與其中；2004 年 9 月設立了「中國－阿拉伯國家合作論壇」，至 2019 年 5 月，已有阿拉伯聯邦的 22 個成員國參與；2006 年 4 月在斐濟召開了「中國－太平洋島國經濟發展合作論壇」，當時參加者有與中國建交的太平洋島國。除此之外，中國還建立了如「中國－加勒比經貿合作論壇」等各式各樣區域間的經濟相關論壇。

在經濟急速發展的背景之下，中國透過兩國間甚至多國間的關係強化，逐漸擴大其在亞洲以及全球各地的影響力。而亞洲外交更可以說是中國在多國外交的試金石，同時也是縮影。

對中國來說，亞洲地區有其特殊的戰略重要性。中國的陸地國境線總長共有 2.2 萬公里，與許多國家相鄰連結。雖然在 1949 年 10 月建國之際，與中國國境線相接的國家只有 12 個；但隨著之後錫金被併入印度，以及受到舊蘇聯解體的影響，目前與中國國境相接的有北韓、俄羅斯、蒙古、哈薩克、吉爾吉斯、塔吉克、阿富汗、巴基斯坦、印度、尼泊爾、不丹、緬甸、寮國以及越南共 14 國。而在這 14 國當中，除了印度以及與中國沒有邦交的不丹之外，其餘 12 國目前均與中國締結了國境協定。

與中國隔海相接的有日本、韓國、菲律賓、印尼、汶萊以及馬來西亞等六國。中國主張自己擁有超過 1.8 萬公里的海岸線以及約 300 萬平方公里的領海。然而，在 2004 年 6 月，雖然中國與越南簽訂了中國首次的海上國境協定，但在中國主張的領海當中大約有一半（約 150 萬平方公里）仍然與鄰國處於主權爭議之中。例如，中國在東海與日本、南韓的相關爭論，以及在南海與越南、馬來西亞、汶萊、菲律賓以及臺灣之間都有主權上的爭議問題。

此外，在本書主要提及的亞洲各國之中，有身爲聯合國安理會常任理事國的俄羅斯、世界第三大經濟體的日本以及 BRICS 其中一員的印度等國。對中國而言，這些國家都有戰略上的重要性。

有鑑於此，本章首先將概觀中國對亞洲地區的政策變遷，並嘗試解明亞洲各國與中國之間的關係。具體來說，在第一節與第二節中，將分析中國在亞洲地區的自我認同如何轉變，以及其政策的變遷過程。接著在第三節中，將進一步考察中國與日本這兩個有能力左右亞洲地區走向的大國互動關係，並試圖從政治、經濟等面向來捕捉中國與亞洲各國之間的各種關係面向。

第一節　從「亞非」到「亞太」

要理解中國的亞洲外交，除了對現行政策的把握之外，也必須要從歷史連續性的視角來加以理解。因此，本節將以中華人民共和國建立的 1949 年開始到冷戰終結的這 40 年間爲對象，考察在中國的對外戰略中，「亞洲」的區域概念是如何產生以及發展變化的。

1960 年代以後，亞洲地區曾經歷過幾次區域統合的機會高漲時期。到目前爲止，亞洲已經設立了東南亞國家協會（ASEAN）、太平洋盆地經濟理事會（Pacific Basin Economic Council, PBEC）、太平洋經濟合作理事會（Pacific Economic Cooperation Council, PECC）以及亞洲太平洋經濟合作會議（Asia-Pacific Economic Cooperation, APEC）等各式各樣的區域組織。本節將討論中國與這些區域組織之間的關係，特別是與由歐美各國主導的區域組織的關係。除此之外，也將討論中國與周邊亞洲各國的關係變化之歷程。

壹、「亞洲—非洲」政策的萌芽與發展：從建國到中美接近

一、「亞洲—非洲」戰略概念之萌芽

以 1950 年 6 月發生的韓戰爲契機，原先以歐洲爲主戰場的冷戰一下子擴張到亞洲。韓戰爆發後，新中國宣布了「向蘇一邊倒」政策，並簽訂了《中蘇友好同盟互助條約》，成爲了東邊陣營的一員。

當時北有韓戰、南有印度支那紛爭、東有以大陳島爲基地的國民黨海上封鎖。[1]1950 年代初期的中國所面臨的，就是這種「新月形」的安全保障威脅。而在韓戰之後，亞洲太平洋地區就逐漸構築

起由美國主導的軸輻模式（hub and spoke）安全保障體系。1951 年 8 月，美國和菲律賓政府簽訂了美菲共同防禦條約；同年 9 月，澳洲、紐西蘭、美國三國簽訂太平洋安全保障條約（ANZUS）。另外，美日兩國也簽訂了美日安全保障條約。接著在 1953 年 10 月，美國和韓國簽訂了美韓共同防禦條約，1954 年 9 月設立了東南亞條約組織（SEATO）。[2] 同年12月，美國與中華民國簽訂了中美共同防禦條約。

由於美國持續在亞洲建構針對中國的包圍網，對身處於亞洲冷戰最前線的中國來說，中美之間的對決已經變成了安全保障上最重要的課題。1953 年 7 月韓戰正式休戰之後，中國一方面加緊國內措施鞏固新政權，另一方面也開始從國際層面來試圖打破美國的對中包圍網。

此時，中國對外行動並沒有完全受制於美蘇「兩大陣營論」的國際認識。周恩來表示：兩大陣營的對立當然是基本的。但是現在的矛盾是以戰爭與和平、民主與反民主、帝國主義與殖民地以及帝國主義國家間這四個矛盾爲主。因此，政策的基礎是在制度不同的國家間之和平共存與競爭。[3] 由於這樣的邏輯，在有關朝鮮問題與中南半島紛爭問題的日內瓦會議確定召開之後，中國高層幾次召開會議商討參加會議的原則，最後決定利用此會議來打破美國對中國的封鎖與禁運。[4]

1954 年召開的日內瓦會議中，中國積極地對西方各國、亞洲以及非洲各國展開了其外交攻勢。不僅成功實現了與美國的直接交涉，更與英國建立了代辦等級（Chargé d'affaires）的外交關係，也與加拿大商討了樹立外交關係的可能性。除此之外，還就通商問題與西德、荷蘭、瑞士、比利時以及法國等西方各國展開了交涉。[5]

另外，以日內瓦會議爲契機，中國也改變了其對中立國家的政策。日內瓦會議時中國最重要的外交課題之一，就是不讓寮國[6]與柬埔寨變成美國的軍事基地。因此在會議期間，中國一直主張在寮國和柬埔寨的境內敵對行動停止後，「不許從境外向寮國和柬埔寨運入新的任何部隊和人員以及武器和彈藥」。[7]周恩來當時強調，一切外國軍隊必須從這兩個國家撤軍。為了排除並阻止在中南半島的美國軍事介入，中國改變了對中立國家的立場。建國以來，中國一直不斷批評中立主義國家的政策實際上是傾向並支持西方帝國主義國家，[8]但是自日內瓦會議，中國開始在本國周邊培育親中國家與友好國家，並致力不讓這些中立國家「成為冷戰中敵對力量遏制、對付中國的棋子」。[9]

雖然中國開始著手改善與周邊國家的關係，但與周邊國家之間的難題依舊堆積如山，有必要優先除去這些障礙。例如，當時中國與12 個國家相鄰，但卻沒有進行明確的國境規劃。另外，東南亞華僑的雙重國籍問題，中國共產黨與東南亞各國共產黨的關係，也成為中國改善與周邊國家關係的極大障礙。除此之外，在這些周邊國家中的國民黨軍事勢力，對新政權來說也是安全保障上的懸念要素。

1954 年 4 月，中國和印度正式簽訂《中印關於中國西藏地方和印度之間的通商及交通協定》。此協定中對和平共處五項原則做了明確的闡述，即：1. 互相尊重主權和領土完整；2. 互不侵犯；3. 互不干涉內政；4. 平等互利；5. 和平共處。同年 6 月，則是與緬甸政府簽訂談判公報，表明不會將中國的革命行動輸出至緬甸。東南亞諸國國內廣泛存在著影響力強大的海外華人社會，同時各國政府也面臨著共產主義游擊戰。在此情況下，東南亞諸國對中國均抱持相當強烈的警戒心。但在和平共處五項原則，以及中國「絕不會輸出革命」的承諾，在很大程度上緩和了東南亞諸國的警戒心。

在亞洲 16 國、阿拉伯世界 9 國、非洲 4 國，共計 29 國參與的萬隆會議[10]中，為了打破美國的對中包圍網，中國又試著接近與西方友好的一些亞非國家。中國在萬隆會議中，嘗試與可倫坡集團五國，[11]以及其他東南亞、南亞國家拉近距離。在盤根錯節的複雜議題下，中國首先與印尼簽訂了不承認雙重國籍的條約（1955 年 4 月）。此一政策回應了「屬地主義」，進一步加速緩和東南亞各國對中國的戒心。

在與周邊各國關係逐漸好轉之際，中國與緬甸於 1955 年 11 月在黃果園發生武力衝突事件。中國政府抓住了這次機會，著手與周邊各國劃定國境分界，並開始掃蕩中國周邊鄰國的國民黨軍事勢力。在獲得政權之前，中國共產黨是以反帝國主義急先鋒的形象取得國民支持，長期以來主張與帝國主義國家簽訂的國境協定，是一種必須廢除的不平等條約。然而，作為社會主義陣營一員，中國共產黨另一方面又喊出支援新興國家民族解放運動的外交口號。這些新興國家，實際上繼承了過去中國與其宗主國之間簽訂的「不平等條約」，希望中國能夠承認其以往簽訂的條約。這兩個口號，指向兩個方向截然相反的外交主張，致使中國政府在「維持本國主權」與「加強與新興國家友好關係」的兩個戰略選擇中，面臨困境。也就是說，若中國政府維持本國主權，就必須廢除與帝國主義國家的不平等條約；若中國政府支持新興國家的民族解放運動，加強與新興國家友好關係，中國政府就必須承認這些不平等條約。

1955 年的萬隆會議，將曾因殖民統治而分裂的亞洲區域連結在一起；[12]透過此一會議，亞非國家之間也產生了一種以反帝國主義及反殖民主義為主軸的強烈連帶關係。在此國際時勢之下，中國政府決定先擱置不平等條約，將其對外政策轉向支持民族獨立運動。

中國為消除周邊國家的疑慮，以及改善與周邊國家關係的努力，使得中國外交政策中的國際共產「革命」原則，在日內瓦會議與萬隆會議後逐漸消退。[13] 此一中國外交政策也逐漸奏效，從萬隆會議之後到 1964 年之間，中國與周邊 6 國簽訂了國境協定（參見表 1-1）；而中國與包括泰國在內等部分亞洲國家之間的關係，也逐漸好轉。

如前所述，日內瓦會議與萬隆會議前後的中國對外戰略，有兩個重要內容：一是與西方各國改善關係，二是積極接近亞非各國。然而，在日內瓦會議與萬隆會議的成功之後，毛澤東對中國周邊安全保障環境的認識，逐漸發生轉變。1956 年後半，毛澤東開始認為中國已經逐漸脫離國際孤立的地位，應該把主要精力專注在國內問題與臺灣問題。在對外政策上，毛澤東主張中國不必積極與西方各國之間來往；與西方國家的關係可以再「等一下」，在國際舞台上應該注重壓

表 1-1　中國的國境協定與邊境紛爭（1949～1982 年）

時間	國境協定簽署國	主要邊境紛爭（武裝衝突）
1960 年 10 月 1 日	中國、緬甸	
1961 年 10 月 5 日	中國、尼泊爾	
1962 年 10 月 20 日～11 月 22 日		中印邊境紛爭
1963 年 3 月 2 日	中國、巴基斯坦	
1963 年 11 月 22 日	中國、阿富汗	
1964 年 3 月 20 日	中國、北韓	
1964 年 6 月 30 日	中國、蒙古	
1969 年 3 月 2 日		中蘇珍寶島事件
1974 年 1 月		中越西沙海戰
1979 年 2 月 17 日～3 月 16 日		中越戰爭

資料來源：作者自行整理。

縮臺灣的政治空間，並堅持一個中國的原則。[14]

出於此種想法，毛澤東在中國國內開展了一系列政治運動。透過「引蛇出洞」、「百花齊放百家爭鳴」、「反右運動」、「大躍進」等一系列政治運動的展開，毛澤東在激烈的黨內權力鬥爭過程中，逐步將權力集中到自己手中。1950 年代後期，毛澤東的對外政策，逐漸取得主導地位，中國的對外政策也逐步走向強硬。就如同具象徵性的長崎國旗事件一樣，毛澤東的外交路線使中國與西方各國的關係一度陷入停滯。

另一方面，中國的「亞洲—非洲」政策也在此一時期開始萌芽。此一時期，中國最重視的是本國政權的安定，以及支援新興國家的民族獨立。因此，與「國內問題」關係密切的國境劃定作業，也在 1950 年代後半開始，一直進行到 1960 年代初期。

二、對周邊各國的外交攻勢與其極限

（一）緬甸與國境劃定原則

1954 年 6 月，中國總理周恩來訪問緬甸之時，緬甸向周恩來提出，希望中國承認 1941 年國民黨政府與英國簽訂的國境協定。基於緬甸政府的這一要求，北京政府自 1954 年末開始著手準備規劃與周邊各國劃定國境線。[15] 周恩來出席 1955 年 4 月召開的萬隆會議時，首先就國境問題，宣布說中國準備與鄰邦確定邊界，同時在劃清國界之前，中國「同意維持現狀，對於未確定的邊界承認它尚未確定」。[16] 周恩來還進一步承諾中國「不會超越邊界一步」，如果發生超越國境的事件，也會馬上退回國境。[17]

然而，如前所述，大約 7 個月後的 1955 年 11 月，中國與緬甸在黃果園發生了武力衝突事件。而這項問題，也被視作中國對外政策的象徵事件，受到世界各國的關注。正因如此，中國決定把與緬甸之間國境問題，作爲劃分國境的象徵性模式，並在中緬兩國劃境問題上投注相當多的精力。

當時，有關中國的領土劃分問題，中國國內存在許多不同的意見。有人認爲，歷代王朝國力到達之處皆是中國領土；也有人主張，漢、唐、明、清等朝代極盛時期的疆域就是中國國土。然而，在黃果園發生武力衝突之後，中國政府開始慎重檢討其國境政策，認爲以清末、北洋政權以及國民黨政府這三個時期的領土範圍作爲參考，應該是最具現實性的。中國政府同時決定信守下列原則：「國民政府管轄的地區，新中國要全部接收。有些地方國民政府有過形式上的統治，實際上沒有管轄到，新中國也要接收」。[18] 在制定了這樣的領土劃定原則之後，中國政府也明確提出方針，不承認沒有進行過詳細國境測量便出版的中國地圖；並且制定政策，強調只有在中國與他國劃定國界之後出版的，才是正式地圖。[19]

與緬甸的國境劃定中，最大的阻礙便是 1941 年的條約。如上所述，中國在萬隆會議中高舉的是反殖民主義、支持民族獨立的旗幟。因此，在國境劃定原則上，中國堅持了本國外交口號的理念，在基本承認 1941 年條約的基礎上，再對中國與帝國主義國家簽訂的邊界不平等條約，加以修改和調整。[20]

到了 1956 年 6 月，緬甸總理吳努（U Nu）致信中國，提到華僑的雙重國籍以及中國與緬甸共產黨關係等問題。[21] 中國對此反應積極，並且從 7 月開始向緬甸提供援助，[22] 周恩來也提出解決國境問題應該採取「分二步走」的解決方案。[23] 在第一階段，兩國同意在 1956 年 11 月之前，同時將軍隊撤出紛爭區域。在第二階段，則是進行國境問題交涉。

在 1957 年 3 月 29 日到 30 日的會談中，周恩來正式向吳努總理傳達了中國的讓步案，[24] 中國的讓步案基本上取得了緬甸方面的同意。在 3 月 31 日，毛澤東批准了此案。[25] 雖然從 1958 年至 1959 年間，由於緬甸政權陷入不穩定狀態而導致國境交涉一時停滯，但到了 1960年1月，緬甸總理尼溫（Ne Win）趁著訪中之際，兩國簽訂了《友好和互不侵犯條約》，並在同年 10 月簽訂了中華人民共和國史上第一個國境條約：《中緬邊界條約》。

如前所述，中國在與緬甸的國境劃定上做出了相當大的讓步，而其背後牽涉到許多複雜的因素。當時中國的外交目標是爲了要讓國內經濟得到發展空間，將重點放在安定政權以及改善周邊環境。若要改善與周圍國家之間的關係，必須先打破美國在 1954 年以前完成的對中國包圍網。而從國內視角來看，這對鞏固共產黨政權也相當重要。特別是位於中國西南邊境的緬甸、泰國、寮國交界的金三角地帶，還有國民黨軍隊在激烈作戰。因此，中國決定在與周邊國家劃境時，也同時決定一併解決掃蕩國民黨軍隊之事。

1960 年 1 月，與緬甸展開的國境協議當中，中國便提出要出兵緬甸，掃蕩緬甸境內的國民黨軍事勢力之事。[26] 對緬甸來說，中國此項提案也有安定政權的效果。因此，自 1960 年 11 月開始一直到 1961 年 2 月期間，中國軍隊便與緬甸軍隊進行了兩次共同作戰，追剿在緬甸東北地區活動的國民黨軍，迫使國民黨軍退至泰國境內。[27]

（二）1960 年代的國境協定

中國與緬甸的國境協定，成爲了中國和其他國家劃定國界的標準案例。中國此後又陸續與尼泊爾、蒙古、巴基斯坦、阿富汗以及北韓等五國簽訂了國境協定。

尼泊爾位在中國與印度兩個區域大國之間，並且與西藏相鄰。對中國來說，與尼泊爾改善關係，既可以迴避美國與印度的勢力滲透，也可以確保西藏安定，有著重要的戰略意義。

1955 年 8 月，中國與尼泊爾建交。隔年 8 月，兩國就針對西藏問題迅速展開協議。經過約 1 個月的交涉之後，雙方在 9 月時簽訂了《中華人民共和國和尼泊爾王國保持友好關係以及關於中國西藏地方和尼泊爾之間的通商和交通的協定》。在此協定下，提出不承認居住於中國與尼泊爾之間的藏族雙重國籍方針，且尼泊爾政府承諾自換文之日起 6 個月內，完全撤退其駐拉薩和其他地點的武裝衛隊連，並將武器彈藥全數帶回本國。[28] 然而，由於 1959 年 3 月發生的西藏暴動以及中印關係的惡化，為中國與尼泊爾之間的關係蒙上了一層陰影。特別是當西藏人因西藏暴動而逃亡至尼泊爾時，中國人民解放軍為了追擊而大舉集結中尼邊境地區，這項行動大幅提高了尼泊爾方面的疑慮。因此，中國反覆主張在國境交涉正式成立之前，將會維持「習慣線」，[29] 有意展現出其和平國家的形象。此後，正式展開了國境交涉。而在這次交涉中，因為中國嚴格貫徹了毛澤東的「喜馬拉雅一半一半」的方針，所以在兩國的國境協定中，中國幾乎完全照著尼泊爾的主張簽訂。另一方面，尼泊爾也認可了中國軍隊在其境內進行對反共西藏勢力、國民黨軍的作戰。

蒙古雖然在中華人民共和國成立之後馬上就與中國建立了邦交（1949 年 10 月 6 日），但兩國一直到 1960 年 5 月才簽訂了中蒙友好合作關係條約。1962 年 12 月開始進行協議的國境條約，基本上也是以維持現狀為方針。雖然在 1963 年以後，因為中蘇交惡導致中國與蒙古之間的關係也持續惡化，但兩國依然在 1964 年 6 月交換了國境議定書。關於這個協定，當時在美國國務院的分析中，認爲這是一份反映蒙古主張的國境協定。[30]

與巴基斯坦的關係，則是受到中印關係的影響因而相當曲折。中國與巴基斯坦在 1951 年 5 月 21 日建立邦交之後，便以經濟發展爲中心而持續合作。1961 年 3 月，中國與緬甸簽訂國境協定之後，巴基斯坦政府也正式對中國提出國境交涉的要求。與此同時，在聯合國的中國代表權問題上，巴基斯坦將票投給了中國而非臺灣。[31] 在中印關係逐漸惡化之時，中國於 1962 年 2 月正式答應了雙方的國境交涉，並於 1963 年 3 月簽訂了《中華人民共和國政府和巴基斯坦政府關於中國新疆和由巴基斯坦實際控制其防務的各個地區相接壤的邊界的協定》。在 1960 年代簽訂的國境協定中，此一協定雖然是中國唯一一份比他國獲得更多領土的協定；然而，對巴基斯坦來說，其實只是把自己不能實際控制的地區讓給中國而已。

阿富汗與中國是在 1955 年 1 月 20 日建交，並於 1960 年 8 月締結《中華人民共和國和阿富汗王國友好和互不侵犯條約》。雖然兩國鄰接的國境長度不超過 100 公里，但由於中印關係的惡化，導致雙方交涉仍花了 5 個月 [32] 才於 1963 年 11 月簽訂國境協定。

最後是號稱「歃血爲盟」的中國與北韓。兩國於 1961 年 7 月簽訂了《中朝友好合作互助條約》，並於 1962 年展開了國境協定交涉。經過了 6 個月的交涉，雙方於 1962 年 10 月簽訂了中朝邊界條約，並於 1964 年 3 月簽訂邊界議定書。雖然國境協定的內容並沒有公開，但一般認爲北韓獲得了 60% 的爭議領土。[33]

（三）中印邊境紛爭

在非社會主義國家中最早與中國建交的是印度（1949 年 12

月）。由於在地理位置上與西藏相接，因此在中國的安全保障層面上，印度具有特別的意義。此外，在 1954 年 10 月成藏公路（四川省成都—西藏拉薩）與青藏公路（青海省西寧—西藏拉薩）完成之前，由於交通不便，中國爲了補給糧食物資給駐紮在西藏的解放軍，向印度支付大筆費用以租借一條來自印度的運輸道路。[34] 當時的中國政府認爲，西藏糧食與日用品的供給要脫離對印度的依賴，最快也要等到 1956 年以後。[35] 對中國來說，爲了確保西藏地區的穩定，與印度建立良好的關係是最重要的任務，也是唯一的選擇。

中國共產黨在西藏的統治達到穩固之前的 1953 年，印度基本上在麥克馬洪線 [36] 以南的區域握有實質的統治權。[37]1953 年 10 月，中國開始著手準備與印度之間的交涉，並於 12 月展開實質談判。[38] 1954 年 4 月 29 日，雙方正式簽訂了《中印關於中國西藏地方和印度之間的通商和交通協定》，並在協定內加入了和平五原則。

從印度的角度來看，此協定解決了中國與印度之間的所有問題。印度爲了要確保其在西藏的經濟利益，雖然在條約中提出要設立 16 個貿易市場，但基本上還是承認中國在西藏的主權，並同意撤離駐紮在西藏的印度軍隊，以及撤銷印度控制的電訊設施和驛站。[39] 作爲交換條件，印度認爲成功地將麥克馬洪線定爲兩國的邊境。因此，在中印之間締結包含和平五原則的協定之後，賈瓦哈拉爾 · 尼赫魯（Jawaharlal Nehru）總理便宣告以麥可馬洪線爲中印國境邊界，並對印度地圖進行改訂。[40] 然而，當時中國並沒有認定或沒有明確承認，此一中印關於西藏通商和交通的協定中包含西藏的國境問題。[41] 而這樣的認知落差，後來也成爲導致兩國間國境紛爭的主因。

1958 年 12 月，尼赫魯總理在寄給周恩來總理的信中表示，兩國之間的國境邊界已經完全確定；同時，印度軍隊也有越過麥克馬洪線進入中國實際控制地區的舉動。中國在 1959 年 9 月召開的第 2 屆全國人民代表大會常務委員會第 6 次及第 7 次會議中，針對兩國之間的國境問題展開議論，[42] 最後決定採取不接受印度主張的方針。方針決定之後，由周恩來向印度書面表示反對其主張。在此之前，由於 1959 年 3 月時發生了西藏暴動，已使兩國關係逐漸緊張；到了 8 月及 10 月，兩國又在麥克馬洪線北側發生武力衝突。[43] 同年 11 月在杭州召開的中印邊界問題相關會議上，毛澤東堅持不要東（美國）西（印度）樹敵的戰略思維，提出避免邊界衝突的隔離政策，即：雙方各退離麥克馬洪線 20 公里的解決方案，且即使印度方面拒絕此提案，中國依然片面展開後退。[44]1960 年 4 月之後，雖然中國與印度展開了國境交涉，且中國方面提出類似對緬甸、尼泊爾的讓步方案，但並沒有獲得期待的成果。

當中國遭遇自然災害的同時，印度於 1961 年冬天展開其蠶食行動，並於 1962 年 6 月進到了麥可馬洪線北側的扯冬（Che Dong）。[45] 此時，中國於同月下令西藏軍區將印度作為假想敵進行臨戰訓練，並開始儲備作戰物資。[46] 同年 10 月，印度再次拒絕進行國境交涉，毛澤東便在中央政治局常務委員會擴大會議中，改變以往的「武裝共處」戰術，最終決定開戰；並且決定不僅要打退，還要打狠打痛。[47] 中國軍隊於 10 月 20 日展開作戰。中國雖然取得大勝，但依然於 11 月 21 日主動從 1959 年 11 月的實際統治線，後退 20 公里並撤軍。

最後必須指出的是，中印之間的關係惡化，其實並沒有與當時中國最重要的政策──「保持政權安定」產生矛盾。雖然在西藏暴動之後，中印關係就急速跌到谷底，並在邊境發生了武裝紛爭。然而，此一時期的中國已經實際控制西藏地區，並進入了（在西藏地區）鞏固中國共產黨政權的階段。同時，成藏公路與青藏公路皆已開通，西藏地區的糧食和日用品的供給已經不需依靠印度。也就是說，在 1950 年代末期，中印兩國的友好關係，已經不再是西藏地區政治安定和社會穩定的絕對條件。

三、國際共產主義運動的領導者：1960 年代初期到改革開放前

1950 年代後期，中國與周邊各國之間的關係漸趨和緩，這基本上是在以中國與蘇聯爲首的東方陣營團結，以及亞非各國之團結爲基礎下的結果。之後，由於中蘇關係惡化，演變成中國與美蘇兩大陣營對立的局面，也讓中國的對外戰略發生了根本性改變，轉爲革命外交：以「反美反蘇」爲其主線，亞洲、非洲以及拉丁美洲則成爲中國支援共產主義運動的主戰場。

1963 年 9 月，毛澤東在中共中央工作會議中提出了「兩個中間地帶論」，認爲蘇聯和美國之間存在著兩個中間地帶。亞洲、非洲、拉丁美洲的廣大經濟落後的國家屬於第一中間地帶，以西歐爲代表的帝國主義國家和發達的資本主義國家屬於第二中間地帶。中國的戰略是「依靠第一中間地帶，爭取第二中間地帶，反對兩個超級大國的霸權主義」。在此方針下，中國認爲第一中間地帶的亞非國家是反美反蘇的天然同盟軍。因此，中國在對外戰略層面上，逐步強化了對此區域的支援行動。中國自 1950 年代以來一直主張的民族解放鬥爭與社會主義革命一體化，其目標也因此變得更加明確；自此之後，支援民族解放鬥爭的傾向也越來越明顯。[48]

從 1960 年代初期開始，蔣介石開始高聲主張反攻大陸。在越戰逐漸擴大的同時，自 1964 年開始，中國也逐漸開始擔心來自蘇聯的進攻。在這樣北有蘇聯，南有美國的「三明治型包圍網」威脅性高漲之際，中國也開始自詡爲「反帝國主義、反殖民主義、反霸權主義」

的急先鋒。[49]

此一時期，泰國、菲律賓等「親美國家」的國內共產勢力，開始接受來自中國的支援。特別是泰國共產黨，其反政府武裝勢力的人才訓練及武器提供等，都受到中國的大力援助。這樣的援助也在1965年之後，擴大至寮國、不丹、馬來西亞、菲律賓以及泰國在內的全球23個國家與地區。[50]

1960年代後半，中國國內發動了文化大革命。1967年5月到8月，被稱爲中國外交的非常時期。當時，中國與英國、蒙古、印度、緬甸以及柬埔寨[51]等十餘國的關係，都陷入了緊張狀態。而在東南亞諸國，各國共產黨的武裝鬥爭也越趨激烈，這當然與中國的政策改變有直接關係。[52]

另外，在此之前與中國保持良好關係的緬甸，也因爲緬甸的國內政策和中國的革命外交，彼此關係蒙上了一層陰影。1962年4月，尼溫政權根據緬甸自身的社會主義計畫頒發了激烈的國有化政策，將全緬1萬多家私營企業收歸國有。而後又宣布停止使用大額緬鈔，同時停辦華僑學校和華僑報紙，並沒收中國的交通銀行與中國銀行。[53]在緬甸華僑遭受了極大損失的情況下，中國依舊重視與緬甸之間的友好關係。除了默認華僑的被害之外，還協助緬甸政府停止接收華僑匯入中國銀行的資金。[54]然而，隨著中國對外姿態越來越偏向革命外交的同時，劉少奇在1964年4月訪問緬甸之際，中國也首次對緬甸表明中國對其社會主義路線持否定態度。當時中國雖然沒有對緬甸的社會主義實驗提出什麼批評，但中國共產黨內已有聲音批判緬甸實際上是在走資本主義路線。[55]在1964年後半開始，中國透過《人民日報》與國際廣播電台，向內外公告支持緬甸共產黨。受此影響，緬甸政府強硬地關閉兩個中國領事館表示抗議。到了1967年，發生了緬甸大使館的毀壞事件，並導致了仰光的「626 排華事件」。[56]

1960 年代後期出現了亞洲的區域主義趨勢，與此同時也是中國與美蘇嚴重對立的時期。面臨來自美蘇的激烈的圍堵，中國自然對東協等區域組織有所排斥。1966 年 6 月，亞洲太平洋地區理事會（ASPAC）正式成立。針對韓國積極推動此一反共同盟，中國政府發表聲明，宣稱此同盟與越戰及朝鮮問題關係密切，是一個美國爲了擴大在亞洲的侵略戰爭而成立的「新侵略同盟」。同年 12 月，由日本主辦的東南亞開發閣僚會議於東京召開，接著在日本主導之下也成立了亞洲開發銀行（ADB）。中國原本就對佐藤政權抱有強烈的警戒意識，[57] 因此對佐藤政權推動的東南亞開發閣僚會議，自然抱持強烈的懷疑。中國對亞洲開發銀行提出強烈批判，認爲其帶有強烈的政治色彩，是一個爲了圍堵中國，以及爲了往東南亞進行擴張的「謀求團結反華的亞洲集團」。[58]

1967 年 8 月時，作爲反共產主義連合，由印尼、馬來西亞、菲律賓、新加坡以及泰國等五國，在越戰正酣之際成立了東協。中國強烈地批判此一組織，認爲東協是「反華反共組織」，是 SEATO 的「孿生兄弟」，也是美國圍堵中國戰略的一個重要組成部分。[59]

如上所述，在韓戰的停戰協定成立之後，中國爲了打破美國的圍堵政策，產生了「亞洲—非洲」此一戰略概念。在此一戰略概念下，中國逐漸與周邊各國改善關係並開始劃定國境。一方面，中國在 1950 年代後期與 1960 年代前期的一連串國境交涉過程中，極力重視支持新興國家民族獨立的戰略，在領土問題上採取維持現狀的方針，在國境劃定上做出了很大的讓步。另一方面，中國在國境交涉過程中，又同時極力重視本國國內的安全保障，排除各國在中國境內的政治、軍事、經濟、文化勢力，並一併掃蕩在國境條約締結國內的國民黨軍事力量。但從 1960 年代初期開始，中國在國際共產主義的潮流中開始扮演領導者的角色，其在外交政策上的意識形態色彩也日益濃厚。1960 年代中期之後，中國又再次打出日內瓦會議與萬隆會議後逐漸消退的「革命原則」，以世界革命中心自居展開外交。在此種革命史觀之下，當時中國試圖建構的區域連帶關係，與西方陣營所主導的區域化截然不同。

貳、向「亞洲太平洋」的戰略轉換：從中美接近到冷戰終結

一、中美接近以及與周邊國家的關係改善

1960 年代後期，中國認爲越南的戰火應該不至於蔓延至中國。[60] 同時，因爲中蘇對立逐漸激化，中國對其北方的蘇聯軍事威脅，危機感日漸高漲。1966 年 1 月，蘇聯與蒙古締結了《蘇蒙友好合作互助條約》，這項條約顯然是蘇聯對中國圍堵政策的一環，也是蘇聯給中國的一個警告。[61] 而中國當時認爲，不僅蒙古，北韓早晚也會跟蘇聯簽訂類似條約，與蘇聯聯手對抗中國。[62] 因此，相對於來自南方美國的威脅，中國對在蘇聯軍事威脅下的華北、東北以及西北地區的危機感更是強烈。1968 年 8 月的蘇聯入侵捷克，以及 1969 年 3 月的珍寶島（達曼斯基島）衝突事件後，中國認爲蘇聯對中國使用核武的現實性越來越高。當時的中國安全保障，不僅直接面臨了核戰的威脅，也同時面臨與美蘇的兩面作戰。

在如此窘迫的狀態下，中美於 1969 年時開始接近。由於中美關係改善，中國也得以重返聯合國，並在 1970 年代選擇性地加入了重

要的國際組織。另外，中美接近與關係的改善，也爲中國帶來了與周邊國家改善關係的機會。在此環境下，中國於 1974 年 5 月與馬來西亞恢復邦交，1975 年 6 月與 7 月也分別跟菲律賓、泰國恢復邦交。此時，中國對東協的敵視雖然已經消失，但在以反霸權主義爲基調的外交方針之下，中國與亞洲各國之間的關係受到強力的約束，並將東協視爲對抗蘇聯戰略的一環，對其採取敵視的態度。舉例來說，1978 年 11 月，鄧小平副總理訪泰國、馬來西亞及新加坡時，極力勸說這三個國家不要同意讓越南加入東協；鄧小平指出，越南加入東協的目的實際上是爲了打入東協，藉此協助蘇聯推行亞洲集團安全保障戰略，越南加入東協會給東南亞帶來不安定。[63]

二、「亞洲太平洋」戰略概念的萌芽

1978 年，中國決定採取改革開放政策。此後，對於重要的國際機構，中國從原先的「選擇性參與」轉爲「全面參與」。此時的西方國家，也在推行對中國的接觸政策，希望把中國引導到西方先進國主導的國際秩序之中，使中國慢慢地接受制度化的自由主義原則與規範。

1980 年代，中國參與西方主導的國際秩序，有下述兩項特徵。第一，比起區域組織，中國更重視以聯合國爲中心的國際組織。1980 年，中國不僅成爲國際貨幣基金組織（IMF）的正式成員，同時也積極參與軍縮會議等多國間的安全保障機構。

第二，「南北視角」思維驅使中國於 1980 年代參與國際秩序。1980 年代的中國，充分活用其發展中國家立場，相對容易透過加入國際組織，取得改革開放所需的資金。事實上，中國於 1978 年向聯合國開發計畫署（UNDP）申請援助，並於 1979 年到 1990 年之間，獲得了約 400 件的計畫補助，總金額達 2 億 1,700 萬美金。[64] 除此之外，中國也在 1981 年到 1996 年間，從世界銀行獲得了 173 件計畫援助，成功借入的總金額高達 255 億美金。[65]

從 1978 年到 1980 年代，中國對區域組織的參與，也反映出了這種「南北視角」的思維。在 1978 年於曼谷召開的聯合國亞洲，以及太平洋經濟社會委員會（ESCAP）年度總會上，中國代表呂子波表示，中國強烈希望能與亞洲及太平洋諸國促進彼此的友好關係，擴大經濟與文化上的交流，並表明今後也會積極參與 ESCAP 的活動。之後，於 1984 年召開的 ESCAP 總會上，中國外交部副部長錢其琛表示，中國作爲一個發展中國家，將強化南北之間的經濟技術交流與合作，並希望先進國家擴大對發展中國家的援助。

如上所述，1980 年代的中國，爲了從先進國家那裡獲得資金、技術以及相關 know-how，積極地推動了多國間的合作。這些跨國組織內的參與，其實與中國國內改革開放的歷程有著深刻的關聯性，是出於國內改革開放和對外戰略的需要才持續推進的。

1980 年，日本首相大平正芳明確提出「環太平洋連帶構想」之際，中國官方並沒有對此構想表現出什麼反應，但中國內部對「環太平洋連帶構想」有著相當積極的評價。當時中國與蘇聯的緊張關係依然持續，許多高層智囊認爲日本的「環太平洋連帶構想」，有助於中國抗衡蘇聯。對此，中國政府推動針對此一構想的各種綜合性研究，並整理成報告書。在報告書中指出：環太平洋連帶構想「從抵抗蘇聯的霸權主義此一全球防衛的戰略構想來看，有著相當積極的意義」。[66]

1982 年打出全方位外交之後，隨著改革開放的發展，中國國內的主導思想也發生了根本的轉換。這種思想層次的變化，在很大程度上使得改革更加正當化。1980 年代的思想意識形態的變化，表現在下述三個方面。

第一，從「戰爭不可避論」到「戰爭可避論」的認識轉換。透過馬列主義來認識國際情勢的中國，原本堅信「帝國主義戰爭無法避免」。1977 年 12 月召開的中央軍事委員會會議的文件中便提到，美蘇引起的戰爭，特別是蘇聯的對中戰爭有可能會在 5 年以後，但也可能是在 2～3 年的短時間內發生。這樣的想法在 1983 年便開始逐漸轉變。到了 1984 年，「戰爭可避論」已經成爲主流想法。1986 年初，鄧小平提出「兩個調整」，中央軍事委員會也表示中國已經進入了和平時期。[67] 也就是說，在認識國際環境時，中國已經放棄了馬列主義的思維；而這種放棄讓中國得以超越意識形態，實現區域合作。

第二，在改革開放的同時，鄧小平也打出所謂的「一國兩制」，並於 1984 年 9 月針對香港歸還問題發布中英聯合聲明。一國兩制的思維，也讓日後中國、香港以及臺灣得以同時加盟國際組織。

第三，對「依賴理論」展開批評。1973 年 9 月，在阿爾及利亞召開的不結盟國家首腦會議「經濟宣言」中，首次使用了新國際經濟秩序（New International Economic Order）的詞語。然而，在 1983 年 8 月於北京召開的「國際經濟新秩序理論問題討論會」中，南北互賴理論成爲了議論的對象；而在中國一直被廣泛接受的依賴理論，則成爲了被批評的對象。[68] 依據依賴理論，在資本主義體制下，先進國家與發展中國家是屬於一種支配、依附的關係。先進國家壓榨發展中國家，而發展中國家在經濟地位上則是依附於先進國家；因此，南北的經濟交流會導致發展中國家的經濟陷入停滯狀態。中國對這種理論的批評，其目的不言可喻，就是爲了與西方先進國家達成經濟合作。

1984 年，中國政府決定深化改革開放，鄧小平從 1 月 22 日至 2 月 16 日，前往廣州、深圳、珠海、廈門與上海等進行視察。當時中國國內，在「改革開放的下一步該怎麼走」（該「收」還是該「放」）的問題上，發生激烈的爭論。鄧小平綜合了視察的結果後，決定要「放」。中共中央於 2 月 14 日打出增加開放都市的方針，隨後也在 5 月 4 日，正式公告開放天津、上海以及廣州等十四個沿海都市。

1984 年改革開放進一步深化之後，中國對亞洲太平洋地區的關注便逐漸提高。在印尼的積極行動下，1984 年的東協擴大外相會議[69]中，太平洋區域的合作成爲了主要議題。中國政府特別重視這次會議，並將 1984 年視爲亞洲太平洋地區迎來新變動的一年。受到政府的影響，中國國內也開始對亞洲太平洋區域的合作展開廣泛的討論。

1980 年代有名的政策智囊，應屬中國國際問題研究中心的宦鄉。他強烈主張中國應該積極參與亞洲太平洋的區域合作，並在其中扮演重要的角色。[70] 中國政府接受了此意見，在 1985 年於曼谷召開的第 41 屆 ESCAP 中，表明「中國作爲亞洲太平洋地區的一員，將積極支持並參與區域經濟合作。」另外，美國也表現出對亞洲太平洋的重視。而在蘇聯向 PECC 探詢加入可能性之後，更有不少學者開始認爲，亞洲太平洋地區的經濟合作正在逐漸成爲一種時代的大趨勢。[71]

在此過程中，中國於 1986 年 7 月，正式向關稅暨貿易總協定（GATT）提出重返 GATT 申請。[72]1980 年 8 月，中國首次派遣代表前往 GATT 的會議，1982 年 11 月則是以觀察員的身分參加。1982 年 12 月，中國對外經濟貿易部、外交部、國家經濟委員會、財政部以及海關總署等五個機構，共同聯名提交希望能早日重返 GATT 的提案書，並於 25 日得到承認。[73] 接著，中國國內也開始討論該如何處理包括 GATT 等各種國際組織中的臺灣與香港問題。1986 年 3 月，中國與英國就香港返還後，得以中國香港的名義留在 GATT 一事達成協議。[74] 隨後在同年 3 月，中國也成功加入 ADB，這是中國與臺灣實質上同時成員國際金融機構的第一個案例。臺灣的加入名義雖然變更爲「中國臺北」（Taipei, China），但作爲 ADB 的創始成員其席位依舊得以保留下來。[75] 另外，中國也在 1986 年首次與臺灣（中華臺北）同時出席 PECC 會議。

在「一國兩制」的構想下，中國對於臺灣、香港參與國際組織的態度，比起以前較爲軟化；而背後的最大的目的，依然是爲了獲得改革開放所需的資金與技術。隨著加入 PECC，中國於 1986 年設立了中國太平洋經濟合作全國委員會（China National Committee for Pacific Economic Cooperation, CNCPEC）。首任委員長宦鄉在訪日時就表示：「要持續改革開放，就必須導入外國的優秀技術與經驗。如果在 PECC 討論可以促進西方企業的對華進出與投資等，那麼對於改革開放也會有正面效果」，[76] 由此發言便可理解中國的意圖爲何。

1988 年，中國政府再次提出深化改革開放的政策。這項政策結合了中國與亞洲太平洋的經濟合作，兩者相互結合相輔相成。1988 年 3 月，中國國務院召開了對外開放工作會議，將開放的區域擴展至長江北側的山東半島、遼東半島以及環渤海地區等，發展至此，中國的沿海地區基本上已經是對外開放的狀態。這項政策的目標，是透過加入亞洲太平洋地區的「雁行經濟模型」，使勞動密集型產業轉移至中國。也就是說，中國希望利用沿海地區勞動力資源豐富的優勢，擴大「兩頭在外（輸入原物料與輸出產品）」。這可說是一種讓沿海地區率先進入國際經濟循環體系的戰略。[77]

1980 年代後半，西太平洋地區各國的相互依存度越來越高。韓國、臺灣、香港以及新加坡等新興工業化地區（NIEs）陸續崛起，對東協各國的投資與貿易大幅增加。《世界經濟導報》東京分局長趙文鬥，對於沿海發展戰略與「雁行經濟模型」之間的關聯有以下的說明：當時的資本與物品流向，是日本的資本、中間財、技術、設備先向NIEs流動，接著再向東協；在這些地方生產完成的製品，有一部分會向日本輸出而形成一個循環。如果將日本放在東亞國際分工體制網絡的頂點，就可以發現一個用日本的資本、技術與設備來生產，接著再向日本輸出的沿海地區發展模式。[78] 當時擔任經濟副總理的田紀雲表示：「泰國、印尼、馬來西亞以及越南都是中國的競爭對手」。[79] 從趙文鬥的說法來看便不難理解這項發言，是中國希望沿海地區能夠取代泰國、印尼等國的地位，從而進入以日本爲首的雁行發展循環。

中國推行改革開放政策之後，經濟發展成爲國家最重要的課題。對於西方主導的國際組織，也從選擇性參加轉變爲全面參與的積極姿態。除此之外，中國將自身列爲發展中國家，其經濟發展的戰略也是立足亞洲太平洋地區的經濟發展圈。這也是 1980 年代中國經濟與外交的一大特徵。這種從經濟發展戰略出發的對外政策，意味中國的外交政策需要加強與美國、日本等西側國家的關係，也需要強化中國與亞洲周邊各國之間的聯繫。

參、小結

冷戰終結之前的中國亞洲政策，經過了以下的發展歷程。

首先，中華人民共和國建國後到改革開放之前的這段期間，對由西方主導的國際組織以及 1960 年代形成的區域組織，中國的看法由敵視逐漸轉爲默認。從改革開放之後到冷戰終結之前，中國一改之前的姿態，轉而積極參與國際組織與區域組織。

如同吳國光所指出的，中國在改革開放後的多邊主義並非首尾一貫，而是隨著區域、議題而有所改變。[80]1980 年代起步的經濟領域跨國合作，中國是最熱心積極參與推進的。放棄了對「經濟主權」的執著，中國於 1984 年提出來的沿海地區開放政策，其目標就是要加入亞洲太平洋地區的「雁行經濟模型」。而此一經濟發展戰略，有著相當重要的意義。也就是說，從 1980 年代中期開始，中國的經濟發展戰略便已與國際經濟合作相互連結。1986 年申請重返 GATT 之後，1991 年中國加入 APEC、2001 年加入世界貿易組織（WTO），從這一連串的中國政策軌道可以看出，自 1980 年代中葉開始，中國在經濟領域逐漸接觸、接受國際規範，並逐步學習依照國際規範行事。

再者，1990 年代以前的中國，其實沒有所謂亞洲區域政策。當時中國對亞洲的看法是附屬在「亞洲－非洲」（1950 年代到 1970 年代），以及「亞洲－太平洋」（1980 年代到 1990 年代中期）之下。本章討論的亞洲諸國對中國姿態的變化，受到以下四個重要原因的影響。

第一，權力政治以及中國與大國間的關係，制約了中國對亞洲區域整合的認識與政策。1960 年代的「反美反蘇」對外政策下，中國對於東協基本上是敵視的態度。到了 1970 年代的「連美反蘇」的對外政策下，對東協則是改採默認的態度；而對於「屬於蘇聯陣營」的越南要加入東協，則是表達強烈的反對。1980 年代後，對於大平構想抱有好感的其中一個原因，也是因爲其有利於抗蘇戰略。

第二，中國的自我認識變化是左右中國對外戰略的一大要素。1960 年代初期開始，中國便將自身放在「反帝國主義、反殖民主義、反霸權主義」的領導者位置，全力支援國際共產主義運動。到了 1980 年代，又將自己放在「發展中國家」的位置上，積極參與亞洲太平洋區域的經濟合作。

第三，國家的統一與周邊區域的安定是表裡一體的關係，也是中國在亞洲外交上最重要的安全保障課題。以日內瓦會議與萬隆會議爲契機，中國開始與亞洲各國改善關係；也同時傳達了國家統一與確保周邊環境安定，在中國對外戰略中的重要性。

第四，中國經濟發展戰略的形式是考慮亞洲區域政策的重要因素。特別是在採行改革開放政策之後，經濟上的誘因讓中國積極加入國際組織與區域組織。例如，沿海地區的開放政策與「雁行經濟發展模型」的想法，便展現出了中國國內經濟發展戰略與亞洲太平洋區域政策之間的關聯性。

對中國而言，亞洲地區作爲大國間的權力鬥爭場域、重要的經濟合作場域以及安全保障上最重要的堡壘，具有相當重要的意涵，也是重點政策的對象區域。如前所述，冷戰時期中國在亞洲地區的外交展開，主要是受到權力政治、中國的自我認識、國家的統一與周邊地區的安定、經濟發展戰略等四個重要因素所左右，此一發展方向，也延續至 1990 年代中期以後。

第二節　從「亞洲太平洋」到「亞洲」

1990 年代以後，特別是在亞洲金融危機之後，中國外交政策中逐漸出現亞洲地區這個概念，中國政府也開始積極推動其亞洲外交。

後冷戰時期中國推行的亞洲外交，在外交政策中經常使用的詞語，不是「亞洲外交」而是「周邊外交」。所謂「周邊」，在中國的地緣政治學上有三種意義。最狹義的解釋是與中國領土相接的 14 個鄰國，因此也被稱爲「小周邊」。而「大周邊」則是最廣義的解釋，意指西起西伯利亞灣，東至南太平洋的廣闊區域。另一個中間概念的周邊，則是指東北亞、東南亞、南亞以及中亞這四個區域。雖然中國直至目前爲止都沒有明確定義其「亞洲外交」，但「大周邊」的討論實際上已經涵蓋到整個亞洲地區。從這個角度來看的話，將中國的「周邊外交」視爲「亞洲外交」並不爲過。

處在這樣的複雜周邊環境中，中國將周邊視爲一個區域，並將其作爲重要政策支柱而投注大量精力，是在天安門事件與冷戰終結之後的事。冷戰終結後的周邊外交，是從「小周邊」出發，慢慢向「大周邊」擴展自身影響力的過程。因此，本節會將後冷戰中國周邊外交分爲三個階段，並討論其變遷過程。

壹、重新重視周邊：從冷戰終結到 1996 年

一、與鄰國的關係改善與邊界劃定

在冷戰終結之前，中國的區域安全保障環境已經大有改善。中國在 1980 年代後期主張，改善中蘇關係有「三大障礙」，因此向蘇聯提出三項要求：1. 大幅削減中蘇、中蒙國境的軍備；2. 越南軍隊自柬埔寨撤軍；3. 蘇聯軍隊從阿富汗撤軍。而 1985 年的中共中央政治局會議也決定，在三個問題中最優先解決的是中南半島問題。[81]1986 年左右開始，戈巴契夫政權開始回應中國方面的要求，有意去除三大障礙。蘇聯於 1987 年 1 月承諾將削減中蒙邊境上的軍備，接著再於 1988 年 5 月宣布削減位於中蘇邊境上的軍備。[82] 同時在 1988 年 4 月，阿富汗、巴基斯坦、蘇聯和美國的外長於日內瓦成功締結了和平協議，蘇聯也於 1989 年 2 月 15 日完成阿富汗的撤軍。另外，關於柬埔寨問題，中蘇兩國也在 1989 年末，協議努力達成越南軍隊自柬埔寨完全撤軍的目標，[83] 隨後在 1991 年 10 月，有關柬埔寨問題的巴黎和

平協定也順利簽署。至此，終於去除中蘇關係的三大障礙，最終成功實現中蘇關係正常化。

中蘇關係正常化後，對中國而言，來自北方與南方的軍事威脅大爲減輕，中國的國際安全環境也有顯著的好轉。最重要的是，對中國的安全保障而言，越南從柬埔寨的撤軍有相當重大的意義，因爲中國終於基本實現了建國以來一貫的外交目標，[84] 即在中南半島基本排除「域外大國」之介入與控制。

然而，1989 年的天安門事件與冷戰的終結，讓狀況發生了劇烈轉變。天安門事件之後，中國受到西方民主國家的經濟制裁，也對自國的國際環境有了嚴峻的認識。同時，蘇聯的解體與東歐國家的民主化進程，也使中國對於本身的政治體制也產生了強烈的危機意識。爲了要在嚴峻的國際環境中擺脫孤立狀態，中國再次認識到周邊國家的重要性，並積極開始展開周邊外交。

冷戰終結之後，中國的對外戰略被稱爲「一圈、一列、一片、一點」[85] 政策，也就是由周邊外交（一圈）、西方先進國家外交（一列）、開發中國家外交（一片）以及美國外交（一點）這四個要素所構成。此「一圈、一列、一片、一點」政策的提出，明確表明周邊外交（亞洲外交）是中國對外戰略中的一個重要組成部分，占有舉足輕重的意義。在中華人民共和國外交史上，這是第一次。

自 1997 年開始，中國重視亞洲的姿態越來越明確；而進入 21 世紀後，更進一步全面展開了亞洲外交。1990 年代開始的周邊外交，建構了此後中國的亞洲外交基礎。1990 年代前期的中國亞洲外交，其重要性在於改善了與鄰國的關係；且除了印度和不丹以外，中國劃定了與所有鄰國的陸地邊境。

與鄰國關係的改善始於 1990 年代初。中國在 1990 年 5 月及 8 月，分別與蒙古及印尼實現邦交正常化，1991 年 9 月也與越南達成此一目標。接著在 1990 年 10 月與新加坡、1991 年 9 月與汶萊、1992 年 8 月與韓國都建立了邦交。

建立邦交之後，接下來便是陸地邊境的劃定作業，這是接續 1950 年代到 60 年代的第二次劃定工作。經過 1950、60 年代與 1990 年代這兩次邊境劃定之後（參照表 1-1、1-2），中國總長 2.2 萬公里的陸上國境線，有 9 成完成了劃定。另外，中國與尚未確定國境的不丹、印度兩國，也都簽訂了和平條約（不丹[86]：1998 年；印度[87]：2005 年）。

表 1-2　中國與周邊鄰國簽署的國境條約（1990 年～）

國家	國境條約簽署日期
寮國	1991 年 10 月 24 日（國境條約） 1994 年 8 月（中國、寮國、緬甸 3 國國境條約） 1997 年 7 月（補充協定）
俄羅斯	1991 年 5 月 16 日（東部國境） 1994 年 9 月 3 日（西部國境） 2004 年 10 月 14 日（補充協定） 2008 年 7 月 21 日（補充協定）
哈薩克	1994 年 4 月 26 日 1997 年 9 月 24 日（補充協定） 1998 年 7 月 4 日（補充協定）
吉爾吉斯	1996 年 7 月 4 日 1999 年 8 月 26 日（補充協定＋中國、吉爾吉斯、哈薩克 3 國國境條約）
塔吉克	1999 年 8 月 13 日 2000 年 7 月（中國、塔吉克、吉爾吉斯 3 國國境條約） 2002 年 5 月（補充協定）
越南	1999 年 12 月 30 日（國境條約） 2000 年 12 月 25 日（有關北部灣的領海、專屬經濟水域、大陸棚的條約）

資料來源：作者自行整理。

陸上國境線劃定的同時，擁有 1.8 萬公里海岸線的中國，也於 1990 年代之後出現高漲的領海意識（海洋問題請參照第四章第二節）。2000 年 12 月，中國與越南簽訂了北部灣海上邊境，以及專屬經濟水域（EEZ）的相關協定。此協定適用「中間線原則」，而關於位處中間線的白龍尾歸屬問題，北部灣海上邊境協定並未特別觸及，中越兩國以「共同漁場」的概念來擱置此一問題。[88]

在此要特別強調的是，中國在 1950、60 年代劃定國境之際，做出了大幅度的讓步和妥協；但 1990 年代締結國境協定時，在糾紛區域基本上都是採取一半一半的原則。例如，中越之間有 227 平方公里的爭議領土；依據雙方的國境協定，越南拿 113 平方公里，中國則拿 114 平方公里，幾乎是均分的情況。[89] 而在中越的爭議領海問題上，最後也是以 47：53 的比例達成妥協。

關於國境劃定，有看法認爲，中國是因爲體制的不安定性，才表現出合作與妥協的姿態[90]。而國境協定的締結，也爲中國帶來與鄰國政治關係深化，以及急速的貿易擴大。這些效果都是不能忽視的。換句話說，1990 年代初期展開的中國周邊外交，可以說是爲中國此後與鄰國政治、經濟、文化的一體化發展，構築了堅實的基礎。

二、全面參與區域合作組織

天安門事件後，中國展開一連串與周邊各國改善關係的行動，實與中國對亞洲太平洋經濟情勢的認識有密切關聯。在 1990 年 1 月 31 日在《人民日報》上刊載的社論中，對往後亞洲太平洋的經濟情勢展望有以下看法。[91]

1. 今後亞洲太平洋地區將會成爲世界上經濟成長最高的區域。

2. 世界經濟區域集團化趨勢日益加強，雖然亞洲太平洋地區中短期內不會形成類似歐洲共同體（EC）的經濟集團，但亞洲太平洋地區內部的經濟合作與交流將會更加密切。
3. 日本的經濟力量日趨重要，日本將會與美國並肩在亞洲太平洋的經濟發展中扮演重要角色。
4. 今後，亞洲太平洋地區將會去除貿易障礙，進一步開放金融市場，使區域內的產業分工與合作更進一步。

出於前述的經濟情勢展望，中國即使在發生 1989 年的天安門事件之後，依然維持 1980 年代提出的持續推進亞洲太平洋經濟合作路線。在此要指出的是，在與周邊國家改善關係的過程中，中國外交部部長錢其琛於 1991 年 7 月首次以來賓身分參加東南亞國家協會（ASEAN）的外相會議。另外，中國也在同年 11 月於首爾召開的第 3 屆亞洲太平洋經濟合作會議（APEC）的閣僚會議中，成功與臺灣（中華臺北）、香港同時加入 APEC。

從中國的角度來看，太平洋經濟合作理事會（PECC）不過是個民間等級的組織，而 APEC 則是以政府爲主體的組織。因此，當初中國曾要求臺灣以觀察員的身分參加，但最終還是與臺灣同時加入了國際正式組織 APEC。中國政府的讓步，也印證 APEC 對中國的重要性。加入 APEC 對中國有下列的重要性：第一，加入 APEC 是爲了修復自天安門事件之後與西側諸國冷卻的關係。第二，加入 APEC 是爲了加入關稅暨貿易總協定（GATT）的一項布局。當時，歐盟（EU）、北美自由貿易協定（NAFTA）帶動全球經濟的區塊化發展，而此時發展的 APEC 則以「開放的區域合作」爲前提，成員國同意合作推動 GATT 的新型多邊貿易談判（烏拉圭回合）。第三，藉由加入

APEC，中國認爲可在臺灣問題上取得有利的地位。1989 年 9 月 28 日到 10 月 31 日間前往東協訪問的中國社會科學院東協經濟視察團，在之後整理的報告書中提到，東協各國對中國加入 APEC 是持反對態度的，主要因爲東協希望維持 APEC 爲較小規模的官方組織，以維持東盟的特殊地位；同時，此報告也分析臺灣問題將會成爲中國與東協諸國關係改善的一大瓶頸。[92] 事實上，臺灣從冷戰末期開始，就已經嘗試以經濟領域的成果來與東協諸國建立一定的政治關係。[93] 在這樣的情況下，以中國的角度來說，加入 APEC 不只能強化與東協各國的經濟關係，還能透過 APEC 場域來取得臺灣問題的發言權。

1990 年 12 月，與中國嘗試加入 APEC 的同一時期，正在訪問中國的馬哈迪（Mahathir bin Mohamad）首相向李鵬總理提出東亞集團構想。此後，馬哈迪首相便以東亞經濟集團（EAEG）[94] 提案，尋求東協諸國以及日本等東亞各國的支持。[95] 對於此一排除美國的 EAEG 構想，美國自然表達強烈的抗議。日本政府也認爲，EAEG 構想與 APEC 理念相左，對其表現出消極的姿態，甚至還派遣通產省幹部飛往馬來西亞，牽制此一亞洲經濟區塊的動向。對於馬哈迪首相的 EAEG 構想，中國的回應極爲愼重。李鵬在 1990 年 12 月 27 日表示「原則上支持」，但也表示亞洲太平洋地區各國的「國家情況不同，發展階段也不同」，不適合完全照搬其他地區的模型。[96]

在中國國內，對於馬哈迪首相 EAEG 構想的閉鎖性與排他性，有學者提出異議。例如，國務院發展研究中心的季崇威便主張，美國經濟優勢對中國經濟發展較爲有利，且推動亞洲太平洋的經濟合作也有助於推進中國獲得最惠國待遇。[97]

更何況，在此時期中國的經濟發展戰略與國際情勢認知，都是支持「開放型區域主義」。1980 年代後半制定的經濟發展戰略，便是將美國等先進國的資金、技術等放入亞洲太平洋經濟圈的範圍內，推進與美國的「南北」合作。1992 年 4 月召開的聯合國亞洲及太平洋經濟社會委員會（ESCAP）第 48 次會議中，劉華秋所提出的亞洲太平洋地區合作五原則，[98] 也是反映了此一內容。外交部長錢其琛也特別表示，減少與先進國家在貿易、投資與技術轉移等方面的障礙相當重要，並強調要堅持經濟合作的開放性，強調強化多邊合作體制的重要性。

另一方面，在當時中國的世界情勢認知中，與「經濟區塊化」同樣重要的問題還有「政治多極化」。1990 年代前半，中國有「世界正朝多極化發展」的國際情勢認知，對於亞洲太平洋地區中的日美權力平衡，表示歡迎的態度。當時，主要政府智庫的中國國際問題研究所所長杜攻便指出，「西西矛盾（先進國之間的矛盾）是當今世界的基本矛盾之一」。另外，在《人民日報》1991 年末對目前國際戰略格局的分析文章中也提到，美國、日本與歐洲（特別是德國）正逐漸成爲重要的三支柱。[99] 在這樣的情勢之下，國家主席楊尚昆便表示：戰後 40 多年，日本選擇了和平發展的道路，有利於亞洲和世界的和平，中國「歡迎日本在維護世界和平，促進人類進步方面發揮更大的作用」。[100] 另外，中國也以亞洲太平洋地區爲立足點支持 APEC，一方面對於美國試圖在亞洲太平洋地區建立美國主導的經濟秩序保持警戒，另一方面也從現實主義的視角對於 APEC 中的日美權力平衡表示歡迎。[101] 因此，1990 年代初期中國揭示的外交口號，就是「面向世界、立足亞太、搞好周邊」。

1990 年代前半，中國雖然警戒美國的主導角色，但同時也注意日美對立的因素，接近日本抗衡美國。基於此一戰略，中國正面評價日本的積極性角色發揮，並對其寄予期望。1993 年 1 月開始的柯林頓政權，明確重視亞洲太平洋地區。對此，中國社會科學院亞洲太平洋研究所副所長史敏分析指出，美國總統柯林頓（Bill Clinton）所提的新太平洋共同體構想，其意圖是要對抗日本以確保其主導權，同時他也指出應該承認日本在東亞發展中扮演的重要角色，認為今後日本會在前頭帶領，而中國也會跟隨日本在後面持續協助推進。[102] 此一說法，史敏本人稱之為「雙頭火車論」，近似 1980 年代中國提倡的「雁行經濟模型」，也反映了當時中國的國際認知。

在上述的認知下，中國於 1992 年導入「社會主義市場經濟」，加速推動改革開放。1900 年代以後，不僅在經濟領域，中國在安全保障領域的合作姿態也日趨明顯。1991 年 7 月，中國首次參與南海衝突管理工作坊，[103] 對於由領土問題所引起的對立，開始高度評價「以和平方式來解決衝突」的做法。[104] 這種和平解決衝突的思維，貫穿了 1990 年代的中國外交。1992 年 2 月的東協外相會議中，中國將南海問題擱置，並打出共同開發的明確主張。接著在 1992 年開始啓動的聯合國柬埔寨臨時機構（UNTAC），中國也派遣 400 位維和工兵大隊。這是中國首次派出成建制維和部隊參與聯合國維持和平行動（PKO）。[105]

1993 年 7 月召開東協外相會議時，中國在收到東協各國的邀請之前，便已表明「樂於參加與東協的區域安全保障對話」。此時，關於東南亞友好合作條約（TAC），中國雖然表示贊成其條約精神，但同時聲稱由於中國沒有位處東南亞，因此沒有加入的意思。

中國對亞洲地區多邊組織的態度，在 1990 年代中葉發生了很大的轉變。1994 年 7 月的東協外相會議中，探討設立多國間安全保障協議「東協區域論壇」（ARF）的構想，中國是最早表明其參加意願的國家之一。雙邊方式解決亞太安全保障議題，是中國建國以來一貫的傳統外交方針，而中國對 ARF 表示出的積極態度，則意味著中國的外交已經開始從雙邊方式轉向多邊方式。對於 ARF，1995 年以前的中國，有可能是抱持著懷疑且防禦的心態而勉強參加，但中國也並沒有做出任何妨礙行爲。

關於影響中國對亞洲多邊安全保障結構的態度變化，有許多學者提出各種不同原因。有的學者認爲，中國積極參與亞洲多邊安全保障結構，是因爲東協模式與中國外交政策均重視內政不干涉原則與合意原則；也有學者主張，中國當時認爲亞洲安全保障結構不會有快速的進展，亞洲太平洋地區與歐洲不同，難以仿照像歐洲那樣的區域安全保障體制，[106] 此種懷疑態度致使中國可以安心地參與亞洲區域安全保障體制。此外，本節提及 1990 年代初期中國國內產生對安全保障領域的認知變化，對於中國在多邊安全保障上的姿態之轉變，也起了相當大的作用。

三、以地方政府為主體的次區域合作

中國政府在天安門事件後，雖然對亞洲太平洋經濟合作以及亞洲地區安全保障相當積極，但在 1990 年代初期，大多數學者並沒有將亞洲太平洋經濟合作視爲一項長期目標，並認爲經濟一體化只會是一個緩慢進行的過程。而相對於亞洲太平洋經濟合作，當時在中國受到相當注目的則是次區域合作。中國政府和其高層智囊都認爲，亞洲地區的次區域合作是最具現實性的。

在鄧小平南巡之後，中國決定於 1992 年導入社會主義市場經濟，而在中國對外開放沿海地區之後，「邊境（沿邊）」也就成爲了下一個開放目標。1992 年 2 月召開的第 7 屆全國人民代表大會第 5 次會議中，總理李鵬在其政府活動報告內，提到要階段性地促進少數民族地區之對外開放與國境貿易。此一被稱爲「沿邊開放戰略」的構想，由黑龍江省、吉林省、遼寧省組成的「東北開放區」、以新疆維吾爾自治區爲中心的「西部邊境開放區」，以及以雲南省、廣西省爲中心的「西南邊境開放區」等三個「邊境開放區」所構成。[107] 透過此一邊境開放策略，中國迎來了國境貿易的熱潮。[108]

然而，中國中央政府雖然與地方政府合力，強勢推動了西北開發區、東北開發區與西南開發區的開放與發展政策，但在 1990 年代前半之際，成功的只有以大湄公河次區域（Greater Mekong Sub-region, GMS）經濟合作爲中心的西南開發區而已。關於這個部分，會在第三章加以詳述。

貳、正式展開周邊外交：1996 年～2006 年

在天安門事件以及冷戰終結之後，中國才展開建國以來頭一次以亞洲地區爲對象的外交戰略。尤其是與鄰國之關係改善、全面參與區域組織，以及以地方政府爲主體的區域合作，更是成爲中國在 1990 年代前期開展周邊外交的三個重要支柱。

然而，1990 年代前期中國展開的周邊外交只是「小周邊」，基本上是以承繼 1980 年代以來的「亞洲太平洋」戰略概念爲基礎。中國眞正意識到可以稱爲「大周邊」的亞洲地區，並展開其正式周邊外交，則要等到 1990 年代後半。中國在 1996 年至 1997 年的多邊外交，開始積極與亞洲近鄰諸國進行協調與合作，並在 2002 年 11 月召開的中國共產黨第 16 次黨大會中，明確在政府文件中表示亞洲外交（周邊外交）是其對外戰略中最重要的外交課題之一。

一、積極的周邊外交之國際環境與國內要素

導致中國外交戰略轉向積極與鄰國合作協調的首要之因，是發生在 1990 年代後半的東亞國際情勢變化。

對中國來說，1995 年以後不斷發生足以動搖日、美、中安定關係根基的事件。1995 年 6 月，柯林頓總統允許臺灣總統李登輝前往美國訪問；1996 年 3 月，臺灣進行首次總統直選時，中國在臺灣海峽進行了恐嚇性飛彈軍事演習，這讓中美關係陷入緊張。此外，1996 年 4 月，美國總統柯林頓與日本首相橋本龍太郎共同署名的「日美安全保障聯合宣言──邁向 21 世紀的同盟」（Japa-U.S. Joint Declaration on Security: Alliance for the 21st Century），重新確立後冷戰時期一度漂流的美日安保同盟關係，徹底改變了中國對美日安保的看法。冷戰結束之後的 1990 年代初期，中國一直較爲冷靜地看待美日安保；但在美日聯合宣言簽署之後，中國開始強烈表示反對美日安保同盟。這是因爲，中國強烈擔心，亞洲的美日安保體制強化，結合歐洲「北大西洋公約」（NATO）的東擴，將會形成美國對中的包圍網，且對臺灣問題產生影響。爲了消除此一恐懼，中國改變了以美國爲中心的對外戰略，並正式展開天安門事件後制定的「一圈、一列、一片、一點」政策。[109]

中國開始轉向重視亞洲的理由，除了美日同盟所帶來的影響之外，也與在東亞發生的一些事情有深刻連結。1995 年的第一次美濟礁（Mischief Reef）事件發生，以及東協外相會議共同聲明之後，中國開始對多邊活動表示關心。但一直要到 1996 年至 1997 年後，中國才開始積極參與 ARF，並強化對東南亞諸國的外交攻勢，全方位進行周邊外交。在 1997 年 3 月的政府活動報告中，中國一方面試圖消

弭中國威脅論，另一方面也打出了積極參與區域組織的多邊外交之方針。驅使中國轉向重視亞洲地區多邊外交戰略的轉向的亞洲局勢變化，大致有以下二個事件。

第一，1992 年開始以後，雲南省參加的 GMS 經濟合作發展迅速，且於 1996 年成形（參照第三章第二節）並選定了 6 項優先計畫。不言而喻，GMS 經濟合作中的這些具體共同開發所帶來的經濟效果，對中國來說是相當具有魅力的。

第二，東協成員國的增加。自 1995 年越南加入之後，1997 年的寮國與緬甸、1999 年的柬埔寨，都成爲了東協的新成員。東協成員國的擴大，使東協與中國跨國境相鄰，在現實上成爲中國的「鄰邦」。

GMS 經濟合作的進展和東協的擴大，這些 1990 年代在東南亞所呈現的區域化趨勢，促使中國再度思考其東協戰略，而 1997 年的亞洲金融危機更加速了中國外交姿態的轉變。

在積極實施「一圈、一列、一片、一點」戰略的同時，中國再度確認了改革開放以來的「經濟優先」政策。1996 年以後，雖然感受到由於美國圍堵造成的國際環境相對惡化，但中國依然強力推動加入世界貿易組織（WTO），顯示其欲在西方主導的國際體系，推動中國經濟成長的鮮明姿態。

不容忽視的是，中國在 1990 年代後期提出了「新安全觀」。而這個「新安全觀」的提出，也是促使中國加速重視亞洲戰略的關鍵點之一。

錢其琛外交部長在 1996 年 7 月的 ARF 中，首次提及中國的新安全保障觀。此後於 1997 年 4 月的中俄共同宣言中，中國正式提出新安全保障觀並將其定型化。接著在 2002 年 7 月的外相會議中，中國向 ARF 提交並正式發表了「中方關於新安全觀的立場文件」。高原明生表示，新安全保障有著「協調性安全保障」與「綜合安全保障」這兩個面向。前者是以互賴、互利、平等、合作爲核心的協調性安全保障，後者則是包含了恐攻、毒品、疾病、海盜等非傳統威脅及經濟、能源、環境等因素的綜合安全保障。[110]

當時，對於「新安全觀」是否將取代傳統安全保障觀，不只中國國內眾說紛紜，因而掀起一陣議論；日本方面對中國的「新安全觀」，也有各式各樣的解釋。[111] 但若從之後中國外交的進程來看，這項「新安全觀」的提出，有著三個重要意義。

首先，「新安全觀」的提出，表明中國開始重視非傳統安全保障，這應該是「新安全觀」最重要的意義。高木誠一郎在當時就指出，「新安全觀」的提出，說明中國已經同樣重視傳統安全保障與非傳統安全保障。[112]

第二，「新安全觀」的提出，有利於促進中國和東協的合作。「新安全觀」中的「協調性安全保障」，其觀點立基於和平五原則的延長線上，並與東協規範[113]——不行使武力、不干涉內政、以協議來解決問題等原則有其共通點。同時，在 1990 年代初期，統合國家是中亞獨立各國的最重要課題，從此意義而言，「新安全觀」中的「協調性安全保障」，對中亞各國而言也是容易共享的概念。「新安全觀」所具有上述的共通性和共享性，也爲中國－東協、中國－上海合作組織（SCO）提供了一個建立合作關係的理念基礎。

第三，「新安全觀」的提出，與中國對美國在亞洲的安全保障機制認知變化，有著連動關係。後冷戰時期的中國，一直批判美國在亞洲的軍事協定或同盟是「冷戰時代的殘渣」，並認爲這將會造成亞洲太平洋區域安全保障合作上的重大障礙。雖然此種聲音[114]一直到 1999 年左右都還是主流，但在 2000 年以後，中國對於美國在亞洲的軍事同盟與安全保障機制的看法，也出現了一定的變化。有學者開始認爲，冷戰時期美國在亞洲地區簽訂的雙邊和多邊軍事合作雖然不合時宜，但其性質與角色已出現變化，逐漸成爲追求共同安全保障的共識。[115] 到了 2011 年，在美國明確打出重返亞洲的政策之前，中國國內甚至出現對亞洲安全保障體系的樂觀態度，認爲只有少數國家與美國保持軍事同盟或軍事協定，其他國家大多都是在美國軍事體系圈外。[116]

針對中國對軍事同盟或軍事協定認知的變化，沈大偉（David Shambaugh）有著以下分析。1999 年，東亞願景集團（EAVG）[117] 的東協代表，曾經忠告中國不要大聲疾呼捨棄冷戰思考、廢除美國在冷戰時期構築的軍事同盟關係，並建議中國，若能停止要求東亞國家必須與美國解除軍事同盟關係，並且不以政治力影響華僑的話，東協與中國將能建構起更友好的關係。[118] 沈大偉並沒有明確說明，此建議與之後中國態度的轉變有何因果關係。但進入 2000 年以後，中國要求解除軍事同盟的發言確實大幅減少。

中國開始降低對美國與亞洲各國的軍事同盟、軍事協定的批判聲浪，大概不是中國心甘情願下的結果；然而，這也就意味著中國開始將軍事同盟、協定視爲一項既定事實並加以接受。如果從中國的態度變化來解釋「新安全觀」，應該可以說，「新安全觀」默認了美國主導的傳統安全保障，並在此前提下重視「協調性安全保障」與「綜合安全保障」。

除了中、美、日的三國關係的結構變化與東亞地區一體化的傾向，中國國內的經濟戰略的展開，也在很大程度上加速了中國在 1990 年代後期面向亞洲的外交轉向。特別是在 2000 年的全國人民代表大會中，中國政府正式決定了「西部大開發」的方針。推進「西部大開發」，也要求中國加強與中國周邊國家的關係，因爲這些周邊鄰國既是中國的重要的資源供給國，也是中國重要的海外市場。此後在中國共產黨第 16 次全國代表大會時，中國政府在政策上追認了積極的多邊外交姿態，亞洲外交也成爲了對外戰略中最重要的一環之一。在此次 16 大會議中，中國政府同時公開表述 21 世紀的前 20 年是中國的「戰略機遇期」，並且打出了「大國是關鍵，周邊是首要，發展中國家是基礎，多邊是重要舞台」的口號，從而確定了中國此後 5 年的外交走向。

二、周邊外交的全面開展

與中亞各國間的合作架構的建構，是在 1996 年 4 月創設「上海五國」會晤機構之後才展開的。以中國、俄羅斯以及中亞三國（哈薩克、吉爾吉斯、塔吉克）爲成員國的上海五國會晤機構，於 2001 年 6 月升格爲常設機構「上海合作組織」（SCO）。經過近 20 年的合作，上合組織其成員國已延伸到南亞，8 個成員國的國土總面積約占歐亞大陸面積的五分之三，人口占世界近一半。

由於上合組織是一個以中國地名命名，其總部設置在中國的區域組織，因此上合組織對中國有著象徵性意義，它成爲了中國主導的區域組織的象徵性存在。中國對上合組織的建構非常重視，積極展開「雙輪模式」，極力推動「安全保障合作」與「區域經濟合作」（詳見第二章第三節）。

1990 年代後半，中國開始積極與東南亞各國強化雙邊關係（詳見第二章第二節）。1997 年 12 月，中國與東協簽訂《面向 21 世紀的睦鄰互信夥伴關係》；接著從 2002 年到 2004 年間，中國與東協又陸續簽訂了幾個重要條約。第一個是在 2002 年 11 月，爲和平解決南海主權問題而簽訂的《南海各方行爲宣言》；第二個則是在同月簽訂的《中國－東盟全面經濟合作框架協議》，啓動了人口總數達到 19 億人的東協－中國自由貿易區（ACFTA）；第三個是在 2003 年 8 月的中國－東協首腦會議中所提出的《東協－中國面向和平與繁榮戰略夥伴關係聯合宣言》，中國也作爲域外國家首次成功加入 TAC。

此一時期，中國通過上合組織與中國－東協間的區域多邊合作，強力推動亞洲區域合作。此外，中國也積極參與亞洲國際組織所推動的多邊合作。例如，雖然中國在 2002 年時才與東帝汶建立了邦交關係，但早在 2000 年 1 月時，中國就已派遣 15 位維和警察前往東帝汶，參與聯合國東帝汶過渡行政當局（United Nations Transitional Administration in East Timor, UNTAET）的 PKO 行動。由於中國極爲重視聯合國維和中的「當事者同意原則」（紛爭當事者都明確同意後才可介入），因此對於是否參與東帝汶的 PKO，中國當時是相當猶豫的。後來，菲律賓、泰國都強調爲維持地區安定，東帝汶的 PKO 行動是相當重要的；[119] 在此國際輿論，以及在印尼政府的默許下，中國才開始積極參與東帝汶的 PKO 行動。[120]

如上所述，從 1996 年左右開始，中國爲應對國際形勢的變化，積極開展多邊外交。中國選擇加入既有的國際和區域體制，力求在現行體制中推動其成長。一方面，中國的立足點從亞洲太平洋，轉爲亞洲區域；另一方面，強化與上合組織、東協成員的關係，在國家的主導下積極參與多邊合作。

參、重新定義國家利益與美國的重返亞洲：2006 年至今

一、重新定義國家利益

從 2006 年左右開始，中國開始重新定義國家利益。受此影響，中國的亞洲外交也開始產生根本的改變。

自改革開放以後，中國的國家利益一直定位在本國的經濟發展，外交也是爲了經濟的發展。然而在 2006 年之後，除了經濟發展以外，中國的國家利益加上了「國家主權與安全」。在 2006 年 8 月的中央外事工作會議中，國家主席胡錦濤首次提出，中國外交的主要任務是「維護國家主權、安全和發展利益」。[121] 這項「維護國家的主權、安全與發展利益」的口號，在中國共產黨第 17 次黨大會的政府活動報告中再次獲得確認。之後，「維護國家主權、安全和發展利益」正式被定位爲中國外交的根本目標。

中國政府從 2006 年開始，將「國家主權」、「安全」與「經濟發展」共同視爲國家利益；之後隨著 2008 年與 2009 年的國內外情勢變化，得以進一步成爲具體政策。2008 年，是中國首次主辦奧運，也正好適逢改革開放 30 週年。而 2009 年則是中美邦交正常化 30 週年，對中國來說特別重要。然而，在這 2 年內，連續發生了幾件中國政府預測之外的重大事件，引發中國領導層的深刻危機感。在對應這些多重危機的過程中，中國堅定了國家利益的定位，逐步調整改革開放 30 年以來中國外交政策的根本目標。

2008 年 3 月 14 日發生西藏暴力抗議事件，此一騷亂更在海外引發阻擾奧運火炬傳遞接力的抗議行爲。接著在 2009 年 7 月 5 日，新

疆維吾爾自治區內的烏魯木齊因爲民族問題而發生大規模的騷亂活動（七五事件）。對中國領導人來說，「統一與安定」一直是建國以來的國家課題，而「七五事件」重新提醒此項課題的重大性，並集中全力來處理。同時，西藏暴力抗議事件和新疆七五事件也造成中國與部分周邊國家的關係惡化。對於「七五事件」，土耳其總理雷傑普・塔伊普・艾爾多安（Recep Tayyip Erdoğan）強烈地批評指責中國政府的民族歧視與虐殺行爲，並在包括土耳其在內的部分國家，出現抗議遊行活動。與此同時，2007 年至 2008 年，又發生由美國次級房貸危機所引發的全球金融海嘯，全世界都陷入經濟不景氣之中。

上述一連串的危機，同時爲中國帶來了「自信」與「危機感」。在全球金融海嘯發生之後，中國一方面於 2008 年 11 月時採行總額超過 4 兆人民幣的大型景氣刺激對策，致力維持 8% 以上的經濟成長率；另一方面也積極參與 G20 等各種國際會議，協商國際金融危機對策，大幅提升中國在國際社會中的發言力與影響力。中國政府自身對中國在金融危機時的活躍言行做了以下的總結，向國內外宣傳顯示在國際社會中持續增大的本國影響力：中國「積極推進國際金融體系改革，推動完善國際金融機構現行的決策程序和機制，著力提高發展中國家代表性與發言權」。中國也積極參與國際金融公司貿易融資計畫，參與東亞區域外匯儲備庫建設，設立「中國—東協投資合作基金」，並與有關發展中國家簽署雙邊貿易互換協議，與包括越南在內的多個亞洲國家和地區簽署了互利互惠的合作協議。[122]

同時，這一連串的危機也爲中國領導人帶來強烈的危機感。在中國共產黨統治了西藏與新疆將近 40 年，以及即將迎來西部大開發 10 週年之際，發生了西藏「三一四事件」與新疆的「七五事件」，震驚中國高層。當時多數學者也認爲，西藏和新疆的民族議題會招致更嚴峻的國際責難，將會大幅惡化中國的安全保障環境。在此局面下，中國政府重新審視其民族政策與對周邊國家的政策，並決定將最優先政策轉向「國家統一、民族團結、社會安定」。從 2000 年代後半，中國政府越來越重視在民族問題複雜的西部地區安全保障。

如上所述，經過 2008 年與 2009 年的一連串外交危機後，自信與危機感同時在中國內部獲得強化。這兩項意識變化，與中國強調國家主權及安全重要性的趨勢相輔相成，也是 2006 年開始萌芽的國家利益再定義之結果。2009 年，中國外交部長楊潔篪在總括改革開放 30 週年的對外政策時，表示今後的外交指導方針將要求「進一步擁護國家主權、安全與發展利益」，再次確認了 2006 年時的方針。[123] 爾後的習近平政權，也繼承了這個外交方針。

值得一提的是，「國家主權」與「安全」這兩項概念，放在與經濟發展同樣重要的位置上，這意味著領土、安全保障等相關議題，在 2000 年代後半的中國外交戰略中，占有格外重要的位置。

二、美國重返亞洲政策與中國的反應

2011 年秋天，美國宣布了「重返亞洲」的政策。與將中國納入國際社會中的交往戰略相比，美國更加重視抗衡中國的戰略。歐巴馬政權在經濟面上積極推動跨太平洋夥伴協定（TPP），在軍事面上與亞洲各同盟國強化軍事合作。歐巴馬政權的對中戰略，與過去的美國政府在兩個層面上明顯不同。其一是在經濟領域，歐巴馬政權明確要維持美國的領導地位，並明言「不能讓中國書寫全球貿易規則」。其二是在安全保障領域，歐巴馬政權開始著手改變在亞洲的由美國主導的安全保障體系，致力將軸輻模式改造為由美國主導的安全保障網。在此戰略下，以往的美日、美韓等的雙邊安全保障同盟，逐步走向美、日、韓或美、日、澳、印等多邊安全保障合作的網絡機制。

在美國的經濟與軍事攻勢下，美中角逐亞洲地區影響力的趨勢越發明顯。此外，由於 2006 年時中國將國家主權、安全放在與經濟發展同等的位置上；而此一重視維護中國主權和安全的姿態，導致中國對外政策日趨強硬。而中國與周邊國家間的不合，也成爲更顯著的新常態問題。

在歐巴馬政權重回亞洲的外交政策日趨明顯、中美之間在亞洲正式對決的趨勢日趨加重的情況下，中國國內學者在三個問題上展開激烈的爭論。

1. 「周邊環境惡化，是否致使中國和平崛起的戰略機遇期消失？」這個問題在中國內部引起了廣泛的討論。「戰略機遇期」概念最早是在 2002 年召開的第 16 次黨大會中提出，認爲 21 世紀的前 20 年是中國和平崛起的戰略機會。然而，此一戰略機遇只經歷前 10 年，美國就採取重返亞洲政策，開始加強打壓中國的外交行動。認爲之後 10 年的機會之窗已經關閉的中國國內學者，占了壓倒性多數。
2. 改革開放之後，對於是否該重新審視中國的「非同盟政策」的問題，中國學者之間也有很大的意見分歧。以中國著名的國際關係學者閻學通爲首，一部分學者主張，爲了擺脫因美國與亞洲同盟國軍事同盟強化而造成的中國孤立，中國應該推進與周邊國家建立同盟或準同盟關係。[124]
3. 也有學者主張，中國應該正視亞洲地區「政經分離」的情況，即經濟上依賴中國，安全保障上依賴美國，重新思考其亞洲政策。持著中國觀點的學者們認爲，光是在政治、經濟或外交上的努力是沒有辦法消除周邊國家的中國威脅論。[125] 爲了打破「政經分離」的狀態，這些學者提議中國應該在周邊問題上學會打經濟牌，把經濟制裁作爲政策選項。[126]

對於美國推出的重返亞洲政策，中國知識分子或網路的反應與中國官方的看法大不相同。在中國學者與網路意見中，認爲美國一連串的動作是爲了阻止中國的大國化，並對中國進行軍事、政治、經濟上的封鎖，此一意見爲壓倒性之多數。然而，中國政府的看法則與這些知識分子或網民的反應大相逕庭，可以說是極爲壓抑、冷靜。關於中國政府的官方看法，可以整理成以下四點。

1. 針對在亞洲太平洋地區確保其「一國獨強體制」的美國，中國政府則提倡亞洲太平洋的「G2 論」。對於美國的重返亞洲政策，中國政府反駁說美國從來沒有離開過亞洲，並發表了「歡迎美國在亞洲太平洋地區扮演具建設性的角色」的正向評論。[127] 同時，中國也強調安定的中美關係對亞洲太平洋地區的重要性，反覆表明「亞太足夠大，容得下中美兩國。中美在亞太的共同利益很多，合作潛力很大」的相關主張。[128]
2. 對於美國在亞洲太平洋地區的強化軍事同盟舉動，中國政府強烈反彈。2012 年 1 月美國國防部發表了新版「國防戰略指針」，中國國防部發言人耿雁生強力批評美國在澳洲達爾文駐軍的「空海一體戰」新軍事指令，認爲這是「冷戰思維的體現，與和平、發展、合作的時代潮流背道而馳」。[129] 外交部發言人劉爲民也表示，「中國對各國間發展正常雙邊關係不存異議」，但同時強調「發展彼此關係時要考慮到其他國家的利益以及本地區的和平和穩定」。[130]

3. 關於 TPP，中國政府判斷成員國之間的交涉難以展開，且主流想法認爲要排除區域最大貿易國的中國是相當困難的，因此反應相當冷靜。雖然多數中國學者批評 TPP 是美國封鎖中國的戰略一環，但 TPP 原則上要撤除所有領域的關稅，對中國來說（特別是金融服務領域）難度太高，中國短時期內也無法接受 TPP 的條件。然而，歷經加入 WTO 時的長期交涉之苦，中國政府認爲早期加入此一機制，得以參與規則制定將更有利。因此，中國於 2013 年 6 月發表聲明，表示會考慮加入 TPP。
4. 對內，中國政府則呼籲要冷靜對應。例如，對於美國的重返亞洲政策，外交部部長助理樂玉成在中國的外交雜誌上，提出了「美國調整亞洲戰略，主要是爲了順應亞太地位和重要性顯著提高的大勢」的冷靜看法。[131]

如上所述，對於美國重返亞洲的決心，中國一方面對軍事同盟表達了強烈的批判，但另一方面也展現出冷靜的反應。對於國內蔓延的「戰略機遇期」已消失的悲觀看法，中國政府明確表示將會努力維護並延長戰略機遇期。[132] 國家主席胡錦濤也在 2012 年 11 月的第 18 次黨大會報告中，明言中國發展仍處在戰略機遇期的階段。[133]

對於美國的戰略攻勢，中國不僅在發言上較爲冷靜穩重，胡錦濤時代的實際對外政策也依然繼承過往的對外政策。對於今後的中國對外政策，外交部部長助理樂玉成總結爲以下六點：1. 走和平發展的道路，維護國家利益；2. 隨著實力上升，在國際與區域的重要問題如聯合國維和行動、反恐行動以及災害救助等方面，中國應該負起更大的國際責任；3. 堅持不干涉主權、內政等基本原則，促進改革；4. 重視發達國家的作用，並強化與發展中國家間的合作；5. 促進周邊區域的發展，強化安全保障上的合作；6. 繼續推進「Made in China」，同時也提供更多的「中國方案」。[134] 若從樂玉成發表的上述六點來看中國的亞洲外交，中國式在主權問題上不做出讓步的前提下，會提供多邊合作的區域公共財，努力促進、強化與周邊國家的關係，並在亞洲區域整合中發揮主導作用。

此外，在與 TPP 的關聯上，中國會持續推動兩國間的自由貿易協定（FTA）與區域全面經濟夥伴關係協定（RCEP）。[135] 亞洲區域整合專家，著名的政策智囊張蘊岭指出，中國若持續推動中日韓 FTA、RCEP，亞洲除了 TPP 以外，還會有多層級的經濟合作架構，[136] 而這些經濟合作架構可以由中國推進和主導。一位中國前政府高官也發言稱「為了不被 TPP 追趕至邊緣，中國應該持續推進與亞洲主要經濟國家展開兩國或多國間的 FTA」。[137] 不難看出，張蘊岭的言論其實和中國前政府高官的發言同出一轍，意味著這些觀點在很大程度上反映了中國政府當時的政策。

以上述戰略思維為出發點，2011 年末後，中國積極地在亞洲開展了外交攻勢。這段時間的中國亞洲外交有著以下三個特徵。

第一，中國明確認識到美國仍然是世界第一強國，所以持續強化與美國之間的協調。在亞洲地區的中美合作，以北韓的核武問題最為明顯。也就是說，中國為了保障本國的戰略機遇，盡量迴避與美國之間的對立，極力管控兩國的摩擦。

第二，由於中美在亞洲的對立日趨明顯，中國與周邊國家在海洋問題上的對立逐步升級，中國周邊的安全保障環境趨於不安定化。在這種情況下，對中國來說，像巴基斯坦及俄羅斯等「尊重中國核心利益」，與中國維持「全天候型（無論國際情勢如何皆保持友好）關係」的「準同盟」國家，其重要性變得越來越高，中國也開始加強與這些國家的關係。

特別是與巴基斯坦的關係，更是被譽爲「巴鐵」，巴基斯坦被稱爲是中國「像鋼鐵一樣堅固牢靠的朋友」。出訪巴基斯坦的國務委員戴秉國，在出席中國與巴基斯坦建交60週年儀式時，使用了「巴鐵」一詞，在中國國內成爲了一個廣大的話題。隨後，外交部亞洲司長羅照輝更高度評價中巴關係，稱讚巴基斯坦是中國「政治上的盟友、安全上的屏障、經濟上的市場」。[138]

除了巴基斯坦以外，中國對俄羅斯的評價也突然升高。許多知識分子讚賞中俄關係是「在中國大國關係中最爲穩定的，內容最豐富的關係」。[139] 中國外交部也認爲：「在事關中國核心利益的重大問題上，俄羅斯是給予我國最有力、最明確、最堅定支持的大國」。[140] 另外，在 2013 年 1 月召開的第 8 次中俄戰略安全保障對話中，總書記習近平也明確表明，中俄的全面戰略協作夥伴關係是中國外交上的優先方向。[141] 習近平就任國家主席後，第一個海外訪問的地點就選擇了俄羅斯，並在訪問時簽訂《中俄合作共贏、深化全面戰略協作夥伴關係聯合聲明》，[142] 明文記載雙方「在涉及主權、領土完整、安全等核心利益問題上相互堅定支持」。在受到美國的外交攻勢之下，這段文字的政治意涵意義相當深厚。

第三，2006 年以後，由於海洋主權問題，中國與部分周邊國家之間的關係惡化。在 2012 年召開的中國共產黨第 18 次全國代表大會中，提出了「堅決擁護國家主權、安全與發展利益，絕不會屈服於任何外來壓力」的外交方針。習近平接著在 2013 年 1 月 28 日的中央政治局會議中，表示不會拿中國的核心利益做交易，[143] 再次強調中國在國家主權、安全以及發展利益上，不會做出任何讓步。

整體而言，中國一方面繼承以往的亞洲政策，但另一方面也因美國採取重返亞洲政策而做出若干政策調整。如前所述，中國自 1990 年代後半開始的周邊外交，是以默認美國在亞洲的軍事同盟爲前提而展開的。美國的重返亞洲戰略下的安全保障體系，改變了以往的軸輻模式；在美國主導下的亞洲，有可能出現一種圍堵中國的新安全保障網。對此，中國自然抱持強烈的危機意識。在此狀況下，可以理解中國改變其對亞洲的政策。受到美國政策轉換的影響，中國也開始加強與全天候型「盟友」國家的關係。雖然中國是否眞的擁有「盟友」，還是一個需要探究的未知數；但在中國的對外戰略實踐中，俄羅斯、巴基斯坦等國，以及中亞與南亞地區在中國外交戰略中的重要性，確實正在顯著提升。

肆、小結

冷戰終結之後，中國的周邊外交開始蓬勃開展並有所變化。後冷戰時期的周邊外交，立足在與鄰國的交流與促進邊境地區的安全保障上。中國注重著手修復外交關係，並與周邊國家劃定國境線。1996 年以後，特別是在 1997 年亞洲金融危機之後，中國開始全面展開周邊外交，並積極參與亞洲地區的多邊合作及區域秩序之建構。接著在 2006 年左右開始，強調國家主權、安全經濟發展的重要性，在外交上扮演起重要角色；中國對亞洲地區的參與途徑開始產生變化，其外交姿態也趨於強勢。受到美國重返亞洲政策的影響，中國開始重視可以擁護其核心利益的國家，強化「全天候型夥伴關係」以及「準同盟關係」的建構。

在 1990 年代之前，中國並不存在所謂「亞洲政策」此一政策領域，對於亞洲地區的看法，也是「亞洲—非洲」（1950 年代到 1970

年代）與「亞洲太平洋」（1980 年代到 1990 年代中期）。到了 1990 年代中期，以美日安保再定義為契機，中國明確其戰略立足點，開始致力於「亞洲外交」（周邊外交）。1990 年代後半以後的中國亞洲外交中，最重要的兩項特徵就是：以經濟領域合作為中心強化與亞洲各國的關係，以及重視多邊合作。

從敵視到默認，從參與到合作，從搭便車到推動者，在亞洲多邊合作中，中國的自我認知與角色經歷了相當大的變化。在 1990 年代初期，中國將自己放在發展中國家的位置上，立足於「亞洲太平洋」的戰略概念，並努力從美國與日本等先進國家獲得援助，同時積極參與亞洲各國之間的經濟合作。然而，在 1990 年代後半開始，中國開始同時主張「發展中國家」與「大國」這兩個身分認同，並成為了推動亞洲區域整合的重要角色。於是，後冷戰時期的中國從既有國際體系的參與者，崛起成為了新區域組織的推動者和創立者。

第三節　中國與亞洲各國關係的各面向

1978 年，中國採行改革開放政策，並於 1992 年喊出「社會主義市場經濟」的口號，接著在2001年成功加入世界貿易組織（WTO）。在這樣的口號下，中國在 1990 年代後半，開始積極參與亞洲區域的多邊合作與建構區域秩序。2006 年，中國將維護國家主權與安全定位為外交目標後，加劇了與其有海洋主權爭議關係國家之間的對立。

另一方面，伴隨著改革開放之後的政策發展，中國與亞洲各國之間的關係也出現顯著變化。而習近平時代中國外交，則在國內層面的結構上發生了重大變化。[144] 本節將以冷戰結束至胡錦濤政權後期（2010 年）為研究對象，首先考察亞洲區域最重要的雙邊關係—中日關係，接著再從各方資料解讀中國與亞洲各國在政治、經濟、文化與軍事關係的現狀。

壹、在亞洲的中日關係

後冷戰時期中日關係基本走向的最大特點，就是同時存在政治與安全保障的對立，以及在經濟上的相互依賴。美日對於中國增強軍備有著強烈的不信任感，而中國對於美日的封鎖戰略也有強烈的恐懼感。隨著安全困境的加深，政治體制的差異也逐漸影響到雙方的政治關係。因此，美日兩國軍事安保機制不斷強化，中日兩國在安全保障對立深化的同時，經濟上的相互依賴卻也逐漸加深。

一、冷戰終結後的中日關係

現今中日之間的主要對立問題，多半是在 1990 年代前半發生的。儘管如此，從 1989 年到 1995 年之間，在友好關係架構下，中日之間的摩擦是可管理的。1990 年代初期，日本政府認識到中日關係對世界的重要性，日本對中外交的基本立場爲：「以國際社會全體的觀點來看，一味地孤立中國並不是一件好事，日本的重點是推進與中國之間的政治對話」。[145] 對於中國的軍備擴張與急速的經濟成長，首相宮澤喜一表示：「（中國）總有一天會成爲經濟與軍事大國。……我們既不可能封鎖中國，也不應該去考慮這件事，我們反而應該讓中國積極參與，讓他們加入我們的對話才是重要的」。[146] 另一方面，對中國的外交來說，強化與日本之間的合作也是最優先的課題之一。天安門事件之後，中國爲打破國際上的孤立，將改善與日本之間的關係視爲最重要的目標，並於 1990 年代初期美日關係因貿易摩擦而產生對立之際，採取離間戰略來積極強化中日關係。

1990 年代前半，中日兩國的友好關係有兩個大前提。第一，中日兩國都是以「南北視角」來看待中日關係的，亦即：「身爲先進國家的日本，支援發展中國家的中國」。第二，在 1990 年代初期，中日兩國在對美關係上，都問題重重。然而，奠定 1990 年代初中日友好基礎的兩個前提，在 1995 年以後開始崩壞。

泡沫經濟破滅之後，由於一直無法脫離通貨緊縮而使日本景氣持續停滯。而中國經濟持續發展，在 2011 年正式超過了日本，成爲世界第二大經濟體。因此，1990 年代初期中日關係中的南北視角，便難以繼續維持；如何建構新的關係，成爲了重要的課題。與此同時，以中國的經濟成長爲背景，中日美三國間的三角關係也出現很大的變化。1996 年，日美兩國重新定義美日安保條約，發布了美日安全保障共同宣言，並以 1997 年簽訂的《美日防衛合作新指針》爲開端，美日兩國結束了 1990 年代初期的「同盟漂流」狀態，在安全保障關係上獲得強化。而 1996 年後的中日關係，則開始出現了政治、安全保障的對立，與經濟相互依賴同時深化的情形，也就是說，中日關係出現了「政冷經熱」的特徵。

「政冷經熱」意味著：人員交流與經濟相互依賴關係，並沒有爲中日兩國帶來政治上的安定。2010 年以後，以領土問題爲開端，中日兩國之間的關係瞬間惡化。2010 年 9 月，在尖閣諸島（中國：釣魚島，臺灣：釣魚臺）海域上，發生了中國漁船與海上保安廳巡邏船相撞的衝突事件；接著在 2012 年 9 月 11 日，日本以「爲了尖閣諸島的長期平穩和安定地維持與管理」[147] 爲由，用 20 億 5,000 萬日圓買下私有地的尖閣諸島（釣魚島、北小島、南小島），並在閣僚會議上正式決定將其國有化。隨著日本政府將尖閣諸島國有化的行動，中國國內發生了大規模的反日抗議，中國政府也表達激烈的反彈（參照第四章第二節）。

從 2012 年到 2013 年，雖然中日兩國都經歷了政權交替，但並沒有做出任何改善中日關係的行爲。第二次安倍政權以美日同盟爲主軸，打出了價値外交政策，積極展開亞洲外交。另一方面，習近平政權在領土問題上也展現出絲毫不讓步的姿態。原本中日兩國之間根深蒂固的政治不信任，在歷史問題、領土問題的激化下，讓中日關係陷入了停滯的膠著狀態。雖然中日關係在 2017 年以後逐步恢復正軌，但雙方並沒有擺脫安全困境，兩國的政治不信任也依然存在。

二、圍繞著亞洲區域秩序的中日主導權之爭

在亞洲金融危機以後，特別是 2000 年後的區域整合問題上，中日兩國的競爭關係越來越明顯。1998 年 10 月，日本通產省決定推動自由貿易協定（FTA）方針時，大臣與謝野馨與通產省幹部的優先考量，是 FTA 對政治同盟的影響，也就是在選擇 FTA 締約國之際，要考慮的是如何牽制與因應中國的崛起。[148] 在此考量下，日本的動作在 2000 年之後更加積極。中國在 2004 年時表示支持東協加三（中日韓）的架構，並主張建構東亞自由貿易協定（EAFTA），[149] 但日本則在 2006 年 4 月提出了包含 16 國的 FTA 構想──「東亞全面經濟夥伴關係」（CEPEA）；而 2009 年鳩山政權在組閣後的第三天，便表明支持包括澳洲等國在內的 CEPEA 的構想。

日本與中國抗衡的態度日趨明顯，但是中國還是一如既往地持續推進以往的政策，致力建立以中國爲中心的經濟貿易圈。2010 年秋季，菅直人內閣在閣僚會議中決定展開與 TPP 關係國的談判之後，中國政府便向日本方面詢問有關中日兩國的 FTA 交涉的可能性。[150]

顯然，中國政府希望推動中日韓 FTA 以及總共 16 國參與的區域全面經濟夥伴關係協定（RCEP）[151] 來應對 TPP。

在美國展開重返亞洲的政策之下，與 TPP 相關的動作快速發展起來。2013 年 4 月於印尼召開的閣僚級會議中，正式承認日本參與 TPP 談判。

中日競爭下的結果，使得現行的亞洲區域整合呈現出了多層次、多管道的樣貌。2009 年 10 月，在泰國的華欣召開的東亞峰會（EAS）中，澳洲總理陸克文（Kevin Rudd）提倡了亞洲太平洋的廣域 FTA。由於不想捲入廣域 FTA 的中日拔河 [152]，對於中國支持的 EAFTA，以及 EAS 會員國參與的 CEPEA，東協同意檢討兩大廣域 FTA 的並行性。也就是說，「東亞共同體」與「亞洲太平洋共同體」有可能同時並立，實際上東協也同意同時進行兩個共同體的可行性研究。

在第三章第二節中會提到，1998 年以後，中國政府開始積極參與大湄公河次區域（GMS）經濟合作。[153] 之後在 1999 年起到 2000 年，中國與湄公河流域下游的 5 個國家分別簽訂了雙邊合作協議。2002 年 11 月首次召開的 GMS 首腦會談中，不僅達成 10 年內的繁榮、公平、經濟活性化願景，中國也以此爲契機簽訂了 GMS 的運輸協定與電力貿易協定。另外，中國自 2004 年起，對寮國、緬甸、柬埔寨實施了零關稅政策，同時也進行了金額達 3,000 萬美金的援助。

中國與湄公河流域國家在貿易、投資、援助的「三位一體」交流，也促使日本將目光投向湄公河流域國家。雖然日本政府當時已對湄公河流域國家進行政府開發援助（ODA）與非政府組織（NGO）連結等支援行爲，但出自對中國在湄公河流域開發的危機感，[154] 日本試圖扳回一城。不僅開始定期舉辦與湄公河流域下游國家的政府會議，同時也擴大對該地區的援助。目前，日本擁有與柬埔寨、寮國、越南等三國（CLV），以及與湄公河流域下游五國等兩種交流管道，並未包括中國在內。2004 年 11 月，日本首次召開與 CLV 的首腦會談，達成強化彼此在經濟、文化上交流的共識。2007 年，日本表明會對 CLV 三國投入 2,000 萬美金的開發援助。另外，日本與湄公河流域下游五國之間的交流，也從 2008 年開始越發積極。2008 年 1 月，召開了第一次日本—湄公外相會議，針對湄公河流域下游五國的經濟支援，日本承諾將在往後 3 年投入 5,000 億日圓以上的 ODA 援助。

在中亞地區，中日兩國的主導權競爭也持續展開。中國擁有關鍵的上海合作組織（SCO），可積極強化上合組織的功能，並持續推進在經濟、司法、教育等各領域的政策連結與對外交流。而中國的動作也引起了日本的危機意識。雖然多數人認爲，中亞是後冷戰時期日本外交的空白區域，[155] 但以 2004 年 8 月川口順子外相訪問中亞爲契機，實現了「中亞 + 日本」的對話。接著在 2006 年 6 月，外相麻生太郎發表日本對中亞外交的三個指針，以「共有的『普遍價值』爲基礎的夥伴關係」爲訴求。接著在同月召開的「中亞 + 日本」對話的第 2 次外相會談中，訂定了以政治對話、區域內合作、商業振興、知識對話以及文化與人才交流等五個領域爲支柱的「行動方案」。同年 8 月，首相小泉純一郎前往哈薩克與烏茲別克進行訪問，更進一步強化日本與中亞的關係。同年 11 月，麻生外相在以「創造『自由與繁榮之弧』」爲題的演講中，明言將會與歐亞大陸的新興民主主義國家形成一條「自由與繁榮之弧」。

此後的日本政府也繼承了「價值觀外交」的外交措詞，在強化美日同盟的同時，以此價值外交爲基礎，與亞洲各國深化多邊連結，積極從事亞洲外交。總的來說，中日兩國在政治、安全保障互不信任的背景下，於 2000 年之後在亞洲區域展開了激烈的主導權爭奪戰，而其結果就是在亞洲區域建立起多層次、多管道的合作架構。

貳、中國與亞洲各國的關係

中國與亞洲各國的關係，就如中日關係一樣，其關係的深度和廣度並不只在政治、經濟呈現不同樣貌；在軍事、文化等領域，也有相當不同的狀況。本節將以具體的統計資料爲基礎，考察中國與亞洲各國在各個領域的情況，並分析其特質。

一、政治關係

表 1-3 所呈現的是從 2002 年到 2010 年間，中國高層領導以及部分高層外交官員前往海外訪問的目的地與次數。透過資料可以在一定程度上看出中國對外政策上亞洲各國的優先順位。結果表明，在亞洲地區中，中國最重視的是俄羅斯，其次是日本，而韓國與哈薩克則並列第三。

一直以來，中國都很重視與俄羅斯的政治關係。從訪問次數上看，特別是在 2004 年以後，兩國之間變得更加緊密。2005 年時，中國與俄羅斯間建立了「安全磋商機制」，決定此後每年舉行一次戰略協議。同時也需指出，中俄兩國政治合作雖然密切，國家領導人的訪俄次數卻是隨著不同年份而有較大的變化。這也在一定程度上說明，兩國關係存在著不穩定性。政治上的親密度也推進了中俄兩國的經濟關係。除了受到金融危機的 2009 年之外，兩國之間的貿易不斷呈現增加的傾向；2012 年，中俄貿易總額更是達到 881.6 億美金，[156] 比起 2000 年的 80.3 億美金增長了 10 倍之多。

總體而言，中國跟俄羅斯的關係，呈現一種「政熱經冷」的關

表 1-3　中國國家領導人的海外訪問

	國家	中國國家領導人訪問次數（2002～2010）
東北亞	日本	28
	蒙古	10
	韓國	19
	北韓	12
東南亞	越南	14
	柬埔寨	9
	寮國	9
	緬甸	8
	泰國	15
	新加坡	10
	菲律賓	10
	印尼	15
	馬來西亞	9
	汶萊	5
	東帝汶	1
南亞	印度	14
	巴基斯坦	15
	孟加拉	5
	斯里蘭卡	6
	尼泊爾	6
	不丹	0
	馬爾地夫	5
	阿富汗	3
中亞	俄羅斯	40
	哈薩克	19
	吉爾吉斯	6
	塔吉克	7
	烏茲別克	9

資料來源：參酌每年中國外交白皮書《中國外交》，作者自行整理。

係。中國與俄羅斯的貿易，雖然在亞洲各國之中高居第四，但其實金額卻不過占了中國對外貿易總額的 2.2%，分別只是中國與日本、韓國的貿易總額之四分之一與三分之一。爲了改善上述狀況，兩國同意要讓貿易總額在 2015 年增加到 1,000 億美金，並於 2020 年要增加到 2,000 億美金。[157] 然而，2011 年時的中美貿易總額是 4,467 億美金，中國與歐盟貿易總額是 5,939.7 億美金；從這點來看的話，就算在 2020 年時中俄間貿易總額達到 2,000 億美金，也無法取代美國與歐洲的重要性。更何況，2020 年的中俄貿易總額只停留在 1,077.65 億美金，中俄間的政熱經冷狀態，今後會持續下去。

與中俄關係相反，中日關係則是「政冷經熱」。但是這並不表示，中國在外交政策上不重視中日關係。如前所述，中日兩國在政治、安全保障上的不信任感，在冷戰終結之後便不斷上升；但從國家高層領導的訪問次數來看，雙方之間的高層互訪並沒有中斷或減少。例如，就算在中日首腦會談中斷的小泉內閣時代，中國的閣僚等級官員依舊頻繁前往日本訪問。

數字表明，中國國家領導人每年持續訪問的國家有包括日本、蒙古（2003 年起）、北韓（2003 年起）、印度（2003 年起）、巴基斯坦（2003 年起）、俄羅斯以及哈薩克。出訪次數在一定程度上，反映了中國對該國家的重視度。從地區來看，中國最重視的對外關係，在東北亞就是日本和韓國，在東南亞就是泰國、印尼、越南，在南亞就是巴基斯坦和印度，而在中亞就是俄羅斯與哈薩克。

如果把視點轉向關係疏遠的國家，中國國家領導人和外交高層官員除了建交之際，一次也沒有前往訪問過東帝汶。另外，中國國家領導人和外交高層官員訪問阿富汗的次數也偏低。這是因爲在胡錦濤時代，中國一般是透過多邊機構來參與阿富汗的和平進程。此外，中國國家領導人和外交高層官員，自然不會前往沒有邦交的不丹訪問。

二、經濟關係

亞洲是中國重要的貿易地區。到 2010 年爲止，中國的對外直接投資累計超過了 3,000 億美金，其中對亞洲的投資占了 71.9%，可說是中國企業向外發展最集中的區域。[158] 從表 1-4 可以看出，中國與亞洲各國的貿易中，對日本、韓國的貿易總額占了壓倒性的多數。接著 3 到 5 名分別是新加坡、俄羅斯與印度，但都只占中日、中韓貿易總額的 4 成與 3 成；同時，新加坡、俄羅斯與印度這三國，對中貿易依存度也相對較低。

中國在亞洲貿易中，與多數國家間有著巨額的貿易黑字。但是，中國與韓國、哈薩克卻有著巨額的貿易赤字。此外，蒙古、寮國、馬來西亞、菲律賓以及新加坡，在對中貿易上也都是黑字。從地區來看，對中貿易量較多的國家，在東北亞是日本和韓國，在東南亞是新加坡、泰國、馬來西亞以及越南，在南亞是印度與巴基斯坦，在中亞則是俄羅斯與巴基斯坦。

而對中貿易依存度超過 20% 的國家，以吉爾吉斯爲首，接著依序是蒙古、塔吉克、緬甸、寮國、日本與韓國。另外，對中貿易總額居下位的是汶萊、尼泊爾、寮國、阿富汗以及馬爾地夫。在尼泊爾與寮國的部分，雖然對中貿易量並不大，但是對中貿易依存度卻比較高。

表 1-4 只顯示了中國與亞洲各國間的經濟關係，但實際上，中國最大的貿易對象、區域當然還是美國、歐盟、日本、韓國、德國以及澳洲（根據各年中國海關統計）。在此一意義下，中國的經濟貿易可說是以亞洲太平洋結構爲中心來展開的。

表 1-4　中國與亞洲國家的貿易額　　單位：百萬美金（未滿時四捨五入）

	國家	對中貿易額	對中貿易依存度
東北亞	日本	345,721	20.6%
	蒙古	6,340	56.1%
	韓國	220,631	20.4%
	北韓	NA	NA
東南亞	越南	35,719	17.8%
	柬埔寨	2,718	16.7%
	寮國	1,248	24.7%
	緬甸	6,832	37.4%
	泰國	57,746	12.7%
	新加坡	80,784	10.4%
	菲律賓	12,161	10.9%
	印尼	49,153	13.0%
	馬來西亞	54,569	13.1%
	汶萊	1,330	7.4%
	東帝汶	NA	NA
南亞	印度	74,411	9.8%
	巴基斯坦	11,212	16.1%
	孟加拉	6,875	12.8%
	斯里蘭卡	2,236	7.4%
	尼泊爾	1,312	19.6%
	不丹	NA	NA
	馬爾地夫	119	6.6%
	阿富汗	257	4.0%
中亞	俄羅斯	78,031	8.9%
	哈薩克	20,875	16.5%
	吉爾吉斯	5,455	87.5%
	塔吉克	2,262	39.2%
	烏茲別克	2,228	13.6%

資料來源：*Direction of Trade Statistics Yearbook 2012* (IMF).

註：各國總出口額與進口額數據來自 IFS，汶萊、塔吉克、烏茲別克數據來自 DOTS，蒙古、柬埔寨、寮國、緬甸、汶萊、巴基斯坦、尼泊爾、東帝汶、阿富汗、吉爾吉斯、塔吉克、烏茲別克對中出口額和進口額按中國統計計算。

檢視中國與亞洲各國的經濟關係之際，中國的對外直接投資也是一個重要指標。2011 年中國的對外直接投資有 8 成是在亞洲進行的。表 1-5 顯示的國家是 2011 年中國對外投資前 20 名中的亞洲國家，從該表也可以看出，中國在亞洲的對外直接投資是集中在東南亞與中亞地區。從國別來看，中國對外直接投資集中在東北亞的蒙古，東南亞的新加坡、印尼、柬埔寨以及寮國，在中亞則以俄羅斯與哈薩克居多。

在 2008 年全球金融海嘯前後，中國的對外直接投資雖在亞洲地區急速擴展，但也有例外的情形。例如，對俄羅斯與哈薩克直接投資的急速增長，是從 2005 年開始的，這應該與中國能源安全保障戰略的形成（參照第四章第三節）有很大的關聯性。中國對北韓的直接投資，則是在 2006 年與 2008 年之間，以及 2010 年時急速增加的。這意味著在此一時期，中國與北韓在經濟關係上急速強化，而這樣的經濟關係又深刻地影響到中國在北韓核武問題上的政策（請參照第二章第一節）。另外，中國對於馬爾地夫、東帝汶的直接投資相當有限，

表 1-5　中國的對外直接投資（2011 年）

排名	國家	金額（億美金）
5	新加坡	32.69
11	俄羅斯	7.16
13	印尼	5.92
14	哈薩克	5.82
15	緬甸	5.66
18	寮國	4.59
19	蒙古	4.51

資料來源：中國商務部 2011 年度對外直接投資統計。

而對汶萊的直接投資，跟其他國家相比也是屬於比較少的。

三、文化交流

表 1-6 所呈現的，是中國在亞洲各國設立的孔子學院、孔子課堂[159]之數目（2010 年）。當時，國內設置超過 10 間孔子學院、孔子課堂的國家包括：美國（287）、英國（70）、加拿大（25）、泰國（23）、韓國（21）、俄羅斯（20）、日本（18）、法國（16）、澳洲（14）、德國（13）以及義大利（13）。與美國的 287 間、英國的 70 間相比，亞洲的孔子學院、孔子課堂的數目並不多。從表 1-6 孔子學院、孔子課堂之數目可以看出，中國公共外交重視的是西方大國，或者說是區域大國。

從亞洲地區孔子學院、孔子課堂設置數目來看，依序是泰國最多，接著是韓國、俄羅斯和日本；而孔子學院、孔子課堂設置最少的區域則是在南亞。此外，除了沒有邦交的不丹，北韓、越南、汶萊、東帝汶以及馬爾地夫也都沒有孔子學院、孔子課堂。

表 1-7 則呈現出在中國留學的外國留學生人數（2010 年）。在中國留學的外國留學生人數，在很大程度上可以反映出各國年輕人對於今後本國與中國關係的期待值。

表 1-6　中國在海外設置的孔子學院和孔子課堂（2010 年）

	國家	孔子學院、孔子教室	總計
東北亞	日本	18	42
	蒙古	3	
	韓國	21	
	北韓	0	
東南亞	越南	0	41
	柬埔寨	1	
	寮國	1	
	緬甸	2	
	泰國	23	
	新加坡	2	
	菲律賓	3	
	印尼	7	
	馬來西亞	2	
	汶萊	0	
	東帝汶	0	
南亞	印度	1	10
	巴基斯坦	2	
	孟加拉	2	
	斯里蘭卡	2	
	尼泊爾	2	
	不丹	0	
	馬爾地夫	0	
	阿富汗	1	
中亞	俄羅斯	20	26
	哈薩克	2	
	吉爾吉斯	2	
	塔吉克	1	
	烏茲別克	1	

資料來源：「國家漢辦暨孔子學院總部 2020 年度報告」。

表 1-7　在中國的外國留學生（2010 年）

	國家	在中國的外國留學生	總計
東北亞	日本	16,808	87,130
	蒙古	6,211	
	韓國	62,957	
	北韓	1,154	
東南亞	越南	13,018	49,607
	柬埔寨	502	
	寮國	1,859	
	緬甸	972	
	泰國	13,177	
	新加坡	3,608	
	菲律賓	2,989	
	印尼	9,539	
	馬來西亞	3,885	
	汶萊	31	
	東帝汶	27	
南亞	印度	9,014	21,281
	巴基斯坦	7,406	
	孟加拉	587	
	斯里蘭卡	1,099	
	尼泊爾	2,833	
	不丹	0	
	馬爾地夫	117	
	阿富汗	225	
中亞	俄羅斯	12,481	23,483
	哈薩克	7,874	
	吉爾吉斯	1,441	
	塔吉克	923	
	烏茲別克	764	

資料來源：參酌每年中國外交白皮書《中國外交（2011）》，作者整理製作。

註：數據爲長期留學和短期留學的學生總和。

在留學生人數方面，韓國居於絕對的第1名，2到5名分別是日本、泰國、越南以及俄羅斯。在2002年之後的留學生人數變化上，日本赴中留學的人數幾乎沒有太大的變動，但韓國留學生人數則有很大的增長，2010年韓國在中國的留學生人數是2002年的2倍。其他亞洲各國，也因為原本前往中國的留學生人數比較少，所以多數國家的留學生人數都增長了4倍到10倍。從地區來看，在東北亞是韓國與日本，在東南亞是泰國、越南、印尼，在南亞是印度與巴基斯坦，在中亞則是俄羅斯與哈薩克的留學生居多。

孔子學院、孔子課堂的設置數目和留學生的人數，並沒有必然的相關性。一方面，亞洲地區設立最多孔子學院、孔子課堂的泰國，留學生人數也是居於上位；另一方面，尚未設立孔子學院、孔子課堂的越南，在前往中國留學的人數上卻相當多。值得一提的是，前往中國的北韓留學生雖然從2002年到2009年呈現年年遞增的狀態，但在2009年到2010年間一口氣增加了289人。這個數字也再次證實，中國與北韓之間較為密切的政治關係。而前往中國留學人數最少的國家，是汶萊以及東帝汶。

整體而言，中國與亞洲各國間的文化交流，隨著1990年代後半正式展開的周邊外交而更加活躍。中國透過與東協及上合組織等區域組織簽訂的各種交流協會，積極展開了教育、文化等各方面的交流。與此同時，廣西壯族自治區及雲南省等地方邊境省分，也強化了其與周邊國家的文化交流。

中國政府在2006年9月發表的《文化建設「十一五」規劃》中提到，要逐步確立中國「在亞洲國際文化活動中之中心的地位」，[160] 特別是對與東協的文化交流活動有著高度評價。另外，在2012年5月公布的「國家『十二五』時期文化改革發展規劃綱要」，[161] 也非常重視擴大對外文化交流，同時提出要通過國家新聞發布平台的設立，提高重點媒體國際傳播能力，在國際上推動形成「正確的中國觀」。在具體的政策上，則是透過中國在雙邊或多邊管道注力於文化交流上，並促進、強化邊境區域與周邊各國、各區域的文化交流。此一在第十二個五年計畫中涉及的對外文化交流內容，基本上完全反映到文化交流的第十三個五年計畫。[162] 這是因爲，習近平政權相對更注重中國國內的思想文化領域以及國內文化體制的改革。

留學生交流是由中國的教育部主管。在 2016 年公布的《國家教育事業發展第十二年規劃》[163] 中，提到與周邊各國之教育交流的重要性；「完善海外學生，培養體制機制擴大留學生招生」也被納入第十二個五年計畫中。中國政府當時提出要在 2015 年以前將政府獎學金擴大到 5 萬人，打出了要成爲亞洲最大的留學生接受國的政策目標。而在政府獎學金中，有 40% 也是分給了亞洲各國。[164]

關於東南亞各國，中國與東協諸國之間，揭示了要在 2020 年以前達成互相派遣各 10 萬名留學生的目標，[165] 中國政府也在養成東南亞各國人才上注入了不少心力。對於上合組織的成員國，中國政府則是承諾從 2012 年開始 10 年內，會給予 3 萬人的獎學金資格，並邀請 1 萬名孔子學院師生在華研修，[166] 同時承諾積極爲中亞各國培育反恐人才。另外，中國流行文化在中亞地區的影響力也在逐步上升，在部分地區的中國文化產品已足以與俄羅斯相互匹敵。[167]

四、軍事交流

在中國與亞洲各國深化政治、經濟、文化關係的同時，可以推測的是，軍事交流隨著這些動作也必然得到強化。

有關中國向亞洲各國的武器輸出情況，至胡錦濤時代末期，中國的動作並不那麼積極。如表 1-8 所示，亞洲最大的中國武器買家是巴基斯坦，巴基斯坦也是亞洲唯一每年從中國進口武器額超過 50 億美金的國家。而其他 2 到 4 名的貿易額明顯不如巴基斯坦，依序是緬甸、泰國、孟加拉。中國在亞洲地區的武器輸出，規模與金額都不是太大，主要都集中在南亞與東南亞。另外，由於顧慮到與俄羅斯的關係，中國對中亞各國的武器輸出也相當少，其程度完全不足以影響到俄羅斯的武器輸出。[168] 在胡錦濤政權後期，只有柬埔寨在武器採購上加強對中國的依賴，緬甸與泰國的對中依賴都在持續下降。[169]

此外，若從中國的武器進口來看，從 1990 年到 2012 年間，中國最大的武器採購國前三名是俄羅斯、法國以及烏克蘭。其中又以俄羅斯的交易額 310.69 億美金特別突出，第 4 名、第 5 名則分別是瑞士和英國。除了武器貿易之外，中國的軍事交流主要通過軍艦靠港、定期的軍事、安全保障對話與軍事聯合演習等，這是中國軍事交流的一項特點。

1980 年代，靠港他國的中國軍艦只有一艘，而靠港中國的他國軍艦也只有 35 艘。到了 1990 年代，中國海軍的海外靠港已經超過 20 個國家，並且接受了來自 17 個國家的軍艦靠港。[170] 進入 2000 年代之後，此一行動變得更加活躍。2008 年 12 月，中國派遣了海軍艦

表 1-8　中國的武器出口（1990～2012 年）

國家	中國的武器出口（金額百萬美金）
巴基斯坦	7,436
緬甸	2,429
泰國	1,192
孟加拉	1,075

資料來源：參酌 SIPR 數據，筆者自行整理製作。

艇前往亞丁灣的索馬利亞海域，參與了國際性的海盜討伐行動。而在前往亞丁灣的途中所進行的靠港，有助於中國強化與相關各國軍事上的關係。

透過東協、上合組織等跨國組織，中國一方面積極強化聯合軍事演習等多國間的軍事關係（參照第二章第二節、第三節），另一方面也同時進展兩國間的軍事合作，尤與東南亞各國之間的合作最爲明顯。1999 年 2 月，中國與泰國簽訂了「關於 21 世紀合作計畫的聯合聲明」後，中國也與馬來西亞、緬甸、汶萊、印尼、新加坡、菲律賓之間簽訂了同樣的軍事協定。[171] 同時，中國也與泰國、越南、菲律賓、印尼、新加坡及馬來西亞，建立定期的對話架構。然而，中國的這些努力，似乎並沒有達到期待的成果。[172]

中國對外軍事交流的另一項特徵，還有透過強化在非傳統安全保障領域的交流，提供區域作爲公共財。也就是說，中國透過與國境相連各國的共同巡邏、反恐活動、海上道路的防衛、人道支援、災害援助以及聯合國維和行動（PKO），試圖強化與各國的軍事關係；而提供「國際公共安全產品」，也成爲中國軍事外交的一個重要支柱。

中國利用擁有 14 個鄰國的地理條件，積極透過邊境的安全合作來促進其與周邊鄰國的軍事交流和合作。根據中國在 2013 年 4 月公布的《國防白皮書》內容，中國已與 7 個鄰國簽訂了邊境防禦的相關協定，且與 12 個鄰國構築了邊界安定的相關定期會面制度。另外，中國也與俄羅斯、哈薩克、蒙古、越南等實施共同軍事巡邏，也與哈薩克、吉爾吉斯、俄羅斯、塔吉克在邊境地區進行軍方的相互視察。[173]

如上所述，在武器輸出上，中國沿襲了冷戰時期以來的政策來開展軍事關係；但另一方面，在冷戰終結之後，中國開始重視邊境地區的安定，而海上航路的重要性也逐漸浮現。由此，中國乃開始在非傳統安全保障領域，致力建構與亞洲各國的新型軍事合作關係。

參、小結

中國與亞洲諸國的關係，在政治、經濟、文化、軍事等領域呈現出各種不同的風貌。因此，「亞洲在經濟上以中國為重心，而軍事上則依賴美國」的這種說法，實際上並不恰當也不精確。

若從中國的角度來俯瞰中國與亞洲各國錯綜複雜的關係，其特點可以整理成下列四點。

第一，中國與日本、韓國的關係，在政治、經濟以及文化面上，比他國有更緊密的連結。雖然中日關係被稱為「政冷經熱」，且兩國在政治、安全保障上的不信任也在持續增長，但中國政府依然極為重視中日兩國的關係。

第二，中國在中亞各國之中，與俄羅斯、哈薩克持續強化彼此在政治、經濟、軍事上的關係，而其與俄羅斯之間的文化關係也在強化。雖然中俄之間被稱為「政熱經冷」，但兩國的貿易關係無法出現顯著突破，這是因為中國的經濟結構主要以亞洲太平洋為中心展開的。

第三，在南亞各國當中，中國尤其重視與印度及巴基斯坦的關係，並試圖強化與這兩國的關係。中國與巴基斯坦之間簽訂了 FTA，同時也有聯合軍事演習及武器進出口的關係。在中國與亞洲各國間的貿易總額中，中國與印度的貿易額中排名第五，且前往中國的印度留學生也有增加的傾向。此外，中國和印度兩國也展開聯合軍事演習（參照第二章第二節與第四章第三節）。

第四，在東南亞地區由於沒有突出的區域大國，因此與中國之間呈現錯綜複雜的關係。

除此之外，雖然亞洲地區大國的權力競爭趨於激烈，但是亞洲多數國家都在採取平衡外交。也就是同時與各個大國維持友好關係，避免在大國競爭中選邊。例如，中國雖然與哈薩克的關係有所進展，但哈薩克也打出了平衡的多方面外交（balanced and milti-dismensional policy），[174] 認爲有必要與第三鄰國強化外交關係。因此，哈薩克同時參與了與美國以及與上合組織的軍事演習；從 2003 年開始，更參與了北大西洋公約組織（NATO）的軍事合作。

蒙古也展開了第三鄰國外交（third neighbors policy）。[175] 身爲上合組織觀察員的蒙古，在冷戰終結之後強化與美國的軍事關係，同時也強化與俄羅斯、中國、日本、韓國以及歐盟之間的關係。

2010 年，中國總理溫家寶訪問蒙古之時，提倡了礦產資源開發、基礎建設以及金融領域合作的「三位一體」發展模式，[176] 並於 2011 年與蒙古簽訂了戰略夥伴關係。受此影響，2011 年的中蒙的貿易比前一年增加了 84.3%，達到了 63 億美金。2011 年蒙古對中輸出增加了 43.7 億，占蒙古出口總額的 91.3%。[177] 到了 2013 年，對擁有豐富煤礦 [178]、金、銅礦的蒙古來說，中國已經是最大的貿易對象國，同時也是最大的投資國。

蒙古雖然在經濟上高度依賴中國，卻沒有加入上合組織的意願，[179] 1992 年 9 月，蒙古總統彭薩勒瑪 ‧ 奧其爾巴特（Punsalmaagiyn Ochirbat）在聯合國總會中宣示，將成爲第一個單一國家非核武地帶，[180] 並與擁有核武的五大國（中國、法國、俄羅斯、美國、英國）共同聲明，讓核武的五大國承諾不會用核武來攻擊或威脅蒙古。[181] 接著在 2012 年 11 月，蒙古正式加入歐洲安全暨合作機構（OSCE），[182] 成爲 OSCE 的第 57 個成員國。

位在印度與中國這兩個大國之間的尼泊爾，雖然與中國高官之間的訪問相當頻繁，且尼泊爾首相、總理或外長（正或副）每年都會訪中，[183] 但尼泊爾最大的貿易對象國依然是印度。此外，中國與尼泊爾的貿易存在著極大的不平衡，尼泊爾的對中貿易呈現巨額赤字。[184]

從中國的角度出發，中國與亞洲各國之間，存在著以下六種類型的雙邊關係。

「區域大國型」：日本、印度、俄羅斯等區域大國，在中國外交對策上經常扮演重要的角色。同時，中國與日本、俄羅斯、印度之間的關係，受到區域權力平衡理論的影響。即使是對於巴基斯坦，中國也是在顧慮與印度關係的思維下，與其展開外交關係。

「全方位型」：在政治、經濟、軍事、文化等方面，泰國、哈薩克與中國都在強化雙邊關係的動作，而此一傾向在中泰關係中十分明顯。另外，新加坡與中國之間的關係，嚴格來說雖然稱不上是全方位；但兩國之間在經濟、軍事、人才交流（中國往新加坡）等層面關係緊密，在各個領域大致上維持著良好的關係。

「援助—被援助型」：寮國、柬埔寨、緬甸等 GMS 開發相關的國家，其與中國在經濟關係上相當緊密。特別是寮國與緬甸在貿易上高度依賴中國，且中國對柬埔寨、寮國的直接投資也很多。

中國與緬甸的經濟關係也正在急速發展，緬甸在 2012 年度借入的 9 億美金外債中，就有 5.27 億美金是從中國借來的。[185] 另外，兩國在傳統、非傳統的安全保障領域中也持續進行合作。2005 年 12 月，中國與緬甸政府就邊境區域共同取締毒品的聯合巡邏事務上達成協議。[186]

然而，2009 年 8 月，緬甸政府要求國內少數民族武裝勢力編入邊境警備隊時，攻擊了拒絕加入的果敢民族民主同盟軍（MNDAA），造成 3.7 萬名難民逃向中國。[187] 接著在 2011 年 6 月，緬甸政府軍與克欽獨立軍（KIA）之間的武力衝突，導致的中國經濟損失超過 5 億人民幣以上。[188]

2011 年 9 月，民政移管後的緬甸開始朝民主化發展，與美國等先進國家之間的關係也有大幅進展。在此情況下，緬甸總統登盛（Thein Sein）宣布將在現政權下中止位於伊洛瓦底江上游的密松水壩 [189] 之建設案（此案於 2006 年與中國達成協議，並於 2009 年 12 月開工）。隨後，中國電力投資集團便向中國媒體投訴，表示他們被迫承受因違約所造成的損害賠償。[190] 之後，中國與緬甸政府雖然達成協議並透過政治方法解決此問題，但因爲果敢軍的妨礙行動而使得水壩建設最後依然停留在中止的階段。[191] 另外，中國與緬甸之間的油管運輸，也因通過克欽州而引發安全上的疑慮。因此，中國主動扮演緬甸政府與克欽州反政府組織——克欽獨立組織（KIO）之間的和平交涉橋梁，[192] 從而積極參與維持緬甸的和平。

如上所述，因爲民主化進程，中國擔心緬甸會走向美國與日本的勢力圈，而緬甸國內的治安問題也影響到中國邊境的安定，以及中國在緬甸投資經營。雖然中國與緬甸關係之間存在很多不安要素，到目前爲止，兩國基本上維持「援助—被援助型」的相對友好關係。

另外，柬埔寨自 1988 年成立軍政府以來，不斷受到來自西方國家的經濟制裁，並在國際社會上被孤立。在此情況下，中國與柬埔寨之間的關係急速進展。1992 年到 2009 年間，柬埔寨最大的援助國是日本；[193] 但在經濟制裁之後，中國每年對柬埔寨進行 3 億到 5 億美金的援助，已經成爲最大的援助國。[194]

寮國在 2009 年時與中國簽訂全面戰略合作夥伴關係，並以水壩建設及鉀石鹽的開發爲中心，讓雙方經濟關係變得更加緊密。到了

2013 年，已有 700 多家中國企業在寮國登記立案。[195]

「特殊型」：中國與北韓間的關係，在胡錦濤時代已逐漸朝向「普通的兩國關係」方向轉變；到了習近平政權時期，又重新開始強調中國與北韓間的「傳統友誼」。由於朝鮮半島嚴峻的國際情勢，兩國的關係仍然處於一個特殊的發展階段。

「稀薄型」：不丹與中國之間沒有邦交關係，兩國關係也幾乎沒有進展。過去，汶萊與東帝汶無論在政治、經濟，還是在文化、軍事領域中，其與中國的關係是亞洲各國對中關係的倒數幾名。近年，中國與汶萊的經濟關係開始急速進展，特別是汶萊經濟依靠石油、天然氣，其出口金額占該國 GDP 的 60% 以及出口總額的 90%。對汶萊來說，與中國的能源合作有重大的意義。[196] 除此之外，中國也於 2007 年起開始強化與東帝汶之間的軍事關係。[197]

「普通關係」：中國與其他多數亞洲國家，大都維持著不近不遠的雙邊關係。

綜上所述，1990 年代以後，中國在亞洲各國之間建立起不同於冷戰結構的關係。但從地緣政治學的角度來看，由於海洋主權爭議和中美的權力抗爭，中國與亞洲各國間的關係，今後還會持續地變化。

第四節　結語

2005 年 9 月，美國副國務卿勞勃 · 佐利克（Robert Zeollick）表示，中國應該成爲一個「負責任的利害關係人」（responsible stakeholder），因而引起很大的話題。然而，從當時中國的亞洲外交戰略來看，中國已經將自己視爲區域大國，並盡力發揮領導力，推動亞洲區域新秩序的形成。

中國對亞洲的看法，雖然從原先的「亞洲—非洲」開始，再到「亞洲—太平洋」，然後再到「亞洲」，但中國在亞洲地區的外交開展有其一貫性和延續性。換言之，中國的亞洲外交均受制於權力政治、中國自我認識、確保國家統一與周邊區域的安定，以及中國的經濟發展戰略等四項要素。1990 年代後半以來，中國在亞洲地區的「周邊外交」，區域大國的自我認知是其政策的基礎。

一般認爲，在亞洲的區域體系中，由美日、美韓、美菲、美泰等美國主導的軸輻式安全保障體系，以及由中國、中國以外的亞洲（包含日本）、美國等三角貿易爲基礎的區域經濟體系，彼此之間存在著緊張關係。而正如本章所述，亞洲區域安全體系與經濟體系的不對稱性，其實也可歸因於中國的亞洲政策。1996 年以後，中國默認了由美國主導的軸輻式安全保障體系，同時在此基礎上強化與上海合作組織（SCO）以及東協（ASEAN）各國的關係，並以多邊合作和強化經濟關係作爲切入點，積極展開亞洲外交。

冷戰結束之後 30 年間，中國與亞洲各國之間已經形成各式各樣的關係，並呈現出複雜的樣貌。很難用「亞洲在經濟上以中國爲重心，而軍事上則依賴美國」這樣的一句話來簡單概括。雖然中國在亞洲的經濟影響力正在逐漸擴大，但還不到足以牽引亞洲全體經濟的程度。

另一方面，亞洲區域的安全保障仍然依靠由美國主導的安全保障體系。但在接下來的章節中，將會呈現中國與亞洲各國之間正在不斷強化的軍事關係，關於這一點也不能忽視。中國的對外軍事交流，已經形成三大支柱，即沿襲冷戰時期形成的軍事關係、強化與鄰國的軍事關係、確保海上通道安全。

總的來說，中國與亞洲各國之間的關係，一方面受到權力政治的強烈影響，其發展方向有一定的可預測性；另一方面，中國與亞洲各國之間的關係錯綜複雜、瞬息萬變，在政治、經濟、文化、軍事等雙邊關係上，會因爲切入點的不同，而呈現不同的樣貌。

註解

1 由於在美國支援下的國民黨軍的海上封鎖，現在中國最大的漁業基地舟山漁場無法使用，從上海至廈門的海路業也無法通行。

2 SEATO 的事務所於 1977 年 6 月停止使用，但是《東南亞集體防務條約》（又稱馬尼拉條約）並沒有被廢除。1962 年簽署的美一泰防務義務（Thanat-Rusk communiqué）就是依據《東南亞集體防務條約》。再次確認了美一泰防務義務，2003 年美國將泰國定位為重要的非 NATO 同盟國。

3 中共中央文獻研究室編，《周恩來年譜　1949-1976》（上卷），人民出版社，中央文獻出版社，1989 年，392 頁。

4 中共中央文獻研究室編，《周恩來傳　1898-1949》，中央文獻出版社，1989 年，156 頁。

5 日內瓦會議中，中國與美國、英國、加拿大、西德、荷蘭、瑞士、比利時、法國進行了外交交涉，其內容請參閱：中華人民共和國外交部檔案館編，《中華人民共和國外交檔案選編（第一集）1954 年日內瓦會議》，世界知識出版社，2006 年，397-450 頁。

6 在日內瓦交涉中，中國為了確保寮國保持中立，主張廢除 SEATO 對寮國保護。水本義彥，《同盟的相剋—戰後中南半島紛爭中的英美關係》，千倉書房，2009 年，101 頁。

7 趙學功，〈中國與第一次日內瓦會議〉《南開學報（哲學社會科學版）》，2004 年第 4 期，85 頁。

8 Furansowa Jowaiyō Cho 著，中嶋嶺雄、渡邊啟貴譯，《中國的外交》，白水社，1995 年，15 頁。

9 范宏偉，〈冷戰時期中緬關係研究（1955-1966）〉《南洋問題研究》，2008年第2期，40頁。

10 萬隆會議亦稱第一次亞非會議，於 1955 年 4 月 18 日至 24 日召開。

11 可倫坡集團五國為印度、緬甸、錫蘭、巴基斯坦、印尼。

12 木畑洋一，〈亞洲諸戰爭通史 1945-1960 年〉，和田春樹、後藤乾一、木畑洋一、山室信一、趙景達、中野聰、川島真編，《東亞近現代通史 7 亞洲諸戰爭的時代 1945-1960 年》，岩波書店，2011 年，28 頁。

13 陳兼，〈將「革命」與「非殖民化」相連接——中國對外政策中「萬隆話語」的興起與全球冷戰的主題變奏〉《冷戰國際史研究》，2010 年第 1 期。

14 青山瑠妙，《現代中國的外交》，慶應義塾大學出版會，2007 年，175-189 頁。

15 馮越、齊鵬飛，〈中緬邊界談判述略〉《湖南科技大學學報（社會科學版）》，2006 年第 6 期，57 頁。

16 唐軍，〈周恩來總理和「烤鴨外交」〉《檔案春秋》，2008 年第 3 期，4-5 頁。

17 同上。

18 楊公素，〈周恩來與新中國的邊界問題〉《國際政治研究》，1998 年第 3 期，62-63 頁。

19 楊公素，《當代中國外交理論與實踐（1949-2001）》，勵志出版社，2002 年，112 頁。

20 楊公素，〈周恩來與新中國的的邊界問題〉，64 頁。

21 馮越、齊鵬飛，〈中緬邊界談判述略〉，57 頁。

22 范宏偉，〈冷戰時期中緬關係研究（1955-1966）〉《中國外交》，2008 年第 10 期，49-56 頁。

23 孔德生，〈周恩來開闢的和平解決邊界問題新途徑〉《黨史文匯》，2000 年第 1 期，9-10 頁。

24 宋鳳英，〈周恩來與中緬邊界談判〉《黨史縱覽》，2005 年第 11 期，8 頁。

25 同上。

26 孔德生，〈周恩來開闢的和平解決邊界問題新途徑〉，10 頁。

27 范宏偉，〈中緬邊界問題的解決：過程與影響〉《南洋問題研究》，2010 年第 3 期，43 頁。

28 穆阿妮，〈中尼建交的歷史及其意義〉《南亞研究》，2012 年第 2 期，95 頁。

29 穆阿妮，〈芻議中尼邊界談判中的焦點「珠峰」問題的處理〉《黨史研究與教學》，2013 年第 1 期，95 頁。

30 M. Taylor Fravel, *Strong Borders Secure Nation: Cooperation and Conflict in China's Territorial Disputes*, Princeton, NJ: Princeton University Press, 2008, p. 112.

31 孔德生，〈和為貴——60 年代中國同部分周邊國家簽訂邊界和約述略〉《黨史天地》，1999 年第 9 期，36 頁。

32 有關中國與阿富汗的國境交涉，請參閱：周守高、齊鵬飛，〈關於 1963 年中阿傑邊界條約談判進程中的「冷」與「熱」現象之探析——以中國外交部新近解密檔案為主〉《南亞研究》，2011 年第 4 期，16-27 頁。

33 M. Taylor Fravel, *Strong Borders Secure Nation*, p. 113.

34 徐焰，〈解放後我國處理邊界衝突危機的回顧和總結〉《世界經濟與政治》，2005 年第 3 期，17 頁。

35 戴超武，〈印度對西藏的出口管制・禁輸與中國的反應、政策 1952-1960〉；青山瑠妙、崔丕編，《作為全球歷史的冷戰與中國外交》，早稻田大學現代中國研究所，2012 年，95 頁。

36 麥克馬洪線是 1914 年的西拉姆會議時由英屬印度外長秘書和西藏代表簽署制定的印度與西藏的邊界。

37 康民軍，〈試析中印邊界問題的歷史與現狀〉《南亞研究》，2006 年第 1 期，56 頁。

38 張植榮，〈中印關係的回顧與反思——楊公素大使訪談錄〉《當代亞太》，2000 年第 8 期，17 頁。

39 徐焰，〈解放後我國處理邊界衝突危機的回顧和總結〉，17 頁。

40 吉田修，〈印度的對中關係和國境問題〉，http://src-h.slav.hokudai.ac.jp/publictn/japan_border_review/no1/04_yoshida.pdf，查閱時間：2019 年 5 月 1 日。

41 康民軍，〈1954 年中印協定與中印邊界爭端〉《當代中國史研究》，2004 年第 6 期，53 頁。

42 孔德生，〈一波三折——中印邊界談判述略〉《黨史天地》，1999 年第 3 期，28 頁。

43 1959 年 8 月 25 日至 27 日發生朗久（Longju）事件，1959 年 10 月 20 日至 21 日發生空喀山口（Kongka Pass）事件。

44〈毛澤東決策中印邊境之戰前後〉《黨史文苑》，2004 年第 3 期，54 頁。
45 衛靈，《冷戰後中印關係研究》，中國政法大學出版社，2007 年，42 頁。
46 徐焰，〈解放後我國處理邊界衝突危機的回顧和總結〉，18 頁。
47〈毛澤東決策中印邊境之戰前後〉，55 頁。
48 笠原正明，〈中國與第三世界〉，神戶市外國語大學研究所《研究年報》（Ⅷ），1975 年，5 頁，10-11 頁。
49 唐家璇，〈為了爭取和平與發展的國際環境——新中國外交的理論與實踐〉，《瞭望新聞週刊》，1999 年第 39 期，24 頁。
50 沈志華、楊奎松主編，〈中央情報局關於中國與亞拉伯各國關係的特別報告〉《美國對華情報解密檔案第 11 編：中國與第三世界》，東方出版中心，2009 年，476 頁。
51 文革中，駐柬埔寨的中國大使館分發《毛主席語錄》，煽動柬埔寨的人民武裝鬥爭。西哈努克政府強烈抗議中國的此種外交政策，解散了中國．柬埔寨友好協會，並召回了駐中國柬埔寨大使館的所有人員。中國與柬埔寨的關係一度陷於險惡狀態。
52 原不二夫，《未完的國際協助——馬來亞共產黨與兄弟黨》，風響社，2009 年，198-200 頁。
53 范宏偉，〈奈溫軍事政權的建立與中國的對緬政策——兼論 20 世紀 60 年代初中國對外政策中的意識形態與現實選擇〉《廈門大學學報（哲學社會科學版）》，2010 年第 4 期，85 頁。
54 同上。
55 同上。
56 關於緬甸的〈6.26 排華事件〉請參閱：范宏偉，《和平共處與中立主義——冷戰時期中國與緬甸和平共處的成就與經驗》，世界知識出版社，2012 年，147-178 頁。
57 青山瑠妙，〈亞洲冷戰的融解：尼克松訪華與田中訪華〉《東亞近現代史通史》，第 8 卷，岩波書店，2011 年。
58《人民日報》，1966 年 2 月 21 日。
59《人民日報》，1967 年 8 月 12 日。
60 李丹慧，〈中蘇在援越抗美問題上的分歧和衝突（1961-1973）〉，http://coldwarchina.org/zwxz/zgxz/ldh/002040.html，查閱時間：2012 年 7 月 2 日。
61 下斗米伸夫，《亞洲冷戰史》，中央新書，2004 年，117 頁。
62 "77 Conversations between Chinese and Foreign Leaders on the War in Indochina, 1964-1977", *CWIHP Working Paper*, No. 22, https://www.wilsoncenter.org/sites/default/files/ACFB39.pdf，查閱時間：2019 年 5 月 1 日。
63 寥心文，〈二十世紀六七十年代毛澤東、鄧小平等打破蘇聯包圍的戰略思想與決策歷程〉《黨的文獻》，2010 年第 6 期，41 頁。
64 William R. Feeney, "China and the Multilateral Economic Institutions", in Samuel S. Kim ed., *China and the World: Chinese Foreign Policy Faces the New Millennium*, Boulder, CO: Westview Press, 1998, pp. 240-241.
65 Ibid., p. 245.
66 高木誠一郎，〈中國與亞太地區的多變合作〉，田中恭子編，《現代中國的結構變動 8 國際關係——亞太的地區秩序》，東京大學出版會，2001年，78-79頁。

67《宦鄉文集（下）》，世界知識出版社，1994年，1315-1343頁。

68 高橋滿，〈第三世界認知的變化〉，小林弘二編，《中國的世界認識與開發戰略——立場的轉變與開發的課題》，亞洲經濟研究所，1990年，31頁。

69 1978年6月召開的日本·ASEAN外相會議是首次ASEAN外長擴大會議。此後，1979年美國、澳大利亞、紐西蘭、歐洲聯盟、1980年加拿大、1991年韓國、1996年印度、中國、俄羅斯也相繼參加。現在有10個國家與組織參加，每年舉辦一次。

70 劉江長，〈太平洋國際關係的變遷與經濟合作的新潮流〉《現代國際關係》，1988年第3期，23頁。

71 持此種主張的學者與論文包括：加貝〈蘇聯對太平洋經濟合作會議態度的變化〉《國際問題研究》，1989年第2期，1-2頁。郭炤烈，〈《太平洋經濟合作在前進》——PECC大阪會議側記〉《國際展望》，1988年第12期，12-13頁。楊冠群〈亞太區域最重要的國際組織：聯合國亞太經社會〉《世界知識》，1993年第1期，30-31頁。程畢凡，〈太平洋經濟合作會議的由來與現狀〉《世界經濟與政治內參》，1987年第3期，1-10頁。

72 中國於1986年申請恢復GATT締結國地位。

73 李嵐清，《突圍——國門初開的歲月》，中央文獻出版社，2008年，333頁。

74 1991年1月11日，澳門以香港方式加入GATT，1992年中國與臺灣同時成為GATT觀察員。臺灣於2002年1月加入世界貿易組織（WTO）。

75 竹內孝之，〈台灣的國際參加〉，若林正丈《台灣總和研究Ⅱ——民主化後的政治》，調查研究報告書，亞洲經濟研究所，2008年。

76《朝日新聞》，1988年5月24日。

77 高尚全，〈實施沿海地區經濟發展戰略的關鍵在於深化改革〉《日中經濟協會會報》，1989年第2期，51-52頁。

78 趙文闘，〈中國經濟與中日合作的現狀〉《日中經濟協會會報》，1989年第6期，23-24頁。

79〈日中經濟協會訪華代表團與國務院副總理田紀雲的會談記錄〉《1992年度日中經濟協會訪華代表團訪華報告》（財），日中經濟協會，1992年9月19日，22頁。

80 Guoguang Wu, “Multiple Levels of Multilateralism: The Rising China in the Turbulent”, in Guoguang Wu ed., *China Turns to Multilateralism: Foreign Policy and Regional Security*, New York: Routledge, 2008, p. 267.

81 牛軍〈《回歸亞洲》——中蘇關係正常化與中國印度支那政策的演變（1979-1989）〉《國際政治研究》，2011年第2期，73頁。

82 孫艷玲，〈中國外交政策的調整與中蘇關係正常化〉《中共黨史研究》，2009年第2期，34頁。

83〈中國和蘇聯兩國外交部長關於解決柬埔寨問題的聲明（1989年2月5日）〉《中華人民共和國國務院公報》，1989年第2期，43-44頁。

84 Robert S. Ross, *Chinese Security Policy: Structure, Power and Politics*, London and New York: Routledge, 2009, p. 131.

85 青山瑠妙，《現代中國的外交》，慶應義塾大學出版會，2007年，340-342頁。

86 自 1984 年起，中國和不丹兩國每年都設定場合商討國境線劃定的問題。由於印度因素，不丹當時只與 25 國建立了外交關係。為了解決 600 公里國境線的問題，國家總理溫家寶提議兩國先建交後劃界。不丹政府在 2013 年至 2014 年曾嘗試爭取聯合國的非常任理事國的地位，需要中國的支持，所以也同意了中國的提案，表示力爭早日建交。

87 2013 年 4 月，中國人民解放軍進駐中國和印度的紛爭地區的拉達克（Ladakh），此後中印兩國軍隊對峙將近一個月。兩國經過交涉，於 5 月 5 日決定兩國軍隊同時撤軍，局勢也因此穩定下來。在 5 月 5 日的兩國交涉中，中國曾提議兩國軍隊在紛爭地區共同巡邏。此後在國家總理李克強就任後首次訪問印度時，中印兩國在加速國境紛爭地區的交涉問題上達成協議，但是中國提議的共同巡邏案沒有被列入兩國簽署的協議中。

88 楊公素，《當代中國外交理論與實踐（1949-2001）》，勵志出版社，2002 年，319 頁。

89 中寧，〈中國邊界暗戰〉《東北之窗》，2009 年第 2 期，39 頁。

90 M. Taylor Fravel, "Regime Insecurity and International Cooperation: Explaining China's Compromises in Territorial Disputes", *International Security*, Vol. 17, No. 1, Summer 1992, p. 81. Aaron L. Friedberg, "The Future of U.S.-China Relations: Is Conflict Inevitable?" *International Security*, Vol. 30, No. 2, Fall 2005, pp. 7-45.

91《人民日報》，1990 年 1 月 31 日。

92〈東盟經濟考察報告〉《世界經濟與政治》，1990 年第 4 期，10、11 頁。

93 佐藤考一，〈中國與 ASEAN 各國〉，高木誠一郎編，《脫離冷戰期的中國外交與亞太》，日本國籍問題研究所，2000 年，258 頁。

94 東亞經濟集團構想以東協 6 國為中心，成員為日本、韓國、中國等 11 個國家和地區。其目的在於推進東亞地區的貿易與投資。EAEG 於 1992 年 1 月改稱為東亞經濟會議（EAEC）。

95 山影進編，《東亞地域主義與日本外交》，日本國籍問題研究所，2003 年，21 頁。

96《人民日報》，1990 年 12 月 27 日。

97《人民日報》，1991 年 11 月 14 日。

98 亞太地域合作五原則為 (1) 相互尊重；(2) 平等互惠；(3) 相互開放；(4) 共同繁榮；(5) 意見一致。

99《人民日報》，1991 年 12 月 18 日。

100《人民日報》，1992 年 1 月 10 日。

101 John Ravenhill, *APEC and the Construction of Pacific Rim Regionalism*, Cambridge: Cambridge University Press, 2001, p. 112.

102《日本經濟新聞》，1993 年 11 月 17 日。

103 印尼雖然不是南海紛爭的當事國，但是從 1990 年起，主導召開類似南海衝突管理工作坊的非正式會談。

104 龜山伸正，〈中國的亞太多國間合作——中國外交雜誌的認知變化〉，http://www.waseda-giari.jp/sysimg/imgs/2007_21c_coe.pdf，查閱時間：2019 年 5 月 1 日。

105〈國際維和與中國《藍盔》〉《世界知識》，2008 年第 3 期，18 頁。

106 詹世亮，〈亞太地區形勢和中國睦鄰友好政策〉《國際問題研究》，1993 年第 4 期，2 頁。

107 馬成三，《發展中的中國對外開放》，亞洲經濟研究所，1992 年，20 頁。

108 服部健治，〈內陸經濟發展中的邊疆貿易的作用〉，丸山伸郎編，《90 年代中國地域開發的視角》，亞洲經濟研究所，1994 年，343-382 頁。

109 〈一圈、一列、一片、一點〉政策，現在演變為周邊外交、發展中國家外交、西方先進國家外交、多邊外交，成為中國外交戰略的四個重要支點。

110 高原明生，〈中國的新安全保障觀與地域政策〉，五十嵐曉郎、佐々木寛、高原明生編，《東亞安全保障的新動向》，明石書店，2005 年，194 頁。

111 劉勝湘，〈國家安全觀的終結——新安全質疑〉《歐洲研究》，2004 年第 1 期，1 頁。

112 高木誠一郎，〈中國的「新安全保障觀」〉《防衛研究所紀要》，2003 年 3 月，69-72 頁。

113 有關 ASEAN 規範的研究請參閱：Francois Godement, "Chinese and Asian Concepts of Conflict Resolution", in Robert Ash ed., *China's Integration in Asia: Economic Security and Strategic Issues*, Richmond: Curzon Press, 2002, pp. 246-256. Amitav Acharya, *Constructing a Security Community in Southeast Asia: ASEAN and the Problem of Regional Order*, London and New York: Routledge, 2001.

114 唐永勝、郭新寧，〈亞太安全理論框架〉《太平洋學報》，1999 年第 4 期，85 頁。

115 宋以敏，〈冷戰體制後的國際關係與東亞〉《發展論壇》，2000 年第 9 期，77 頁。

116 此種觀點，請參閱：朱寧，〈東亞安全合作的三種模式——聯盟安全、合作安全及協治安全的比較分析〉《世界經濟與政治》，2006 年第 9 期，54 頁。

117 EAVG 是韓國總統金大中在 1998 年的 ASEAN+3 首腦會議時提議建立的。

118 David Shambaugh, "China Engages Asia: Reshaping the Regional Order", *International Security*, Vol. 29, No. 3, Winter 2004/05, p. 70.

119 Marc Lanteigne, "A Change in Perspective: China's Engagement in the East Timor UN Peacekeeping Operations", *International Peacekeeping*, Vol. 18, No. 3, June 2011, p. 322.

120 Yeshi Choedon, "China's Stand on UN Peacekeeping Operations: Changing Priorities of Foreign Policy", *China Report*, Vol. 41, No. 1, February 2005, p. 52. Bates Gill and James Reilly, "Sovereignty, Intervention and Peacekeeping: The View from Beijing", *Survival*, Vol. 42, No. 3, Autumn 2000, p. 48.

121 〈中央外事工作會議在京舉行胡錦濤作重要講話〉，http://news.sina.com.cn/o/2006-08-23/22549829434s.shtml，查閱時間：2019 年 5 月 1 日。

122 劉雲山，〈中國應對國際金融危機的實踐和啟示——在第五次中越兩黨理論研討會上的主旨報告〉《求是》，2010 年第 1 期。

123 楊潔篪，〈中國外交正處在大發展的歷史時期〉《人民日報》，2009 年 9 月 5 日。

124 閻學通，〈為何中國需要與俄羅斯結盟〉，http://www.csstoday.net/2011/12/23/9209.html，查閱時間：2011 年 12 月 23 日。主張中國放棄〈不結盟政策〉的其他學者的主張，請參閱：〈中國或可改變「不結盟」戰略〉《國防時報》，2011 年 6 月 8 日；張文木，〈中俄結盟的限度、目標和意義〉《社會觀察》，2012 年第 3 期；李大光，〈別總是「不結盟」〉《世界報》，2012 年 6 月 20 日等。

125 此種論調，請參閱：李晨陽，〈對冷戰後中國與東盟關係的反思〉《外交評論》，2012 年第 4 期，10-20 頁。

126〈中國崛起背景下的中美關係——專訪中國人民大學國際關係學院副院長金燦榮〉《領導文萃》，2012年第6期，20-21頁。

127 羅照輝，〈2011年中國的亞洲外交〉，http://fangtan.people.com.cn/GB/147553/237748/index.html，查閱時間：2019年5月1日。

128 崔天凱，〈堅定不移推進中美夥伴關係〉，http://www.gov.cn/gzdt/2012-02/07/content_2060369.htm，查閱時間：2019年5月1日。

129〈國防部回應美國在澳大利亞駐軍——是冷戰思維的體現〉，http://www.chinanews.com/gn/2011/11-30/3498701.shtml，查閱時間：2019年5月1日。

130〈外交部就美國在亞太地區加強軍事存在出回應〉，http://world.people.com.cn/GB/16293633.html，查閱時間：2019年5月1日。

131 樂玉成，〈世界大變局中的中國外交〉《外交評論》，2011年第6期，4頁。

132〈楊潔篪談2011年中國外交　戰勝挑戰維護國家利益〉，http://world.people.com.cn/GB/16781588.html，查閱時間：2019年5月1日。

133〈胡錦濤18大報告（全文）〉，http://news.china.com.cn/politics/2012-11/20/content_27165856_3.htm，查閱時間：2019年5月1日。

134 樂玉成，〈對國際變局與中國外交的若干思考〉《中國外交》，2012年第11期，6-8頁。

135 2011年11月，ASEAN提案建立RCEP，旨於構建一個包括日本、中國、韓國、印度、澳大利亞、紐西蘭6國和ASEAN在內的，並同時包攝5個FTA的經濟合作圈。如果實現，RCEP的規模為：人口34億、GDP約20兆美金、貿易總額10兆美金。RCEP的談判始於2012年11月20日。

136 張蘊岭，〈共同利益為基礎合作為框架的新關係〉，http://v.china.com.cn/2013-01/26/content_27802472.htm，查閱時間：2019年5月1日。

137 "Official: China Should Move toward More Free Trade Agreements", *China Daily*, 18 April, 2013.

138 羅照輝，〈2011年終國的亞洲外交〉。

139〈專家學者熱議中國外交五大熱點問題〉，http://www.chinanews.com/gn/2011/12-18/3540371.shtml，查閱時間：2019年5月1日。

140 樂玉成，〈世界大變局中的中國外交〉，3頁。

141《中國日報》，2013年1月8日。

142〈中俄合作共贏、深化全面戰略協作夥伴關係聯合聲明〉（2013年3月22日），全文請參閱：http://www.gov.cn/ldhd/2013-03/23/content_2360484.htm。

143《解放日報》，2013年1月30日。

144 習近平時代外交的特點及其與前政權的不同，請參閱：青山瑠妙，〈中國對外政策的結構性變化：從「富國外交」到「強國外交」〉《國際問題》，2019年10月第685期，35-44頁。

145 外務省，《平成4年度外交青書》，http://www.mofa.go.jp/mofaj/gaiko/bluebook/1992/h04-3-1.htm#f12，查閱時間：2019年5月1日。

146〈環境的變化、日本的選擇？日美安保座談會〉《朝日新聞》，1995年11月21日。

147〈有關獲取・持有尖閣諸島的部長會議〉，http://www.kantei.go.jp/jp/tyoukanpress/201209/_icsFiles/afieldfile/2012/09/10/0910kaiken_siryou.pdf，查閱時間：2019年5月1日。

148 大矢根聰《國際體制與日美外交構想——WTO．APEC．FTA 的轉變局面》，有斐閣，2012 年。

149〈亞洲秩序、還繞不開美國〉《環球時報》，2005 年 7 月 18 日。

150〈關注美中 邁出一步時〉《日本經濟新聞》，2013 年 3 月 17 日。

151 有關 RCEP，請參閱：http://www.mofa.go.jp/mofaj/gaiko/fta/j-eacepia/index.html。

152〈地域連接、日澳等的新構想〉《日本經濟新聞》，2009 年 10 月 26 日。

153 大湄公河流域包括柬埔寨、泰國、越南、寮國、緬甸、中國的 6 個國家。

154〈日本與中國競爭影響力　通過環境援助扳回局面〉《朝日新聞》，2009 年 11 月 4 日。

155 平成 18 年度外務省委託研究報告書〈我國的亞歐外交——以上海合作機構為視角〉，http://www2.jiia.or.jp/pdf/report/h18_eurasia.pdf，查閱時間：2019 年 5 月 1 日。

156〈中俄經貿情況〉《瞭望新聞週刊》，2013 年第 12 期，19 頁。

157《北京青年報》，2012 年 6 月 7 日。

158〈外交部亞洲司司長談「2011 年中國的亞洲外交」〉，http://news.china.com/focus/2012bwft/11118558/20120412/17142826.html，查閱時間：2012 年 4 月 12 日。

159 有關孔子學院、孔子課堂的異同，請參閱：青山瑠妙，〈中國的宣傳文化戰略——其影響力與重大課題〉《三田評論》，2012 年第 159 期，28-34 頁。

160〈文化建設「十一五」規劃〉的全文，請參閱：http://lianghui.china.com.cn/policy/txt/2006-11/09/content_9252602.htm。

161〈國家「十二五」時期文化改革發展規劃綱要〉的全文，請參閱：http://www.mofcom.gov.cn/article/b/g/201707/20170702613319.shtml。

162〈國家「十三五」時期文化改革發展規劃綱要〉的全文，請參閱：http://www.gov.cn/zhengce/2017-05/07/content_5191604.htm。

163〈國家教育事業發展第十二個五年規劃〉的全文，請參閱：http://www.moe.gov.cn/srcsite/A03/moe_1892/moe_630/201206/t20120614_139702.html。

164〈外交部亞洲司司長談「2011 年中國的亞洲外交」〉。

165〈外交部副部長傅瑩就中國東盟關係接受新華社採訪〉，http://www.gov.cn/jrzg/2012-08/05/content_2198728.htm，查閱時間：2019 年 5 月 1 日。

166〈胡錦濤從四個方面為上合組織發展指明方向〉，http://gb.cri.cn/27824/2012/06/07/5951s3717952.htm，查閱時間：2019 年 5 月 1 日。

167 Niklas Swanstrom, "China's role in Central Asia: Soft and hard power", Centre for World Dialogue, http://www.worlddialogue.org/content.php?id=402，查閱時間：2012 年 6 月 7 日。

168 Niklas Swanstrom, "China and Great Central Asia: Economic Opportunities and Security Concerns", in Lowell Dittmer and George T. Yu eds., *China, the Developing World and the New Global Dynamic*, Boulder London: Lynne Rienner Publishers, 2010, p. 116.

169 福田保，〈比較美國與中國在東南亞的軍事網絡——權力轉移於軍事連結的平衡〉，http://www2.jiia.or.jp/pdf/resarch/H23_Japan_US_China/12_Fukuda.pdf，查閱時間：2019 年 5 月 1 日。

170 Kenneth W. Allen, Eric A. McVadon, "China's foreign military relations", *The Henry L. Stimson Center Report #32*, October 1999.

171 Ian Storey, "China's bilateral defense diplomacy in Southeast Asia", *Asian Security*, Vol. 8, Issue 3, 2012, pp. 294-297.

172 Ibid.

173 2013 年的中國《國防白皮書》全文，請參閱：http://www.mod.gov.cn/affair/2013-04/16/content_4442839.htm。

174 Richard Weitz, "Kazakhstan and the New International Politics of Eurasia", *Silk Road Paper*, Central Asia-Causasus Institute Silk Road Studies Program, July 2008, p. 11.

175 Jargalsaikhan Mendee, "Mongolia's Quest for Third Neighbours: Why the European Union?", http://www.eucentralasia.eu/fileadmin/PDF/PolicyBriefs/MONGOLIA_QUEST_FOR_THIRD_NEIGHBOURS_WHY_THE_EU.pdf，查閱時間：2012 年 6 月 7 日。

176〈中國駐蒙大使王小龍：中蒙關係進入戰略夥伴新時期〉，http://news.xinhuanet.com/world/2011-08/23/c_121896769.htm，查閱時間：2012 年 6 月 7 日。

177 "Cooperation with Mongolia to Get a Boost", *China Daily*, June 8, 2012.

178 蒙古煤炭的 80% 出口給中國。

179 T. Tugsbilguun, "Does the Shanghai Cooperation Represent an Example of a Military Alliance?", *The Mongolian Journal of International Affairs*, No. 15-16, 2008-2009, pp. 92-93.

180 1999 年 1 月 12 日的聯合國決議（resolution 53/77/D）賦予蒙古無核武地帶的地位。此後，哈薩克、吉爾吉斯、塔吉克、土庫曼、烏茲別克 5 個中亞國家也於 2006 年簽署中亞無核地帶條約，其條約於 2009 年生效。

181 Wang Peiran, "Mongolia's Delicate Balancing Act", *China Security*, Vol. 5, No. 2, 2009, p. 29. 城忠彰，〈蒙古一國無核地帶創設的意義〉《國際公共政策研究》，第 13 卷第 1 期，29-38 頁。

182 2004 年蒙古成為歐洲安全與合作組織〈OSCE〉的亞洲夥伴（Asian Partner）。

183 盧遠，〈相互依存視域下的中國—尼泊爾關係〉《暨南學報（哲學社會科學版）》，總第 147 期，2010 年，131 頁。

184 黃正多、李燕，〈中國—尼泊爾經貿合作：現狀、問題與對策〉《南亞研究季刊》，2010 年第 4 期，67-72 頁。

185〈中國對緬並無本錢沾沾自喜〉，http://www.ennweekly.com/2013/0205/9841.html，查閱時間：2019 年 5 月 1 日。

186 Joel Wuthnow, *Chinese Diplomacy and the UN Security Council: Beyond the Veto*, London and New York: Routledge, 2013, p. 117.

187〈衝突的「溢出效應」〉《環球》，2013 年 2 月 1 日，40 頁。

188 同上。

189 因水壩建設，緬甸克欽州 1 萬 2,000 人移居他方。

190〈中電投：中緬密松電站合作項目互利雙贏〉，http://energy.people.com.cn/GB/15807636.html，查閱時間：2019 年 5 月 1 日。

191〈難以停息的緬甸克欽邦戰戰火〉《中國新聞週刊》，2013 年 1 月 14 日，62 頁。

192 緬甸政府與 KIO 的和平交涉，於 2013 年 2 月 4 日在中國雲南省瑞麗舉行，中國作為觀察方也出席參加。

193"The Cambodia Aid Effectiveness Report 2010", http://www.cdc-crdb.gov.kh/cdc/third_cdcf/aer_2010_en.pdf，查閱時間：2019 年 5 月 1 日。

194〈東埔寨：中國範圍的擴展〉，http://www.ennweekly.com/2013/0206/9860.html，查閱時間：2013 年 6 月 3 日。

195〈中國企業在老撾生根發萌〉，http://finance.people.com.cn/n/2013/0531/c1004-21686742.html，查閱時間：2019 年 5 月 1 日。

196"Brunei in the South China Sea Hot Seat", http://maritimesecurity.asia/free-2/south-china-sea-2/brunei-in-the-south-china-sea-hot-seat-asia-times-online/，查閱時間：2012 年 12 月 21 日。

197Ian Storey, *Southeast Asia and the Rise of China: The Search for Security*, London and New York: Routledge, 2011, pp. 282-283.

第二章
崛起的中國與亞洲區域秩序

傳統上，中國一直非常重視大國間的權力政治；因此，除了其擔任安全保障理事會常任理事國的聯合國之外，中國對於其他多邊外交並不熱心。然而，就如前一章所述，從 1990 年代後半，特別是亞洲金融危機之後，中國便開始積極參與亞洲的多邊合作；從一個旁觀者轉變爲參與者，接著再從參與者轉變爲推動者。目前爲止，中國已經推動設立許多由中國主導的區域組織，而多邊外交也已成爲中國外交的重要一環；在此過程中，多邊主義也持續在中國萌芽。

由於參與了世界貿易組織（WTO）與其他聯合國組織，中國的對外行動在很大程度上受到區域（或國際）規範、區域（或國際）組織的拘束。同時，在多邊合作中逐漸萌芽的多邊主義，是否會成爲中國多邊外交的基本原則，這將是衡量今後中國是否能在國際社會中發揮建設性角色的判斷標準。

1990 年代以後，中國積極展開亞洲外交，參與各個主要的亞洲區域組織，而其在多邊協議中的影響力也不斷提高。在這些亞洲區域組織及多邊協議之中，本章將選出東北亞的六方會談、東南亞國家協會（ASEAN）、南亞區域合作協會（SAARC）、中亞的上海合作機構（SCO）等四個機構加以討論。

六方會談是中國首次參與的穿梭外交（又稱仲介外交、斡旋外交），是中國積極倡議多邊協議的一個例子。而東協是中國最早參與的區域組織，且中國和東協的區域合作，被中國視爲「亞洲區域合作的典範」。上合組織是由中國主導創設的區域組織，透過上合組織不只能看見中國在區域合作所展現的姿態，也能透視中國區域合作的目標和方向性。

因此，本章將分析中國在六方會談、ASEAN、SAARC 以及 SCO 中的政策，思考經濟崛起下的中國在不同區域組織的行爲規範和戰略，並探討中國在經濟、政治以及軍事上所發揮的影響力。

第一節　東北亞與六方會談

中國與北韓常常被稱爲「唇齒關係」。在韓戰之後，兩國關係更是被視爲「歃血爲盟的兄弟關係」。

朝鮮半島的和平與安定直接關係到中國周邊環境的穩定，因此中國和北韓的關係也被稱爲「唇亡齒寒」關係。對中國來說，北韓是中國安全保障上的重要緩衝地帶；在中國的國際關係學者之間，越來越多人認爲「北韓是美國用來牽制中國、俄羅斯及日本的重要據點」。[1] 由此可以看出，中國對美國、俄羅斯、日本等大國在北韓的影響力滲透，有著非常強烈的疑慮。

2000 年代之後，中國與北韓之間的貿易額開始增加。對採取鎖國體制的北韓來說，中朝貿易具有相當重要的意義；同時，對中國而言，與北韓的經濟合作也極爲重要。確實，中國與北韓的貿易只占中國全體貿易的不到百分之一，但與北韓的經濟合作卻是中國振興東北地區經濟時不可或缺的。特別是中國政府和東北三省的地方政府均認爲，東北三省的區域經濟發展，需要與擁有海上通路的北韓合作才可以實現。正因如此，自 1990 年代初到現在爲止，中國對圖們江區域開發保持很高的期待（參照第三章第一節）。

由此可見，北韓在中國的安全保障以及東北地區經濟發展上具有重要的意義。本節將以冷戰終結後的中國對北韓政策，以及六方會談爲中心，探討中國在東北亞的政策開展以及中國與北韓關係的轉變。

壹、從風險迴避到積極參與：1991 年～2001 年

1990 年代前半，中國以「發展中國家」的自我認知與定位，積極利用西方先進國家的技術與資金，加入亞洲太平洋地區的「雁行經濟模型」來促進經濟起飛（參照第一章）。在此意義下，無論是美國、日本等先進國家，或是新興工業化地區（NIEs）一員的韓國，都在中國經濟發展戰略中扮演了重要的角色。中國也因此與韓國建立了邦交關係。

中韓兩國開始接近是在 1980 年代後半。在首爾召開的 1986 年亞洲運動會和 1988 年的奧運會，中國都派出選手參加。1988 年，中韓兩國的貿易額超過 10 億美金，兩國開始檢討互設民間貿易辦事處事項。[2] 爲了就設立民間貿易辦事處能得到北韓的理解，中國從 1988 年開始與北韓國家主席金日成、北韓外長金永南進行了數次的意見交換，金日成最終於 1990 年下半年「表示同意」。[3]1991 年 5 月，總理李鵬在訪問北韓之際，向北韓傳達了中國在南北韓問題的立場，表示「如果韓國再次提出加入聯合國問題，中國很難以持反對態度，而一旦韓國單獨加入聯合國後，朝鮮再想加入，可能會遇到困難」。[4] 李鵬的這番話暗示中國的立場是支持南北韓同時加入聯合國。中國沒有得到北韓對中國提案的答覆，最後在 1991 年 9 月，南北韓還是同時加入聯合國，而中韓也在 1992 年 8 月正式建交。

雖然 1990 年 9 月蘇聯就已經與韓國建交，但中韓建交一事在中

國與北韓關係上，無疑是蒙上一層陰影。從 1992 年到 1999 年之間，中國與北韓高層接觸完全中斷，兩國間的貿易額也從 1993 年的 8.99 億美金跌至 1999 年的 3.7 億美金。另外，對於接近韓國的中國，金日成則是經常提及並暗示要與臺灣建交以要脅中國，同時也透過推進與臺灣之間的交流來對抗中國。北韓的戰略與當時李登輝政權所提倡的彈性外交有其相呼應之處，因而北韓的政策取得了一定的成效，也從臺灣得到了稻米等經濟援助。除此之外，北韓和臺灣本來還欲簽訂由北韓處理臺灣核廢料之契約，但後來因爲中國的壓力以及國際間的責難，最後雙方在 1997 年時放棄。[5]

在中國與北韓關係緊張的同時，發生了第一次北韓核武危機（1993～1994）。北韓在 1985 年加入了《禁止核武擴散條約》（Nuclear Nonproliferation Treaty, NPT），並於 1992 年 2 月與國際原子能總署（International Atomic Energy Agency, IAEA）簽訂了保障措施協定。IAEA 從 1992 年 5 月開始到 1993 年 2 月爲止，總共到北韓進行了 6 次特定視察。1993 年初外界開始懷疑，靠近遼寧省的北韓兩個核廢物處理設施有提煉核子武器成分鈽的可能性，IAEA 於 1993 年 2 月要求再次視察上述兩個核廢物處理設施。北韓拒絕了 IAEA 的要求，並於同年 3 月退出 NPT。

在此情況下，美國一方面強烈譴責北韓，做出了與北韓戰爭的作戰計畫；另一方面也接受了北韓的與美直接交涉的要求，但兩次的直接談判都沒有獲得相應的成果，朝鮮半島的緊張關係持續高漲。在此情況下，美國前總統吉米 ・ 卡特（Jimmy Carter）於 1994 年 6 月訪問北韓，同年 7 月美國與北韓進行了第 3 次的直接交涉。第 3 次的交涉雖然受到金日成過世（1994 年 7 月）的影響而暫時中斷，但最後還是在 10 月簽訂了《美國—北韓核子框架協議》（也稱框架協議：

Agreed Framework）。[6] 依據此協議，1995 年 3 月設立了由美國、日本、韓國等國參與的朝鮮半島能源開發組織（KEDO）。[7]

第一次北韓核武危機時（1994 年），雖然中國暫時中斷了對北韓的糧食援助；[8] 但整體來說，中國在北韓核武問題上的態度較爲消極，公開表示多邊協議的時機尙未成熟，[9] 並採取了風險迴避的行動。[10] 中國當時雖然贊成美國與北韓的直接交涉，但對於聯合國對北韓的制裁，則是持反對的態度。

然而，從 1996 年開始，中國開始逐漸重視多邊外交，在此政策轉變的影響下，中國對北韓的態度也開始產生改變。1994 年 4 月 18 日，美韓兩國建議召開四方會談時，中國在檯面下馬上就給出肯定的回應。[11] 另外在 1997 年時，中國政府派遣的聯合國開發計劃署（UNDP）職員，在公共場合也表示北韓應該採用中國式的改革開放政策。這也表明，在中國的對北韓政策中，中國已經認識到在朝鮮半島建構和平框架的重要性，[12] 並試圖促進北韓在經濟方面的改革開放。

對於採用中國式改革開放的提案，北韓強烈批判鄧小平背叛了社會主義，並開始與臺灣之間的直航。另一方面，在 1997 年的美國與南北韓的準高官級會談中，北韓觸及了「新和平保障體系」，[13] 並提出了「3+1 構想」。這也表明，北韓在實質上也同意四方會談。

1997 年 12 月實現了第 1 次的四方會談，一直到 1999 年 8 月爲止，總共進行了 6 次。在 1999 年 1 月的第 4 次會談中，中國第一次就北韓和平進程提出了中國的方案。在此方案中，中國主張建構和平體制與緩解緊張關係，並提議設立兩個小組委員會。[14] 接著在 1999 年 8 月的第 6 次會談中，中國又一次提案設置信心建立措施的機制。

1999 年之後，北韓調整了對中國的政策，讓 1999 年之後的兩國關係有了大幅的改善。1999 年 6 月，北韓最高人民會議常任委員會委員長金永南訪問中國，而中國外交部長唐家璇也在 10 月訪問北韓。這兩次訪問，重起了因中韓建交而中斷的高官互訪，中國和北韓的兩國關係也開始恢復並急遽升溫。2000 年，朝鮮勞動黨總書記金正日同意參加南北首腦會談（6 月），並於南北會談之前的 5 月前往中國訪問。接著在 2001 年 1 月 15 日到 20 日間，金正日再次前往中國進行非正式的訪問，探訪了中國改革開放的成功之地——上海。之後國家主席江澤民也於 2001 年 9 月前往北韓進行了國是訪問。在此和睦的政治氛圍下，中國與北韓間的兩國貿易也開始飛躍性的成長。

如上所述，1990 年代前半，中國從本國經濟發展的視角出發，重視美國與 NIEs 等國之間的關係，也因此造成了中國與北韓之間的矛盾。然而，到了 1990 年代後半，中國開始在北韓問題上扮演積極的角色，並對多邊框架解決問題展現正面態度。此外，從 1990 年代開始，中國促進北韓進行改革開放的發言也具相當重要的意義。而北韓也在 1990 年代末期開始改變態度，著力改善與中國的關係。在此發展下，中國與北韓關係獲得了大幅改善。

貳、新中朝關係的建構：2001 年～2006 年

1990 年代，中國的對北韓政策開始出現重大的轉變；到了 2000 年代前半，後冷戰時期中國的對北韓政策框架最終成形。在此過程之下，中朝（中國與北韓）兩國關係也隨之慢慢地產生重要改變。2001 年，美國發生了 911 事件，這對中國與北韓所處的國際環境有很大的影響。中朝兩國關係在 2000 年以後大幅改善，就如同圖 2-1 所示的，中朝兩國在貿易上有著明顯的發展。

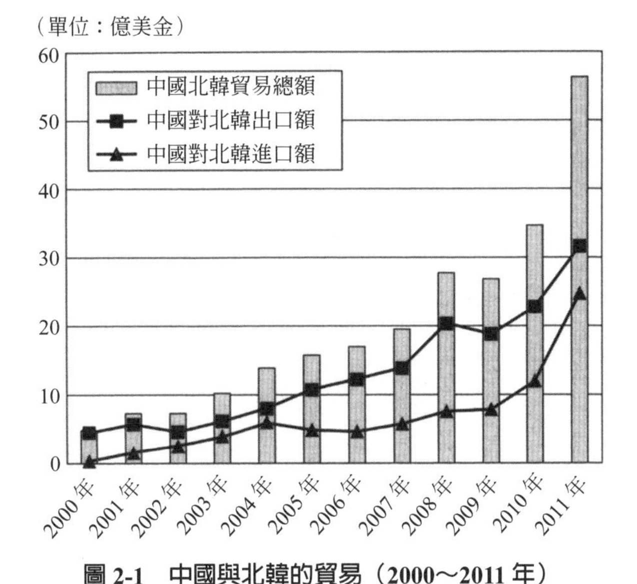

圖 2-1　中國與北韓的貿易（2000～2011 年）

資料來源：中國關稅統計各年版。

1990 年代末期，圍堵北韓的區域環境開始出現明顯轉機。此時的中國，將美國推動的戰區飛彈防禦系統（TMD）等一連串動作，視爲美國封鎖中國的一環。爲了打破美國的封鎖政策，中國開始著手改善與北韓之間的關係。[15] 不只是中朝關係，同一時期朝鮮半島南北關係、日朝（日本與北韓）關係也都朝改善的方向前進。1998 年 2 月上台的韓國金大中政權揭示了陽光政策，並致力促進南北兩邊的交流與對話。日本方面，前首相村山富市帶領的跨黨派議員團，也於 1999 年 12 月前往北韓訪問。2000 年 4 月，日本和北韓兩國展開了相隔 7 年 5 個月的日朝交涉。

然而，在 911 事件以後，圍繞北韓的融合的區域環境又開始產生了變化。美國總統喬治 ・ 布希（George W. Bush）在 2002 年 1 月的國情咨文中，批評北韓與伊朗、伊拉克都是支持恐怖主義的「邪惡軸心」（Axis of Evil）。美國的外交政策和國際環境的變化，對中國的對北韓政策也帶來了一定的影響。1990 年代後期，中國雖然一直希望抑制與美國之間的對立，與美國建構更堅固的合作關係，但都沒有找到有效的對策。911 事件發生後，中國以此爲契機，在反恐、北韓問題上展現出更強力的對美合作姿態，以此來促進兩國關係。一方面，中國政府清楚地認識到，美中韓之間存在著因冷戰結束而帶來的結構對立問題；另一方面，中國政府也認爲，透過這樣的對美合作，可使中美兩國進入和平發展期。[16] 此種對美政策的考量，致使中國的外交政策發生變化；而中國與北韓「歃血爲盟的兄弟關係」，也在上述大環境和中國政策的變化過程中逐漸質變。

2002 年 9 月，北韓設立「新義州特別行政區」後發生了「楊斌事件」。[17] 對於在與遼寧省丹東市鄰接區域設立新義州特別行政區的北韓構想，中國雖然在表面上表達歡迎與支持，但根據中居良文的研究，中國地方政府對於特別行政區的設置頗有微詞。[18] 一般認爲，這是因爲關於設立新義州特別行政區與任命楊斌之舉，北韓都沒有在事前與中國進行充分的對話，造成了中國和北韓關於新義州特別行政區問題上的分歧。但不能忽視的是，新義州特別行政區的設置，引導韓國資本流入新義州；北韓此一戰略走向與中國促進北韓改革開放的策略布署並不完全一致，這可能也是造成中國和北韓分歧的一個重要原因。

2002 年 9 月 17 日，日本和北韓關係有了重大突破，日本首相小泉純一郎前往北韓訪問。日本政府希望通過首相的訪問來推動與北韓建交，提高日本在亞洲的地位，而美國則希望日本對北韓採取較爲強硬的態度。爲了促使日本政府的政策轉向，在小泉訪問北韓之前的8 月 27 日，美國政府就向日本透露北韓開始實施高濃縮鈾計畫的消息。[19]

2002 年的 10 月，美國助理國務卿詹姆斯 ・ 凱利（James A. Kelly）訪問北韓之際，北韓公然承認其高濃縮鈾計畫且持續在進行核武的開發。同年 11 月 14 日，KEDO 決定從 12 月開始凍結提供給北韓的重油，並於 11 月 29 日在 IAEA 理事會中通過北韓制裁協議。爲了對此表示抗議，北韓宣布重啓寧邊的核能設施，並將 IAEA 審查官遣送國外，並於 2003 年 1 月表明退出 NPT。北韓核武危機，再次爆發。

與第 1 次北韓核武危機相異，中國在第 2 次北韓核武危機中，對北韓的核武問題表現出更加堅決的態度，中國揭示「支持半島非核化，致力於維護和平穩定，主張通過對話解決問題」的立場原則。[20] 從這個時期開始，「對話」與「非核化」已經成爲中國對北韓核武問題的兩個重要構成因素。在這個原則下，在東協的會談以及東協區域論壇（ARF）等場所，中國比起過去更明確地表述北韓的核武問題，並批評北韓在 2003 年 2 月退出 NPT，贊成 IAEA 向聯合國安理會提出北韓制裁決議案。同月，供給北韓能源消費達 90% 的中國，暫時中斷（3 天）對北韓的石油運輸。

美國認爲，多邊協議是處理北韓核問題的最佳方法，因此向中國提出了針對北韓問題展開多邊協議的提案。2003 年 2 月，中國對美國的提案還只限於「認眞聽取」（listened carefully）[21] 的階段；在公開場合，中國還是表示支持「雙邊交涉」。3 月 6 日，外交部長唐家璇仍然強調美朝（美國與北韓）直接對話的重要性。3 月 26 日，外交部發言人章啓月也表示，中國歡迎朝鮮半島問題當事者的南北韓直接對話。[22]

2003 年 3 月 8 日到 9 日，副總理錢其琛訪問北韓，從北韓方面取得了重返三方會談的約定，接著由中國主辦的美中朝三方會談便在同年 4 月 23 日秘密召開。在此三方會談中，中國始終保持主辦者的立場，避免參與具體的議論。[23] 關於北韓核問題，美國總統布希與國家主席胡錦濤通過電話進行了數次協議，且中美兩國的政府官員也在私底下密切聯繫。[24] 對中國的此番努力，美國政府此時也發言肯定中國對北韓的政策。雖然此次會議是在胡錦濤與北韓二把手國防委員會第一副委員長趙明綠會面不久後召開的，但並沒有取得如期的成果。北韓在會談中提示的「一攬子解決方法」，說明北韓的基本政策目標與第 1 次朝核危機時完全沒有改變，都是堅持以下三個條件，即：1. 不行使武力；2. 保證對北韓的能源供給；以及 3. 實現美朝與日朝國交正常化。[25] 不僅如此，北韓還公開在協議提及「核武嚇阻」此一政策選項，打出核武恫嚇牌，揚言會保有核武並可能將其輸出。[26]

當時，針對北韓核開發問題，在中國內部高層級的議論中，贊成六方會談的可以說是極爲少數。[27] 即使如此，中國政府依然做出以主辦國來舉辦六方會談的決定。其中主要的一個原因，便是伊拉克戰爭的爆發。2003 年 3 月 20 日，美國向伊拉克發動攻擊；同一時間，布希總統也明言美國也可能會對北韓行使武力。[28] 在此情況下，雖然很多人質疑美國先制攻擊理論能否適用於北韓，但很多東亞國家都開始擔憂，北韓問題將成爲遠東版的伊拉克問題。而這種疑慮，也開始擴散至中國以及日本、韓國。[29]

從 2003 年 7 月 7 日到 10 日，剛就任的韓國總統盧武鉉便前往北京及上海訪問。接著 7 月 12 日到 14 日，中國外交部副部長戴秉國前往北韓訪問，與金正日展開了會談。結束北韓訪問的戴秉國，又於 7 月 16 日到 18 日馬上飛往美國訪問。此後，北韓在 7 月 31 日表明將會加入六方會談。接著在 8 月 18 日到 22 日，由中央軍事委員會委員徐才厚與對外聯絡部副部長劉洪才所率領的代表團，也相繼訪問北韓。

2003 年 8 月 27 日到 29 日，中國作爲主辦國召開了六方會談。以此六方會談爲開端，中國積極地展開了「穿梭外交」，[30] 主動參與並周旋在達爾富爾問題、緬甸問題等各式各樣的國際爭端中。從中國外交的觀點來說，由六方會談起步的中國「穿梭外交」是相當重要的一步，因爲這是中國第一次介入並幫助處理非直接當事人的區域紛爭。[31]

如表 2-1 所示，六方會談一共舉行了 6 次。關於北韓核武問題，美國採取的立場是「完全性的、可驗證的、不可逆的廢棄核武」；與之相對，北韓對此表示反彈，並將之分爲「凍結」、「放棄」等各個

表 2-1　六方會談

會議名稱	召開日期
第一次六方會談	2003 年 8 月 27 日～29 日
第二次六方會談	2004 年 2 月 25 日～28 日
第三次六方會談	2004 年 6 月 23 日～26 日
第四次六方會談	第一輪會談：2005 年 7 月 26 日～8 月 7 日 第二輪會談：2005 年 9 月 13 日～19 日（《9．19 共同聲明》）
第五次六方會談	第一輪會談：2005 年 11 月 9 日～11 日 第二輪會談：2006 年 12 月 18 日～22 日 第三輪會談：2007 年 2 月 8 日～13 日 （「落實共同聲明起步行動」）
第六次六方會談	第一輪會談：2007 年 3 月 19 日～22 日 第六次六方會談．首席代表會議：2007 年 7 月 18 日～20 日 第二輪會談：2007 年 9 月 27 日～30 日 （「落實共同聲明第二階段行動」） 第六次六方會談．首席代表會議：2008 年 7 月 10 日～12 日 六方會談．非正式會議：2008 年 7 月 23 日 2008 年 10 月 11 日、美國將北韓移出支持恐怖主義國家的名單 第六次六方會談．首席代表會議：2008 年 12 月 8 日～11 日

資料來源：參酌日本外務省資料，作者整理製作。

不同等級，希望在不同的階段得到美國的回饋。[32] 雖然美朝主張差異相當大，但中國依舊於 2005 年夏季開始展開了積極的穿梭外交。[33] 最後，在第 1 次六方會談召開的 2 年後，六國於第 4 次六方會談中達成協議，簽署《9．19 共同聲明》（2005 年 9 月 19 日）。

由於這項共同聲明並沒有具體方案，因此在 2 個月後又召開了第 5 次六方會談，六國針對實際的作業展開議論。後來在合意後的議長聲明中，則放入了「承諾對承諾、行動對行動」的原則。

如上所述，2000 年代前期，後冷戰時期的中國對北韓政策，在處理北韓核武問題過程中逐漸成形。中美關係是左右中國對北韓政策的一項重要因素，對北韓政策也被視爲改善中美關係的一項有效手段。另外，此一時期的「朝鮮半島非核化」以及「和平解決核問題」，開始作爲中國對北韓政策重要的構成要素而浮上檯面。也就是說，爲了實現「朝鮮半島非核化」的長期目標，中國選擇透過六方會談的多邊協議，採行管理北韓核武問題的戰略。另一方面，隨著 2000 年開始進行的中國「西部大開發計畫」，在中朝關係的經濟合作重要性也與日俱增。如圖 2-1 所示，進入 2000 年代之後，中朝貿易獲得飛躍性的成長。

中國對北韓的政策，於 2000 年前半收到巨大的成效。其一，中國對北韓政策得到美國的肯定，中美關係也因此持續穩定；其二，因爲六方會談的存在，朝鮮半島局勢穩定，中國得以確保周邊環境的和平發展；其三，中國的穿梭外交加強了中國對北韓的影響力，中朝兩國的經濟關係也因此得以強化。此外，2005 年的 9．19 共同聲明得到了一定的效果，以穿梭外交爲代表的中國積極外交姿態，也受到國際社會的讚賞。

也就是說，中國周旋在美國和北韓之間，一方面透過多邊框架來牽制北韓的對美傾斜，[34] 另一方面也藉由積極介入北韓核武問題來迴避與美國之間的對立。[35] 這段時間，中美關係得以大幅改善，美國國務卿柯林 · 鮑威爾（Colin Powell）便認為，這段時期是中美關係 30 年來最好的時期。[36] 同時，中國與北韓之間的關係也在政治與經濟面上大幅提升，如表 2-2 所示，從 2004 年到 2006 年年初，金正日曾兩度訪中，而且也有北韓外交部長金永南與中國外交部長李肇星的相互訪問，兩國之間的最高層級交流相當興盛。

2004 年正逢中國與北韓建交 55 週年，金正日在訪中之際，中國承諾支持「北韓的經濟建設」，向北韓提供無償經濟援助，而北韓也

表 2-2　2000 年以後的金正日訪中

訪中時期	訪問地區
2000 年 5 月 29 日～31 日	非正式訪問 北京：聯想（Lenovo）集團等
2001 年 1 月 15 日～20 日	非正式訪問 上海：浦東經濟開發區、上海貝爾有限公司、上海證券交易所、寶山鋼鐵（集團）公司、張江高科技園區、孫橋現代東也開發區等
2004 年 4 月 19 日～21 日	非正式訪問 北京
2006 年 1 月 10 日～18 日	非正式訪問 湖北、廣東、北京等
2010 年 5 月 3 日～7 日	非正式訪問 大連、天津、北京、瀋陽：開發區、保稅港、食品加工業等
2010 年 8 月 26 日～30 日	非正式訪問 吉林、黑龍江
2011 年 5 月 20 日～26 日	非正式訪問 北京、黑龍江、吉林、江蘇
2011 年 8 月 25 日～	（俄羅斯訪問結束後）中國黑龍江、內蒙古

資料來源：作者自行整理。

承諾會「積極推進六方會談進程」。[37] 兩國也在此一時期開始觸及經濟貿易合作問題。此外，2006 年 1 月金正日訪中時，根據中方報導，金正日特別稱讚了中國「經濟特區的輝煌成就」，稱「中國煥然一新的面貌和生機盎然的發展」給他「留下深刻的印象」。[38] 而在這次訪中，中國與北韓就兩國間的經濟貿易合作之可能性進行了討論，總理溫家寶提出了「政府主導、企業參與、市場運作」的原則，提示了中朝經濟關係的方向。金正日返國之後，爲了研究中國的經濟成長，也特別派遣了代表團前往中國。[39]

由此可以看出，在 2004 年，中國已經提出了新的中朝關係原則，希望改變以往的單方向無償援助做法，在中朝關係導入市場機制，努力建構雙贏的政治經濟機制。而中國對北韓政策的改變，也給此後的中朝關係走向帶來很大的影響。

參、影響力低下與對北韓政策的兩難：2006 年～

2006 年開始，北韓開始進行一次又一次的核武器試爆，加劇了朝鮮半島的緊張情勢。而美國則從 2011 年秋季開始正式展開重返亞洲政策，在這樣變化劇烈的區域情勢下，中國的對北韓政策也開始產生動搖。

一、2006 年的飛彈發射與核彈試爆

2005 年 9 月 15 日，在第 4 次六方會談進行當中，美國以北韓有透過澳門匯業銀行（Banco Delta Asia, BDA）洗錢的可能性爲由，將北韓在該銀行 2,500 萬美金存款的帳戶凍結。受此影響，北韓主張只有在美國對北韓的金融制裁和安理會決議所定的經濟制裁解除之後，

北韓才會履行六方會談的 9．19 共同聲明。北韓此一主張，致使美國和北韓產生激烈的意見衝突。此時在中國國內，認爲這是「美國陰謀論」的人也不在少數。雖然在北韓帳戶遭到凍結的隔月，中國國家主席胡錦濤於 2005 年 10 月 28 日到 30 日前往北韓訪問，但北韓在胡錦濤訪問之後，也沒有改變其解除制裁的主張。

2006 年 7 月 5 日，北韓強行進行飛彈實驗，更在 10 月 9 日進行地下核彈試爆。關於地下核彈試爆，北韓雖然事先通知了中國，但對中國的解釋是將進行 4kt 規模的實驗。但中國事後發現，事實上卻是不到 1kt。[40] 國際社會強烈譴責北韓之際，對北韓在核武開發上的動向，中國開始更嚴厲地批評北韓。在北韓發射飛彈之後，中國對此表示「重大關心」並在聯合國安理會支持採取制裁北韓的第 1695 號（7 月 15 日）與第 1718 號決議（10 月 15 日）。接著中國在 2006 年 9 月暫停對北韓的石油供應，而於 2007 年 2 月及 3 月亦中斷對北韓的石油供應。[41] 另外，從 2006 年後半到 2007 年初，香港對開往北韓的船隻開始執行嚴格的檢查基準，有商用船隻因檢查而 2 個月無法出航。[42] 根據報導，中國甚至派遣了 15 萬解放軍前往北韓邊境。[43] 另一方面，針對北韓發動嚴格的國際制裁，中國則是站在反對立場。總體而言，2006 年以後，中國的對北韓政策沒有發生根本性變化，這背後與東北地方發展戰略有很大的關聯。

而北韓對於六方會談態度的強硬，北韓強行進行飛彈試射，都使六方會談無法持續。在此情況下，以多邊架構來抑制北韓核武開發的中國外交戰略，也開始出現破綻。雖然中國高聲疾呼回歸六方會談，美國卻開始展現與北韓直接對話的姿態。2006 年 12 月，美國向北韓傳達訊息，表示已經準備好進行美朝直接對談。[44] 隨後在 2007 年 1 月 16 日到 18 日，由北韓在六方會談的首席代表外務次官金桂寬，與美國助理國務卿克里斯多福・勞勃・希爾（Christopher R. Hill）在柏林展開了兩次協議。以美朝直接會談爲基礎而展開的六方會談，於2007年2月13日採取了「落實共同聲明起步行動」。在此措施的基礎之下，2007年北韓開始著手進行停止寧邊核能設施的活動並加以封鎖。而作爲補償，此「起步行動」也同意對北韓進行能源支援。

2007年3月5日到6日，於六方會談提及的美朝關係正常化，在紐約召開了相關作業小組會議。在此會議中，美國和北韓針對「下個階段的措施」進行了協議，商討了北韓完全申告所有核計畫等放棄核武的措施。在美國對北韓政策產生變化的同時，韓國總統盧武鉉也於2007年10月，跨過軍事分界線進入北韓，進行南北領袖會談。而在2007年9月27日到30日的第6次六方會談中，第二議程採用了「落實共同聲明第二階段行動」共同文件。「第二階段行動」明文規定，北韓核子設施必須落實無效化，以及完全與正確申告核子計畫的義務。在上述情況下，美國於2008年10月11日將北韓移出支持恐怖主義國家的名單。同年12月8日到11日，雖然召開第6次六方會談相關的首席代表者會談，但在此會談中，並沒有對去核化措施驗證問題達成具體的協議。

2006年之後，隨著美國對北韓政策的變化，美國開始與北韓進行美朝直接交涉。而北韓核武問題的交涉流程，也變成韓國—美國對談→美朝直接對談→六方會談的三步驟化。[45]也就是說，美朝直接會談的實現，致使中國在六方會談中的作用和存在感明顯下降。當然，這段期間中國也致力於外交上的努力。外交部長助理胡正躍、中聯部部長王家瑞也在中朝建交60週年活動時，於2009年1月訪問北韓，並針對「共同關心的區域問題與國際問題」與朝方深入交換了看法，[46]但並未得到具體成果。

二、2009 年的飛彈發射與核彈試爆

2009 年 4 月，北韓試射了大浦洞 2 號飛彈。雖然在發射飛彈之前，中國政府要求北韓自制，但北韓主張這是自身國家的權利而強行發射飛彈。[47] 受到飛彈發射的影響，美國表示「可用於飛彈的遠程距離的火箭發射」[48] 是違反聯合國安理會第 1718 號決議；但中國卻贊同北韓的聲明，表示北韓發射的是火箭，與核彈測試的性質不同。然而，中國最後還是讓步，在安理會議長聲明中，表示北韓違反了第 1718 號決議，對北韓進行譴責。

北韓對此議長聲明表達強烈反彈，表達將自力建設輕水反應爐，並進行廢燃料棒的再處理、核彈試爆以及遠程飛彈的發射。接著在同年 5 月，北韓進行了核彈試爆。對此，聯合國安理會於 6 月 12 日通過了譴責北韓的第 1874 號決議。對於聯合國安理會的決議，北韓表示了強烈不滿，揚言將著手進行鈽原料武器化及鈾濃縮。2009 年 7 月，北韓再度發射多枚彈道導彈，並在 11 月時宣布已在 8 月底完成 8,000 支廢燃料棒的再處理。

2009 年正逢中朝建交 60 週年，溫家寶總理於同年 10 月 4 日前往北韓訪問之際，雖就經濟發展的問題展開討論，但卻無法讓北韓答應回歸六方會談。北韓堅持要回歸六方會談，必須先解除以安理會決議爲基礎的制裁；並要求在去核化之前，則必須先正式結束韓戰，簽訂和平條約。

2010 年 3 月 26 日，發生了韓國海軍巡邏艦「天安號」沉沒事件。在韓國「天安號」巡邏艦沉沒事件後，中國以事實眞相不明，表示無法斷定爲北韓所爲。在 7 月 9 日發表的安理會議長聲明中，也沒有提及沉沒事件的責任歸屬。中國將此事件視作南北之間的問題，對於有

意將此議題國際化的韓國行動頗有微詞。[49]

另一方面，爲了對抗北韓的挑釁，美國與韓國於 7 月 25 日到 28 日在日本海進行總兵力達 8,000 人的最大規模聯合軍事演習。原本此一聯合軍演，預定要在黃海上進行，並讓航空母艦也來參與。但中國強烈反彈此一演習計畫，中國東海艦隊突然從 6 月 30 日到 7 月 5 日進行實彈訓練。爲了降低中國的反彈，美韓聯合軍演將演習地點從黃海改到日本海。

然而，北韓的挑釁行爲卻更加激化。2010 年 11 月 23 日發生了延坪島砲擊事件，並在同年 11 月，北韓政府對前往北韓訪問的美國科學家公開了北韓的鈾濃縮計畫。對此，美韓兩國又一次於 11 月 28 日進行了聯合軍演。此次軍演雖然是在黃海，但考慮到中國的反應，選擇了離延坪島 110 公里遠的地點。

11 月 27 日時，國務委員戴秉國前往韓國訪問，疾呼應重新召開六方會談。然而，中國的提案卻遭到美國、韓國以及日本的否決。美國、韓國以及日本於 12 月 6 日在華盛頓召開的三國外相會議，提示了召開六方會談的條件。對此，戴秉國於 12 月 8 日再度前往北韓訪問，希望說服金正日，但最後還是沒能得到北韓回歸六方會談的承諾。

接著在 2011 年 2 月 8 日、9 日進行的南北高級軍事會談之預備會談，也以決裂坐收。同年 7 月 22 日，韓國和北韓的六方會談首席代表聚集在印尼峇里島，進行了南北會談；7 月 28 日到 29 日時，又於紐約進行美朝直接對話。同年 9 月 21 日，韓國與北韓再度在核武問題上展開由六方會談首席代表所進行的對談，並於 10 月 24 日到 25 日再次進行南北會談與美朝對話。然而，不論是在哪一個場合，北韓都拒絕去核化。

2011 年 12 月金正日的過世，金正恩體制成立後，美國與北韓於 2012 年 2 月 23 日到 24 日在北京進行了第 3 次美朝對話。2 月 29 日，兩國發表了通過對話達成的協議，其內容涉及暫時中止遠程飛彈發射、核爆實驗、在寧邊鈾濃縮等的核相關活動。

2012 年 4 月 13 日，北韓再次發射其稱爲「人造衛星」的遠程飛彈。對此，聯合國安理會於 4 月 16 日發表譴責的議長聲明。同年 7 月，美朝高官雖然在紐約進行了非官方接觸，但兩者主張基本上是平行線，並未達成任何協議。此時，北韓觀光局副局長趙成奎爲了探尋臺灣與北韓包機直航的可能性，於 10 月 11 日到 14 日秘密訪台。[50]

2012 年 12 月 12 日，北韓再度發射遠程飛彈。對此，美國在安理會提出要進一步強化對北韓的制裁；中國雖然對北韓發射飛彈一事進行譴責，但反對美國的提議，主張不應對北韓施加過度的壓力。對於北韓從 2009 年開始展開的一連串挑釁行爲，中國一方面持續批評北韓並苦心希望能維持六方會談，另一方面也對北韓採取了綏靖政策。

促使中國對北韓進行綏靖政策的重要原因之一，是中國希望強化中朝經濟關係的戰略意圖。如同表 2-2 所示，從 2000 年到 2011 年，金正日共前往中國訪問了 8 次，但是這些地點主要是集中在改革開放相對成功、經濟發展迅速的地區或企業。從金正日的動向來看，不難理解這段期間中國爲何對北韓的經濟改革開放抱以很高的期望。爲了促進北韓的「中國式改革開放」趨勢，並加強中朝兩國的經濟紐帶，同時作爲北韓與中國經濟合作的回報，中國持續對北韓進行經濟援助。

事實上，此一時期中國與北韓的經濟關係是有明顯進展的。2010 年 5 月初金正日訪中之際，胡錦濤在中國與北韓關係上提出了五點建議，分別是保持高層交往、加強戰略溝通、深化經貿合作、擴大人文交流，以及雙方在國際和地區事務中要加強協調。[51] 但在 5 月 6 日的會談中，溫家寶卻又表示中國會遵守聯合國有關決議，不會對北韓進行違反聯合國決議的援助。溫家寶的此番發言激怒了金正日，金正日便中斷訪問行程即刻返回北韓。當時媒體都聚焦報導中國和北韓兩國不協調的緊張關係，但在不協調的緊張關係背後，還有中朝關係的另一個層面，即密切的經濟合作。在金正日的這次訪中行程，中國和北韓兩國達成了幾項重要的經濟合作協議，包括在羅先[52] 經濟特區，以及在黃金坪與威化島經濟地區的共同開發協議。[53] 同時在 5 月 26 日，兩國還進行了圖們江開發的實務協議。[54]

2010 年 8 月，在韓國巡邏艦沉沒事件後，金正日進行第 2 次的訪中。與 5 月份的報導不同，根據新華社報導，胡錦濤指出，「聯合國安理會就『天安號』事件發表主席聲明後後，朝鮮半島形勢出現一些新動向」，並說明中方主張「維護半島和平穩定與半島無核化」，希望「盡快重啓六方會談」。[55] 對此，金正日也表示「朝鮮堅持半島無核化的立場沒有改變」，「希望與中方保持密切溝通和協調，推動早日重啓六方會談」。[56] 在此會談中，同時胡錦濤強調「政府主導、企業爲主、市場運作、互利互贏的原則」，表示與北韓合作推進「兩國各領域各部門及邊境省道交流合作」[57] 的意願。由此可見，中國強烈希望促進「共贏」的雙邊合作，並透過中朝的經濟合作來促進北韓的改革開放。接著中共中央政治局常務委員周永康於同年 10 月訪問北韓，訪問期間中國承諾會繼續對北韓的經濟援助。

在延坪島砲擊事件發生約 6 個月後，2011 年 5 月，金正日再度訪中。胡錦濤再次重申與北韓合作的五點建議，並強調雙方繼續深化中朝各領域的合作，而金正日也表示中國「改革開放政策是正確的」。[58]2011 年正逢中國與北韓締結友好合作互助條約的 50 週年，雙方雖然不斷強調兩國的「友誼世代相傳」，但卻沒有特別提及任何條約的具體內容。另外，此次金正日訪中期間，中國國內各大媒體報導都提及北韓改革開放路線的可能性，這種媒體現象也暗示著中國和北韓在羅先經濟特區與黃金坪、圖們江開發等方面的合作有所進展。不出所料，隔年 6 月，中朝兩國便針對羅先經濟特區、黃金坪及威化島經濟地區的共同開發，召開了經濟開發合作聯合指導委員會第 2 次會議。

2011 年 8 月，金正日實現了 2000 年以來的第 8 次訪中。雖然當時由國務委員戴秉國同行，[59] 但這項消息卻在 4 個月後才被媒體報導出來。事實上，據說當時胡錦濤進入長春，與金正日進行了約 3 小時的秘密會談。[60]

2012 年 8 月進入金正恩政權。金正恩執政之初，中國與北韓之間的關係出現了新的發展。北韓國防副委員長張成澤在 8 月訪中時，受到中國的高規格待遇，張成澤所率領的代表團也與國家主席胡錦濤、總理溫家寶進行了會面。而中國也盛大地報導雙方針對羅先經濟貿易區、黃金坪、威化島經濟地區，召開經濟開發合作聯合指導委員會第 3 次會議。[61] 接著在隔年 9 月，中國甚至於長春召開有關羅先經濟貿易區、黃金坪、威化島經濟地區的投資說明會。

如上所述，2000 年代以後，中國的對北韓政策中，經濟要素的重要性開始逐漸上升，中國也不斷促使北韓朝市場經濟路線轉型，而中國和北韓的經濟關係也在此過程中獲得了強化。另一方面，對於北韓不斷激化的挑釁行爲，中國的綏靖政策也付出相當大的代價。對美國與韓國來說，中國對北韓政策只是不斷在擁護北韓；當中朝關係不斷升溫，給中美、中韓關係都帶來很大的負面影響。

從2000年代中期開始，中韓兩國的經濟關係越來越緊密。雖然兩國在2008年時建立了戰略夥伴關係，但在領土問題、歷史認識等對立議題尚未解決。在韓國巡邏艦沉沒事件後，中國對北韓的政策更為中韓關係帶來決定性的惡劣影響。在2000年代前半，北韓脫北者前往日本、韓國、加拿大與美國等地的駐中國大使館尋求保護的事件頻繁發生，而中國警察驅趕脫北者、阻攔脫北者進入各國駐中國大使館的行為，使得日本與韓國的厭中情節更加嚴重。在這樣的厭中氛圍下，又發生了韓國巡邏艦沉沒事件；而中國在這個事件上的反應，更引起了韓國官民對於中國的強烈不滿。此後在2011年底，發生了韓國海洋警察遭違法捕撈的中國漁民刺死事件；接著在2個月後的2012年2月，中國又將數十名脫北者遣返北韓。這一連串事件的發生，引發南韓一系列反中示威，韓國對中國的反彈越來越高漲。

由此可見，在六方會談的意義越來越淡的情況之下，中國對北韓政策面臨著巨大的兩難困境。在此困境下，中國更趨向積極促進中朝兩國的經濟關係，並希望通過北韓與中國的經濟交流促進北韓的改革開放，確保其體制的安定。但是，由於北韓的挑釁行為日趨升級，加上2013年底積極推進中朝兩國共同開發羅先經濟貿易區、黃金坪、威化島經濟地區，以及推動北韓經濟改革的張成澤遭到整肅，中國對北韓的綏靖政策嚴重受挫，中國對北韓的態度也逐漸轉為強硬。

三、2013年的核彈試爆

北韓挑釁行為日漸激化，金正恩政權不再積極推動中朝的經濟合作，同時又有美國的重返亞洲政策，中國對北韓政策的主軸逐步從經濟轉向安全保障，中國對於本國自身的安全保障危機意識也開始提高。

從中國角度來看，北韓的挑釁行為已成為美日韓強化其防禦態勢的重要契機。2009 年 4 月，北韓大浦洞 2 號發射時，美日兩國正式啓用了飛彈防禦系統（MD）。而韓國也受到北韓 2009 年 5 月的核彈試爆影響，正式宣布參加由美國主導的「防止武器擴散安全倡議」（PSI），共同推動攔截並阻止大規模毀滅性武器的行動。另外，美國也以北韓為假想敵，在東北亞與日本、韓國反覆進行聯合軍演。2012 年 12 月，北韓成功試射遠程飛彈後，進一步邁向擁有搭載核子彈頭的洲際彈道飛彈（ICBM）國家，這也更加引起美國的警覺。有美國軍事專家表示，希望加強美日韓之間更緊密的合作，歡迎日本在防衛面上做出更大的貢獻。在此情況下，只要北韓繼續開發核武之路，美日韓的軍事圍堵體制就越來越具有現實感。而中國更擔心的是，這樣的圍堵體制終有一天會朝向自己。

在中國安全保障意識高漲的同時，北韓在 2012 年 12 月再次發射了遠程彈道飛彈。在北韓即將發射飛彈之前，中國前所未有地率先表示，發射飛彈違反聯合國安理會決議。[62] 北韓飛彈發射之後，聯合國安理會通過了對北韓的制裁決議（第 2087 號），此制裁規定凍結與發射相關的北韓團體或個人資產，對相關個人進行旅行限制。而中國對此也投了贊成票。

當年 2006 年北韓發射飛彈時，中國對於同樣的制裁決議則是表示了反對的態度；在北韓 2009 年發射飛彈時，中國也是贊同北韓的主張，認為北韓只是「發射衛星」，並只支持效力較弱的議長聲明。而在 2010 年韓國巡邏艦沉沒事件與延坪島砲擊事件時，中國都反對了安理會決議。考量之前中國的一連串反應，可以看出，中國對於北韓核武問題的態度，在 2013 年出現相當明顯的轉變。

北韓強烈反彈 2013 年 1 月的聯合國決議，表示「六方會談已經不復存在」。雖然沒有直接點名，北韓還是隱晦地批評了追隨美國的中國。接著又在 2 月 12 日，北韓進行了第 3 次核爆實驗。根據韓國媒體報導，在實驗之前，爲了說服北韓，朝鮮半島事務特別代表武大偉曾以特使身分前往北韓，但卻被拒絕入境。而在北韓的核爆實驗 4 小時後，中國外交部發出聲明，呼籲北韓遵守去核化的約定，並且兩度向北韓駐中國大使表達抗議。

面對一個不顧中國的勸阻而一意孤行的北韓，中國在安全保障上的疑慮日趨上升。在中國央視（CCTV）的新聞報導中，甚至提及了北韓核爆實驗將給韓國與日本的對外政策帶來影響，並警告北韓的核武問題將有可能引起東亞地區的核連鎖反應。

出於對北韓的不滿，中國對北韓問題的相關報導規定也開始鬆綁，不如之前嚴格。在北韓政策之上，中國內部原先就有「戰略派」與「傳統派」的兩個意見對立陣營。以楚樹龍、張璉瑰爲首的戰略派，將北韓視爲中國戰略上的負擔，主張中國應與美國合作，對北韓採取強硬的政策。例如在第 2 次北韓核武危機時，就有學者提出中國應該重新審視中朝友好合作互助條約，放棄對北韓全面支持的義務。[63]

另一方面，以閻學通爲首的傳統派則認爲，北韓是中國的一項戰略資產，主張中國應該持續援助北韓來達成區域情勢安定化。中國重視區域情勢安定化的原因之一，是因爲中國國內傳統派的學者占了壓倒性的多數。[64] 但在 2009 年春天之後，中國對於國內批評北韓的言論變得較爲寬容。[65] 受到這樣的規制鬆綁，過往累積起來但沒有浮出水面的批評北韓意見，一口氣爆發出來。此外，根據共同通信的報導，在遼寧省、安徽省以及廣東省還出現對北韓核爆實驗的抗議行動。[66]

2013 年 3 月 7 日，聯合國安理會一致通過制裁決議第 2094 號。

此項決議對聯合國所有成員國都有拘束力，其中包括對疑似載有禁運物資的船隻進行強制檢查，以及凍結與核武、飛彈相關的金融貿易等內容。這項決議是由中美兩國先達成協議，再向其他理事國提出來的。可以看到，在北韓核武問題上，中美協調的姿態越來越明顯。另外，在執行這項制裁決議上，中國也相當積極，美國財務次官大衛・寇恩（David S. Cohen）也高度評價中國的積極態度。[67]

即便如此，北韓的對決姿態也絲毫不減。3 月 31 日，金正恩宣布將繼續開發核武、飛彈。4 月 6 日，中國外交部長王毅與聯合國秘書長潘基文透過電話會談，再次強調「以對話解決問題」與「朝鮮半島非核化」這兩項原則，並且表示「朝鮮半島是中國近鄰。我們反對任何一方在這一地區的挑釁言行，不允許在中國的家門口生事」。[68] 王毅的發言受到中國媒體的大幅報導，引起相當大的迴響。一般認為，透過王毅的發言，中國可以讓美國知道中國不會捨棄和平解決的底線，同時也對北韓發出了強烈的警告。接著在同年 5 月，中國的國有銀行中國銀行也向北韓的貿易決算銀行——北韓貿易銀行發出通知，將停止與其貿易並封鎖帳戶。這表明，中國已經開始對北韓進行單獨的經濟制裁。

伴隨著東北亞區域情勢的變化，中國把對美協調列為最優先的戰略目標，而對北韓逐步採取了強硬的態度。中國對北韓政策的轉變，致使中國和北韓的兩國經濟關係受到相當的衝擊。但應該注意的是，以促進經濟關係來促使北韓經濟開放，已經是中國對北韓政策中一個重要的戰略選項。事實上，2008 年以後，不只是和北韓相鄰的東北地區，就連浙江省等遠離北韓的省分也與北韓建立了經濟關係。這些中國國內的經濟動向，會潛移默化地對中國的對北韓政策產生一定的影響，有時甚至會在中國對北韓政策上，起到主導性的作用（參照第三章第一節）。

肆、小結

冷戰終結後的朝鮮半島核武問題，一直以來都是中國最重要的外交課題之一。冷戰結束後，對於北韓核武問題的處理，中國提出了「朝鮮半島非核化」以及「通過對話解決問題」這兩項原則。以這些原則爲基礎，中國一方面將北韓的核武開發視爲中國安全保障上的威脅；另一方面也將北韓視爲中國的戰略緩衝地帶，極力避免其政權崩壞。

在回應北韓核武問題的過程中，中國對北韓政策也逐漸成形。中國把實現「朝鮮半島非核化」作爲長期目標，努力試圖透過多邊協議的框架來管理北韓的核武問題。同時，中國也試圖透過強化中國和北韓兩國的經濟關係，促進北韓的改革開放，以此來穩定北韓政權，同時振興中國東北地區經濟。

在 2000 年代成形的中國對北韓政策，也給中朝關係帶來很大的變化。2000 年代中期，中國在強化與北韓關係的同時，也試圖轉換過去以意識形態爲基礎的「援助與被援助」兩國關係，將其變爲以市場經濟和企業活動爲主體的一種「雙贏」兩國關係。特別在 2006 年以後，雖然六方會談的功能日漸低下，中國的影響力逐漸下降，但中國與北韓的經濟紐帶日趨加強，以羅先經濟特區以及黃金坪、威化島這兩個經濟地區爲中心，兩國的共同經濟開發也有所進展。中國希望透過這種經濟貿易關係的強化，帶來北韓政權的安定性，進一步促進北韓改革開放。而中國與被國際孤立的北韓之間，經濟關係也獲得了相當的進展。

2003 年 8 月開始召開的六方會談，是中國首次策劃的穿梭外交，對於轉向重視多邊外交的中國外交來說，有其劃時代的意義。然而，北韓並不想歸屬於中國的安全保護傘之下，而是獨自追求核武嚇阻戰略。在這樣的情況下，中國的經濟援助並不能有效保證北韓放棄核武。在北韓的不斷挑釁，以及美國、日本、韓國聯手軍事抗衡的情況下，中國在六方會談中的作用也越來越低。特別是在韓國巡邏艦沉沒事件之後，北韓核武問題的交涉過程已經變成美韓會談→美朝直接會談→六方會談的三步驟模式。也就是說，在北韓核武問題上，美國與韓國開始扮演著主導者的角色，而中國的存在感也越來越小。

綜上所述，中國的對北韓政策有四個重要的戰略目標，即：1. 維護朝鮮半島的和平與安定；2. 穩定美中關係；3. 促進中朝的經貿關係；以及 4. 實現朝鮮半島的非核化。如前所述，2001 年至 2006 年，是中國對北韓政策最成功的時期。上述的四個戰略目標，基本上都獲得實現。但是自 2006 年以後，中國對北韓政策開始面臨戰略兩難。維繫中朝政治經貿關係，中美、中韓乃至中日關係都受到損害。由北韓核武挑釁引發的美、日、韓三國的軍事合作，也可能成爲中國安全保障上的隱患；而贊同美國提案的安理會對北韓制裁決議，又可能招致北韓的反彈。

此後，金正恩政權和川普政權的出現，完全改變了朝鮮半島核武問題的遊戲規則。金正恩政權肅清促進中朝關係的張成澤，致使中朝經貿強化的趨勢受阻。而在大力推進「一帶一路倡議」的趨勢下，中國卻出現欲將北韓納入一帶一路倡議的戰略思維。原本對北韓採取強硬政策的中國，在 2013 年末試圖透過外交努力，改善與北韓關係。[69] 然而，北韓並沒有積極回應中國，其核武挑釁行爲更加加劇。2017 年北韓試射的洲際導彈飛彈（火星－15 型 ICBM），其射程表明北韓的核武攻擊力極有可能威脅到美國全境。對此，美國對北韓實行了「極限壓力」政策，川普政權也在計畫對北韓實施「鼻血戰略」（bloody nose）。

朝鮮半島爆發戰爭的可能性日漸上升，而中國又沒有有效的渠道和方法對北韓施壓。在此情況下，2017 年 9 月北京大學國際關係學院院長賈慶國，在澳大利亞的英文雜誌 East Asia Forum 上發表文章，詳細闡明朝鮮半島發生戰爭後，中國在北韓核武管理、難民問題等的立場。[70] 這篇文章在中國國內沒有發表，中國顯然是有意透過學者之口，表明朝鮮半島戰發後的中方立場，並對北韓下最後通牒。

2018 年初，朝鮮半島的局勢又由極度緊張突然轉爲和睦。勞動黨總書記金正恩出乎預料地顯示出積極和談的姿態，主導了南北和談、習近平·金正恩首腦會談、美國—北韓首腦會談等一系列「歷史性會晤」。在此過程中，中國也從擔心朝鮮半島戰爭爆發，轉爲擔憂在處理北韓核武問題時成爲局外人。因爲，2018 年 4 月召開的南北韓峰會時簽署之《板門店宣言》中明確寫明：爲建立朝鮮半島的永久性和平機制，南北雙方將促成「南韓、北韓和美國的三方會談」或「南北韓、美國和中國的四方會談」。中國對此《板門店宣言》的措詞十分敏感，此後中國政府多次反覆闡明中國「是半島問題重要一方和《朝鮮停戰協定》締約方，中方將爲此發揮應有的作用」。[71]

中美貿易戰僵持不下，呈現長期化的趨勢，而中國又有可能被排除在北韓核武問題交涉的局外。在此情況下，習近平政權放棄了胡錦濤政權提倡的「雙贏」原則，「傳統友誼」再次成爲中國和北韓的政治口號，中國改善和加強與北韓關係的努力也日趨強化，綏靖政策傾向日趨明顯。

對朝鮮半島的和平與安定來說，中國供給北韓 50% 的糧食以及

90% 的能源，中國對北韓政策原本應該有著相當大的影響力。但是，維護朝鮮半島的和平與安定、穩定美中關係、促進中朝的經貿關係和實現朝鮮半島非核化這四個戰略目標如何同時實現，一直是中國最優先的外交課題。實際上，中國對北韓的政策，也在強硬和綏靖政策之間不斷來回擺盪。

第二節　東南亞、南亞與東南亞國家協會、南亞區域合作協會

冷戰結束後，中國與亞洲各國的關係持續發展，但雙方之間的磨擦與紛爭也隨之增長。中國的經濟發展既爲此地區提供了發展的機遇，但東南亞和南亞的區域安全保障環境也發生變化。南海主權問題，已經成爲中國與菲律賓、越南之間對立的一個重要因素；而中國海洋軍事力量的發展，也造成東南亞和南亞的區域安全保障困境。對於巴基斯坦南部的瓜達爾港、孟加拉的吉大港、緬甸的實兌等東南亞與南亞的重要港灣建設與營運，都是在中國的援助下進行，這也引起對中國「珍珠項鍊」戰略的疑慮（參照第四章第一節）。

總體而言，中國與東南亞各國、南亞各國之間的關係，也具有經濟依賴中國、軍事依靠美國的「雙重依存」局勢。本節將以東南亞區域組織—東南亞國家協會（東協，ASEAN）以及南亞區域組織—南亞區域合作協會（SAARC）與中國的關係爲焦點，分析後冷戰時期中國在東南亞及南亞地區的政策走向。

壹、中國與東協的關係建構

東協是由印尼、馬來西亞、菲律賓、新加坡、泰國、汶萊、越南、寮國、緬甸、柬埔寨等十國所構成，總人口數約有 6.42 億人（2017 年時）。東協是中國最早參與的區域組織之一。1990 年代初期，中國與其鄰國進行了第 2 次國境線的劃定（第 1 次於 1950 年代後期和 1960 年代初期），並積極推動改善與周邊國家的關係。在此過程中，中國開始全面參與亞洲地區的區域組織。

中國與東協的接觸，最早是以 1991 年 7 月外交部長錢其琛參加第 24 次東協外相會議爲開端。在此外相會議中，中國與東協簽訂協議，開啓了與東協的正式接觸。中國並於 1994 年參加東協區域論壇（ARF），1996 年成爲東協的對話夥伴國（Dialogue Partnership）；接著在日本首相橋本龍太郎的提案下，1997 年 12 月在馬來西亞吉隆坡首度實現了東協加三（ASEAN ＋中日韓）的構想。1991 年到 1997 年，中國與東協的交流過程，奠定此後中國與東協合作的基礎。

1990 年代，東協在中國外交政策上的重要性不斷提高。在 1990 年代後期，中國重視東協並加大對東協的外交力度，主要出於以下三個原因。第一個理由是中國認爲其安全保障環境惡化。1996 年的臺海危機，1996 年日美共同署名「日美安全保障聯合宣言—邁向 21 世紀的同盟」（Japa-U.S. Joint Declaration on Security: Alliance for the 21st Century），加深了中美關係的摩擦和對立。同時，中國認爲歐洲地區的北大西洋公約組織（NATO）東擴與日美安保條約重新定義，是西方國家對中國的圍堵。爲了突破此一圍堵，減輕來自西方國家的威脅，中國把東協作爲突破口，加大了對於東協的外交攻勢。

中國重視東協的第二個理由是東協成員的不斷擴大。1995 年越南加入東協後，寮國和緬甸兩國也於 1997 年加入了東協，柬埔寨則於 1999 年加入。越南、寮國、緬甸和柬埔寨加入東協以後，東協與中國的國土相接，成爲名副其實的中國「南邊鄰邦」。

中國重視東協的第三個理由來自於經濟發展因素，即大湄公河次區域（Greater Mekong Sub-region, GMS）經濟合作持續發展和擴大。中國出於西南地區經濟開發的需要，在 1990 年代後期積極參與 GMS 經濟合作，並通過經濟合作強化了中國與東協國家的政治經濟聯繫。

出於以上原因，1990 年代後期，中國非常重視與東協的合作。而 1997 年的亞洲金融危機，又爲中國與東協的合作提供了重要契機，成爲了雙方合作的重要支撐，急速推進了中國與東協的關係。之後的篇幅將以1996年以後的中國對東協外交政策爲中心，進行探討。

一、消除中國威脅論：1996 年～2002 年

伴隨著美日安保再定義，中國越發警戒美國主導的對中包圍網，開始加速與東協各國的接觸。此時，發生了 1997 年的亞洲金融危機。中國在危機期間維持人民幣的匯率，協助亞洲國家度過金融危機，受到東南亞各國的高度評價。以此爲契機，中國正式展開對東協的積極外交。然而，要發展與東協之間的關係，尙有各式各樣的障礙尙待克服。特別是中國在毛澤東時代，支持亞洲各國的國際共產主義運動，東亞各國對此一歷史仍然記憶猶深。同時，中國及東南亞各國之間還存在著南海主權爭議等領海紛爭。

冷戰終結之後，中國便立刻向東南亞各國宣布，中國將回歸並堅持 1950 年代提倡的萬隆精神。國家主席楊尙昆於 1991 年 6 月訪問印尼時，強調「中國不打算利用華人或華僑來擴大在東南亞的政治及經濟上的影響力」，[72]2000 年 11 月，中國在東協首腦會議中又提出建

立中國和東協的自由貿易圈（ACFTA）提案。中國的提案得到了東協各國的積極反應，雙方於 2001 年 11 月召開的東協首腦會議中，達成在 2020 年以前實現 ACFTA 的協議。對東協各國來說，中國已「不再是威脅而是機會」，[73] 東南亞各國的對中政策，也開始將主軸置於充分利用中國的經濟成長來牽動本國的經濟發展。[74]

中國與東協之間另一項巨大障礙，是南沙群島（斯普拉特利群島）與西沙群島（帕拉賽爾群島）的主權問題。雖然領土爭議問題不可能簡單解決，但從 1990 年代開始，中國還是展開了相關行動。1999 年 7 月，中國在新加坡召開的東協與中國之首腦會議中，表明將檢討「南海各方行爲準則」（Code of Conduct on the South China Sea, COC）。[75] 同時，外交部長唐家璇也表明中國願意與東協簽署東南亞非核區條約（Treaty of Southeast Asia Nuclear Weapon-Free Zone, SEANWFZ，1995 年署名，1997 年生效）附屬議定書，成爲 5 個核子武器擁有國中第一個與東協簽署此條約的國家。在 SEANWFZ 上，中國與東協見解有著相當大的差異。中國承諾不對 SEANWFZ 締約國使用核武的範圍，並不包含專屬經濟海域（EEZ）以及大陸棚。然而，中國的表態仍然起到了改善中國在東協各國形象的效果。

2000 年，中國與東協透過實務層級高官協議 [76] 的特別工作組，進行了 4 次協議，並討論南海各方行爲準則的草案。[77] 在南海各方行爲準則上，中國與東協之間有以下四點的認知差異：[78]

1. 中國希望南海各方行爲準則的適用範圍只限定在南沙群島，但東協則希望能包含西沙群島。
2. 與中國不同，東協主張具有實際支配權的國家，可以在爭議島嶼（包括岩礁、沙洲及珊瑚礁）上新設建築物及再度展開工程，同時主張應該明文禁止任何國家採取行動去占領現在沒有實際支配權的島嶼。

3. 中國對於南沙群島的爭議國與美國強化軍事合作的動向表示警戒，並對在南沙群島周邊展開，且對他國有針對性的軍演表示疑慮。
4. 中國漁民在黃岩島（斯卡伯勒淺灘，Scarborough Shoal）的捕魚問題，導致中國與菲律賓產生對立，[79] 中國主張在爭議海域應保障正常的漁業活動。

2000 年之後，經過這一連串南海各方行爲準則的交涉，中國與東協於 2002 年 11 月發表了《南海各方行爲宣言》（Declaration on the Conduct of Parties in the South China Sea, DOC）。[80] 在菲律賓的主導下，東協做出了妥協，同意在南海各方行爲宣言中不提及此宣言所涉及的地理範圍。而中國也做出了相應的讓步，同意自我克制，不在不適合居住的島嶼上（包括岩礁、沙洲及珊瑚礁）進行居住行爲。此外，中國在聯合軍演和漁業作業問題上做出讓步，同意在聯合軍演「主動通知」，及在爭議海域漁業作業問題上應「給予正當、人道的待遇」的條款。

二、中國的積極接觸（engagement）戰略：2002 年～2006 年

爲了將中國拉進國際秩序乃至區域秩序，從 1990 年代後期開始，美國、日本以及東協各國都注入相當心力，希望通過與中國的積極接觸，將中國融入西方國家領導的國際政治經濟秩序。而中國亦從 1990 年代後期，採取了中國的積極接觸戰略，希望將世界各個地區的國家，拉進中國的勢力範圍內。特別是在 2000 年代以後，中國積

極展開對包括東協在內的亞洲各國接觸戰略。2002 年 11 月召開的中國共產黨第 16 次全國代表大會中，中國將 21 世紀的前 20 年視爲「戰略機遇」，將周邊國家視作最重要的區域並加以重視。此外，在第 10 屆全國人民代表大會第 1 次會議中，也明確打出了「促進 ACFTA，並強化與東協各國在多領域的合作」之東協合作方針。[81]

中國展開的積極接觸戰略，有兩個重要政策支柱：經濟合作與非傳統安全保障領域的合作。也就是說，中國試圖以經濟合作爲突破口，建立以中國爲中心的經濟勢力範圍；同時，透過經濟力量來擴大中國的政治、外交的影響力。此外，以非傳統安全保障領域的合作爲中心，來強化與東協各國之間的關係。由於中國的軍事力量大大落後於美國，而且受到了美國在亞洲的「軸幅」（hub and spoke）模式安全保障框架的制約，乃試圖以非傳統安全保障領域合作爲突破口，加強中國與亞洲國家的軍事合作。這種非傳統安全保障領域的合作，既可以減輕來自美國及其他亞洲國家的猜疑與反彈，又可以在避人耳目的情況下，建立中國在亞洲各國的軍事影響力。

特別應該指出的是，1996 年中國提出的新安全保障觀，反映了中國重視非傳統安全保障的姿態，讓中國與東協在非傳統安全保障領域的合作成爲可能。2002 年 7 月，以政治、安全問題對話爲目的之 ARF 外相會議中，中國正式向 ARF 發表了「中方關於新安全觀的立場文件」。在此立場文件公布之後，中國在非傳統安全保障領域的外交攻勢，力度更爲加強。

在前述戰略方針下，2004 年 11 月，總理溫家寶對東協提出 9 項強化與東協政治、經濟、文化等關係的提案。[82] 在這些提案中，包含了加強海上安全的非傳統安全領域的合作。溫家寶總理聲明，中國願儘早加入《東南亞無核武器區條約》（SEANWFZ）議定書，落實《南海各方行爲宣言》的後續行動，遵循「擱置爭議、共同開發」的原則，並與有關國家積極探討在南海爭議海域開展共同開發的途徑與方式。中國提議在此基礎上，加強中國與東協各國的經濟、文化交流。不可否認，在 2000 年代和 2010 年代初的這段期間，中國的態度深化了其與東協在經濟與非傳統安全保障領域等多項領域的合作。

2002 年 11 月簽訂的《中國—東盟全面經濟合作框架協議》，中國與東協的經濟合作正式展開。接著在 2003 年 10 月，中國也與東協簽訂相應的行動計畫（2005-2010）。[83] 與受到注目的 ACFTA 不同，中國在非傳統安全保障領域，以及與東協各國的關係強化並沒有得到太多關注。雖然不引人注目，但中國和東協各國在非傳統安全保障領域的合作，也獲得一定的成果。大致來說，中國與東協在非傳統安全保障框架下進行的合作，可以分爲兩類。一類是包括災害救助、反海盜行動以及防範瘟疫在內的合作，另一類是與各國政府或智庫間的軍事交流。

在 2002 年的「中方關於新安全觀的立場文件」發表前，2001 年 7 月於河內召開的 ARF 第 8 次閣僚會議中，討論了恐怖攻擊與跨境犯罪等議題。中國外交部長唐家璇特別展現出合作的姿態，[84] 並贊成就非傳統安全保障領域問題與 ARF 展開對話及合作，表示將以積極的態度參加與論壇所有各方的合作，且會發揮應有的作用。[85] 接著在 2002 年 5 月，中國於 ARF 高官會議中提出了「關於加強非傳統安全領域合作的中方立場文件」，表示會在恐怖主義、毒品、愛滋病、海盜、非法移民、環境安全、經濟安全以及資訊安全等非傳統安全領域進行合作。同年 11 月，中國與東協簽訂《中國與東盟（協）關於非傳統安全領域合作聯合宣言》，接著在 2004 年 1 月還締結了非傳統安全領域合作諒解備忘錄（2009 年 11 月改訂諒解備忘錄）。雙方將重點合作領域鎖定於打擊販毒、販賣人口、海盜、恐怖主義、武器走私、洗錢、國際經濟犯罪以及網路犯罪等領域。

此一時期，中國不只提出政策建言，還積極參與非傳統安全領域之合作，並扮演主導的角色。2003 年 11 月 20 日到 22 日間，中國與緬甸共同擔任議長，在北京召開了與信心建立措施（CBM）相關的 ARF 支援團體會間會（Inter-sessional Support Group Meeting of Confidence Building Measures, ISG on CBMs）。[86] 在 2004 年和 2005 年，中國還承辦了「毒品替代開發研討會」[87] 及「加強非傳統安全領域合作研討會」。[88] 這兩項攸關 ARF 信心建立措施的講座，都是由中方主動提案開設。從這裡也可以看出，中國非常重視並積極推動與東協的非傳統安全領域合作。特別是在「金三角」地區，中國、緬甸、寮國與泰國等四國的反毒合作，成果尤其顯著。2000 年後，四國之間成立了特遣隊，在取締毒品上持續進行合作。[89] 在第 1 屆中國與東協的反毒會議上，雙方就提出要以 2015 年爲目標，在東協實現「無毒東協」。爲了能順利實現這個目標，雙方還簽訂了反毒行動計畫（2005-2010）以及相關協定。

與東協各國在非傳統安全領域所進行的合作，不只限於防治毒品與洗錢等政治敏感性比較低領域的合作；中國和東協在非傳統安全領域的框架下所進行的合作，對南海各方行爲準則也有一定的影響。這些合作包含以下兩者[90]：1. 和平解決主權紛爭，不採取敵對行動；2. 透過實施軍事交流與環境調查合作，建立信心與信任關係。

雖然各國在第一點達成了協議，但對於第二點的熱心程度則有相當之差異。在這樣的情況下，中國重複提及其於 2002 年 5 月在 ARF 會議時提出的「關於加強非傳統安全領域合作的中方立場文件」，表示 ARF 成員應該貫徹聯合軍演事前通報的原則，並且主張聯合軍演時也應該可以讓別的國家視察。事實上，在 1997 年提出「新安全觀」之後，中國就投入了大量心力在第二點的軍方交流與合作上，也因此積極參與 ARF。外交部長李肇星在 2003 年的第 10 次 ARF 外長會議中也強調，中國與東協需要加強在反恐及非傳統安全領域的合作，並強調應該擴大國防當局者的參與。[91]2004 年 7 月的第 11 次 ARF 外長會議中，中國更進一步呼籲中國和東協之間召開高層級軍政關係者參與的安全政策會議。後來，中國的提案獲得通過，同年 11 月便於北京召開了第 1 次「ARF 安全政策會議」。在此會議中，參加國除了介紹自身的安全政策以外，也針對國防部門在非傳統安全的威脅問題應扮演的角色進行討論。[92]

在「非傳統安全領域合作」的框架下，中國一連串動作的目的其實很明顯，即表面強調是「非傳統安全領域合作」，但實際上是強化與亞洲各國的實質軍事關係；同時，也排除針對中國的聯合軍演，排除其他國家對中國實行軍事封鎖的可能性。中國在非傳統安全領域的低調合作，也意味著中國的軍事交流，從過往的兩國交流開始擴大到了多邊合作。

特別值得一提的是，透過在非傳統安全領域的合作，中國也開始逐步重視提供區域公共財。2005 年 10 月，中國與越南簽訂了《中越海軍北部灣聯合巡邏協議》，兩國海軍在北部灣設立了聯合巡邏辦公室，每年進行兩次聯合巡邏，以及每年舉行一次聯合巡邏的會談。[93]

2000 年代前期中國的一系列外交攻勢，並非只是消除東協的中國威脅論，同時也加強中國與東協各國的軍事交流。2010 年，中國與東協之間的國防交流管道已達到三十幾個，[94] 可見中國與東協的軍事交流不斷深化。在與東協的合作關係上，雖然中國不斷表明堅持「不排除美國方針」以及「東協擁有主導權方針」，但從區域合作的進行過程來看，可以看出中國在檯面下實際發揮的重要作用。整體而言，雖然中國和東亞的軍事合作帶來一定的成果，但雙方的軍事合作僅僅只站在起跑線上。與此同時，南海的海洋主權問題再次延燒。

三、區域合作的推進與南海主權爭議再起：2006 年～

正如第一章第三節中所述，特別是 2000 年以後，爲了爭奪亞洲區域整合的領導權，中日兩國一直處於競爭狀態。而在 2011 年秋季之後，美國採取「重返亞洲」政策，明確展示要維持美國在亞洲絕對優勢的姿態。其結果導致亞洲地區的區域合作框架越來越多，除了東協 +1[95]、東協 +3 的機制以外，還有 2005 年 12 月在馬來西亞吉隆坡首次舉辦的東亞高峰會議（East Asia Summit, EAS）。[96] 接著又有美國推動的跨太平洋夥伴協定（TPP），以及此後由日本主導的跨太平洋夥伴全面進步協定（CPTPP）。在亞洲區域中，由於各國的權力競爭，圍繞著區域組織的優先順位競爭也變得越來越激烈，機制制衡的趨勢也日趨明顯。[97]

在此一區域情勢之中，2006 年以後，中國與菲律賓、越南及日本等部分周邊國家，因爲海洋主權問題而導致關係出現明顯惡化。此時，中國打出的政策，是在領土問題上堅持主權不讓步，但繼續執行 1990 年代後期以來的亞洲政策，特別強化與那些非領土爭議國家的關係，以此來擴大本身在亞洲的政治及外交影響力。

（一）推動區域合作

雖然中國重新定義了自身的國家利益，將維護國家主權和安全納入其最重要的國家目標。但在 2006 年以後，以經濟合作及非傳統安全領域合作爲中心，持續與東協各國強化彼此間關係的外交走向，並沒有發生根本性的變化。不僅如此，在 2000 年代初期，中國還開始積極向東亞地區提供區域公共財。2010 年 1 月 1 日，人口規模約 19 億人的 ACFTA 開始運作（包含柬埔寨、緬甸、越南的 ACFTA 則是在 2015 年 1 月 1 日開始運作）。中國為了促進與東協之間的貿易與投資，接連設立了中國－東協商務與投資峰會（2004 年～）[98] 以及中國－東協博覽會（CAEXPO）[99] 等平台。

2011 年時，中國已經成為東協的最大貿易國，而東協也是中國第三大的貿易夥伴及第三大的出口市場。雖然受到南海爭議對立的影響，中國與菲律賓及越南的貿易明顯減少；但整體來說，東協的對中貿易依存度依然很高，對中貿易占了貿易總額的 17.33%（2012 年 5 月）。[100] 同時，雖然中國對東協的直接投資只占全體的 5%，但也呈現出緩慢增加的趨勢。[101] 然而，隨著經濟交流的深化，伴隨而來的問題也越來越明顯。東協對中貿易赤字的增加，以及東協各國國內並非所有人都享受到與中國貿易的利益好處，導致「中國問題」成為東協很多國家國內政治鬥爭的主要爭議點。[102]

中國與東協的交流，除了經濟以外，文化交流也逐漸獲得強化。2006 年成立的中國－東協文化產業論壇，在廣西壯族自治區政府的積極推動下，以書籍展覽為中心，展開各項活動來促進雙方的文化交流。2009 年 10 月，中國的「北部灣之聲」（Voice of Beibu Gulf）電台也開始播送。該電台主要是以越南及泰國為對象，但會以英語、泰語、越南語、粵語以及普通語等五種語言進行播送。[103]

在非傳統安全領域上，2006 年以後，中國依舊持續推動與東協的交流。在與東南亞海上安全保障合作的領域中，日本一直以來扮演相當積極的角色。[104] 但在 2011 年 11 月舉行的第 14 次中國－東協首腦會議中，中國提出設立資金規模達 30 億人民幣的「中國－東協海上合作基金」構想，主要任務是推進海洋研究、海洋生態保護、航行安全與救難搜索及打擊跨國犯罪。

此外，中國亦相當熱衷於強化與東協的軍事合作。2007 年 1 月舉行的第 10 次中國－東協首腦會議中，總理溫家寶提出軍事合作制度化的重要性，並主張在非傳統安全領域的國防當局者之間合作，有其必要性。[105]2008 年及 2009 年這兩年內，中國積極舉辦與東協在防衛關係上的高層級當局、學者交流以及防衛方面的研討會。2010 年中國又將「中國與東盟（協）高級防務學者對話」擴展爲「中國與東盟（協）防務與安全對話」，並在北京舉辦了首次會議。

而在「非傳統安全」的名義之下，中國也積極舉辦多邊和雙邊的軍事演習。如表 2-3 所示，2003 年到 2012 年之間，中國多次參加東南亞及南亞各國在非傳統安全領域所進行的聯合軍演。可以看出，中國對與東協或南亞國家的聯合軍演，態度越來越積極。值得一提的是，中國與泰國之間定期實施聯合軍演，與彼此在傳統安全領域的交流成正比。

中越之間實現了北部灣聯合巡邏以後，中國又將此方式推及到與其他東協國家的合作上，並與緬甸、泰國及寮國也開始實施聯合巡邏。2011 年 10 月 5 日，有 13 名中國籍船員在湄公河遭到殺害，以此「10.5 事件」爲契機，中國推動並實現了與緬甸、泰國及寮國的聯合巡邏。同時，中國還與這些國家成立了聯合巡邏的事務所。[106] 此後，中國又積極地在其他地區擴大與東協各國的聯合巡邏網。中國駐聯合國副代表王民國在 2012 年 7 月，於聯合國本部呼籲國際社會要共同合作，共同面對索馬利亞海盜問題。[107] 而在王民國的發言之後，中國又對東協提出與東協各國共同在亞丁灣巡邏的提案。[108]

之後，在全球金融海嘯的危機下，以經濟大國自許的中國爲了在

表 2-3　中國與 ASEAN 和 SAARC 各國之間實施的聯合軍演（2002～2013 年）

實施年	名稱	軍演類型	中國以外的參加國家
2003 年	海豚 0310	海上搜救	巴基斯坦
	海豚 0311	海上搜救	印度
2004 年	友誼 2004	反恐	巴基斯坦
2005 年	友誼 2005	海上搜救	巴基斯坦
	友誼 2005	海上搜救	印度
	友誼 2005	海上搜救	泰國
2006 年	友誼 2006	反恐	巴基斯坦
2007 年	突擊 2007	反恐	泰國
	攜手 2007	反恐	印度
	和平 2007	海上安保	巴基斯坦等（多國軍演）
2008 年	突擊 2008	反恐	泰國
	攜手 2008	反恐	印度
2009 年	合作 2009	安保	新加坡
	和平 2009	海上安保	巴基斯坦等（多國軍演）
	維和使命 2009	維和	蒙古
2010 年	突擊 2010	反恐	泰國
	友誼 2010	反恐	巴基斯坦
	合作 2010	安保	新加坡
	藍色突擊 2010	反恐	泰國
2011 年	友誼 2011	反恐	巴基斯坦
	ARF	人道支援・災害救助活動	ASEAN
	雄鷹－1	空中訓練	巴基斯坦
		反海盜	巴基斯坦（亞丁灣）
	利刃 2011	反恐	印尼
		海上搜救	韓國
2012 年		海上搜救	越南
	藍色突擊 2012	反恐	泰國
	利刃 2012	反恐	印尼

資料來源：作者自行整理。

東南亞各式各樣合作中發揮領導力，接續成立許多基金。例如，中國於 2009 年設立規模 100 億美金的「中國—東協投資合作基金」，承諾將對五十餘項基礎建設進行 150 億美金的信託貸款；至 2011 年爲止更追加 100 億美金的信託貸款，其中包含了 40 億美金的優惠貸款。[109] 接著在 2011 年 11 月的第 14 次中國—東協首腦會議中，總理溫家寶也表明會對亞洲區域合作基金增資 1,700 萬美金。

中國在東南亞人才養成與人才交流的領域，也投注了大量心力。根據中國發表的數據，從 2004 年開始到 2011 年爲止，在中國進行研習的東協國家執法官員約有 1,500 名，[110] 而在中國進行糧食生產研習者也有數萬人次以上。[111] 而在 2010 年的第 13 次中國—東協首腦會議中，溫家寶提出要讓中國到東協，以及東協到中國的留學生，各達 10 萬人的目標。[112]

（二）南海主權爭議與東協內部向心力低落

中國一方面與東協在經濟、文化、軍事面上加強合作，另一方面也於 2006 年將領土主權問題定義爲外交的原則。結果導致 2007 年以後，中國與周邊各國之間因爲海洋主權的問題而引起多次對立。在南海上，中國與越南、馬來西亞、汶萊、菲律賓以及臺灣（中國稱之爲「五國六方」）存在著主權爭議。馬來西亞、汶萊與中國主張差異相對較小，只要中國不做出特別危害兩國安全及國家利益的行爲，兩國的中國威脅論不會急遽高漲。[113] 另一方面，越南、菲律賓的主張與中國則是完全對立，而中國與越南、菲律賓之間關於海洋問題的對立也日漸升高。

與此同時，由於中國實力與影響力的增長，美國、日本與中國爭奪地區影響力的競爭也日趨激烈。在中國的南海爭議，以及中國、美日之間的全球與區域權力競爭過程中，東協各國對中問題的立場差異也越來越明顯。2010 年 7 月在河內召開的 ARF 第 17 次部長會議中，美國提起了南海問題，與中國激烈對立。在 27 個參與國中，汶萊、馬來西亞、菲律賓、越南、印度、印尼、新加坡、澳洲、歐盟、日本和韓國等十一個國家，也提及了海洋爭端或南海問題。但是，柬埔寨、寮國以及緬甸則沒有觸及南海問題，泰國甚至還熱心呼籲不要對中國採取敵對的立場。

2010 年，東協 +8 的新軍事交流平台，即東協國防部長擴大會議（以下簡稱 ADMM-Plus）首次召開。10 月 12 日召開的 ADMM-Plus 中，除了原先的東協十國以外，還加入了中國、日本、美國、俄羅斯、印度、韓國、澳洲、紐西蘭等共十八國參加。在 ADMM-Plus 之前召開的東協國防部長會議（ADMM）[114] 中，雖然各國同意在共同宣言中不會提及南海問題，但在 ADMM-Plus 會議上，美國、日本、韓國、澳洲、馬來西亞、新加坡以及越南依舊觸及了南海領土爭議問題。[115]

中國對此感到憂心，也因此更加重視對東協的外交。中國在 2009 年新設中國駐東協大使的職位，並任命國際法專家薛捍勤擔任首任大使。2010 年 10 月，接任薛捍勤擔任駐東協大使的是佟曉玲；接著在 2012 年，中國更將東協大使升格爲常駐大使，並任命前斯里蘭卡兼馬爾地夫大使楊秀萍擔任首任常駐大使。駐東協大使的主要工作，就是處理南海等海洋問題。楊秀萍在就任大使的數日內，就訪問了中國國家海洋局，並與其副局長及海監總隊負責人進行意見交換。[116] 另外在 2007 年之後，中國每年都會派遣高層級的國防人員前往新加坡參與亞洲安全會議（香格里拉對話）。

除了人事面上的補強，中國也開始針對「南海各方行為準則」

（COC）進行交涉。2010 年，在 ADMM-Plus 之後舉辦的中國—東協首腦會議聲明中，雙方都確認應完全並有效地執行《南海各方行爲宣言》；同時，雙方都同意開始作業，推動南海各方行爲準則得以達成最終協議。基於此一聲明，中國和東協重新啓動 2005 年以後不斷遇挫的東協—中國聯合工作坊（JWG），於 2011 年 4 月召開工作坊的第 4 次會議。[117] 此外，在 2011 年 7 月進行的中國—東協外相會議中採取「落實南海各方行爲宣言指導方針」（Guidelines for the Implementation of the DOC）。[118] 此一文件被各界認爲是中國與東協在南海問題上的一大進步。此外，與東協就南海問題進行交涉的同時，中國也與菲律賓、越南兩國進行了雙邊交涉。2011 年 10 月，中國與越南在解決海洋問題的基本原則上達成共識。

然而，在南海行爲準則的談判中，關於此準則是否應具備法律效力的論點上，中國與菲律賓的意見相左。菲律賓認爲，行爲準則應該以聯合國海洋法公約及國際法爲基礎，同時爲了使中國接受妥協，菲律賓呼籲東協各國應該團結一致。而中國則主張，行爲準則應該限定在「信心建立及深化合作」之上，因此堅持行爲準則並不應該是用來解決領土爭議的法律條文。[119]

問題在於，東協各國在制定新行爲準則一事上，已經很難保持相同步調來與中國交涉。在 1995 年發生的第 1 次美濟礁事件 [120] 中，當時東協各國都是一致支持菲律賓的。當時中國本來計畫準備在美濟礁建造機場，但由於東協各國的一致反對，中國被迫中止建造工程。[121] 然而，從 1988 年的第 2 次美濟礁事件 [122] 開始，東協內部步伐變得不能統一。第 2 次美濟礁事件當時，菲律賓曾想把問題「國際化」，引導國際輿論向中國施壓，但是菲律賓的主張並沒有得到東協各國的一致支持。

到了 2010 年代，各國在中國問題上的立場分歧更為明顯。在 2011 年 5 月 ADMM 上所採納的共同宣言，雖然提及維持南海安定與和平的必要性，但卻迴避了敏感的問題，即在共同宣言中沒有明言，實現南海安定和平的最佳手段究竟是雙邊協議還是多邊協議。[123] 2011 年 7 月，中國和東協之間達成的「落實南海各方行為宣言指導方針」，雖然向和平解決南海爭端邁出了一大步，但也明顯地呈現出東協各國對中立場的不一致。柬埔寨、緬甸、泰國在南海問題上希望盡量避免與中國對立，同時也不想加入美國陣營。[124]2011 年 11 月在峇里島召開的東協首腦會議中，菲律賓政府提倡了和平海域（Zone of Peace）的構想，並積極遊說東協各國，希望和平海域的構想可以納入東協首腦會議共同聲明，但最終因為馬來西亞與柬埔寨的反對而作罷。[125]2012 年 7 月 9 日到 13 日舉行的東協外相會議，東協各國沒有發表共同聲明，是東協創立 45 年來的第一次。主要是菲律賓希望在共同聲明中提及黃岩島（斯卡伯勒礁）問題，與重視中國關係的議長國柬埔寨之間發生尖銳的對立，此事也被媒體聚焦報導。

綜上所述，東協各國從 1990 年代一直希望中國加入既有制度，讓制度的規範抑制中國的行動，使中國的權力「社會化」（socialize）。[126] 因此，東協對中國採取的戰略，可以稱之為「馴養」戰略。[127] 然而，隨著亞洲地區大國權力競爭的日趨激化，東協各國的向心力成為左右「馴養」戰略成敗的重要因素。

貳、中國與 SAARC 的關係建構

1985 年，SAARC 於孟加拉創立。SAARC 是一個歷史相對較短，制度較不嚴謹且較為和緩的區域合作框架。目前的成員國雖然只有南

亞八國（印度、巴基斯坦、孟加拉、斯里蘭卡、尼泊爾、不丹、馬爾地夫及阿富汗），[128] 但以觀察員身分參與的則有 9 個國家／地區（日本、中國、美國、歐盟、韓國、伊朗、模里西斯、澳洲以及緬甸）。[129]

對中國來說，南亞在許多意義上都是相當重要的區域。南亞並不只爲中國提供了市場及天然資源，也是中國往中東、中亞與歐洲的重要通商路徑。除此之外，由於有 70% 的石油是經由印度洋的海上運輸而來，對中國具有能源安全上的重要意義。而與阿富汗、西藏鄰接的南亞各國，在反恐、反分裂主義上的意義也越來越重大。同時，南亞區域大國的印度是金磚五國的一員，其重要性對中國不言而喻。無論是在因應地球暖化的對策，還是國際金融秩序改革，印度在各項重要領域中都是中國的全球性合作夥伴。

在 SAARC 當中，作爲區域大國且擁有最大影響力的印度，與他國之間的摩擦亦所在多有。例如，印度與孟加拉、尼泊爾、巴基斯坦之間，因國境問題而持續對立；而沒有與印度鄰接的斯里蘭卡，也因爲印度政府庇護追求分裂獨立的塔米爾武裝勢力，[130] 對印度強烈反彈。另外在水源問題上，印度與巴基斯坦、孟加拉以及尼泊爾之間的糾紛不斷。在此背景下，SAARC 的部分成員國，對於足以對抗區域大國印度的中國，抱著期待甚至歡迎的姿態。

2005 年 11 月的第 13 次首腦會議中，中國與日本同時被承認爲 SAARC 的觀察員。SAARC 的成員國尼泊爾強烈支持中國，在該次會議前就已經積極事前疏通。最後，除了印度以及與中國沒有邦交的不丹之外，其他 SAARC 成員國都同意中國以觀察員的身分加入。而面臨此局面的印度，爲了與中國對抗，乃積極歡迎並推動讓日本加入 SAARC 觀察員的行列之中。[131]

如前所述，中國政府在 2002 年之後，便將多邊合作視爲外交上的重要支柱。因此，參與近鄰的 SAARC 也可說是中國外交的必然結果。除了中國外交走向的因素以外，中國參與 SAARC 的背後，還有其他幾個重要因素。

第一，SAARC 的 8 個成員國中有五國（巴基斯坦、印度、尼泊爾、不丹、阿富汗）與中國國境相連，總長達 4,700 公里以上。對中國來說，爲了確保西南邊境的安定與和平，有必要維持與 SAARC 的關係。另外，爲了阻止西藏與新疆的獨立運動，中國認爲必須強化與南亞各國之間的政治聯繫。

第二，SAARC 成員國的人口超過 16 億人，若與中國人口結合約可占全球人口的 40%，對中國而言是一個相當有魅力的巨大市場。SAARC 各國在 2004 年 1 月的第 12 次首腦會議中，締結了南亞自由貿易協定（SAFTA）。依據此一協定，SAARC 各國在之後的 5 到 10 年內，成員國間的關稅將從原先的 30% 降到低於 5%。

第三，對中國的戰略來說，與 SAARC 成員國建立關係，可確保中國的貿易通道。SAARC 的八國中，除了尼泊爾、不丹與阿富汗之外，其他五國都面對印度洋。這些國家的港口，可以成爲中國西北及西南地區進入海路的中繼港，這對致力促進西北及西南對外貿易和經濟發展的中國而言，具有極大的經濟魅力。在陸路上，中國與尼泊爾之間的鐵路，可望成爲中國西南地區通往南亞的貿易通道。而在青藏鐵路開通之後，中國持續推動從拉薩到日喀則（尼泊爾國境附近的城市）的鐵路。

第四，中國與 SAARC 接近，是爲了對抗美國、日本及印度爲主的圍堵中國政策。2004 年 1 月，美國與印度達成「戰略夥伴關係的後續步驟」（The Next Steps in Strategic Partnership, NSSP）協議，並於 2005 年 6 月簽訂了美印防衛新架構協議（New Framework Agreement）。[132] 2006 年 3 月，美國接著與印度簽訂《原子能協定》；根據此一協定，以印度接受國際原子能總署的審查爲條件，美國將爲印度提供原子能和平利用的燃料與技術。此外，日本與印度的關係也逐漸增溫。日本首相小泉純一郎在 2005 年 4 月訪問印度時，提出了「日印夥伴關係」。爲了抗衡中國，日本強力支持印度加入東亞高峰會議（East Asia Summit, EAS）。此後在 2006 年，日印夥伴關係升級爲國際夥伴關係，兩國開始推進 2+2 框架（兩國的外務省、防衛省幹部進行的 4 人協議）、海上自衛隊與印度海軍的親善聯合訓練，以及與美國及澳洲進行聯合訓練。[133] 美日印的上述動作，立刻引起中國的警覺。因此，在日美印澳聯手推進「印太戰略」之前，中國就已經採取行動以防患於未然，加強對南亞各國的外交攻勢。

中國在 2005 年成爲 SAARC 的觀察員，而此事也絕非出於偶然。當對中亞、東北亞和東南亞的外交攻勢取得一定成效後，中國就開始關注南亞。2000 年代中葉，南亞即成爲中國亞洲戰略的重要一環。中國成爲 SAARC 的觀察員，除了與中國外交戰略走向有密切的關連，中國的石油、天然氣戰略也大大地推動了中國對南亞各國的外交攻勢。在此後的第四章第三節將會詳細說明，中國是在 2003 年 5 月正式開始研議石油、天然氣戰略。在對石油、天然氣戰略相關課題的研究中，探討到建立西南石油運送管道的必要性和可能性。當時，針對孟加拉、巴基斯坦以及泰國這三個國家，中國檢視過建立石油運送管道的可能。由於西南石油運送管道案中的巴基斯坦與孟加拉都位於南亞，並連接印度洋，因此在探討中國能源政策的過程中，南亞對中國的戰略重要性也日漸提升。而中國也在此時逐步與 SAARC 接近。

當時中國決定優先建設緬甸與中國昆明之間的原油運送管道，此原油運送管道現在已開始運作，但孟加拉和巴基斯坦在中國石油、天然氣戰略中的重要性卻一直沒有消失。在中國推進緬甸與中國昆明之間的原油運送管道建設之際，中國也積極參與並援助巴基斯坦瓜達爾港及孟加拉吉大港的建設。這兩個港口不僅對中國軍事戰略有重要的意義，且對中國的石油、天然氣戰略也有舉足輕重的意義。因此，中國對巴基斯坦及孟加拉港口建設的關注，今後只會有增無減。

當時爲了得到 SAARC 觀察員的資格，中國加重力度與印度改善關係，並強化與巴基斯坦、孟加拉及斯里蘭卡之間的關係。例如，2005 年 4 月總理溫家寶利用出席亞洲合作對話第 4 次外相會議的機會，先訪問巴基斯坦，其後也前往孟加拉、斯里蘭卡及印度訪問。在這次南亞四國的訪問過程中，一共簽訂了 53 項協定，其中約三分之二的協定是經濟貿易事務。此後，中國又與巴基斯坦在 2006 年 11 月簽訂了自由貿易協定（FTA），並統整了與孟加拉的 9 項合作協定，且約定給予斯里蘭卡優惠買方信貸，還與印度簽訂了約 30 件的協定。接著中國政府還向印度提出簽訂中印兩國 FTA 的提案，[134] 中國政府也開始進行中印兩國 FTA 的可行性研究。[135]

要建構與 SAARC 的合作關係，中國認爲「南—南合作」是雙方合作的基礎。在得到 SAARC 觀察員資格後，中國相當重視與 SAARC 的關係。2007 年 4 月，中國首次以觀察員的身分參加 SAARC 的首腦會議。中國外交部長李肇星更在於印度新德里召開的第 14 次首腦會議上發言，強調「中國與 SAARC 成員國都是發展中國家」。[136] 另外，外交部副部長王光亞在 2010 年 4 月的 SAARC 第 16 次首腦會議中之發言，[137] 也再次強調了同樣的立場。

SAARC 的首腦會議，除了第 1 次之外，按照慣例都是由外交部副部長參加。例如，2008 年 8 月在斯里蘭卡召開的第 15 次首腦會議，是由外交部副部長武大偉參加；2010 年 4 月在不丹召開的第 16 次首腦會議，是由外交部副部長王光亞參加；而 2011 年 11 月在馬爾地夫召開的第 17 次首腦會議，也是由外交部副部長張志軍參加。

雖然中國盡力推進與孟加拉、印度及緬甸的合作，而且也致力於擴大孟中印緬經濟走廊（Bangladeshi-China-India-Myanmar Economic Corridor, BCIM）；[138] 但是，由於印度和孟加拉兩國的經濟走廊建設提案相差甚遠，雙方都不在本國提案問題上做出讓步。因此，雖然四國都對 BCIM 表示出一定的支持，但還沒有取得實質的進展。

中國與南亞各國的合作，除了 FTA 或一系列經濟合作之外，還包括以反恐爲中心的非傳統安全領域合作。而中國在此方面表現出非常積極的態度。例如，中國與巴基斯坦從 2004 年就已經開始實施反恐聯合軍演，[139] 與印度的反恐聯合軍演也在 2007 年及 2008 年時進行過兩次（參照表 2-3）。雖說已經開始展開與印度及巴基斯坦的軍事交流，但從整體而言，中國與 SAARC 各國的軍事合作只是剛剛起步，僅止於「寄希望與未來」的程度而已。[140]

不容否認，中國對 SAARC 各國的外交力道還是逐年加強。2010 年 4 月，尼泊爾就曾經希望將中國納入 SAARC 的正式成員，而當時巴基斯坦與孟加拉也都贊成此一提案，但印度對此提案極力反對。在印度的積極遊說之後，於不丹廷布召開的第 16 次首腦會議中，尼泊爾的提案最終未能被納入 SAARC 首腦會議的議案中。

在無法成爲 SAARC 正式成員國的情況下，中國仿照中國和東協合作的模式，在第 17 次 SAARC 首腦會議中，提出了舉行每年一度的「SAARC+1」的倡議，希望通過逐步漸進的交流，最終將其身分從觀察員升格至正式成員國。[141] 接著，中國還將經濟貿易、農業、基礎建設、環境、人才養成、消除貧困、災難救助等議題，定爲其與 SAARC 各國合作的重點領域，並向南亞發展基金捐贈了 30 萬美金。[142]2012 年 6 月，中國政府甚至新設中國駐 SAARC 代表的職位，並任命駐尼泊爾大使楊厚蘭爲代表。2013 年 3 月，則在中國昆明召開首次中國—南亞博覽會。[143]

以上可以看出，中國與南亞各國的合作方式，和中國與東協的區域合作有很多類似之處。和中國與東協的區域合作模式一樣，中國在南亞區域強化與 SAARC 各國關係時，也側重經濟與非傳統安全領域的交流，並且透過提供南亞發展資金等方式，積極爲南亞地區提供區域公共財（Regional Public Goods）。然而，中國在南亞地區的勢力滲透，引起印度的高度警覺和反彈。由於印度在南亞地區對中國的制衡，目前中國與 SAARC 的合作依然沒有太大進展。

雖然中國與 SAARC 之間的區域合作，目前主要通過雙邊合作，但中國與南亞國家的雙邊關係發展相當迅速。中國特別對區域大國印度以及巴基斯坦的關係改善，投注了相當的心力，同時也強化與阿富汗的聯繫。此外，中國也加強與尼泊爾的關係；因爲尼泊爾與中國國界相接，在維持西藏的「主權」和「安定」問題上，中國亟需尼泊爾的合作和支持。

在 1999 年的卡基爾紛爭後，中國在印巴領土紛爭問題上逐步轉變立場，表達相對中立的態度，[144] 此後中印關係也開始得到改善。特別在 2003 年 6 月，印度總理阿塔爾 · 比哈里 · 瓦巴依（Atal Bihari Vajpayee）前往中國訪問時，公開表態承認西藏自治區是中國領土的一部分，而中國也表態承認印度東北部的錫金爲印度領土。接著在 2005 年 4 月，中印兩國就「解決邊界問題的政治指導原則」達成協議，並於 2011 年 9 月開始啓動雙方的戰略經濟對話。

在兩國關係逐漸轉暖的進程中，中國也開始試探與南亞區域大國印度共同推進南亞區域的合作事宜。對於中國的提案，印度一直沒有給出正面的回應，但印度提出可與中國就阿富汗問題展開中印對話。[145] 雖然當時中國與印度兩國之間，已經建立了許多對話管道，共同探討中亞、西亞與非洲的局勢，但是中國對印度的提案還是做出了積極的反應。印度[146]、俄羅斯與中國從 2013 年開始，就阿富汗問題開始三邊會談；同時，中國和印度兩國之間也針對阿富汗問題重新簽訂兩國協議。

巴基斯坦一直被稱爲是中國的「全天候型盟友」。特別是在美國打出了重返亞洲的政策之後，在中國對外戰略中，巴基斯坦的重要性更是日趨升高。在經濟領域中，中國與巴基斯坦於 2007 年開始 FTA 的運作，並於 2009 年 2 月簽訂《FTA 服務貿易協定》。如同表 2-3 所示，中國與巴基斯坦的聯合軍演從海洋人道救援、災難救助以及反恐開始，現在已經擴大到空、海兩個領域的軍事合作。

與尼泊爾的關係改善，則是始於 1990 年代初期。[147] 中國逐步強化對尼泊爾的援助，兩國間的關係得以強化。現在尼泊爾不只是中國的戰略緩衝地帶，也在中國與 SAARC 各國之間起到了架橋作用。尼泊爾積極支持中國加入 SAARC，同時也在中國的西藏政策上扮演重要角色。爲了阻止西藏人逃亡至尼泊爾，尼泊爾不僅在邊境安全上持續與中國進行相關合作，尼泊爾於 2005 年還關閉位於加德滿都的西藏逃亡政府。[148] 特別是在 2008 年以後，中國與尼泊爾更進一步強化了在邊境地區的安全管理，尼泊爾也開始在境內取締慶祝達賴喇嘛生日的行爲。

然而，尼泊爾與中國之關係強化，引起印度的猜忌和疑慮。除了地緣角逐的原因之外，非傳統安全的問題也逐漸成爲中國、印度與尼泊爾三國之間的紛爭焦點。印度與尼泊爾之間本來就有水資源糾紛，[149] 身為上游國的尼泊爾在中國的支援下急速建造水壩。[150] 此舉使得中印關係、印度尼泊爾關係變得更加複雜。

2014 年，美國主導的北大西洋公約組織（NATO）軍隊，從阿富汗完全撤軍；因此，中國在強化與巴基斯坦關係 [151] 的同時，也開始強化與阿富汗的關係。中國對阿富汗問題採取的態度比較謹慎，自 2007 年以後，雖然中國增加對阿富汗的投資和援助，但中國在維護阿富汗和平與安全的問題上，依舊將更多的精力注力於多邊外交，希望通過多邊機制來管控阿富汗局勢。

參、結語

中國與東南亞的關係強化，基本始於 1997 年的亞洲金融危機之後。進入 2000 年代以後，中國與東南亞各國關係，以及中國和東協區域組織關係的進展迅速。中國與南亞各國之間的關係強化，相對起步較晚，一直到 2005 年之後才得以正式展開。

雖然中國強化與東協以及 SAARC 關係的時期並不同，但中國採行的模式有其高度類似性。中國以 FTA 等經濟關係為切入點，透過擴大非傳統安全領域中的災難救助、海盜、反恐等合作來強化軍事交流。另外，從 2000 年代後期開始，中國又注重提供區域公共財，對區域組織進行資金挹注；在一帶一路倡議提出後，中國又著重於基礎設施的建設。透過以上行動，中國不斷提高本國在東南亞、南亞的政治與軍事影響力。在很大的程度上，這些舉措都在避免刺激美國，讓中國可悄悄地在亞洲崛起。

透過與東協及 SAARC 的關係建構，中國的影響力逐步滲透亞洲整個地區。而中國影響力的逐步擴大，最終也不可避免地引來美國、日本、印度等大國的矚目，導致激烈的權力競爭。在東南亞地區中有日本、美國與中國的競爭；在南亞地區有中國與印度的競爭。英國、法國、澳大利亞等區域外大國，也逐漸參與到南海紛爭。

不僅如此，東南亞和南亞的區域競爭，更成爲了全球主導權之爭的重要一環，美國、澳大利亞、日本、印度主導的「印太戰略」正在逐步成形。美國在 2019 年 11 月東協成立 35 週年之際推出了「藍點網絡計畫」（Blue Dot Network），希望透過美國「海外私人投資公司」（Overseas Private Investment Corporation, OPIC）、日本「國際協力銀行」（Japan Bank for International Cooperation, JBIC）、澳大利亞「外交貿易部」（Australian Department for Foreign Affairs and Trade, DFAT）三方，來共同推進「高質量、可信賴的國際評鑑基礎建設的標準」。雖然「藍點網絡計畫」尚未有具體進展，但此計畫旨在抗衡中國推行的「一帶一路倡議」；可以預見，今後國際大國的權力競逐將會席捲亞洲，而此種競逐的重點地區將會是在東南亞和南亞。

從本節可以看出，中國影響力的擴大，在地域分布上看似分散不均。從歷史來看，中國在最具威脅性的東南亞地區，透過外交攻勢取得一定的成功且深化了與東南亞各國的關係；但中國在南亞的影響力，遭遇到區域大國印度的強力反彈，使其在南亞的影響力滲透遭遇到很大的阻力。在中國還未能夠成爲「亞洲一強」並造就「亞洲獨霸」的情況下，美國、澳大利亞等大國也陸續介入東南亞和南亞地區，中國的亞洲崛起同時面臨區域和全球權力的競爭挑戰。

第三節　中亞與上海合作組織

上海合作組織（上合組織，SCO）由 8 個成員國組成，其成員國的總面積約占歐亞大陸的五分之三，而總人口則約占全世界的一半。上合組織的前身是於 1996 年設立的「上海五國會晤機制」，由中國、俄羅斯與中亞三國（哈薩克、吉爾吉斯、塔吉克）組成。2001 年 6 月，上海五國將五國會晤機制升級，和新成員國——烏茲別克共同建立常設機構，即上海合作組織。2017 年上合組織同意印度與巴基斯坦的成員國地位，而上合組織的成員國也從 6 個成員國擴大爲 8 個。

上合組織依序給予蒙古（2004 年）、伊朗（2005 年）、阿富汗（2012 年）、白俄羅斯（2015 年）觀察員地位，而斯里蘭卡（2009 年）、北大西洋公約組織（NATO）成員國土耳其（2012 年）、亞美尼亞（2012 年）、柬埔寨（2015 年）、尼泊爾和亞塞拜然（2016 年）也相繼作爲對話夥伴參與運作。

上合組織的成立給國際社會帶來何種影響？在該組織設立當初開始，就有許多政治家或學者在探討這個問題。從政治面來看，有人認爲上合組織就是「反美同盟」，甚至有人將上合組織比做「東方的 NATO」。特別是在烏茲別克共和國發生安集延事件之後，國際社會對上合組織的疑慮和批評更是高漲。從政治學的角度來看，有人將上合組織看作是「獨裁國家的復活」，是一個挑戰自由民主的區域組織。[152] 而從經濟面來看，有人揶揄上合組織是「有核武的 OPEC」（石油輸出國家組織）或是「能源俱樂部」。另一方面，也有很多學者認爲上合組織的影響力甚微，中俄關係只是一種「便利軸心」（axis of convenience），[153] 不可能成爲眞正的同盟。到目前爲止，上合組織沒有成爲一個政治同盟，也沒有成爲經濟區塊。但是上合組織已經集合亞歐大陸許多重要的關係國，其範圍也從印度洋擴展到東歐地區，其政治和經濟潛力不可小覷。

由於上合組織的總部設在中國，而其組織名稱又使用了中國的地名，對中國來說有著非常特別的意義，可以說是中國主導區域組織模型的象徵性存在。然而，中國對於建構此一區域組織的熱忱，不僅僅出於上述原因。上合組織對中國來說，有著更為複雜、更為重要的意義。首先，與上合組織各國劃定邊界，有助於確保中國周邊區域的穩定。其次在對外政策上，中國和上合組織的關係，是其牽制美國的一個重要籌碼。其三，擁有石油、天然氣、鈾礦、水等豐富自然資源的中亞，可成為中國重要的能源基地。最後，從中國國內政治、經濟層面來說，與中亞各國建立關係有利於維護中國邊境省區安定。1990年代以後，新疆地區獨立運動逐漸高漲，而上合組織成員國中的中亞各國，與新疆在文化、語言及宗教有著諸多特殊的關係。正因如此，中國和上合組織的關係，是實現中國國民統合上的關鍵鑰匙，而絲路貿易也是成功引導西部經濟發展與一帶一路倡議的重要關鍵。

如上所述，對中國來說，上合組織是一個有著各種重要意義的區域組織。本節將從中國對上合組織的政策推展切入分析，思考中國與上合組織之間的關係，以及中國在國際組織的行為模式。

壹、從上海五國會晤機制到上海合作組織：1996年～2001年

在1990年代後期，與中亞各國建構關係時，中國首先重視的是緩和國境地區的緊張以及推動新疆的經濟發展。隨著1990年代初的蘇聯解體，中亞各國接連宣布獨立，而中國也是與這些新興獨立國家

最早建交的國家之一。中國於 1992 年 1 月 2 日與烏茲別克、1 月 4 日與哈薩克、1 月 5 日與塔吉克、1 月 6 日與吉爾吉斯、1 月 7 日與土庫曼建立邦交關係。為了劃定國境與促進國境地區的安定，中國與俄羅斯、哈薩克、吉爾吉斯和塔吉克於 1996 年 4 月設立上海五國會晤機制。這也是後冷戰時期中國與中亞各國之間第一個定期協議的場域。

在設置上合組織之前，中國便已表明有意與中亞各國強化經濟關係。1994 年，總理李鵬前往中亞進行訪問時，發表了中亞外交的六點主張，[154] 分別如下：

1. 堅持平等互利原則，按照經濟規律辦事；
2. 合作形式多樣化；
3. 從實際出發，充分利用當地資源；
4. 改善交通運輸條件，建設新的「絲綢之路」；
5. 向中亞國家提供力所能及的經濟援助；
6. 發展多邊合作，促進共同發展；

由此可以看出，1990 年代初期的中國，對緩和邊境緊張以及促進與中亞各國經濟關係的議題，抱持很大的關心。但是，上海五國會晤機制的機能限定在劃定邊境，而且還是以 4 vs.1（俄羅斯、哈薩克、吉爾吉斯、塔吉克 vs. 中國）的形式召開。[155] 因此，上海五國會晤機制不能完全滿足中國對中亞地區的外交需求。

然而，這樣的狀況在 1990 年代末開始產生變化。1998 年，哈薩克總統努爾蘇丹 ‧ 納扎爾巴耶夫（Nursultan Nazarbayev）提出，上海五國會晤機制不應該只限定於國境問題，也應就打擊暴力恐怖勢力、民族分裂勢力、宗教極端勢力（三股勢力）等方面進行合作。[156] 上海五國會晤機制原本的作用只是商討國境協議，在 1996 年設立時也沒有固定會議名稱，只是因爲記者偶然將其稱爲上海五國後，上海五國會晤機制的名稱才得以固定下來。在接受哈薩克提案之前，中國完全沒有想過要將上海五國會晤機制升格爲固定區域組織的想法；然而在哈薩克提案之後，中國便強力支持這項提案。中國強力支持建立上合組織，主要出於以下這些考量。

第一，1990 年代後半，中國最主要的外交目標是減輕美國對中國安全保障上的壓力。因此在 1990 年代後期，積極建構與美國以外國家之間的關係。對中國具有重要的戰略意義。1999 年，中國駐南斯拉夫大使館遭美國轟炸機「誤炸」，中美關係的摩擦趨於緊張。與此同時，美國又極力在中亞擴大其軍事勢力，並強化與中亞各國的軍事關係，還與中亞國家實施聯合軍演。値得一提的是，中亞大國哈薩克與烏茲別克，分別與美國簽訂軍事協定或備忘錄；同時，也與美國展開軍事戰略、人才培育、軍事產業轉變等領域的戰略對話。[157] 對中國而言，中亞各國和美國的軍事合作，在很大程度上將會增加美國對中國的安全保障壓力。在這種狀況下，中國希望利用上合組織來減輕其面臨的安全保障困境，確保中亞地區成爲中國的戰略緩衝地帶。

第二，中國強化與俄羅斯及中亞各國的關係，對抑制中亞的伊斯蘭過激派以及新疆維吾爾族獨立運動，具有重要的意義。1990 年代後期，新疆維吾爾自治區的伊斯蘭過激派活動，與新疆維吾爾族的獨立運動開始變得興盛，「維穩」和「嚴打高壓」成爲新疆維吾爾自治區政府的最大課題。從 1994 年開始，訴求回歸伊斯蘭的塔利班勢力逐漸擴大，並於 1996 年 9 月統治阿富汗首都喀布爾。到了 1999 年，其勢力甚至控制了阿富汗 9 成的國土範圍。而中亞的兩個伊斯蘭過激派組織——烏茲別克伊斯蘭運動（Islamic Movement of Uzbekistan, IMU）及伊扎布特（Hizb-ut-Tahrir）的活動範圍，也有滲入新疆的跡象。在此背景下，伊斯蘭過激派的活動也開始在中國國內活躍起來。1996 年至 1997 年的 2 年間，是恐怖爆破與暗殺事件頻發的 2 年。[158]

中亞地區一共居住了約 30 萬維吾爾族人，其中有 21 萬居住於哈薩克、4 萬 6,000 人居住於吉爾吉斯、3 萬人居住於烏茲別克。[159] 而從 1991 年左右開始，一部分的維吾爾獨立運動者，將其活動據點從哈薩克移往吉爾吉斯。從上述情況可知，強化與俄羅斯及中亞國家的關係，既可有效管理國境，亦可與俄羅斯及中亞國家合作打擊恐怖勢力，是中國維持新疆安定和穩定的關鍵。

第三，中亞各國不僅是中國珍貴的能源、資源供給來源，同時也是中國重要的海外市場。中國於 1998 年決定力推建立上合組織之際，正處於西部大開發戰略（1999 年正式提出）的最終策劃階段。不難想像，此一時期的中國對中亞各國的資源與市場，抱持著高度的期待；而這種期待也推動中國與中亞國家建立區域機構的政策決定。

基於上述考量，中國積極支持哈薩克的提案，並爲此展開其外交攻勢。中國的努力取得一定的成效，在 1998 年 7 月上海五國發表的共同聲明中，明確表示國境問題和經濟合作將是新合作機構的主要方向。2001 年 6 月，上海五國加上烏茲別克，6 個國家正式成立上海合作組織，聲明秉持「互信、互利、平等、協商、尊重多樣文明、謀求共同發展」的「上海精神」。原本以商談國境問題、確保區域穩定爲目標的「4 vs. 1」會晤機制，轉變爲一個以強化經濟連結和打擊「三股勢力」爲目標的多邊區域合作組織。

確保邊境安定以及區域穩定等安全保障的目標，與上合組織成員各國的政治穩定直接相關，凝聚了這些國家的合作意願。中國有維吾爾族獨立問題、俄羅斯有車臣問題、中亞各國也面臨大烏茲別克主義問題；因此，上合組織成員國爲了本國國內政治的安定，堅決反對跨境的民族運動。與上海五國一起建立上合組織的烏茲別克，於 1999 年退出獨立國家國協（Commonwealth of Independent States, CIS）集體安全條約之際，國內發生多起嚴重的恐攻事件。[160] 在這種情況下，出於反恐的考量，烏茲別克總統伊斯蘭 · 卡里莫夫（Islam Karimov）在 2000 年 7 月參加上海五國會晤機制會議時，乃提出參加即將新建的上合組織的意願。[161]

從 1996 年到 2001 年之間，透過上海五國會晤機制，中國解決了和俄羅斯及中亞四國的大部分邊境爭議。雖然中國在 1996 年於新疆進行的核爆實驗引起哈薩克的強烈抗議，[162] 造成中國和哈薩克的不合，且中國和中亞國家之間也還存有很多分歧；但對中國來說，在 1990 年代後期基本達成緩和西北邊境區域的緊張局勢，並與中亞鄰國建立信心機制。不僅如此，中亞各國也從 1990 年代中期，開始回應中國政府的要求，在其境內限制維吾爾族獨立運動。[163] 這對中國來說，乃是一個求之不得的外交成果。

貳、上合組織多災多難的啓航與中國的強勢行動：2001 年～2005 年

上合組織設立 3 個月後，美國就發生了多起同時恐怖攻擊事件（911 事件）。911 事件對中亞區域的國際環境，帶來很大的影響。此後，從 2003 年到 2005 年，中亞地區又發生了一系列的「顏色革命」；[164]2008 年，俄羅斯又入侵喬治亞；接著還有 2010 年的吉爾吉斯騷動。2001 年成立的上合組織，在其誕生後不久即不斷面臨各式各樣的挑戰。

911 事件之後，中國在第一時間就表明支持美國的反恐戰爭，試

圖改善與美國的關係。同時，中國也在 2002 年後以上合組織爲立足點，積極展開與該組織成員國在經濟、軍事、能源（參照第四章第三節）等領域的交流，擴大中國在中亞的勢力。此一時期，俄羅斯也開始轉換其在中亞的政策。在很大程度上，這也幫助了中國在中亞的外交開展。普丁政權在 2003 年到 2004 年，一改以往傾向西方國家的「大西洋主義」，逐步轉向「歐亞主義」。[165] 在此戰略轉型下，俄國開始重視對中國的政策，加強與中國的關係。[166]

在此情況下，上合組織於 2001 年 9 月創立後，各成員國即在經濟領域上簽訂《關於開展區域經濟合作的基本目標和方向及啓動貿易和投資便利化進程的備忘錄》；並於 2003 年 9 月召開的上合組織峰會中，締結「上海合作組織成員國多邊經貿合作綱要」。中國也在同一峰會中提出了三點倡議，希望「確定若干大的經濟技術合作項目，把交通、能源、電信、農業以及家電、輕工、紡織等領域作爲優先方向」；[167] 同時，提倡要花 10 到 15 年的時間締結上合組織成員國之間的自由貿易協定（FTA）。接著在 2004 年 6 月的上合組織峰會共同聲明中，又提及了上合組織成員國之間的能源合作，以及成員國在區域重大問題上採取共同行動之重要性。此聲明中提及的能源合作，不僅包括石油、天然氣，也包括了水資源。因此也推動了中國與水資源豐富的吉爾吉斯、塔吉克之合作。除此之外，該次峰會還提出一個重要的提案，就是設置上合組織開發銀行。[168]

在軍事領域的合作上，於 2002 年 6 月召開的上合組織峰會中，成員國同意在國家協調員理事會與組織秘書處下，設立常設機構——區域反恐機構（Regional Anti-Terrorist Structure, RATS）。此一區域反恐機構，其目的在打擊國際恐怖主義、民族分裂主義以及宗教過激主義這三股勢力，6 個成員國爲此進行協調和相互合作，彼此提供有關情報以及加強安全領域的合作。

在文化領域的交流上，2002 年 4 月 11 日到 12 日，於北京召開首次的文化部長會議。除了 2004 年以外，文化部長會議每 2 年召開一次。此外，在 2005 年 7 月的上合組織峰會上，國家主席胡錦濤表示從 2006 年到 2008 年之間，中國將接受來自上合組織成員國 1,500 人，爲上合組織成員國進行人才培訓。[169]

911 事件以後，美國致力改善與上合組織各國的關係。在此背景下，爲了避免和美國衝突，上合組織成員國均強調上合組織的「非政治化」。如前所述，促使上合組織成員國建立該組織的最大原因，是各國希望借助上合組織來打擊「三股勢力」，從而穩定國內政治安定和穩定。但 911 事件後，美國加大對中亞的反恐力度，上合組織各國對該組織的期待變得淡薄許多。而後塔利班政權的崩壞，更加弱化了上合組織各國反恐的共同目標。[170] 此一時期，中國雖然積極推進上合組織各國的安全領域合作，但上合組織的區域反恐機構建置的進程非常緩慢。在上合組織設立 3 年後，才設立常設機構的秘書處與區域反恐機構（2004 年），突顯此一期間上合組織向心力低下的問題。2009 年，上合組織的區域反恐機構才有顯著的活動，簽署了「阿富汗行動計畫」。

儘管如此，中國依舊在上合組織的軍事合作上發揮了指導作用。從 2002 年開始，上合組織成員國以反恐爲名，實施了許多雙邊或多邊聯合軍演。這些演習，都是在中國的牽領下實現的。表 2-4 所列出來的，是中國人民解放軍與上合組織所進行的主要聯合軍演。上合組織成員國之間的聯合軍演，基本上是每年進行。光是 2002 年到 2007 年這 5 年內，就進行了 20 次以上的雙邊或多邊聯合軍演。[171] 值得一提的是，由上合組織於 2005 年協助規劃，並在 2007 年實行了中亞兩大區域機構聯合作戰——俄羅斯主導的集體安全條約組織（Collective Security Treaty Organization, CSTO）與中國主導的上合組織。原先中國擔心上合組織與 CSTO 的聯合軍演，會引起美國的注目並使自身在中亞的影響力降低，最初對此軍事合作表現出消極的態度。但是在 2015 年左右，中國在中亞的態勢變得比較強勢，從守勢轉爲攻勢；而在這種情況下實現的上合組織與 CSTO 聯合軍演，對中亞安全架構有著相當重要的意義。

上合組織成員國之間所實施的聯合軍演，是以反恐爲目的，並不像 NATO 那樣的軍事同盟，也不是 CSTO 那樣的軍事組織；[172] 因此，

表 2-4　中國與 SCO 各國實施的主要反恐聯合軍演（2002～2012 年）

時期	名稱	參加國家	聯合軍演實施地點
2002 年 10 月	反恐契約 軍事演習	中國、 吉爾吉斯	中國、吉爾吉斯國境地帶 * 中國首次與外國的聯合軍演
2003 年 8 月	聯合 2003	除烏茲別克以外的 SCO 五國	東哈薩克與新疆（伊犁） *SCO 首次多國軍演
2005 年 8 月	和平使命 2005	中國、俄羅斯	山東半島 SCO 加盟六國國防部長列席
2006 年 8 月	天山—1	中國、哈薩克	新疆
2006 年 9 月	協作 2006	中國、塔吉克	塔吉克 * 中國首次在國外實施的軍演
2007 年 8 月	平和使命 2007	SCO 六國參加	俄羅斯
2009 年 7 月	平和使命 2009	中國、俄羅斯	瀋陽
2010 年 9 月	平和使命 2010	除烏茲別克以外的 SCO 五國	哈薩克
2012 年 4 月	海上協作	中國、俄羅斯	青島 * 中國首次在國外的海上軍演
2012 年 6 月	和平使命 2012	除烏茲別克以外的 SCO 五國	塔吉克

資料來源：作者自行整理。

上合組織的約束力和實際解決問題的能力不強，影響力也相對有限。這些侷限性顯現在上合組織成員國之間軍事交流進程的緩慢，導致其在 2003 年後發生一系列顏色革命中，無法發揮作用。

2003 年 11 月格魯吉亞的玫瑰革命[173]、2004 年 11 月烏克蘭的橘色革命[174]、2005 年 2 月到 3 月吉爾吉斯的鬱金香革命[175]相繼發生，歐美國家高度期待在中亞地區擴散的顏色革命，希望可以在中亞引起「民主化骨牌效應」。相反地，因爲許多中亞國家的政治體制都是「強權體制」或「半威權主義體制」下的長期政權，多數中亞國家非常擔心顏色革命會威脅到自身政權的穩定。因此，對在世界推行民主自由思想的美國，中亞國家抱有著強烈的憂心。[176]在這波民主化、顏色革命的浪潮中，受到衝擊的中亞強權體制領導者，希望能夠得到中俄兩國的撐腰，守住甚至加強其強權體制。[177]

當時，對於民主化革命火花是否會擴展到中國國內，中國抱持強烈的警戒心，並將之與國際恐怖主義、民族分裂主義以及宗教過激主義相結合，公開表示「在中亞，維護和平、安全與穩定是大局，搞社會發展模式輸出不僅不能帶來社會進步，反而會打亂地區正常的政治經濟發展進程，導致社會倒退」。[178]從中國的這段聲明就可以看出，當時中國對西方民主國家干涉中亞顏色革命十分警惕。同時，中國也屢次表明支持中亞各國，並且將顏色革命視爲一項擴大中國在中亞影響力的機會，不斷展示身爲上合組織議長國的存在感。2005 年 3 月，在鬱金香革命導致阿卡耶夫政權崩壞之後，上合組職秘書長張德廣便率領訪視團前往塔吉克訪問，敦促塔吉克新政權一如既往地實踐前政權對上合組織的承諾。另外，在安集延事件之後，烏茲別克總統卡里莫夫也一如預定地前往中國訪問，並與中國簽訂友好合作夥伴關係條約。而中國也向卡里莫夫總統表示，中國支持烏茲別克及中亞各國

「爲維護國家和地區安全與穩定所作的努力」。[179] 同年 7 月，副總理吳儀率領了 160 幾位企業的經營者前往烏茲別克訪問，雙方還簽訂十來件經貿合同。

然而在顏色革命中，中國對於中亞各國的支持，多只限於口頭支持或經濟合作，這對於處於政治動盪的中亞國家來說，是遠遠不夠的。因此，很多中亞國家對中國與上合組織的無所作爲感到失望。在革命之後，吉爾吉斯、烏茲別克等中亞國家便開始接近俄羅斯，尋求俄羅斯和 CSTO 的庇護。2011 年 12 月，CSTO 的最高決議機構——集團安全委員會作出決議，表示當 CSTO 成員國以外的國家要在 CSTO 成員國境內設置軍事基地時，必須獲得全會一致通過。除此之外，CSTO 成員國可以向 CSTO 申請武器提供、人員培育等軍事援助。這些 CSTO 的決議也讓中亞各國得以安心，使得 CSTO 在中亞區域的存在感逐漸提高。

如前所述，1997 年之後，美國與中亞國家開始強化軍事合作，進行聯合軍演。中國原本並未關注美國在中亞的軍事動向，但自 2001 年以後，中國開始擔心美國在中亞的軍事勢力擴大問題。[180] 爲了對蓋達組織與塔利班政權發動攻擊，美國於 2001 年 10 月主導對阿富汗的攻勢。2002 年 6 月，阿富汗臨時政權正式成立，哈米德 ・ 卡爾扎伊（Hamid Karzai）擔任總統。同時，以 911 事件爲契機，美國開始利用烏茲別克 K2 基地（Karshi-Khanabad, K2）以及吉爾吉斯比斯凱克郊外的馬納斯基地（Manas），大大地擴大其在中亞的軍事勢力。特別是駐留在吉爾吉斯的美軍基地，相當靠近中國邊境。因此，當中國考量中亞政策之際，不能再像過往一樣只考慮中亞地區的緊張緩和與強化經濟關係。

2005 年 5 月發生安集延事件之後，上合組織成員國之間出現了新的一波反美熱潮，中國便以此爲契機，順勢展開其強勢的外交攻勢。2005 年是上合組織各國反美情緒最強烈的一年。烏茲別克因安集延事件而與美國關係惡化，拒絕延長美軍使用 K2 基地的時限；並對美國發出通告，要求美軍在 7 月 29 日內（180 天）撤出 K2 基地。同月，上合組織在阿斯塔納峰會所發表的《元首宣言》，[181] 雖然沒有直接提及安集延事件，但是在該宣言中強調聯合國憲章不干涉內政原則的重要性，「呼籲國際社會超越意識形態和社會制度差異」。另外，在此宣言中，也明確表示了外國軍隊在上合組織成員國境內的駐軍時，必須確定撤退期限。

在 2005 年，上合組織理事會拒絕美國申請上合組織觀察員，而是批准巴基斯坦、伊朗以及印度以觀察員的身分加入。美軍從 K2 基地撤退後，中國便開始逐漸釋放信號，試探在烏茲別克或吉爾吉斯境內設置中國軍事基地。當時中國國內媒體也針對解放軍可能駐軍吉爾吉斯一事進行了報導，甚至有媒體稱中國海外駐軍「時機已經成熟」。[182] 中國外交部發言人也針對軍事基地設立的可能性表達了曖昧但正向的評論，一方面強調「不在外國駐軍是中國的傳統政策」，但也表示若在吉爾吉斯駐軍，那麼對於打擊「三股勢力」上「也許會更有利」。[183]

對於中國釋放的駐軍信號，俄羅斯立即表示強力反對。2004 年，當時俄羅斯外交部第一副部長首席外務次官瓦切斯拉夫・托魯布尼科夫（Vyacheslav Trubnikov），明確表明俄羅斯反對中國駐軍中亞，並聲稱俄羅斯反對在中亞的一切外國軍事基地。[184] 俄羅斯一方面極力阻止中國在中亞設置軍事基地，[185] 但爲了抑制中國，另一方面極力支持印度在塔吉克首都杜尚貝近郊的艾尼（Ayni）新設軍事基地。艾尼軍事基地由印度和俄羅斯共同管理，對俄羅斯來說，此基地可以牽制中國在中亞擴大軍事影響力；而對印度來說，此基地亦是包圍巴基斯坦的重要軍事設施。2001 年的 911 事件以後，美國、俄羅斯、德國[186]、法國[187]以及印度，不斷在中亞地區確保自身的軍事影響力，而中國卻沒能成功設置建國以來首座海外軍事基地。

中國的強勢外交在安全保障面受挫，而在中亞外交的經濟層面，也由於中亞區域情勢不穩定，以及上合組織成員國對與中國經濟合作並不熱心，使得中國提出的上合組織間之 FTA 遲遲無法實現。在上合組織成立後的最初幾年，中國的中亞外交並沒有取得其預期的成效，但是上合組織被視爲中國在中亞擴大勢力的落腳點。此外，中亞各國的對中態度轉變，導致中國在中亞影響力的後退和俄羅斯影響力的提高。但中國並沒有意識到中亞地區的權力變化，反而在 2005 年以後，一轉過往的低姿態，開始積極運作，加強上合組織成員國反恐情報的交換與反恐政策之協商。[188] 通過上合作織的區域反恐機構，中國得以作爲重要的成員國參與到中亞區域安全保障的事務。[189] 此外，上合組織成員國間每年都會進行聯合軍事演習，因此中國與上合組織成員國的軍事上的交流仍在不斷持續並深化。

參、回歸既定路線：2006 年～

2006 年以後，中國開始逐步回歸到其外交的既定路線之上，即：一方面謹愼地迴避與美國的對立，另一方面低調強化與上合組織成員國的經濟與軍事等領域的實質關係。

由於上合組織並沒有任何歐美國家參加，而且又是在中國領導下創設的區域機構，因此中國在上合組織當中姿態也特別受到注目。實際上，中國一直是摸著石頭過河，一直到 2008 年俄羅斯的喬治亞攻擊以及 2010 年吉爾吉斯騷亂之後，中國才逐漸確定其在上海合作組織的方針。

中國對上合組織的第一個方針，就是重視聯合國決議的原則。2006 年，伊朗申請加入上合組織，俄羅斯對此申請表示贊成的態度，但中國則是一直保持著謹慎的態度。[190] 在中國的堅持下，2010 年上合組織簽署了「上海合作組織接受新成員條例」規定，加入上合組織的申請國必須是未受聯合國安理會制裁的國家。由於這條規定，伊朗基本上已經不可能加入上合組織。

中國在上合組織屢次聲明的第二個方針，則是不干涉內政。在 2008 年 8 月的杜尚貝峰會上，對於政權不穩定的國家，中國就提出不干涉內政的原則。2008 年 8 月 8 日，在北京奧運開幕式正華麗進行時，俄羅斯軍以喬治亞與南奧賽提亞之間的紛爭再起爲由，對喬治亞發動攻擊。8 月 28 日，上合組織的元首會議在塔吉克召開，此峰會中締結的杜尚貝宣言第 3 條提到南奧賽提亞的情勢，在「呼籲有關各方通過對話和平解決現有問題」的同時，也對俄羅斯在南奧賽提亞問題上所提出的六個原則表示「歡迎」，並且「支持俄羅斯在促進該區域和平與合作上發揮積極作用」。[191] 中國一方面考量了俄羅斯的立場，另一方面也未表明支持南奧賽提亞與阿布哈茲的獨立。在中國做出此決斷的背後，其實面臨了相當的兩難。中國認爲，俄羅斯的喬治亞進攻是東擴的 NATO 與俄羅斯之間的權力鬥爭所致，俄羅斯的喬治亞進攻顯示，在此權力鬥爭中俄羅斯取得勝利。對中國來說，俄羅斯阻止 NATO 的東擴，當然是値得慶幸的事。然而，由於臺灣問題，中國也無法贊成南奧賽提亞與阿布哈茲的獨立。

在此兩難的局面下，中國優先處理其本國利益，在 2008 年的杜尚貝峰會上最終提出不干涉內政的原則。在杜尚貝峰會中，俄羅斯曾強烈要求在聯合宣言中加入以下內容，即在安全和預防衝突問題上，上合組織成員國應採取共同行動。由於中國的強烈反對，[192] 最後並沒有實現。

中國主張的不干涉內政的原則，最終還是束縛了中國的外交行動。2010 年 4 月，吉爾吉斯再度發生了大規模抗議行動，致使總統庫爾曼別克 ‧ 巴基耶夫（Kurmanbek Bakiyev）辭職下台。同年 6 月，在南奧什發生了吉爾吉斯系與烏茲別克系住民之間的民族衝突事件，造成很多人死亡。6 月 27 日，吉爾吉斯舉辦公民投票，決定新憲法的修正案與代理總統蘿扎 ‧ 奧通巴耶娃（Roza Otunbayeva）的信任度。7 月 3 日，奧通巴耶娃順利就任總統。[193] 中國在大規模抗議發生後就表示深切的關心，並呼籲希望「正常秩序得以儘快恢復，有關問題在以法律軌道上得以解決」。[194] 接著，CSTO 也發表聲明表示會進行支援，但不會派遣軍隊。當美國、歐盟（EU）以及俄羅斯相繼表示對吉爾吉斯進行人道救援時，中國也籌措了 1.22 億人民幣（約 2,000 萬美金）進行支援，[195] 並於 2010 年 6 月 16 日由曾任烏茲別克大使及上合組織副秘書長的高玉生，率領中國代表團訪問吉爾吉斯。接著上合組織也在 6 月 21 日發表聲明，呼籲制止犯罪及違法行動。[196] 7 月 21 日，事態大致穩定下來了之後，上合組織再度發表聲明表示尊重吉爾吉斯人民的選擇。

由於吉爾吉斯位於能源運輸管道上，其政治安定對中國有極爲重要的意義。由於美國的介入，中國國內很多聲音都表示擔心吉爾吉斯會成爲第二個阿富汗。[197] 同時，吉爾吉斯發生的騷動不僅對當地的中國企業造成相當大的損害，也危及了當地中國人的性命。在這樣的情況下，中國國內對上合組織的期待也越來越高。在 2010 年 6 月 13 日的《環球時報》報導稱，吉爾吉斯代總統奧通巴耶娃要求 CSTO 及上合組織進行派遣軍隊。[198] 然而，中國政府還是堅持不干涉內政的立場，只有在 6 月時派遣了 6 架專用機，讓 869 名中國人退避至中國境內而已。[199]

2006 年以後，中國揭示上述重視聯合國及不干涉內政原則，努力低調強化與上合組織成員國在經濟與軍事等領域的實質關係。在經濟合作上，中國不斷強力推動實現與上合組織成員國之間的 FTA。2009 年 6 月時，中國表明會給上合組織高達 100 億美金的信貸支持，並於 2011 年的上合組織第 10 次經貿部長會議中，提出了 FTA 共同研究之提案。[200] 雖然在 2005 年時，已經成立上合組織銀行聯合體以及上合組織實業家委員會；但 2010 年 11 月時，總理溫家寶再次提出深化上合組織成員國之間的金融合作提案，提議研究成立 100 億美金規模的上海合作組織開發銀行。在中國的推動下，在 2012 年 6 月的北京峰會時，上合組織發表聲明，提議成立專門帳戶並創設開發銀行。

在軍事合作上，爲了避免和俄羅斯的衝突，中國對中亞各國的武器輸出較少，並不足以對俄羅斯的武器輸出帶來影響。[201] 另一方面，在非傳統安全領域中，中國與中亞各國的合作有所進展。如表 2-4 所示，中國和上合組織各國間每年都進行聯合軍事演習。此外，在毒品走私猖獗的中亞地區，中國與上合組織各國的國防部門均重視此一非傳統安全的合作。例如，中國與哈薩克於 2007 年發表新的軍事合作綱領，旨在推進兩國的安全保障領域的合作；而 2008 年以後，哈薩克與中國進行的數次聯合軍演，都把重點放在查緝毒品走私。[202] 在毒品取締的領域中，中國也爲上合組織其他國家進行人才培育。[203] 2019 年 2 月的華盛頓郵報報導說，中國已經在塔吉克東部鄰近中國和阿富汗國境地段駐軍；[204] 如果報導屬實，這將是中國在中亞的第一個軍事基地。

2006 年以後，中國加強其語言及文化面上的攻勢，在菁英養成上也投入大量心力。上合組織各國在 2006 年 6 月簽訂教育合作協定以後，中國也努力擴大孔子學院與留學生數目。此外，自 2006 年開始，在哈薩克與吉爾吉斯都可以收看到中國國營中央電視台（CCTV）。[205] 然而，以現況來說，目前的教育文化交流基本上都是在兩國內進行，多國間的交流項目目前還沒辦法實現。[206]

擁有經濟力量的中國，在文化領域也開始發揮指導作用。在基礎建設、能源、人才培育等爲重點的對中亞援助 [207] 基礎上，中國於 2008 年提出建立上合組織大學的構想（於 2010 年設立）。接著中國在 2012 年決定向上合組織其他成員國提供 100 億美金的貸款，保證在接下來 3 年內爲上合組織培育 1,500 位專家，並確保接下來的 10 年內，爲上合組織成員國提供 3 萬名的獎學金名額。同時，中國也承諾將接受 1 萬名孔子學院的教師與學生，並提供他們在中國研習的機會。[208]

爲了強化上合組織作爲區域組織的機能，中國持續推動與成員國之間的定期交流制度框架，並建構政策協調機制。除了每一年的首腦會議、首相會談以及外相會議之外，上合組織成員國之間也推動在經濟貿易、交通基礎建設、文化、環境、司法以及教育等各領域的合作，讓這些領域的相關協議與會議成爲定例，並在實務層面設立工作組。

在吉爾吉斯騷動中，上合組織在確保區域安全上的角色一度受到質疑，但中國反而從阿富汗問題上找到擴大上合組織影響力的一條活路。事實上，上合組織在設立當初，就已經將中亞區域安全問題、確保成員國間的和平與穩定，以及阿富汗情勢視爲重要的議題。阿富汗總統卡爾扎伊於2004年首次以來賓身分出席上合組織峰會，2006年之後更是每年都以來賓身分出席。另外，在2009年3月於莫斯科召開的上合組織會議中討論阿富汗問題時，聯合國秘書長潘基文以及NATO、美國的高官也都列席其中。如前所述，上合組織於2009年簽署了《阿富汗行動計畫》。到了2015年，上合組織又與阿富汗簽訂了共同打擊「三股勢力」的合作協定書。

目前，上合組織各國在阿富汗周邊建構禁止毒品的安全區帶，[209] 持續在毒品問題上合作。由於美國已決定從阿富汗完全撤軍，今後上合組織將會在阿富汗和平重建議題上發揮相當大的作用。對於與阿富汗國土相接的中國來說，阿富汗情勢是一個不可忽視的重要問題。因此，中國參加2002年1月21日到22日於東京召開的支援阿富汗復興國際會議，並開始進行對阿富汗的援助。關於阿富汗問題，中國的立場則是支持「6+2」（中國、塔吉克、烏茲別克、土庫曼、巴基斯坦、伊朗等六國以及俄羅斯、美國此二國）的架構。

由於阿富汗情勢的穩定也會影響中國與阿富汗之間的經濟合作，因此除了多邊合作，中國也在與阿富汗間的雙邊合作上花費相當心力。2004年6月，阿富汗發生一起襲擊中國人事件，共有11人死亡5人受傷；另外，2010年初也發生一起2名中國工程師遭到綁架的事件。即便如此，中國依然對阿富汗進行積極的支援行動。2012年夏天，中國與阿富汗之間簽訂協議，中國開始爲阿富汗培育阿富汗警察官。

除了阿富汗重建問題，上合組織還開始介入伊朗問題，使其影響力向西擴大，從而強化上合組織作爲區域機構的作用。2014年，上合組織的區域反恐機構與伊朗政府，就「中亞和中東反恐達成了諒解」，逐步介入亞歐地區的熱點問題。如上所述，中國持續推動與上合組織成員國間的 FTA，強化在非傳統安全領域及教育文化上的合作，並在上合組織開發銀行的設立中發揮其領導力。此外，在擴大上合組織影響力的策略上，則是從參與阿富汗問題和伊朗問題來切入。

與「三股勢力」間的對抗，是中國成果最豐碩的一個領域。在 2009 年發生新疆暴動之時，上合組織也給了中國安心的作用。由於吉爾吉斯、哈薩克、塔吉克與新疆邊境相接，特別是哈薩克與中國相接的邊境達 1,500 公里，境內還有 20 萬維吾爾族人居住，是維吾爾人的活動據點。新疆暴動之後的 7 月 10 日，上合組織發出聲明表示：「新疆維吾爾自治區是中國的一部分，在新疆發生的事件是中國的內政問題」，明確表示今後將加強對抗「三股勢力」的合作。接著在 2011 年，由於中國施加的壓力，使得居住於哈薩克與吉爾吉斯的維吾爾獨立運動者，無法參加在美國舉行的會議。[210]

上合組織成員國在傳統安全領域之間的合作，整體而言進行相當緩慢，對成員國的約束力也很弱。雖然上合組織各國每年都進行聯合軍事演習，但如同表 2-4 所示，烏茲別克參加的只有 2007 年一次而已。其原因在於烏茲別克與塔吉克在水壩問題上的對立。2012 年在塔吉克進行的聯合軍演，烏茲別克也曾經拒絕哈薩克軍隊通過烏茲別克境內。[211] 此外，哈薩克也曾經因爲軍事演習而拒絕中國人民解放軍通過哈薩克國內。[212] 不難看出，上合組織成員國之間的相互不信任，是阻礙軍事交流的一大障礙。

不僅僅是軍事交流，因中亞地區組織性犯罪的特殊政治背景，取締跨國毒品走私不是一件容易的事。除此之外，與東南亞各國的合作不同，由於中國政府非常重視新疆維吾爾自治區的安全和穩定，因此地方政府集中力量「維穩」和施行「嚴打高壓」政策，並沒有積極參與上合組織的合作。在很大程度上，阻礙了中國與上合組織各國之間的合作。

儘管中國不斷努力，但上合組織的影響力在中亞仍然持續低落，俄羅斯在中亞區域影響力依然很大。中國原先的構想是在 2020 年之前實現貨品、服務、資金、技術的自由化，但此一目標沒有實現。雖然在金融面上，由中國主導下，上合組織設立上合組織發展基金與上合組織開發銀行，但上合組織開發銀行的能力有限，幾乎沒有進展。

另一方面，俄羅斯也在試圖透過整合歐亞大陸來擴大其影響力。由俄羅斯主導的獨立國家國協（CIS）FTA 也於 2012 年 9 月正式啓動。[213] 中國雖然不斷推動人民幣國際化，但 CIS 也在討論採納統一貨幣或在 CIS 中以盧布作為清算貨幣。俄國總理佛拉迪米爾 ・ 普丁（Vladmir Putin）也在 2011 年提倡設立「從大西洋到太平洋」的經濟圈──「歐亞聯盟」（Eurasian Union）；而歐亞經濟共同體（Eurasian Economic Union, EAEU）也已經在 2015 年成立，EAEU 成員國與俄羅斯的貿易占將近 97%，[214] 俄羅斯具有絕對性的主導地位。

俄國的戰略與中國的中亞外交在很大程度上，具有相互競爭的面向。但是，中美之間的競爭逐步激烈、俄羅斯和歐美國家的關係持續僵持，在此情況下，中俄關係逐步升溫。2015 年 5 月中國與俄羅斯兩國簽署「關於絲綢之路經濟帶建設和歐亞經濟共同體建設對街的聯合聲明」。2016 年 6 月，俄羅斯總統普丁再次提到「大歐亞」構想，普丁表示 EAEU 成員國和中國都將是「大歐亞」構想的參與者。[215] 2016 年 11 月，中國與俄羅斯兩國發表的「總理定期會晤公報」中，提到了「歐亞夥伴關係」，認為 EAEU、上合組織和東協成員國為參加對象國。2017 年，歐亞經濟委員會公布了 EAEU 推行項目中，與一帶一路項目對接的優先項目清單。[216]

歷史上，中國在中亞的影響力甚微；但在後冷戰時期，中國透過上合組織作爲立足點，其在中亞的影響力也從無到有。中國在中亞的勢力擴張受到俄國的制衡，但目前中國和俄羅斯兩國的合作日趨密切。兩國正在推動的「歐亞夥伴關係」倡議，試圖將上合組織、EAEU 和東協融爲一體，建立一個新的中俄勢力圈。這個倡議才剛剛起步，必定會受到美國、日本和歐盟等國的反制，而東協各國是否會加入到中俄陣營也是一個很大的疑問。最主要的是，此一倡議將有潛力繼續推動中國在中亞的勢力增長。中國和上合組織的今後走向，既取決於大國博弈的局勢，也取決於中等國力國家（middle powers）的戰略方向。

肆、小結

中亞區域可以說是大國互相競爭影響力，不斷重複進行大賽局（great game）的地區。2011 年 7 月，美國國務卿希拉蕊 · 柯林頓（Hillary Clinton）提出了 2014 年後的區域安全策略之新絲路構想。由於美國最終將會從阿富汗撤軍，所以中亞對美國的重要性將會減弱，但美中權力爭鬥將會影響到中亞局勢和國家關係。歐盟也是中亞區域重要的參與者之一，並且持續推動東部夥伴關係。現在歐盟與一些中亞國家也締結夥伴關係，包括哈薩克、吉爾吉斯、塔吉克、土庫曼和烏茲別克這等五個國家。[217]

日本也在2004年8月成立了與中亞各國對話合作的架構——「中亞 + 日本」對話，再加上之前的外相會議、高級實務者會議、「中亞 + 日本」東京對話，各種經濟論壇相繼成立。2007 年，日本建立了「GUAM+ 日本」的機制，目的是加強與喬治亞、烏克蘭、亞塞拜然和摩爾多瓦的關係。由俄羅斯、美國、日本、歐盟以及中國所組成的中亞大賽局中，中國不過只是其中一極而已。在此之上，大賽局中的小國們也在大國爭奪主導權的同時，展開平衡外交。上合組織成員國的這種平衡外交，旨爲防止「一家獨大」情況的出現，所以其實際效果就是：既抑制了中國影響力的擴大，但另一方面也歡迎中國展現其存在感。

中國也透過上合組織，不斷地擴大自身的影響力。與 CIS 及 CSTO 不同，上合組織內有中國與俄羅斯這兩個大國。對從舊蘇聯獨立的中亞各國來說，上合組織是中國影響力與俄羅斯影響力的緩衝地帶，也是能夠擴大自身活動空間的一個組織。[218] 也就是說，名爲上合組織的此一多國組織，是一個避免中國與俄羅斯擴大存在感的防波堤，而且也能迴避與莫斯科或北京一對一的關係。在這樣的意義下，中國在中亞的存在，基本上是既受歡迎也受抑制。

對欲藉由上合組織來擴大其影響力的中國來說，還是有許多難題有待解決。中亞是俄羅斯的勢力範圍，俄羅斯也是聯合國安理會常任理事國的一員與金磚五國的一員。因此對中國來說，與俄羅斯之合作有其必要。但中國和俄羅斯兩國要建構合作關係，其間還有相當大的障礙。第一，兩國對上合組織的戰略目標並不相同。對中國來說，上合組織是其擴大在中亞影響力之重要關鍵，但俄羅斯則是爲了對抗美國才重視上合組織；對俄羅斯而言，CSTO 與 EAEU 更加重要。[219] 第二，能源、武器合作、中國人移入俄羅斯遠東地區等問題，時常爲中俄關係帶來影響和波動。第三，在俄羅斯國內存在著根深蒂固的中國威脅論與反中派，而且在中國經濟急速成長的背景之下，這樣的言論也漸漸變得更強。俄羅斯在 2009 年 5 月所採行的「至 2020 年的國家安全戰略」中，提出了一個更廣泛的安全概念。這個新的安全概念，改變了對敵人及危險的定義，言及到戰略不確定性與位於俄羅斯南部的非傳統安全威脅。這個新安全概念的解釋，一般認爲就是在指來自中國的威脅。

由於各國對歐美的姿態、各國的政策重點、成員國間的歷史相互不信任等各種原因，使得上合組織難以形成成員國間的共通政策。因此到目前爲止，上合組織既不是「反美同盟」或「東方NATO」、「威權主義俱樂部」，也不是「能源俱樂部」或「經濟區塊」。目前，上合組織幾乎沒有足以改變國際秩序的影響力，且中國在中亞的影響力的增長也很緩慢。在中國國內一般也認爲，目前的上合組織不過只是「象徵性存在，是各國在重大時刻表明自身立場的地方」。[220]

上合組織各國同床異夢，但對中俄兩國來說，中亞地區是抑制NATO 東方擴大上的一個緩衝地帶。對中亞各國來說，與歐美國家在意識形態的差異以及區域安全保障的需求，現在依然是團結上合組織成員國的重要基盤。經常有人說，在上合組織中「與重視對抗歐美的俄羅斯政治需求相比，中國追求的則是經濟上的利益」，但中國在不斷保持對美協調姿態的同時，也努力透過上合組織來擴大其在國際舞台上的影響力。中國認爲，要發揮作爲國際秩序「一極」的角色，首要任務就是區域組織的育成及國際知名度的提升。

雖然上合組織在設立之後的進展不算迅速，但也持續緩慢地建立區域組織的制度架構。同時，中國政府認爲，「不與非同盟國、第三國或其他區域對抗，且對外開放的區域機構」的上合組織原則，是提高上合組織機構的認知度及存在感的關鍵。目前，聯合國、CIS、東南亞國家協會（ASEAN）、EAEC、CSTO 以及歐盟等，都是上合組織的接近對象。

在上合組織中，中國基於重視聯合國決議的原則、不干涉內政原則，致力於透過重視阿富汗問題以及伊朗等區域熱點問題，來擴大上合組織影響力，並持續強化與其他上合組織國家在經濟與軍事等領域的實質關係。中國作爲上合組織的核心存在，也持續積極推動上合組織的機能強化，以及在經濟、司法、教育等各方面的政策連結與對外交流。總的來說，上合組織以及中國在中亞的影響力的進展緩慢，卻也低調地增長。

第四節　結語

在冷戰終結之後，中國積極參與區域組織，且試著在區域組織中扮演指導者的角色。這樣的中國對外行動，可以說是後冷戰時期中國在亞洲外交上的最大特徵。伴隨著中國亞洲政策的變化，冷戰後的中國在亞洲區域影響力，呈現載浮載沉的發展。不論是在東北亞、東南亞還是中亞，在2000年代前半，中國在亞洲地區持續擴大其存在感；但是到了2000年代後半，中國在區域組織內的影響力都有明顯的下降或滯緩。

由於積極的外交開展，中國在亞洲地區的存在感持續擴大，但由於權力平衡的強力運作，此一擴大依然是有其極限的。在中日、中美展開在亞洲主導權爭奪戰的同時，中國與俄羅斯在中亞的競爭，以及與印度在南亞的競爭也都相當明顯。除此之外，亞洲區域大部分國家都有不偏向特定大國，並展開平衡外交的傾向，因此目前在亞洲還沒有一個區域組織，是美國、日本、中國、俄羅斯、印度這些大國全部參與，也沒有一個區域組織的機能是網羅對應亞洲地區所有區域問題。亞洲區域結構是一個多層次、多管道的合作架構。

從中國在東北亞、東南亞、南亞與中亞各自的區域組織政策中，可以看出中國的對亞洲政策是以同心圓的方式展開；而後冷戰時期展開的中國亞洲外交，則有以下三個重要支柱。

第一，透過促進經濟關係，以中國爲媒介來促成亞洲實質上的經濟一體化。也就是說，中國透過對亞洲各國的積極行動，採取能在亞洲區域提高本國影響力的戰略。爲了迴避美國透過重返亞洲政策來主導區域秩序，中國持續透過簽訂自由貿易協定（FTA），RCEP 等多邊貿易協定，推動建構多層次的區域合作框架，以化解美國單極主導區域秩序帶來的影響。

第二，中國透過非傳統安全保障，促進實際的軍事交流。具體來說，中國在災害救助、海盜對策與反恐等領域中，積極實行聯合軍事演習等多國間的軍事交流，並有意擴大在北部灣、湄公河流域的聯合巡邏。這些都是在東南亞、南亞以及中亞地區開展的共通政策。

第三，伴隨著國力增強，中國也努力提供區域公共財，並發揮其領導力。中國不但參與北韓與阿富汗等重要區域問題，也在 2000 年代後半，開始積極參加區域聯合巡邏、災害救助、海盜對策與毒品取締等行動。除此以外，還進行區域組織與合作的資金籌措，試圖扮演指導者的角色，並逐步提供區域公共財。在此政策下，可以看到中國在經濟與非傳統安全領域的影響力，日漸擴大。

整體來說，中國在後冷戰時期的亞洲外交，是在努力迴避與美國對立之下展開的。到習近平政權爲止，中國也沒有公開提出反對自由或民主主義的新價值體系。這種低調的亞洲政策，到了習近平時代發生了很大的變化，中國的外交變得更趨意識形態化，民族意識更強，外交政策的展開也更強勢。

註解

1　李効東編，《朝鮮半島危機管理研究》，軍事科學出版社，2010 年，42-49 頁。

2 錢其琛，《外交十記》，世界知識出版社，2003 年，152 頁。

3 同上。

4 同上，153 頁。

5 Samuel S. Kim, "The Making of China's Korea Policy in the Era of Reform", in David Lampton ed., *The Making of Chinese Foreign and Security Policy in the Era of Reform*, Stanford, CA: Stanford University Press, 2001, p. 118.

6 有關美朝談判與美朝框架協議，請參閱：菊池努，〈地域制度是否有助於全球治理？——亞太事例〉，http://www2.jiia.or.jp/pdf/resarch/H23_GlobalGovernance/10_Kikuchi.pdf，查閱時間：2013 年 7 月 2 日。

7 朝鮮半島能源開發組織（KEDO）設立於 1995 年。1999 年設立了日美韓三國的調整監督小組（The Trilateral Coordination and Oversight Group, TCO）。中國沒有參加任何一個組織的活動。

8 Gregory J. Moore, "How North Korea Threatens China's Interests: Understanding Chinese 'Duplicity' on the North Korea Nuclear Issue", *International Relations of the Asia-Pacific*, Vol. 8, 2008, p. 7.

9 Joel S. Wit, Daniel B. Poneman, and Robert L. Gallucci, *Going Critical: The First North Korean Nuclear Crisis*, Washington D.C.: Brookings Institution Press, 2004, p. 157.

10 Samuel S. Kim, "China's Conflict-Management Approach to the Nuclear Standoff on the Korean Peninsula", *Asian Perspective*, Vol. 30, No. 1, 2006, pp. 5-38.

11 平岩俊司，〈圍繞朝鮮半島核危機的北韓・中國關係〉，查閱時間：2019 年 5 月 1 日。

12〈保持耐心　冷靜務實——就朝鮮半島四方會談訪中國代表團團長陳健〉《世界知識》，1998 年第 7 期，14 頁。

13「新和平保障體系」是第一次北韓核武危機時由北韓提出的。當時北韓希望通過建立「新平和保障體系」推動締結和美國簽訂一個美朝平和協定。

14 楊軍、王秋彬，《中國與朝鮮半島關係史論》，社會科學文獻出版社，2006 年，234 頁。

15 倉田秀也，〈六方會談的成立過程與美中關係〉，高木誠一郎編，《美中關係——冷戰後的結構與發展》，日本國籍問題研究所，2007 年，71 頁。

16 青山瑠妙，《現代中國的外交》，慶應義塾大學出版會，2007 年，348 頁。

17 2002 年 9 月 24 日，楊斌被任命為北韓新義州特別行政區行政長官。2002 年 10 月 4 日，楊斌被中國政府逮捕。

18 中居良文，〈中國的北韓政策——有關楊斌事件〉《國際政治》，第 135 號，2004 年 3 月，92 頁。

19 Yoichi Funabashi, *The Peninsula Question: A Chronicle of the Second Nuclear Crisis*, Washington, DC: Brookings Institution Press, 2007.

20〈外交部發言人就朝鮮核問題發表談話〉《人民日報》，2002 年 12 月 14 日。

21 "Powell Cites Asian Support for U.S. Proposal on North Korea", http://www.usembassy-israel.org.il/publish/press/2003/february/022704.html，查閱時間：2013 年 2 月 26 日。

22 劉金質、潘京初、潘榮英、李錫遇，《中國與朝鮮半島國家關係文件資料匯編（1991－

2006）（下）》，世界知識出版社，2006 年，422 頁。

23 林利民，〈朝核危機管理與中國的外交選擇」〉《現代國際關係》，2006 年 8 月，37 頁。

24 Scott Snyder, "A Turning Point for China?", Comparative Connections, http://csis.org/files/media/csis/pubs/0403qchina_korea.pdf，查閱時間：2019 年 5 月 1 日。

25 道下德也，〈北韓的大量破壞武器・導彈問題」，http://www.cpdnp.jp/pdf/003-01-003-08.pdf，查閱時間：2019 年 5 月 1 日。

26 Scott Snyder, "A Turning Point for China-Korea Relations?".

27 2006 年中國北京面談調查。

28 Michael O'Hanlon and Mike M. Mochizuki, *Crisis on the Korean Peninsula: How to Deal with a Nuclear North Korea*, McGraw Hill, 2003, p. 36.

29 Gilbert Rozman, *Strategic Thinking about the Korean Nuclear Crisis: Four Parties Caught between North Korea and the United States*, NY: Macmillan Publishers Limited, 2007, p. 105. 寺林裕介，〈北韓開發核武與六方會談（上）── 東北亞的多國框架的形成〉，http://www.sangiin.go.jp/japanese/annai/chousa/rippou_chousa/backnumber/2006pdf/2006070773.pdf，查閱時間：2019 年 5 月 1 日。

30 青山瑠妙，〈中國外交中的國際合作的趨勢〉，國分良成、小嶋華津子編，《現代中國政治外交的原點》，慶應義塾大學出版會，2013 年。

31 Susan Shirk, *China: Fragile Superpower*, New York: Oxford University Press, 2007, p.123.

32 平岩俊司，〈北韓核問題與六方會談〉《亞洲研究》，2007 年 7 月第 53 期，31 頁。

33 Gilbert Rozman, "Post Cold War Evolution of Chinese Thinking on Regional Institutions in Northeast Asia", *Journal of Contemporary China*, 19(66), September 2010, p. 613.

34 倉田秀也，〈朝鮮半島和平體制的建立問題與中國 ── 東北亞地域安全保障與「多國間外交」〉，高木誠一郎編，《脫離冷戰期的中國外交與亞太》，日本國際問題研究所，2000 年，231、227 頁。

35 渡邊武，〈中國與朝鮮半島 ──「朝鮮問題的朝鮮化」及其限度〉，村井友秀編，《中國的安全保障》，ミネルヴァ書房，2007 年，72-89 頁。

36 Anne Wu, "What China Whispers to NK", *The Washington Quarterly*, Vol. 28, No. 2, 2005, p. 35.

37 〈詳訊：朝鮮勞動黨總書記金正日對中國進行非公式訪問〉，http://news.xinhuanet.com/newscenter/2004-04/21/content_1432810.htm，查閱時間：2004 年 4 月 21 日。

38 〈金正日對我國進行非公式訪問　胡錦濤設宴歡迎〉，http://news.xinhuanet.com/politics/2006-01/18/content_4068738.htm，查閱時間：2006 年 1 月 18 日。

39 "Inside North Korea: A Joint U.S.-Chinese Dialogue", United States Institute of Peace, http://www.usip.org/publications/inside-north-korea-joint-us-chinese-dialogue，查閱時間：2019 年 5 月 1 日。

40 平岩俊司，〈北韓核問題與六方會談〉，37 頁。

41 Christopher Twomey, "Explaining Chinese Foreign Policy toward North Korea: Navigating between Scylla and Charybdis of Proliferation and Instability", *Journal of Contemporary China*, Vol. 17, Issue 56, 2008, p. 417.

42 David M. Lampton, *The Three Faces of Chinese Power: Might, Money, and Minds* , Berkeley:

University of California Press, 2008, p. 67.

43 "China Deploys Troops on N. Korean Boarder", *Washington Post*, September 13, 2003.

44 Moore, "How North Korea Threatens China's Interests", p. 23.

45 Ralph A. Cossa and Brad Glosserman, "Regional Overview: Shaking the Foundations", *Comparative Connections*, Vol. 13, No. 1, May 2011, p. 4.

46 〈朝鮮政黨領導人會見王家瑞〉《人民日報》，2009 年 1 月 23 日；〈朝鮮外務相會見我外長助理〉《人民日報》，2009 年 1 月 13 日。

47 徐進，〈朝鮮核問題：中國應強力介入還是中立斡旋？〉《國際經濟評論》，2011 年第 6 期，149 頁。

48 〈北韓發射「大浦洞 2 號飛彈」——聯合國安全保障理事會協議、政府、提出新決議案〉《日本經濟新聞》，2009 年 4 月 6 日。

49 Scott Snyder and See-Won Byun, "Cheonan and Yeongyeong: The Northeast asian response to North Korea's provocations", *The Rusi Journal*, Vol. 156, No. 2, 2011, p. 76.

50 〈朝官員秘密訪台引島內震動　被批「國安」漏洞〉《環球時報》，2012 年 10 月 18 日。

51 〈朝鮮勞動黨總書記金正日對我國進行非公式訪問〉，http://www.china-un.ch/chn/xwhd/t692866.htm，查閱時間：2019 年 5 月 1 日。

52 羅先市與 2010 年 1 月 4 日被指定為直轄市。

53 〈羅先經濟貿易區和黃金坪、威化島經濟區大事記〉《環球》，2012 年第 24 期，35 頁。

54 〈中國企業告訴了金正日什麼〉，http://www.lwdf.cn/wwwroot/dfzk/bwdfzk/201043/ss/251670.shtml，查閱時間：2004 年 4 月 21 日。

55 〈胡錦濤同金正日在長春舉行會談〉，http://www.china-embassy.org/chn/gdxw/t736172.htm，查閱時間：2019 年 5 月 1 日。

56 同上。

57 同上。

58 〈朝鮮勞動黨總書記金正日對我國進行非公式訪問　胡錦濤同金正日舉行會談〉，查閱時間：2019 年 5 月 1 日。

59 〈金正日順訪中國東北地區〉，http://world.people.com.cn/GB/16648564.html，查閱時間：2011 年 12 月 19 日。

60 《中國經濟新聞》，2012 年 9 月 15 日。

61 〈中朝兩個經濟區開發合作連合指導委員會召開會議〉，http://www.gov.cn/gzdt/2012-08/14/content_2203984.htm，查閱時間：2012 年 8 月 19 日。

62 〈北韓飛彈試射、中國、破例表示「反對」〉《日本經濟新聞》，2012 年 12 月 3 日。

63 有關主張重新考慮對北韓政策的學者包括：沈驥如，〈維護東北亞安全的當務之急〉《世界經濟與政治》，2003 年第 4 期；王忠文，〈以新視角審視朝鮮問題與東北亞形勢〉《戰略與管理》，2004 年第 8 期等。

64 徐進，〈朝鮮核問題〉，147 頁。

65 Michael D. Swaine, "China's North Korea Dilemma", *China Leadership Monitor*, No. 30, Fall 2009.

66〈中國、抗議北韓核武試驗的示威遊行　廣東省廣州市〉《共同通信》，2013 年 2 月 17 日。

67〈「中國積極反應制裁」美財政副部長〉《日本經濟新聞》，2013 年 4 月 14 日。

68〈「不允許在中國家門口生事」告誡一語雙關〉，http://gb.cri.cn/27824/2013/04/07/2165s4076367.htm，查閱時間：2019 年 5 月 1 日。

69 青山瑠妙，〈中朝是否復活「傳統友好」〉《外交》，2018 年 5、6 月第 49 期，50-55 頁。

70 Jia Qingguo, "Dwindling Hopes for North Korean Denuclearisation", https://www.eastasiaforum.org/2019/08/18/dwindling-hopes-for-north-korean-denuclearisation/，查閱時間：2020 年 5 月 8 日。

71〈2018 年 7 月 25 日外交部發言人耿爽主持例行記者會〉，https://www.fmprc.gov.cn/web/wjdt_674879/fyrbt_674889/t1580150.shtml，查閱時間：2019 年 5 月 1 日。

72 "Beijing Does not Seek Influence through Overseas Chinese", *Straits Times*, 6 June 1991.

73 大西康雄，〈中國的崛起與東南亞、日本〉《亞洲經濟研究所政策簡報》，2012 年 8 月 31 日第 8 期。

74 青木健，〈東協、中國 FTA 與日本的對策〉《ITI 季報》，2002 年第 47 期，40 頁。

75 南海行為準則是由菲律賓起草的，當時馬來西亞強烈反對。

76 中國與東協的實務層級高官協議的第一次會議是 1995 年在杭州舉行的。

77 "External Relations", http://www.aseansec.org/10370.htm，查閱時間：2012 年 8 月 8 日。

78 Carlyle A. Thayer, "Tensions Promote Discussions on a Code of Conduct", *Comparative Connections*, Vol. 2, No. 1, April 2000.

79 2000 年初，在黃岩島附近執業的中國漁民 21 人被菲律賓海軍的海監船逮捕。

80〈南海各方行為宣言〉全文請參閱：http://www.aseansec.org/13163.htm。

81 青山瑠妙，《現代中國的外交》，慶應義塾大學出版會，2007 年，349 頁。

82 溫家寶首相的 9 項提案如下：(1) 加強高層往來，更加有效地發揮個層次對話與合作機制的作用。加強在重大國際和地區問題上的協調與合作；(2) 切實落實中國—東盟自貿區的貨物貿易協定和爭端機制協定，加快自貿區服務貿易與投資談判；(3) 建立中國—東盟能源部長對話機制；(4) 積極推進五大重點領域合作；(5) 加強包括海上安全在內的非傳統安全領域的合作。中方建議充分利用現有機制，加強安全戰略對話。中國願儘早加入《東南亞無核武器區條約》（SEANWFZ）議定書；(6) 認真落實《南海各方行為宣言》的後續行動，中方願與東盟舉行特別高官會，成立工作組，儘快啟動南海合作。中方願本著「擱置爭議、共同開發」的原則，在相互尊重、平等互利的基礎上，與有關國家積極探討在南海爭議海域開展共同開發的途徑與方式；(7) 加大次區域合作力度。中方將與湄公河流域五國簽署大湄公河次區域信息高速公路諒解備忘錄。中國願成為東盟東部增長區觀察員；(8) 加強文化和青年合作，中方將與東盟簽署文化合作諒解備忘錄，建議相互派遣青年志願者，開展語言教學、醫療協助和農業技術推廣工作；(9) 中方建議將 2006 年定為中國—東盟友好合作年，開展紀念活動。

83 中國與東協的行動計畫（2005－2010）全文請參閱：http://www.fmprc.gov.cn/chn/pds/ziliao/1179/t175829.htm。此後中國與東盟持續簽署行動計畫。

84 Carlyle A. Thayer, "Developing Multilateral Cooperation", *Comparative Connections*, http://csis.

org/files/media/csis/pubs/0103qchina_seasia.pdf，查閱時間：2019 年 5 月 1 日。

85 〈唐家璇外長在第八屆東盟地區論壇外長會議上的講話〉，http://www.fmprc.gov.cn/chn/pds/gjhdq/gjhdqzz/lhg_14/zyjh/t4546.htm，查閱時間：2019 年 5 月 1 日。

86 2004 年 4 月 11 日至 13 日，緬甸政府在仰光召開了有關信心建立措施的 ARFARF 支援團體的會間會。

87 毒品替代開發研討會，於 2004 年 9 月在昆明召開。

88 加強非傳統安全領域合作研討會，於 2005 年 3 月在三亞召開。

89 "ASEAN and China Cooperative Operations in Response to Dangerous Drugs (ACCORD) 8th Task Forces Meetings on Civid Awareness and Demand Reduction", UNODC, http://www.unodc.org/eastasiaandpacific/en/2009/08/ACCORD/asean-and-china-cooperative-operations-in-response-to-dangerous-drugs.html，查閱時間：2012 年 8 月 1 日。

90 鈴木早苗，〈南海問題上的東協各國的對立〉，http://www.ide.go.jp/Japanese/Research/Region/Asia/Radar/pdf/201207_suzukisanae.pdf，查閱時間：2012 年 8 月 1 日。

91 〈東盟地區論壇（ARF）〉，http://world.people.com.cn/GB/8212/60991/60996/4269821.html，查閱時間：2019 年 9 月 1 日。

92 〈外交部發言人章啟月就 ARF 首屆安全政策會議答記者問〉，http://www.fmprc.gov.cn/chn/gxh/tyb/fyrbt/dhdw/t167089.htm，查閱時間：2019 年 9 月 1 日。

93 〈2010 年中國國防白皮書〉，http://japanese.china.org.cn/politics/txt/2011-09/23/content_23477394_14.htm，查閱時間：2019 年 5 月 1 日。

94 David Arase, "Non-traditional Security in China-ASEAN Cooperation: The Institutionalization of Regional Security Cooperation and the Evolution of East Asia Regionalism", *Asian Survey*, Vol. 50, No. 4, July/August 2010, p. 828.

95 從 2009 年起，美國和東協之間也啟動了首腦會議機制。

96 第一次東亞高峰會議於 2005 年 12 月在馬來西亞的吉隆坡召開。現在東亞高峰會議的參加國家有東協、日中韓三國以外、還有澳大利亞、紐西蘭、印度、美國（2011 年起開始參加）、俄羅斯（2011 年起開始參加）。

97 Kai He, "Institutional Balancing and International Relations Theory: Economic Interdependence and Balance of Power Strategies in Southeast Asia", *European Journal of International Relations*, Vol. 14, No. 3, pp. 489-518.

98 〈中國—東盟商務與投資峰會背景資料〉，http://www.china.com.cn/zhibo/zhuanti/ch-xinwen/2012-08/10/content_26191795.htm，查閱時間：2019 年 5 月 1 日。

99 "'Nanning Channel' Boosts ASEAN Member Contacts", *China Daily*, August 27, 2012.

100 〈東南亞對人民幣接受度向好〉《財經》，2012 年第 3 期，91 頁。

101 "ASEAN: Wealth of Opportunities for Chinese Firms", *China Daily*, August 21, 2012.

102 〈全球視野下的中國與東盟〉《瞭望》，2012 年第 39 期，32-33 頁。

103 "China, ASEAN Promote Cultural Relations", *China Daily*, September 22, 2012.

104 日本主導的亞洲地區反海盜及武裝劫船合作協定（Regional Cooperation Agreement on Combating Piracy and Armed Robbery against Ships in Asia, ReCAAP）於 2006 年生效。同時日

本在 ARF 的海上安全保障會議的會間會（Inter-Sessional Meeting, ISM）方面也積極地發揮著主導作用。

105 David Arase, "Non-traditional Security in China-ASEAN Cooperation: The Institutionalization of Regional Security Cooperation and the Evolution of East Asia Regionalism", p. 828.

106〈湄公河聯合巡邏在老撾設聯絡點〉《北京青年報》，2012 年 8 月 8 日。

107〈中國、呼籲共同應對索馬利亞海盜問題〉，http://japanese.cri.cn/881/2012/07/26/142s196097.htm，查閱時間：2019 年 5 月 1 日。

108 "China Offers ASEAN Joint Effort to Counter Piracy", *The Jakarta Post*, May 21, 2011.

109〈溫家寶在第十四次中國—東盟領導人會議上的講和（全文）〉，https://www.fmprc.gov.cn/ce/ceke/chn/zgyw/t878623.htm，查閱時間：2019 年 5 月 1 日。

110〈中國—東盟合作：1991－2011（全文）〉，https://finance.qq.com/a/20111115/006772.htm，查閱時間：2019 年 5 月 1 日。

111〈外交部副部長傅瑩就中國東盟關係接受新華社採訪〉，http://www.gov.cn/jrzg/2012-08/05/content_2198728.htm，查閱時間：2019 年 5 月 1 日。

112〈溫家寶總理在第十三次中國與東盟領導人會議上的講和（全文）〉，http://www.gov.cn/ldhd/2010-10/30/content_1733747.htm，查閱時間：2019 年 5 月 1 日。

113 Cheng-Chwee Kuik, "Making Sense of Malaysia's China Policy: Asymmetry, Proximity, and Elite's Domestic Authority", *The Chinese Journal of International Politics*, April, 2013, pp. 1-39.

114 東協國防部長會議於 2006 年首次召開。

115 Carlyle A. Thayer, "Recent Development in the South China Sea: Grounds for Cautious Optimism?", *RSIS Working Paper*, No. 220, December 14, 2010.

116〈楊秀萍出任中國駐東盟大使〉《東方早報》，2012 年 7 月 9 日。

117 Carlyle A. Thayer, "Chinese Assertiveness in the South China Sea and Southeast Asian Responses", *Journal of Current Southeast Asian Affairs*, 30: 2, 2011, pp. 77-104.

118 全文參照 http://www.southchinasea.com/documents/law/306-guidelines-for-the-implementation-of-the-doc.html，查閱時間：2019 年 5 月 1 日。

119 "ASEAN, China Struggles over Maritime", *Bangkok Post*, July 7, 2012.

120 1995 年 2 月，中國被發現在與菲律賓有主權爭議的南沙群島的美濟礁島上動工建造建築物，對此菲律賓政府強烈抗議，中國和菲律賓兩國的關係也一度緊張。

121〈中國「鬪法」〉《中國新聞週刊》，2012 年 11 月，30-31 頁。

122 1998 年 10 月至 11 月，菲律賓的偵查機發現中國又重啟在美濟礁的建築工程。1993 年 3 月，中國再次被發現在美濟礁的開啟建築工程。圍繞這個問題，中國和菲律賓之間關係再度緊張。

123 "China Plays Down Severity of South China Sea Issues", *The Jakarta Post*, May 20, 2011.

124 Carlyle A. Thayer, "Diplomatic Currents Running Strong in the South China Sea", http://www.eastasiaforum.org/2012/04/04/diplomatic-currents-running-strong-in-the-south-china-sea/，查閱時間：2019 年 5 月 1 日。

125 "No United ASEAN Stand vs China", http://www.philstar.com/Article.aspx?articleId=748584&pub

licationSubCategoryId=63，查閱時間：2011 年 11 月 16 日。

126 Alastair Iain Johnston, "Socialization in International Institution: The ASEAN Way and International Relations Theory", in G. John Ikenberry and Michael Mastanduno eds., *International Relations Theory and the Asia-Pacific*, NY: Columbia University Press, 2003, pp. 106-162.

127 山影進，〈小國的「馴養」大國的戰略——聚焦東協影響力〉《日美中三國關係的中長期展望》，日本國籍問題研究所，2012 年，139-154 頁。

128 於 2005 年 11 月召開的第 13 次首腦會議批准阿富汗加入 SAARC，2007 年阿富汗成為正式成員。

129 2005 年的第 13 次首腦會議批准日本和中國加入 SAARC，2006 年 8 月的外長會議批准美國、EU、韓國加入，2007 年 4 月的第 14 次首腦會議批准伊朗加入，2007 年 12 月的外長會議批准模里西斯加入，2008 年 8 月的第 15 次首腦會議批准澳大利亞、緬甸加入 SAARC。

130 新垣修，〈印度對斯里蘭卡紛爭的庇護和介入〉，http://peacebuilding.kir.jp/data/dp/No8_Arakaki.pdf，查閱時間：2019 年 5 月 1 日。

131 Tarique Niazi, "Sino-Indian Rivalry for Pan-Asian Leadership", *China Brief*, Vol. 6, Issue 4, February 15, 2006.

132 關於美國和印度的軍事合作，請參閱：美國國防部的"Report to Congress on U.S.-India Security Cooperation", November 2011。

133 平林博，〈建交 60 周年：日印關係的回顧與展望——從歷史紐帶到戰略全球夥伴〉，http://www.jfir.or.jp/j/info-research/hirabayashi/111212.pdf，查閱時間：2012 年 8 月 1 日。

134 對於中國政府的簽署中印兩國 FTA 的提案，印度國內反對的聲音十分強烈。〈溫家寶將與印度總理會談　兩國將簽署近 30 項協議〉，http://news.sina.com.cn/c/2005-04-11/07565613844s.shtml，查閱時間：2019 年 5 月 1 日。

135〈中國周邊合作短板待補〉《瞭望新聞週刊》，2007 年第 17 期，49 頁。

136〈李肇星會見南盟峰會政要　表示願加強合作〉《中國日報》，2007 年 4 月 4 日。

137 王光亞，〈深化友誼　拓展合作　共謀發展〉，http://www.fmprc.gov.cn/chn/gxh/mtb/bldhd/t689267.htm，查閱時間：2010 年 5 月 1 日。

138 林文勛主編、盧光盛等著，《地緣政治視野下的西南周邊安全與地域合作研究》，人民出版社，2012 年，106 頁。

139 杜幼康，《國家間關係的典範——中巴建交後兩國關係的回顧與展望》，時事出版社，2012 年，46 頁。

140 林文勛主編、盧光盛等著，《地緣政治視野下的西南周邊安全與地域合作研究》，人民出版社，2012 年，272 頁。

141 "China Scores a Point in SAARC Declaration", *The Indian Express*, November 12, 2012.

142〈外交部副部長張志軍出席第 17 屆南亞盟峰會並發表講話〉，http://www.fmprc.gov.cn/chn/pds/wjb/zygy/t876329.htm，查閱時間：2011 年 11 月 11 日。

143「陳健夫部長在首屆中國—南亞博覽會暨第 21 屆昆交會推介會上的致辭」，http://chenjian.mofcom.gov.cn/article/speeches/201303/20130300042823.shtml，查閱時間：2013 年 3 月 4 日。

144 Amardeep Athwar, *China-India Relations: Contemporary Dynamics*, London and New York:

Routledge, 2009, pp. 25-26.

145 "Ahead of 2014 Pullout, India, China Plan Afghan Dialogue", *The Indian Express*, March 4, 2013.

146 針對阿富汗問題、印度與美國之間也建立了制度性對話。

147 關於中國與尼泊爾關係的詳情，請參閱：Sanjay Upadhya, *Nepal and the Geo-Strategic Rivalry between China and India*, London & New York: Routledge, 2012。"China Makes Inroads in Nepal, and Stanches Tibetan Influx", *the New York Times*, April 13, 2013.

148 同上。

149 李敏，〈尼泊爾——印度水資源爭端的緣起及合作前景〉《南亞研究》，2011 年第 4 期，80-92 頁。

150 沈呈章，〈尼泊爾水電站項目投資分析〉《價值工程》，2010 年第 9 期，14-15 頁。

151〈應對「後拉丹時代」巴美交惡、中國大力布局南亞〉《東方早報》，2011 年 5 月 11 日。

152 Daniel Deudney and G. John Ikenberry, "The Myth of the Autocratic Revival-Why Liveral Democracy Will Prevail", *Foreign Affairs*, Vol. 88, No. 1, p.78.

153 Bobo Lo, *Axis of Convenience: Moscow, Beijing, and the New Geopolitics*, Brookings Institution Press, 2008.

154〈李鵬總理提出六點主張〉《人民日報》，1994 年 4 月 27 日。

155 Sun Zhuangzhi, "The Relationship between China and Central Asia", http://src-h.slav.hokudai.ac.jp/coe21/publish/no16_1_ses/03_zhuangzhi.pdf，查閱時間：2019 年 6 月 25 日。

156〈上合組織的平衡力〉，http://big5.qstheory.cn/gj/zgwj/201206/t20120618_164511.htm，查閱時間：2012 年 6 月 18 日。

157 Kenley Butler, "U.S. Military Cooperation with the Central Asian States", http://cns.miis.edu/archive/wtc01/uscamil.htm，查閱時間：2001 年 9 月 17 日。

158〈揭開「東突」恐怖分子的面紗〉，http://www.china.com.cn/chinese/2001/Nov/72147.htm，查閱時間：2019 年 8 月 1 日。

159 Ramakant Dwivedi, "China's Central Asia Policy in Recent Times", *China and Eurasia Forum Quarterly*, Vol. 4, No. 4, 2006, p. 142.

160 角田安正，〈恐怖攻擊事件改變了美俄關係嗎——加勒比海石油運輸線的選定和反恐對策〉，http://src-h.slav.hokudai.ac.jp/publictn/83/tsunoda.pdf，查閱時間：2019 年 7 月 29 日。

161〈上合組織的平衡力〉。

162 Hasan H. Karrar, *The New Silk Road Diplomacy: China's Central Asian Foreign Policy since the Cold War*, Vancouver: UBC Press, 2009, p. 63.

163 Martha Brill Olcott, "Carving an Independent Identity among Peripheral Powers", in David Shambaugh and Michael Yahuda eds., *International Relations of Asia*, Lanham: Rowman & Littlefield Publishers, Inc., 2008, p. 247.

164 顏色革命是指 2003 年格魯吉亞的玫瑰革命、2004 年烏克蘭的橘色革命、2005 年吉爾吉斯鬱金香革命等原蘇聯加盟共和國所發生的一系列要求民主的民眾革命。

165 木村汎，〈俄羅斯的朝鮮半島政策——為什麼失去了說話分量〉，木村汎、袴田茂樹編，《接近亞洲的俄羅斯——實際情況和意義》，北海道大學出版會，2007 年，219 頁。

166 Tugsbilguun Tumurkhuleg, "Does the SCO Represent an Example of a Military Alliance?", in Robert E. Bedeski and Niklas Swanström ed., *Eurasia's Ascent in Energy and Geopolitics: Rivalry or Partnership for China, Russia and Central Asia,* Routledge, 2012, p. 187.

167〈上海合作組織成員國總理會晤：揚起經濟合作之帆〉，http://news.xinhuanet.com/newscenter/2003-09/23/content_1095882.htm，查閱時間：2003 年 9 月 23 日。

168 李立凡、劉錦前，〈中亞水資源合作開發及其前景——兼論上海合作組織的深化發展戰略〉，http://www.coscos.org.cn/wenpaper4.htm，查閱時間：2012 年 11 月 11 日。

169 須同凱主編，《上海合作組織區域經濟合作——發展歷程與前景展望》，人民出版社，2010 年，69-70 頁。

170 趙華勝，《上海合作組織——評析和展望》，時事出版社，2012 年，81 頁。

171 Sebastien Peyrouse, "Military Cooperation between China and Central Asia: Breakthrough, Limits, and Prospects", *China Brief*, 10: 5, p. 11.

172 Marlene Laruelle and Sebastien Peyrouse, *The Chinese Question in Central Asia: Domestic Order, Social Change, and the Chinese Factor*, London: Hurst & Company, 2012, pp. 29-30.

173 從格魯吉亞的國內政治進程的視角來分析玫瑰革命的研究，請參閱：前田弘毅，〈格魯吉亞的玫瑰革命——革命的連續性〉，http://src-h.slav.hokudai.ac.jp/coe21/publish/no16/01maeda.pdf，查閱時間：2019 年 7 月 27 日。

174 有關烏克蘭的橘色革命的研究，請參閱：藤森信吉，〈烏克蘭政權交替的「橘色革命」〉《「斯拉夫・亞歐學的建構」研究報告集》（16），23-40 頁。

175 2005 年 2 月末由於議會選舉的舞弊，在吉爾吉斯發生了大規模的民眾示威運動，3 月阿卡耶夫政權倒台。在 7 月舉行的總統大選中在野黨領袖巴基耶夫當選為新的總統。

176 Martha Brill Olcott, "Carving an Independent Identity among Peripheral Powers", pp. 238-239.

177 石井明，〈中國與上合組織——安定的對俄・中亞國境地帶〉，川島真編，《中國外交——自我認識與課題》，山川出版社，2007 年，150 頁。

178〈上海合作組織秘書長張德廣談阿斯塔納峰會意義〉，http://lianghui.china.com.cn/zhuanti2005/txt/2005-07/07/content_5909055.htm，查閱時間：2019 年 2 月 20 日。

179〈2005 年中烏關係綜述〉，http://uz.chineseembassy.org/chn/zwgx/t236196.htm，查閱時間：2019 年 2 月 20 日。

180 趙華勝，《中國的中亞外交》，時事出版社，2008 年，80-81 頁。

181 2005 年的上海合作組織首腦會議所締結的《元首宣言》的全文，請參閱：http://ru.china-embassy.org/chn/eyxx/zyjhhwj/t202445.htm，查閱時間：2019 年 7 月 5 日。

182〈吉爾吉斯邀請中國在吉國建軍事基地〉《環球時報》，2005 年 5 月 30 日。

183〈外交部談中國是否駐軍吉爾吉斯〉《新快報》，2005 年 5 月 31 日。

184 "Military Rivalry in Central Asia", Eurasia Transition Group, http://www.eurasiantransition.org/files/da96afeff5fabde0892547f3d472119e-14.php，查閱時間：2008 年 12 月 23 日。

185 Niklas Swanström, "Transformation of the Sino-Russian relationship: from Cold War to the Putin era", in Robert E. Bedeski and Niklas Swanström ed., *Eurasia's Ascent in Energy and Geopolitics: Rivalry or Partnership for China, Russia and Central Asia,* p. 6.

186 德國駐中亞的軍事基地在烏茲別克南部的鐵爾梅茲（Termez）。

187 法國駐中亞的軍事基地在烏茲別克的杜尚別機場（Dushanbe airport）。

188 Richard Weitz, "Kazakhstan and the New International Politics of Eurasia", *Silk Road Paper*, Central Asia-Causasus Institute Silk Road Studies Program, July 2008, p. 32.

189 Emilian Kavalski, *Central Asia and the Rise of Normative Powers: Contextualizing the Security Governance of the European Union, China and India*, NY & London: Bloomsbury Academic, 2012, pp. 118-119.

190〈上合十年成長路〉《中國新聞週刊》，2011 年第 22 期，55 頁。

191〈上合組織成員元首杜尚別宣言發布〉，http://news.sina.com.cn/c/2008-08-28/220916191257.shtml，查閱時間：2019 年 8 月 28 日。

192〈上合謹慎應對俄格衝突〉《中國新聞週刊》，2009 年第 9 期，53 頁。

193 2011 年 10 月，吉爾吉斯舉行總統選舉，阿坦巴耶夫當選總統。

194〈外交部發言人姜瑜就吉爾吉斯斯坦局勢發表談話〉，http://www.gov.cn/jrzg/2010-04/08/content_1575615.htm，查閱時間：2019 年 4 月 7 日。

195〈駐吉爾吉斯坦大使出席吉南方重建社工作捐助高級別會議〉，http://www.fmprc.gov.cn/chn/pds/wjdt/sjxw/t722240.htm，查閱時間：2010 年 8 月 6 日。

196〈上合組織就吉爾吉斯騷亂致人員傷亡表示關切〉，http://www.chinanews.com/gj/gj-yt/news/2010/06-21/2354157.shtml，查閱時間：2019 年 6 月 21 日。

197〈吉爾吉斯騷亂或威脅中國安全　美欲打入上合組織〉《環球時報》，2010 年 6 月 18 日。

198〈吉爾吉斯希望「上合」和「集安」組織派兵維和〉，http://world.huanqiu.com/roll/2010-06/857153.html，查閱時間：2019 年 6 月 13 日。

199〈中國派出撤僑包機 6 架已接回 869 人〉，http://politics.people.com.cn/GB/1026/11885582.html，查閱時間：2019 年 6 月 16 日。

200〈蔣耀平副部長率團杜尚別上海合作組織第十次經貿部長會議〉，http://www.sco-ec.gov.cn/crweb/scoc/info/Article.jsp?a_no=276704&col_no=48，查閱時間：2019 年 11 月 1 日。

201 Niklas Swanström, "China and Great Central Asia: Economic Opportunities and Security Concerns", in Lowell Dittmer and George T. Yu eds., *China, the Developing World and the New Global Dynamic*, Boulder London: Lynne Rienner Publishers, 2010, p. 116.

202 Sebastien Peyrouse, "Military Cooperation between China and Central Asia: Breakthrough, Limits, and Prospects", p. 11.

203 "SCO Member States to Strengthen Drug Control", http://www.china.org.cn/china/2012-04/03/content_25057468.htm，查閱時間：2019 年 4 月 3 日。

204 "In Central Asia's Forbididing Highlands, a Quiet Newcommer: Chinese Troops", https://www.washingtonpost.com/world/asia_pacific/in-central-asias-forbidding-highlands-a-quiet-newcomer-chinese-troops/2019/02/18/78d4a8d0-1e62-11e9-a759-2b8541bbbe20_story.html?arc404=true，查閱時間：2019 年 4 月 3 日。

205 Marlene Laruelle and Sebastien Peyrouse, *The Chinese Question in Central Asia: Domestic Order, Social Change, and the Chinese Factor*, pp. 133-141.

206 刑廣程、孫壯志主編，《上海合作組織研究》，長春出版社，2007 年，139 頁。

207 石婧，〈中國對中亞援助狀況分析——以中國援助中亞國家重點項目為例〉，http://wgifcal.xjnu.edu.cn/s/113/t/104/68/68/info26728.htm，查閱時間：2012 年 7 月 30 日。

208〈胡錦濤在上合組織成員國元首理事會第十二次會議上的講話（全文）〉，http://www.chinadaily.com.cn/hqzx/2012-06/07/content_15483701.htm，查閱時間：2019 年 6 月 7 日。

209〈上合組織進程中的阿富汗問題〉《世界知識》，2012 年第 12 期，22 頁。

210 "Uyghurs Say Kazakhstan, Kyrgyzstan Pressuring Them on China's Orders", http://www.eurasianet.org/taxonomy/term/2324?page=1，查閱時間：2019 年 5 月 2 日。

211 "Uzbekistan Blocks Kazakhstan's Military From SCO Exercises", http://www.eurasianet.org/taxonomy/term/2324，查閱時間：2019 年 6 月 14 日。

212〈葉卡捷琳堡「雙峰會」的不諧音〉《雙週刊》，2009 年第 14 期，83 頁。〈中國軍隊地面運輸最佳路線遇障礙〉，http://mil.news.sina.com.cn/108/2007/0803/22.html，查閱時間：2007 年 8 月 16 日。

213 1994 年 4 月俄羅斯、亞塞拜然、亞美尼亞、白俄羅斯、格魯吉亞、哈薩克、吉爾吉斯、摩爾多瓦、塔吉克、烏茲別克、烏克蘭的 11 個國家共同簽訂了 CIS FTA。經過顏色革命和俄羅斯喬治亞戰爭，2011 年 10 月，俄羅斯、烏克蘭、白俄羅斯、哈薩克、亞美尼亞、吉爾吉斯、摩爾多瓦、塔吉克八國簽署了 CIS FTA。

214 "Russi Dominates Eurasian Union Trade", https://eurasianet.org/russia-dominates-eurasian-union-trade-here-are-the-numbers，查閱時間：2019 年 6 月 14 日。

215〈歐亞經濟夥伴關係的構建及其對上海合作組織發展的影響〉，http://world.people.com.cn/n1/2018/0620/c1002-30068662.html，查閱時間：2019 年 8 月 16 日。

216〈儘早對接歐亞經濟聯盟與「一帶一路」倡議〉，http://fec.mofcom.gov.cn/article/fwydyl/zgzx/201802/20180202710547.shtml，查閱時間：2019 年 8 月 16 日。

217 "The European Union and Central Asia: New Opprotunities for a Stranger Partnership", https://ec.europa.eu/commission/presscorner/detail/en/IP_19_2494，查閱時間：2019 年 6 月 14 日。

218 Marlene Laruelle, "Moscow's China Dilemma: Evolving perceptions of Russian security in Eurasia and Asia", in Robert E. Bedeski and Niklas Swanström eds., *Eurasia's Ascent in Energy and Geopolitics: Rivalry or Partnership for China, Russia and Central Asia*, pp. 77-78.

219 Ugsbilguun Tumurkhuleg, "Does the SCO Represent an Example of a Military Alliance?", p. 187.

220〈上合峰會反對軍事干涉〉，http://news.xinhuanet.com/world/2012-06/08/c_123255295.htm，查閱時間：2012 年 6 月 8 日。

第三章
亞洲經濟一體化的戰略與實像

中國亞洲外交的其中一個重要支柱，便是透過促進與亞洲各國的經濟關係，實現以中國作為中心的亞洲區的實質經濟整合。雖然由中國中央政府主導的亞洲區域戰略行動也相當重要，但對於與 14 個國家邊境相連的中國來說，位於邊境的地方政府之政策開展，實際上也是左右亞洲一體化戰略的重要因素。

改革開放之後，中國除了開放沿海區域，也陸續實施內陸開放、沿邊開放以及向西開放等策略。透過此一過程，各地方政府從 1990 年代初期就開始積極參與次區域的合作，直到現在依然是中國亞洲外交重要的推進力。然而，以優先發展地區經濟為目標的地方政府，與擴大在亞洲政治經濟軍事影響力為目標的中國中央政府，政策想法未必一致。各地方政府採取何種區域發展戰略，而中央政府如何梳理地方政府的不同立場，這些都是研究中國外交決策時的重要問題。

與中國鄰國國境線相連的地方政府包括黑龍江省、吉林省、遼寧省、內蒙古自治區、甘肅省、新疆維吾爾自治區、西藏自治區、雲南省、廣西壯族自治區等九個省、自治區。目前在亞洲正在進行中的次區域等級合作，有許多與中國關係性較高的地區經濟合作。包括位於東北亞的圖們江區域開發、中國西南區域與東南亞的大湄公河次區域（Greater Mekong Sub-region, GMS）經濟合作、泛北部灣經濟合作，另外還有中國西北區域與中亞各國之間的經濟合作。

在本章中，將分析位於邊境的各地方政府，採取何種地區發展戰略，這些政策又是如何與次區域的合作產生互動。透過此一考察，期盼能解明經濟要素爲中國與周邊國家之關係帶來的變化，並進一步理解在中國外交決策中，地方政府扮演的角色。

第一節　圖們江區域開發與東北亞經濟合作

在推動東北亞區域合作上，發揮重大作用的地方政府爲東北三省，也就是黑龍江省、吉林省以及遼寧省。黑龍江省是中國最北的一個省，總面積爲 47.3 萬平方公里，與俄羅斯相鄰的邊境線長達 3,045 公里。[1] 吉林省的面積爲 18.74 萬平方公里，屬於朝鮮族密集居住的區域，其邊境線長度爲 1,384.5 公里（中朝 1,138.5 公里、中俄 246 公里），並與北韓以圖們江（朝鮮名：豆滿江）、鴨綠江爲國界。遼寧省總面積爲 14.8 萬平方公里，與北韓以鴨綠江爲界，南側則面向黃海及渤海。

圖們江區域開發計畫從 1990 年代初期便開始啓動，現在仍在進行當中。由中國推進的東北亞區域合作，基本上是以圖們江區域爲開發主體，其進展過程非常曲折。在本節中，將先分析黑龍江省、吉林省與遼寧省等三省在區域合作中的各自角色與政策，之後對中國在東北亞的主要區域合作戰略——圖們江開發計畫進行相關考察。

壹、東北三省的經濟振興策略與區域合作

與俄羅斯相鄰的黑龍江省，一直在尋求與俄羅斯的經濟合作以促進地區發展的可能性。1988 年 5 月，國務院批准黑龍江省、吉林省、內蒙古自治區、新疆維吾爾自治區，可以與俄羅斯進行邊境貿易。[2]

自此之後，黑龍江省就在邊境貿易上投入了大量的心力，在被認可的 25 個邊境貿易地點中，就有 15 個是與俄羅斯邊境貿易的地點。如圖 3-1 所示，黑龍江省的對外貿易非常依賴俄羅斯，且其貿易依存度也相當高。[3]

1990 年代時，黑龍江政府推出「南連北開」（與南方的中國大陸連結，對北方的俄羅斯開放）此一口號，並制定了以下的地區發展戰略。1. 將哈爾濱、黑河與綏芬河發展成國際都市；2. 以邊境縣市爲基礎，形成沿邊開放帶；3. 試圖將齊齊哈爾、牡丹江、佳木斯、大慶等鐵路沿線、河川沿岸中心都市列爲國家級開放城市，成爲黑龍江省全面對外開放的支撐點。[4] 以此一戰略爲基礎，於 1990 年 6 月舉辦首

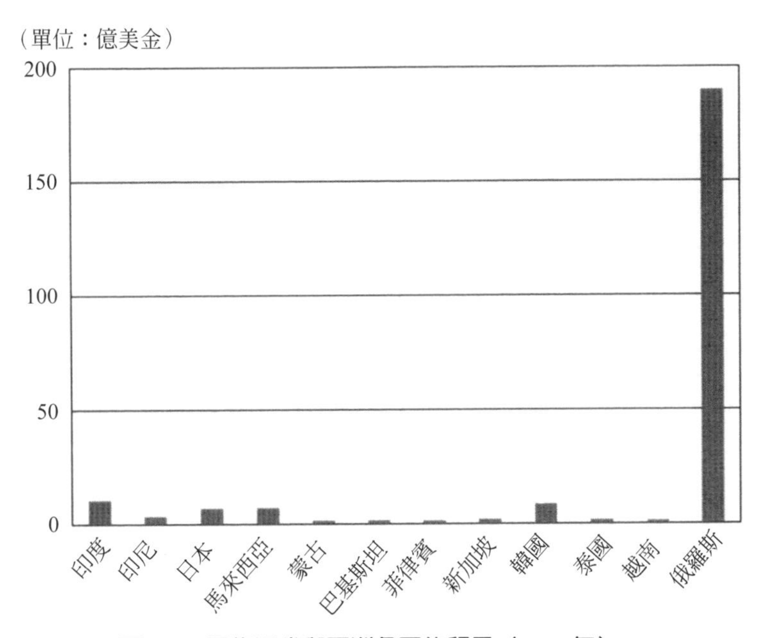

圖 3-1　黑龍江省與亞洲各國的貿易（2011 年）

資料來源：依據《黑龍江統計年鑑（2011）》，作者自行繪製。

註：圖中的國家爲亞洲國家中，與黑龍江省的貿易額在 1 億美金以上的國家。

次哈爾濱國際經濟貿易洽談會。

然而，黑龍江省政府的地區發展戰略並沒有得到期待的成果。在 1992 年以前，與俄羅斯之間的國境貿易雖然有增加的傾向，但在 1993 年後半，俄羅斯開始對邊境貿易採取限制措施，取消中俄貿易中的多項海關優惠。[5] 此後，1994 年以後黑龍江省和俄羅斯的貿易量，明顯減少許多。

到了 1997 年，黑龍江省的沿邊開放情況出現轉機。1997 年 11 月，俄羅斯總統鮑利斯 ・ 葉爾欽（Boris Yeltsin）訪問哈爾濱，黑龍江省政府則於 12 月時召開全省對俄經貿會議，確立促進與俄羅斯貿易的方針，提出要有「三個突破」。包括在商品交易的規模和質量上有突破，在經貿合作的領域上有突破，在大項目的合作上有突破。[6] 之後，因爲俄羅斯出現政策上的轉變，1998 年時，黑龍江省與俄羅斯之間的貿易額再度轉爲增加。在這樣的狀況下，出現了中國、俄羅斯、蒙古在黑龍江流域的區域合作，[7] 以及強化與日本經濟貿易合作 [8] 等各式提案，黑龍江省也開始檢討這些提案的可行性。

2005 年，國務院辦公廳公布「關於促進東北老工業基地進一步擴大開發的實施意見」，中國正式決定進一步擴大東北地區的對外開放，來實現東北地區經濟發展。在同年舉辦的第 16 屆哈爾濱國際經濟貿易洽談會後，商務部、國務院東北辦公室、中國國際貿易促進委員會以及浙江省政府、哈爾濱市政府，也都以主辦者的身分參與其中，讓原本一個地方層級的交易會，提升至國家層級的經貿活動。[9] 在中央政策的支持下，黑龍江省政府再度確認此前與俄羅斯、蒙古、北韓的經濟關係強化政策，[10] 並確立其扮演中國、日本、俄國斯三方貿易之橋梁角色，[11] 提出「突出俄羅斯，面向東北亞，輻射全世界」的新口號。其具體政策就是以黑河、綏芬河、琿春等與俄羅斯相近的口岸爲基礎，擴大與俄羅斯等國家的經濟合作[12]。在這樣的情況下，黑河市政策研究室還提出要藉助中俄黑龍江大橋，推進設立中俄自由貿易區的構想。[13]另外，綏芬河市市長也提出了綏芬河與俄羅斯的自由貿易區構想。[14]

黑龍江省政府提出過多種對外開放的政策。一開始，黑龍江省政府就以俄羅斯爲重點開放對象，但後來又開始強調引進來自香港、澳門與臺灣的投資。在 2007 年還提出要強化與韓國經濟關係的政策。[15]當時，黑龍江省政府希望借鑑山東省與遼寧省，其透過與韓國貿易振興經濟的成功經驗，[16]正式制定與韓國強化經濟合作的戰略。接著在 2008 年，在黑龍江省的經濟發展計畫中又加入了與日本的經濟合作。[17]從多次反轉的黑龍江省經濟振興政策，可以看到黑龍江省政府的焦慮與決斷。因爲，黑龍江省政府很清楚地認識到，單憑與俄羅斯之間的經濟合作，難以達成黑龍江省的經濟振興。

儘管如此，2009 年，中國中央政府再次採取進一步促進邊境區域開放的國家戰略，並積極推進黑龍江和俄羅斯的經濟整合。同年 6 月，國家主席胡錦濤前往黑龍江省視察之時，明言黑龍江省是東北亞區域合作的橋頭堡。[18]2009 年 9 月，中俄兩國政府簽訂「中國東北地區與俄羅斯聯邦遠東及東西伯利亞地區合作規劃綱要（2009-2018）」。

在中國和俄羅斯兩國政府的強力推動，以及中央政府賦予黑龍江省東北亞區域合作的中心地位下，黑龍江省政府決定把握時機，提出新的地區振興戰略，揭示 2015 年前將黑龍江省打造成中國加工基地與經濟貿易、科學技術合作模範區域的目標。爲了達成此一目標，黑龍江省推出各式各樣的具體政策。首先，再次確認黑龍江省政府是與俄羅斯貿易合作的橋頭堡地位，並扮演中俄貿易的中繼地角色。其次，黑龍江政府也認識到過度依賴俄羅斯的貿易所帶來的問題，因此積極調整對俄經貿戰略性，大力開闢新市場，強化對美國、歐盟、韓國、日本、東協（ASEAN）的貿易關係。[19] 最後，黑龍江政府提出以哈爾濱、牡丹江、綏芬河與東寧等邊境貿易地點爲中心的對俄經濟帶，與俄羅斯的雙城子、海參崴等相互連結，建立以加工貿易爲中心的經濟合作區域構想 [20]。在黑龍江省的強力運作下，中國國務院於 2009 年正式批准綏芬河綜合保稅區。[21] 這是中國邊境第一個綜合保稅區，並於 2010 年 8 月正式啓用。[22]

在推出上述一連串政策之後，黑龍江省與俄羅斯之間的森林資源及基礎建設合作，開始有了進展。俄羅斯也設置了一些中俄經濟貿易合作區，其中較具代表性的經濟貿易合作區，包括烏蘇里斯克市的鞋製造基地、俄羅斯濱海邊疆區的工業園區以及猶太自治州的木材加工工業園等。[23] 可以看出，2008 年以後的黑龍江省經濟振興戰略，明顯將俄羅斯放在軸心位置，但同時也放眼東北亞的區域合作。當時黑龍江省的戰略是以哈爾濱爲中心，持續強化與國內其他省分的聯繫，並進一步與東邊的日本、韓國以及西邊的俄羅斯連結。[24] 當然，要實行這樣的戰略會面臨很多問題；除了基礎建設的不足以外，與日韓之間的經濟互補關係也很弱。[25]

另外，在促進對外經貿的同時，黑龍江省也在持續推動人民幣的國際化。2008 年，在黑龍江省與俄羅斯之間的貿易上，以美金清算的貿易占 85.5%，以盧布清算的貿易占有 14.1%，而以人民幣清算貿易的只有不到 0.7%。[26] 到了 2009 年，國家外匯管理局黑龍江外匯分局，開始對在俄羅斯的人民幣直接投資進行了重點調查，並推出了一連串的政策。[27] 影響所及，到了 2012 年，中俄貿易中人民幣的清算總額大大超過盧布。[28]

目前積極推動圖們江區域開發的地方政府主力，是吉林省與遼寧省。在 2009 年 8 月國務院批准「中國圖們江區域合作開發規劃綱要——以長吉圖爲開放開發先導區」之前，內陸省分的遼寧省爲了追求出海口，曾將希望寄託在與北韓的經濟合作，並積極推動以圖們江區域開發來振興地方的戰略。另一方面，在東北三省中唯一臨海的遼寧省，運用其地利之便，在改革開放 30 年間的主要貿易對象國都是日本、韓國與美國；[29] 而其出口國也一直是以日本、美國與韓國爲主。[30] 遼寧省最大的邊境都市是丹東市，自 2005 年以後，丹東市與北韓之間的貿易也持續擴大。[31] 然而，由於北韓的支付能力有限，[32] 因此在遼寧省貿易總額中，北韓貿易的比例不斷下降。

2009 年，中國中央政府推出「中國圖們江區域合作開發規劃綱要」之後，遼寧省也調整了其經濟振興戰略，開始在東北亞區域合作上注入心力。由於吉林省與遼寧省的經濟振興策略差異，其對圖們江區域開發的參與也採取不同的政策。以下將以 1990 年初期開始展開的圖們江區域開發爲中心，詳細檢視吉林省與遼寧省在圖們江區域開發中的參與歷程。

貳、吉林省、遼寧省與圖們江區域開發

1991 年 10 月，聯合國開發計畫（UNDP）發表了圖們江區域開發構想。圖們江是流經中國、俄羅斯及北韓三國全長 516 公里的國際河川。其上游與中游是中國與北韓的邊境，下游的 15 公里則是北韓與俄羅斯的邊境。從 1990 年代開始，出現「東北亞經濟圈或環日本海經濟圈」、「華人經濟圈或大中華經濟圈」以及「南中國經濟圈」等各式各樣的區域合作構想。其中，被認爲最有希望的還是圖們江區

域開發構想計畫。然而，由於北韓核武問題、各國對圖們江區域開發的參與熱忱不一，以及資金缺乏等原因，使得圖們江區域開發構想在發表後將近20年來，幾乎沒有任何進展。2009年以後，特別是中國的一帶一路倡議提出後，因中國與俄羅斯、北韓加速經濟合作，對圖們江區域開發構想的期待又再度升溫。但到目前爲止，圖們江區域的合作還是靠雙邊關係來支撐，圖們江區域合作的實際進展還是不大。

如果回顧圖們江區域合作的過程，大致上可以分成以下三個階段。

一、積極推動圖們江區域開發：1990年代初期～1996年

圖們江區域開發構想是在1990年代初期開始出現。當時圖們江區域開發構想的6個關係國[33]（中國、蒙古、北韓、韓國、俄羅斯及日本）之間，正值關係和緩時期。1989年5月，蘇聯總書記米哈伊爾・戈巴契夫（Mikhail Gorbachev）前往中國訪問，並宣告終結中蘇對立。1990年9月，韓國與蘇聯建立邦交；1991年9月，韓國與北韓同時加入聯合國，韓國也接著在1992年8月與中國建立邦交。在此區域情勢下，圖們江區域作爲中國、北韓、俄羅斯的邊境區域，也被寄予成爲「東北亞的香港」之厚望。當時，各關係國都對圖們江區域的開發，抱持相當高的期待。

圖們江區域開發構想原本是由中國提起的。在國務委員宋健的指示下，國家科學技術委員會政策法規司於1989年2月，開始對圖們江開發進行了約一年半的實地調查。[34]除此之外，國家海洋局與吉林省也在1990年5月及1991年6月，對圖們江下游進行了2次的實地調查。[35]就在這段期間，1990年7月時在長春舉辦以「東北亞地區經濟發展」爲主題的國際研討會，中國學者提出國際合作的圖們江開發

計畫。1991 年，總書記江澤民（1 月）、副總理朱鎔基（6 月）以及副總理田紀雲（6 月）相繼前往琿春視察。12 月時由國家科學技術委員會與吉林省共同召開了圖們江開發對策研究會議，並在 1992 年 1 月，由國家科學技術委員會、國家計畫委員會、對外貿易部與吉林省聯名，正式向國務院提出了強化圖們江開發的文件。

在此背景下，1992 年 4 月，國務院正式承認中國參與圖們江開發。之後，由國家科學技術委員會、國家計畫委員會、對外經濟貿易部、交通部、吉林省政府以及國家海洋局等，成立前期研究協調組，[36] 並確定爲推進圖們江開發，中國要與俄羅斯、北韓積極合作。作爲當事者的吉林省，從構想階段開始就已經參與其中，並呈現積極推動圖們江區域開發的態度。在圖們江區域開發取得中央政府承認之後，吉林省政府便在 1992 年 3 月設立圖們江開發指導小組。同年 4 月，在正式參加圖們江開發後，吉林省圖們江開發計畫課題組提出「圖們江流域國際合作開發戰略構想」，並在 9 月 3 日到 30 日之間，派遣吉林省代表團 65 人前往北韓、俄羅斯、日本以及韓國訪問。

中國在推動圖們江區域開發時，積極對俄羅斯展開行動，希望能取得俄羅斯的合作。1992 年 11 月，中國外交部長錢其琛前往俄羅斯訪問之時，曾就圖們江區域合作開發計畫一事，向俄羅斯探詢。另外在同年 12 月，葉爾欽總統訪問中國之時，外交部爲了商討俄羅斯沿海區域的共同開發計畫，特地安排葉爾欽與吉林省政府的協議。[37] 如同回應中國一般，俄羅斯也提出哈桑地區開發構想，並與中國簽訂扎魯比諾港共同開發與利用的協議書。

除了中國與俄羅斯以外，當時北韓也對圖們江開發表示相當濃厚的興趣。自 1992 年 8 月中國與韓國建交之後，中國與北韓之間的關係一口氣跌到谷底。雖然直到 1999 年爲止，中國與北韓兩國都沒有高層互訪的交流，但北韓在圖們江區域開發上，一直都沒有中斷與中國之間的合作。1992 年 2 月，於首爾召開的第 1 次「圖們江地區開發項目管理委員會」（Programme Management Committee, PMC）會議時，北韓也派遣了代表團前往，並在會議中發表要在先鋒、羅津設置自由貿易區，[38] 展現其積極的姿態。

1992 年 9 月，中國國家科學技術委員會發展研究中心主任孔德湧，與北韓對外經濟聯絡部副部長金正宇在平壤達成了關於圖們江開發的四個協議，[39] 並於翌年 2 月及 3 月簽訂中朝兩國對於圖們江開發的意願書。另外在 1993 年 9 月時，北韓將羅津、先鋒自由貿易區的面積從 621 平方公里擴大到 746 平方公里，使其接近中國敬信圈河的對岸。

1994 年 4 月，金正宇再度訪問吉林省，並與吉林省政府達成了 12 項協定，其中包含羅津港合營建設、共同利用先鋒港石油碼頭及勝利化學工廠合營合作等。[40] 接著在同年 6 月，國務院特區辦公室也在琿春，針對邊境區域（延邊）開放與開發問題展開討論。此外，中國也不只與俄羅斯、北韓，同時也努力欲將蒙古拉入圖們江區域合作。例如在 1993 年 3 月時，中國國家科學技術委員會決定於總理李鵬前往蒙古訪問之際，就東北亞區域合作問題與蒙古展開協商。

然而，隨著圖們江區域合作的進行，中國與北韓之間的意見分歧越來越明顯，其中一個主要的對立點，就是從圖們江入海的問題。圖們江上游是中國與北韓的分界，而下游 15 公里則是北韓與俄羅斯的分界，是一條國際河川。從圖們江入海問題，是 1980 年代以來就在中國國內持續被討論的議題。此議題於 1984 年首次由中國學者提出，並在 1986 年被著名政策智囊宦鄉再次提及，也因此在中央高層掀起了一陣議論。1987 年，在國務委員宋健的指示下，國家海洋局與海洋政策專家，開始對圖們江通行權問題展開實地調查。在這樣的背景下，在中蘇邊境交涉的場合上，中國政府極力主張中國具有在圖們江的通行權。最後，蘇聯在 1988 年時對此問題讓步，並於 1991 年 5 月締結的《中蘇國界東段協定》中，明文規定中國船舶在圖們江擁有通行權。

儘管中國從俄羅斯手上獲得通行權，但只要沒有北韓的同意，中國船隻依舊無法從圖們江入海。由於圖們江是吉林省到海路的最短距離，吉林省也曾考慮過租借北韓港口來獲得入海權。但由於北韓當時將羅津、先鋒以及清津等港灣建設列爲優先項目，對於中國在圖們江的通行權，是以消極的態度處理。

在此情況下，吉林省向中央尋求援助。1994 年 8 月，吉林省副省長金哲洙與外交部副部長戴秉國會面，希望外交部能投注更多心力，與北韓交涉租借港口。對此，戴秉國也做出說明，表示「外交部與對外貿易部雖然也已經盡力交涉，但北韓的態度則是不斷轉變」。戴秉國認爲，確保經由俄羅斯入海的方案比較現實。外交部說服了吉林省後，副總理錢其琛於 1994 年 8 月 20 日，聽取國家科學技術委員會起永正的圖們江開發進行狀況報告時，依照外交部的意圖，於同年 9 月的中俄首腦會談內容中，加入從圖們江入海通路的問題。

在 1990 年代初期到 1996 年，圖們江區域開發獲得了一定的進展，且中俄、中朝之間也針對圖們江區域開發持續進行交涉。但是，朝鮮半島的核武問題嚴重影響並動搖東北亞的經濟合作。1993 年 3 月，北韓退出核武禁擴條約（NPT），接著更在 1994 年 6 月宣布要退出國際原子能總署（IAEA）。這次的核武危機經由美朝高官協議（1993 年 6 月～），於 1994 年 10 月簽訂美朝協議後才劃下休止符。

隨著朝鮮半島核武危機的解除，圖們江區域開發行動再度活躍起來。1995 年，第 1 次北韓核武危機結束後，中國恢復對北韓的友好價格制，再次展開正式的經濟援助，[41] 以及再次實施對北韓與俄羅斯港口的實地視察。接著在同年 12 月，UNDP 在紐約召開的「圖們江地區開發項目管理委員會」第 6 次會議，簽訂《關於建立圖們江地區開發協調委員會的協定》與《關於建立圖們江經濟開發區及東北亞協商委員會的協定》的相關協定，同時也簽訂《圖們江經濟開發區及東北亞環境準則諒解備忘錄》。在此一區域連動下，中國也將圖們江開發列入國家第九個五年計畫之中。1996 年 6 月，國家主席江澤民前往琿春視察之際，也提出「開發琿春，開發圖們江，發展與東北亞各國友好合作關係」的指示。

與北韓間的合作雖然持續進行，但必然會受到北韓核武開發的影響。1996 年 4 月，在濟州島進行的美韓首腦會談中，正式提出四方會談的提案。中國對此方案保持善意但曖昧的態度，這是因為，中國認為北韓的「新和平保障體系」可以阻止美國影響力持續擴大。[42] 另一方面，對北韓來說，四方會談不只意味著中國與韓國的參與，將干擾美朝的直接交涉；同時也意味著，朝鮮問題將由中美兩國「共同管理」。[43] 因此，北韓拒絕四方會談的提議，一貫地要求實現美朝兩國的直接交涉，反對中國參與其中。此外，此一時期的臺灣問題，也開始成為中朝關係矛盾的重要因素，因為北韓試圖利用臺灣問題來動搖中國。1994 年 7 月金日成過世之後，北韓強化與臺灣在東北亞經濟開發上的關係。1995 年，臺灣經濟使節團前往北韓訪問，並針對羅津、先鋒自由貿易地帶的開發合作，以及互相開設經濟事務所等事項進行協議。而中國為了防止北韓與臺灣強化關係，在 1996 年 5 月與北韓簽訂經濟技術合作協定，並約定將提供北韓高額援助。[44]

上述的國際情勢下，中國開始檢討圖們江開發計畫。1992 年以來中國的圖們江開發計畫，一直以中俄、中朝為中心進行。1996 年 9 月，中國判斷北韓羅津、先鋒今後發展將會停滯；但同時也認為對吉林省經濟發展來說，圖們江區域開發計畫是不可或缺的，中國乃決定持續原定的圖們江開發計畫。

二、停滯的圖們江區域開發：1997 年～2009 年

由於 1997 年的亞洲金融危機，圖們江區域開發面臨停滯的局面。吉林省政府領導層為了圖們江開發，幾度前往俄羅斯進行交涉，但並沒有得到明顯的成果。在此狀況下，1992 年設立的政府跨領域組織——中國圖們江區域開發前期研究調整小組，為了替圖們江區域開發尋找出路，於 1997 年 8 月派遣視察團前往北美自由貿易協定（NAFTA）成員國視察。[45] 在視察團的報告書中指出，美國之所以能在冷戰後保持超大國的地位，其中一個原因就是 NAFTA。報告認為，透過 NAFTA，美國不只增強了其經濟實力，同時也確保其勢力範圍。[46] 在此報告書提出的同一年，中國提議在北京設立圖們江開發常設機構，之後也更加積極推動圖們江區域開發。

中國再次表現其在圖們江區域開發的積極姿態之際，俄羅斯也開始對圖們江區域開發表現出較為積極的態度，中國和北韓的關係也開始趨於好轉。1998 年，俄羅斯的東北亞政策開始轉向重視西伯利亞與遠東地區的經濟發展；[47] 同年，北韓也開始試驗性地導入市場經濟，並在中國邊境開設互市。1999 年 6 月，朝鮮最高人民會議常任委員長金永南前往中國訪問，終結了中韓建交以來中朝高官不互訪的狀態，中朝關係大幅改善。

俄羅斯與北韓的政策改變，再加上 2000 年開始啓動的中國西部大開發，讓中國再次決心進行圖們江區域開發。儘管中國的東北亞經

濟合作還只限於兩國經濟合作的領域，但在 1999 年 4 月初，中國不顧國內的反對聲音，將圖們江區域前期研究調整小組，升格為國家圖們江區域開發調整小組，成員也從 6 人增加到 14 人。接著在 12 月，國家計畫委員會也正式批准「中國圖們江區域開發計畫」。

然而，2001 年美國發生多起恐攻事件（911 事件），接著在 2002 年 10 月朝鮮半島又發生了第 2 次北韓核武危機，使得圖們江區域開發的氛圍也開始轉冷。2005 年 9 月，圖們江開發相關五國（中國、北韓、韓國、蒙古、俄羅斯）達成協議，將計畫期限延長 10 年（到 2015 年）。2006 年 1 月，對於前往中國訪問的北韓總書記金正日，溫家寶總理提出「政府主導、企業參與、市場運作」的中國和北韓合作新原則，提示了以市場機制為基礎，發展中朝經濟關係的新方向。

總的來說，1997 年以後，中國雖然不斷持續推動圖們江區域合作，但開發一直遭到挫折，沒有辦法獲得更進一步的發展。另一方面，金正日在 2000 年之後共計前往中國訪問了 8 次，中朝兩國之間的經濟合作不斷升溫，兩國的經濟關係獲得順利發展。從 1999 年金正日訪中以後，除了 2002 年與 2009 年以外，中朝貿易都是呈現增加的趨勢。原本以物易物為中心的中朝貿易，在 2000 年代初期也開始討論用人民幣清算的可能性。特別是在 2005 年，中朝之間簽訂《投資保護協定》之後，中國開始投資北韓的資源開發。同年 12 月，中朝兩國更進一步達成《海上石油共同開發協定》，開始在黃海進行石油開發的合作。[48] 在中朝兩國經濟關係密切的背景下，即便是地方政府的吉林省，也在北韓羅先港口投資建設基礎設施，並努力將吉林省建設成物流中心。[49]

三、在中俄、中朝雙邊合作下的圖們江區域開發：2009 年～

2009 年時，中國繼 1992 年與 1999 年之後，第三度決定進行圖們江區域開發。2009 年 8 月，國務院批准「中國圖們江區域合作開發規劃綱要——以長吉圖爲開放開發先導區」企劃。這份「中國圖們江區域合作開發規劃綱要」中，改變過去由中國地方政府主導建構東北亞區域經濟一體化的方式，而將重心放在與中朝、中俄的雙邊合作，其特徵是由中央政府來推動兩國間的合作。

「中國圖們江區域合作開發規劃綱要」是一項從 2009 年到 2020 年的圖們江區域開發計畫。[50] 其內容除了持續推動以吉林省長春市、吉林市與延邊州爲中心的圖們江區域開發，同時也將遼寧省、黑龍江省與內蒙古自治區放入範圍內，強化與北韓、日本、韓國與俄羅斯的經濟合作。這項企劃綱要明顯地將構建東北亞區域合作作爲目標。若從 2009 年後的實行流程來看，可以看出這項企劃綱要有以下兩個特徵。

第一，在「中國圖們江區域合作開發規劃綱要」中，雖然提到了遼寧省、黑龍江省以及內蒙古自治區的重要性，但比起黑龍江省或內蒙古自治區，遼寧省在中國圖們江開發中所占的位置最爲重要。「中國圖們江區域合作開發規劃綱要」中指出，強化吉林省與吉林省以南省分連結之重要性，特別是與遼寧省南部都市、沿海經濟區域以及遼寧省的大連、營口等港灣的連結強化，是一項重要課題。在遼寧省的第十二個五年計畫中，也將與長春、吉林、圖們江經濟區的全方位合作，列爲重要的政策課題。[51] 另外從地理位置來看，東北地區與俄羅斯、日本、韓國的連結，遼寧省的角色受到相當大的期待。[52] 如前所述，雖然遼寧省與俄羅斯之間的貿易金額很小，[53] 但日本與韓國一直是遼寧省貿易對象國前三名。此外，關於吉林省的出海口問題，在距離上以經過俄羅斯與北韓較近，但從經濟成本來看，經過遼寧省的大連或營口出海則明顯比較便宜。[54] 由於這些各式各樣的理由，在 2009 年 7 月的國務院常務會議中，遼寧省的沿海經濟帶被升格爲國家戰略。[55] 在此之後，遼寧省所策劃的「遼寧省沿海經濟帶發展規劃」，也獲得國務院的批准。

第二，「中國圖們江區域合作開發規劃綱要」重點是東北亞區域合作，但目前的狀況依然是以中俄、中朝的雙邊合作爲基礎，來推進中國的圖們江區域合作開發。2009 年 3 月，中國和俄羅斯締結「中國東北地區與俄羅斯遠東與東西伯利亞地區合作規劃綱要（2009-2018 年）」。這項中俄間的合作綱要，是在 2007 年 3 月國家主席胡錦濤訪俄，以及同年 11 月總理溫家寶訪俄時，由中國方面所提出的。之後協議進行了 2 年，2009 年 3 月兩國終於正式簽訂。此項協議將中國東北三省與俄羅斯遠東地區的經濟開發連結在一起，爲中俄兩國的共同開發奠定合作的基礎。中國希望透過圖們江區域開發來振興東北經濟，俄羅斯則計畫要在 2020 年以前，讓東西伯利亞與遠東地區的 GDP 成長到 2010 年的 4 倍。對此，俄國還在 2012 年 5 月設立專責遠東開發事務的機構。[56]

在東北亞區域合作中，北韓依舊握有重要的鑰匙。如前所述，在 2000 年以後，雖然中朝經濟關係有些許進展，但 2009 年北韓發射飛彈，並在「中國圖們江區域合作開發規劃綱要」發表幾個月後，便宣布退出圖們江區域開發。接著在 2010 年 3 月發生韓國巡邏艦沉沒事件，11 月又發生延坪島砲擊事件，這使得朝鮮半島的區域情勢一下子緊張起來。

2009 年正好是中朝建交 60 週年，溫家寶出席祝賀儀式前往北韓進行訪問之際，承諾將給予北韓大型援助。雖然當時並沒能成功讓北韓同意回歸六方會談，但兩國進行了經濟關係的對話，並取得了相當大的進展。北韓在 2010 年 1 月將羅先市升格爲直轄特別市，並修正羅先經濟貿易區的相關法律，接著在 2 月時表示再次參加圖們江開發的意願。總書記金日成在 5 月前往中國訪問時，針對羅先經濟區以及黃金坪[57]、威化島的共同開發達成協議。

以上述的政府協議爲背景，從 2009 年左右開始，中朝兩國的經濟關係便開始急速進展。2009 年之後，雖然因朝鮮半島核武危機使緊張關係不斷上升，但除了圖們江之外，在琿春、南坪、臨江、長白、集安等地對北韓進出口總額，都有上升的趨勢。[58]「中國圖們江區域合作開發規劃綱要」發布後，延邊朝鮮族自治州是離海最近的州，因而成爲新的開放窗口，延邊自治州也開始試圖與北韓強化關係。延邊州對北韓進行的投資，以香菸、藥品、紡織、礦物資源、水產品、加工業以及觀光業爲主。2010 年，在北韓立案的延邊中國企業有 20 餘間，總投資額達 6,823 萬美金；[59]而延邊州的邊境貿易，也占了吉林省邊境貿易全體的 8 成以上。受到此一情勢的影響，延邊州順勢推出圖們江自由貿易區的構想；另外，長白縣也提出將人口約 9 萬人的長白縣，作爲對北韓貿易基地的構想。[60]

另外，遼寧省丹東市與北韓之間的經濟關係也持續蓬勃發展。2009 年，在丹東市與北韓進行交易的商社超過 500 家，經由丹東市進行的對北韓貿易占了中朝貿易總額的 8 成。[61]在許多中國報導中也提到，北韓預定將在與丹東市相隔不遠的威化島、黃金坪，設立免簽證的自由貿易區。而中國與北韓在核武危機中急速展開的通商關係，在國際間當然也招來許多嚴厲的目光與批判。中國外交部發言人在 2010 年 2 月時對此提出反駁，表示威化島與黃金坪的開放，屬於中朝之間的正常貿易，並沒有違反聯合國決議。[62] 在這樣的狀況下，由中朝兩國共同開發、管理的羅先經濟貿易區計畫，也於 2011 年 6 月正式啓動。中國商務部長陳德銘、北韓國防委員會副委員長兼勞動黨行政部長張成澤，都出席了開幕典禮。[63] 同年 7 月，吉林省與羅先市也簽訂《關於中朝羅先經濟貿易區（2011-2020 年）規劃的框架協議》。8 月 14 日，羅先、黃金坪中朝經濟開發合作聯合指導委員會會議，也在北京召開。同月下旬，在金正日最後一次訪中時，與胡錦濤在長春進行了 3 小時的秘密會談。[64]

另外，在中俄、中朝經濟合作中受惠最大的吉林省，則是明確推出「借港出海」的戰略。在羅先經濟貿易區計畫正式啓動之前，琿春市政府在 2011 年 4 月就已經投資 1.5 億人民幣，進行從圈河到羅先的道路 [65] 拓寬工程。進入金正恩政權後的 2012 年 8 月，中國與北韓展現新型態的經濟關係。北韓國防副委員長張成澤在 8 月訪中之際，受到中國的高規格待遇，國家主席胡錦濤與總理溫家寶也與張成澤率領的北韓代表團會面。此一時期，有關北韓的報導也擺脫了過去的低調原則。中國與北韓共同開發的羅先經濟貿易區，黃金坪、威化島經濟區的經濟開發合作聯合指導委員會第 3 次會議情形，在中國國內被大幅地報導。[66]

需要注意的一點是，從中國圖們江區域開發的角度而言，不只需要俄羅斯跟北韓的參加，日本與韓國也都是中國在東北亞經濟合作上，極爲重要的戰略對象國。這從中國圖們江開發其中一項目計畫——中國圖們江區域（琿春）國際合作示範區，便可一目瞭然。中國圖們江區域（琿春）國際合作示範區，是在 2012 年 4 月獲得國務院認可而設立的。[67] 由於與俄羅斯、北韓相接的地利之便，中國圖們江區域（琿春）國際合作示範區自然最重視與中俄、中朝的經濟關係強化。但在持續推動與俄羅斯、北韓合作的同時，中國與日本及韓國的經濟關係強化上也投注了相當心力。[68]

另一方面，由於中國將整個東北亞合作置於其視野之中，若要讓中國圖們江區域開發成功，基礎建設等硬體設施乃是不可或缺的。而中國與俄羅斯、北韓、韓國及日本的連結，對琿春來說也擁有重要的意義。中國琿春與俄羅斯扎魯比諾之間的鐵路，雖然在 2004 年中斷運行；但隨著圖們江區域開發的進行，琿春—扎魯比諾鐵路也在 2011 年 2 月恢復運行。[69] 由於這條鐵路與中國—蒙古鐵路相互連結，中國通往歐亞大陸的物流也被期待將大幅促進。與此同時，也有另一項從圖們江向西的「東方大通路」計畫。這條東方大通路是連結圖們江—阿爾山—喬巴山的鐵路，計畫經過蒙古之後與歐亞大陸連結。透過這項計畫，西部區域就能透過圖們江得到出海口，而東北地區與中亞、歐洲間的物流也將得到改進。

2012 年 8 月，國務院批准了「中國東北地區面向東北亞區域開放規劃綱要（2012-2020 年）」，中國表示今後會「實施在東北區域東部的丹東、集安、臨江、圖們、琿春、綏芬河、同江等 17 個邊境口岸城市建設」，[70] 並強化與俄羅斯、北韓的貿易，同時推進陸、海、川的運輸建設。中國中央政府與地方政府在進行圖們江區域開發時，相當重視出海口問題。中國在此之前已經花了好幾年在東北三省（遼寧省、吉林省、黑龍江省）進行 4 項交通基礎建設之整備。出海的四條通路有包括：1. 從丹東港出海的直接通路；2. 從琿春市經俄羅斯扎魯比諾港出海的通路；3. 從琿春市經北韓羅津港 [71] 出海的通路；以及 4. 從綏芬河經俄羅斯的海參崴（符拉迪沃斯托克）港出海的通路。在建設扎魯比諾及羅津港的同時，中國也開始修建、新建中國通往與俄羅斯、日本、韓國間的環日本海運輸通路。[72]

如上所述，2009 年以後，中國的圖們江開發開始急速進展，並與其對外政策密切相關。2009 年以後的圖們江開發，也強化了中國與俄羅斯、北韓的經濟關係。2011 年，中國對俄羅斯沿海地區的總投資額高達 3,370 億美金，占該地區外資總額的 41.7%，[73] 而中朝貿易也隨之發展。2004 年中國在北韓的投資只有 5,000 萬美金，但是到了 2011 年時，已經達到 3 億美金。[74]

在美國打出明確的重返亞洲政策後，中國更加注重強化與俄羅斯的關係。國家主席習近平在 2013 年 3 月就任之後，第一個訪問地點就選擇俄羅斯，並在該次訪俄期間簽訂兩國在石油、天然氣、電力、煤炭等各領域的經濟協定。[75] 但是由於 2013 年以後北韓的挑釁行爲日益激化，中國出於對本國自身的安全保障考量，開始逐步對北韓採取較爲強硬的態度。

在此以前，中國對北韓的核挑釁行爲，採取容忍的綏靖政策。隨著中國和北韓圖們江區域開發的開發合作逐步升溫，中國對北韓導入市場經濟的可能性之期待也越來越高。如同卡拉 ・ 弗里曼所指出，中國對北韓採取的是接觸戰略。[76] 在推動中朝間的經濟關係進程中，中國已經不是單方對北韓實施經濟支援，而開始轉向所謂「雙贏」的互惠經濟關係。

然而，北韓的核武挑釁導致中美關係摩擦的加大，以及中韓關係的惡化。在朝鮮半島爆發戰爭的可能性日趨上升的情況下，中國開始對北韓在核武問題上施加壓力。而在北韓方面，朝鮮勞動黨總書記金正日過世後，金正恩新任總書記肅清積極推動圖們江區域開發的姑父張成澤。中國和北韓雙方的政策變動，導致兩國的圖們江區域開發合作陷入停頓。即便如此，2015 年以後，中國又一次開始推動東亞地區的多邊合作，試圖推進大圖們江倡議。2015 年習近平在延邊視察時，再一次強調設立長吉圖開發開放先導區的重要性，提出要透過擴大沿邊開放、加強東北亞的國際合作來振興東北經濟。

中國和北韓的圖們江區域開發合作擱淺的情況下，中國把目光轉向俄羅斯、韓國和蒙古。2015 年，中國一帶一路倡議和俄羅斯主導的 EAEU 對接，為推動圖們江區域開發合作提供了政府保障。俄羅斯推進的遠東開發戰略，以及建設海參崴自由港的計畫，在很大程度上為推動圖們江區域開發合作，營造有利環境。而韓國也對圖們江區域開發表現出積極的態度，在 2016 年 4 月舉行的第 16 次大圖們江倡議部長級會議上，企劃財政部次官崔相穆呼籲要推動圖們江區域開發。[77] 同時，中國認為蒙古推進的「草原之路」，可以與中國政策相接，兩國可以共同推動中蒙大圖們通路建設。

如上所述，在 2009 年以後，中國的圖們江區域開發都是由中央政府主導，並以兩國間經濟合作為中心持續進展。考慮到中國這幾十年注入大量精力推動的亞洲地區多國合作，可以肯定以兩國合作為基礎的圖們江區域開發，其實也只是推動東北亞區域經濟合作和整合的第一步而已。

參、小結

在中國東北地區，推動中國的區域一體化戰略中扮演重要角色的是黑龍江省、吉林省以及遼寧省。黑龍江省不斷盡力強化與俄羅斯的經濟關係，而吉林省與遼寧省則是圖們江區域開發的重要推進力。

改革開放以後，中國地方政府與中央政府的關係產生了很大的改變。張贊賢（Peter T. Y. Cheung）與鄧特抗（James T. H. Tang）認為，在外交關係上，以中央地方對立的二分法，並非有效的研究方法。這是因爲，地方主動性不一定會與中央政策產生衝突。[78]蘇長和也指出，地方政府雖然擁有具體的執行程序，但權限依然是受到很大限制。[79]而在日本的最新研究中，中央與地方的「融合—委任型模式」的主張，也逐漸成爲主流。磯部靖認爲，省指導者爲了「地方的利益」不會選擇與中央對立，反而是一種從屬的立場，且在人事面上也可以看到中央與地方指導者的旋轉門現象。在這樣的狀況下，就算進行地方分權，地方的權限還是會受到限制。[80]另外，益尾佐知子也以泛北部灣經濟合作爲例，論證了「融合—委任型模式」。[81]另一方面，聚焦在中國國內問題的研究中，由於中央與地方的權限不明，因此利益相當分散。也有許多研究指出，中央與地方的利益衝突越來越激烈。[82]

若回顧圖們江區域開發過程中，中國中央政府與地方政府的政策開展，在利益多元化的背景下，中央政府的國家戰略與地方政府的政策之間，存在前述研究所提及的融合因素。然而，並不能單純只以對立或從屬的視角來觀察。中國中央和地方在外交政策制定的過程中，既有「中央政府主導型」，也有中央與地方的垂直關係並不明顯的「中央地方政府協議型」，這也是圖們江區域開發政策的最大特點。

中國從 1990 年代初期以來，就積極推動圖們江區域開發，但其形式卻出現相當大的變化。吉林省從圖們江開發的構想階段就積極參與，尋求中央政府的協助和支持，並聯繫外交部等各個中央機關。而中央機關也積極回應吉林省的要求，並與吉林省共同協商對策，同時在中國和俄羅斯、北韓交涉時，力爭與俄羅斯和北韓就與地方政府協商決定出來的中方政策，達成協議推動。此一「中央地方政府協議型」的決策合作，在 2009 年以後逐漸轉爲「中央政府主導型」。

2009 年之後，圖們江區域開發成為中國中央政府主導下，以中俄、中朝或中韓的雙邊關係為支撐，而遼寧省也作為重要行為者參與其中。

中國的圖們江區域開發，其實是中國推行亞洲一體化大戰略的重要一環。中國一直對圖們江區域開發寄予很大的希望，試圖透過以中俄、中朝或中韓兩國合作為主體的中國圖們江區域開發，來帶動中俄自由貿易協定（FTA）、中日韓 FTA 等，最終實現中日韓俄的東北亞區域合作和整合。在此意義下，中國推動的東北亞區域合作，俄羅斯、北韓、日本以及韓國都是重要的合作對象國。

雖然圖們江區域開發合作，嚴重受到北韓核武開發、俄羅斯與韓國的國家戰略的影響，進展相當緩慢。但是中國中央政府與地方政府，依舊以「兩人三腳」的形式積極推進圖們江區域開發合作。這是因為，中國將圖們江區域開發合作和東北經濟振興連結在一起。為了東北的經濟發展，中國的中央和地方會持續推動圖們江區域的開發合作。同時，圖們江區域開發合作也是中國對外大戰略——推動亞洲一體化、建立中國在亞洲的勢力範圍——不可或缺的組成部分。只要有這些因素存在，中國將持續推進圖們江區域開發合作。

必須強調的是，圖們江區域開發合作也說明，中國對北韓的政策除了政治安全面的考量之外，也受到經濟因素的強烈影響。只要東北經濟振興和圖們江區域開發綑綁在一起，中國就很難從根本上轉變對北韓的支持態度。此外，隨著圖們江區域開發的進展，想與北韓或俄羅斯強化經濟關係的地方政府，今後可能會持續增加。中國對北韓的投資有 70% 是鐵礦、銅以及鉬等資源，但有資料顯示，吉林省的鋼鐵集團據得到北韓茂山鐵礦的 50 年採掘權。[83] 除了東北三省之外，河北等其他省分的企業也持續在北韓進行貿易。甚至從 2008 年開始，北韓為了導入觀光、資金與技術，開始強化與浙江省的經濟關係，並派遣為數可觀的代表團前往浙江訪問。[84] 這些新興行為者今後對中國東北亞政策的影響，不容忽視。

第二節　大湄公河流域開發與泛北部灣經濟合作

2009 年 9 月，中國國務院辦公廳發布部「關於應對國際金融危機保持西部地區經濟平穩發展的意見」。而在此「意見」中，明確表示中國西南開發的牽引角色是雲南省與廣西壯族自治區。在中國西南開發區中有兩個區域合作項目並存，一個是在雲南省扮演主要角色的大湄公河次區域（Greater Mekong Sub-region, GMS）開發計畫，而另一項則是由廣西壯族自治區主導的泛北部灣經濟合作。

1990 年初期，雲南省與廣西壯族自治區即開始積極遊說中央政府，提出以推動與周邊國家經濟合作的構想來振興地區經濟。雲南省與緬甸、寮國、越南相接，其國境線長達 4,060 公里，且沿著邊境線有 16 種少數民族居住。而廣西壯族自治區則是與越南相接，國境線長達 1,020 公里；沿著邊境則有壯族、漢族、瑤族以及苗族等約 60 多萬人口。[85]

同樣位於中國西南的西藏自治區，則與緬甸、印度、不丹以及尼泊爾相接，西邊也與喀什米爾區域相鄰。[86] 由於中國與不丹沒有建交，因此西藏自治區的邊境貿易主要是與印度、尼泊爾進行，其中又以尼泊爾占壓倒性多數。在西藏自治區中，雖然設有 4 個邊境口岸與 27 個邊境貿易市場，但這 4 個都是設置在尼泊爾方面的邊界，進行西藏自治區與尼泊爾的邊境貿易。與印度之間則有 9 個邊境貿易市場。在 1992 年時，睽違了 30 年中國再度恢復西藏自治區與印度間的邊境貿易。2006 年時，過往絲路的一部分 —— 錫金州與中國西藏自治區之間的交易通路，也在相隔 44 年之後再度重啓，但開放時期只有每年 5 月至 11 月。在 2000 年「西藏自治區邊境貿易政策」公布後，邊境貿易雖然有增加的傾向，但如同 2008 年的「三一四」西藏暴動之際，當西藏自治區的政治不穩定，會讓邊境貿易時時遭到封鎖而中斷。[87]

對西藏自治區推動與周邊國家經濟關係而言，西藏周邊環境相當不利。中國與不丹沒有建交，與不丹、印度之間也沒有劃定國境邊界。此外，西藏自治區內不穩定的政情，也使得西藏自治區的對外開放一直無法提至政治日程討論。因此，本節將只選擇雲南省與廣西壯族自治區，作爲討論對象。

如表 3-1 所示，東南亞、南亞的經濟合作項目爲數可觀，GMS

表 3-1　東南亞地區主要的經濟合作框架

<table>
<tr><th>名稱</th><th>參加的
區域大國</th><th>其他國家</th><th>設立年</th><th>主要會議</th></tr>
<tr><td>GMS 合作</td><td rowspan="4">中國</td><td>柬埔寨、寮國、
緬甸、越南、泰國
（+ADB）</td><td>1992</td><td>首腦會議、
經濟部長會議</td></tr>
<tr><td>黃金四角
經濟合作</td><td>寮國、緬甸、泰國</td><td>1993</td><td>各種部長級會議</td></tr>
<tr><td>AMBDC</td><td>ASEAN 各國</td><td>1996</td><td>部長級會議</td></tr>
<tr><td>泛北部灣
經濟合作</td><td>中國、越南、新加坡、馬來西亞、印尼、菲律賓、汶萊</td><td>2006</td><td>專家小組會議</td></tr>
<tr><td>印尼綜合開發日本論壇（FCDI）</td><td rowspan="2">日本</td><td>柬埔寨、寮國、
越南等國家及組織</td><td>1993</td><td>部長級、高層會議、工作坊會議</td></tr>
<tr><td>印尼產業
合作工作坊</td><td>ASEAN 各國</td><td>1996</td><td>東協・日本經濟部長會議下的專家小組會議</td></tr>
</table>

表 3-1　東南亞地區主要的經濟合作框架（續）

<table>
<tr><th>名稱</th><th>參加的區域大國</th><th>其他國家</th><th>設立年</th><th>主要會議</th></tr>
<tr><td>日本東協經濟產業合作委員會（AMEICC）</td><td rowspan="3"></td><td>ASEAN 諸國</td><td>1999</td><td>東協・日本經濟大臣會議下的專家小組會議</td></tr>
<tr><td>日本・CLV協力</td><td>柬埔寨、寮國、越南</td><td>2004</td><td>首腦會議、外交部長會議</td></tr>
<tr><td>日本・湄公河合作</td><td>柬埔寨、寮國、緬甸、越南、泰國</td><td>2008</td><td>首腦會議、外交會議、經濟大臣會議</td></tr>
<tr><td>LMI</td><td>美國</td><td>柬埔寨、寮國、緬甸、越南、泰國</td><td>2009</td><td>外交部長會議</td></tr>
<tr><td>湄公河下游友邦部長級會議</td><td>美國、日本、韓國、澳大利亞、紐西蘭</td><td>柬埔寨、寮國、越南、泰國、緬甸（觀察員身分）（＋世界銀行、ADB）</td><td>2011</td><td>外交部長級會議</td></tr>
<tr><td>湄公河・恆河合作</td><td rowspan="3">印度</td><td>柬埔寨、寮國、緬甸、越南、泰國</td><td>2000</td><td>部長級會議</td></tr>
<tr><td>孟加拉灣多領域技術經濟合作構想（BIMSTEC）</td><td>緬甸、泰國、孟加拉、斯里蘭卡</td><td>1997</td><td>部長級會議</td></tr>
<tr><td>BIMSTEC（擴大會議）</td><td>緬甸、泰國、孟加拉、斯里蘭卡、尼泊爾、不丹</td><td>2004</td><td>首腦會議、部長級會議</td></tr>
<tr><td>BCIM</td><td>中國、印度</td><td>緬甸、孟加拉</td><td></td><td>地方政府會議</td></tr>
<tr><td>湄公河委員會（MRC）</td><td></td><td>柬埔寨、寮國、泰國、越南</td><td>1999</td><td>部長級會議</td></tr>
<tr><td>伊洛瓦底、昭披耶河、湄公河合作（ACMECS）</td><td></td><td>柬埔寨、寮國、緬甸、泰國、越南</td><td>2003</td><td>首腦會議、經濟大臣會議</td></tr>
</table>

資料來源：參酌白石昌也，〈湄公河區域合作和中國、日本、美國〉《Waseda Asia Review》，No. 12，11 頁，作者自行整理。

註：泛北部灣經濟合作論壇第 1 次會議於 2006 年 7 月召開。而泛北部灣地域合作的專家小組會議的第 1 次會議則於 2008 年召開。

開發計畫與泛北部灣經濟合作都不過是其中兩個重要的計畫而已，而且在這兩個項目，中國也不是唯一的主要參與者。本節將考察中國在這兩項計畫中的參與過程，試圖解明雲南省與廣西壯族自治區各自的運作動向，與其在中國亞洲政策中所扮演的角色。

一、雲南省與 GMS 開發計畫

湄公河流經中國、緬甸、寮國、泰國、柬埔寨以及越南等六國，是東南亞中最長的國際河川。GMS 構想是在 1992 年時，在亞洲開發銀行主導下所展開的計畫。當時中國中央政府只認爲，GMS 是導入國際資金推動雲南經濟發展的重要手段，並沒有積極的參與。[88] 因此在 1990 年代初期，中國派往參加 GMS 經濟閣僚會議的，只是中國人民銀行處長級幹部而已。另一方面，身爲當事者的雲南省，則是將 GMS 視爲一個絕佳的機會，從 1992 年 10 月首次召開的 GMS 經濟閣僚會議，便已積極參加並進行提案。

1990 年代初期開始，雲南省便以下列兩個戰略作爲地方振興的支柱。第一是對外開放，即利用雲南通往東南亞、南亞的陸路通道至緬甸仰光，再利用仰光港口借船出海至印度洋，或通過麻六甲海峽到達太平洋，進行國際貿易。第二個則是在瀾滄江（湄公河上游）、金沙江以及怒江（薩爾溫江上游）等河川建設梯級水壩（參照第四章第四節）。[89]1990 年 12 月，雲南瑞麗與緬甸的邊境貿易得到認可，雲南省開始對外開放。而從改革開放初期開始，雲南省政府就已經將對外開放的目標設定在東南亞；在這樣的脈絡下，雲南省一開始就積極參與 GMS 計畫。

1993 年，GMS 的名稱正式確定；中國也在 1994 年 7 月以中央層級設立「瀾滄江—湄公河流域開發前期研究協調組」，接著雲南省政府也在 1996 年設立了由省廳直接指揮的「瀾滄江—湄公河次區域經濟合作指導小組」。[90]1996 年到 1997 年，中國展開全方位的亞洲外交，開始積極參與多邊外交事務；此時的中國也逐漸呈現重視 GMS 的姿態，並開始強化有關湄公河流域開發的雙邊與多邊國家合作關係。中國在 1998 年首次以財政部副部長爲團長，派遣代表團前往 GMS 會議。在 1998 年到 2000 年之間，中國分別與 GMS 參與國的泰國、緬甸、寮國、柬埔寨以及越南簽訂雙邊合作協定。在 2002 年中國共產黨第 16 次全國代表大會中，中國再次強調周邊外交的重要性，中國政府也與東南亞國家協會（ASEAN）達成中國—東協自由貿易區（ACFTA）的協議，並簽訂東南亞友好合作條約（TAC）以及和東協建立「面向和平與繁榮的戰略夥伴關係」，進一步強化中國和東南亞區域組織的合作關係。

在上述強化關係的行動中，GMS 開發計畫於 2002 年 11 月在柬埔寨的金邊召開首次的「GMS 峰會」，[91] 並決議採取包含 5 個戰略、9 個優先課題的經濟合作十年戰略架構。而中國也趁著這次機會，公布「中國參與大湄公河次區域經濟合作國家報告」[92]（11 月）。同一時間，中國發表「亞洲減債計畫」，免去柬埔寨、寮國、緬甸及越南（CLMV）等國的到期債務，並表明將全力活用貿易、直接投資與經濟援助等方式，強化與 CLMV 之間的經濟連結。[93]

雲南省政府決定抓住這個好時機，把 GMS 開發計畫與雲南省的經濟發展相互結合，重新制定雲南省的經濟振興戰略。雲南省政府一方面遊說國務院，批准其將河口、磨憨、瑞麗等主要邊境口岸，作爲邊境貿易的試點；同時也推出雲南—越南（昆明—河內—海防）、雲南—緬甸（昆明—大理—保山—德宏—曼德勒—海防）、雲南—寮國—泰國（昆明—玉溪—思茅—景洪—寮國—泰國）這三個經濟帶的戰略[94]。在此一戰略下，雲南省在 2004 年 10 月 22 日到 23 日，舉辦與寮國（北部九省）的合作工作會議。此一工作會議從 2005 年開始，每 2 年會舉辦一次；雙方同意以農業、資源開發、貿易投資、旅遊、交通、教育衛生和人員培訓等七個領域為重點合作領域，也承諾在邊境管理、毒品取締等非傳統安全保障領域加強雙邊合作。[95]

儘管雲南省政府積極和鄰國加強關係，試圖推進經濟交流，但由於雲南省與緬甸、寮國、越南相接處，有 94% 是山岳地帶，要與周邊國家發展開展實質的經濟交流，交通建設是很大的瓶頸。而在 GMS 經濟合作中最重要的計畫，就是經濟走廊的建設（參見表 3-2）。其中的南北經濟走廊，就是連結中國雲南與東南亞主要城市的道路；其對雲南的周邊國家經濟合作，以及中國對東南亞出口物

表 3-2　大湄公河經濟合作的三條經濟走廊

名稱		路徑
東西經濟走廊		**越南**的蜆港～東河～**寮國**的沙灣那吉～**泰國**的穆達漢、彭世洛～**緬甸**的毛淡棉
南北經濟走廊		**泰國**的曼谷～彭世洛、清萊～**中國**雲南省南部（經由寮國和經由緬甸的兩條路徑）、昆明
		中國的昆明～**越南**的河內、海防市
		越南的河內～**中國**廣西壯族自治區的南寧（南寧於 2005 年正式加入 GMS 後，此路徑被加入南北經濟走廊）
南部經濟走廊（第二東西經濟走廊）	南部中央副走廊	**泰國**的曼谷～阿蘭亞普拉特～**柬埔寨**的波別～馬德望～金邊～**越南**的胡志明市～頭頓
	南部 GMS 南側沿岸副走廊	**泰國**的達叻～**柬埔寨**的貢布～**越南**的河仙～南根
	南部北側副走廊	**柬埔寨**的詩梳風～暹粒～上丁～臘塔納基里～**越南**的歸仁

資料來源：參酌石田正美，《大湄公河經濟合作與三條經濟走廊》，http://d-arch.ide.go.jp/idedp/JBR/JBR000400_005.pdf，作者自行整理。

流的南下，有相當重要的意義。

南北經濟走廊在 GMS 峰會上得到正式承認後，在中國的主導下得以進一步推行，進展相對順暢。南北經濟走廊急需建設的是寮國境內道路，此段道路建設的一部分也由中國來興建。在湄公河主流上，橫跨寮國與泰國之間的第四國際橋之建設，則是中國與泰國共同進行。[96] 到了 2010 年時，雲南省與周邊國家的國際道路網初步建設完成，經濟走廊也以湄公河架橋完工為契機，迎來新的階段。[97]

鐵路網建設也在東協湄公河流域開發合作（ASEAN Mekong Basin Development Cooperation, AMBDC）的框架中持續進行。與雲南省相關的鐵路網共有三條：東路線是連結新加坡—泰國曼谷—柬埔寨—越南—中國雲南省，中央路線是連結泰國曼谷—寮國—昆明，而西路線則是連接泰國曼谷—緬甸—中國雲南省。中國強力提倡建設連結中國與東南亞的鐵路網，並在其中積極扮演推動者的角色。在 2010 年，針對東路線柬埔寨鐵路建設，由中國出資完成可行性研究。接著在 2011 年，中國又相繼完成中央路線寮國鐵路建設，以及西路線緬甸鐵路建設的可行性研究。[98] 與此同時，中國也積極推動中國國內的鐵路建設，以便使國內更多城市可以利用完成後的中國與東南亞鐵路網。

但是對雲南省來說，由於交通基礎建設都在整備當中，其所制定的經濟振興戰略即就陷入不可能實現的狀態。由於交通的不便，包含瑞麗姐告邊境貿易區、河口邊境合作區與磨憨經濟開發區在內，雲南省與其他 GMS 參加國之間締結的多種經濟合作協定無法履行。[99] 在 2000 年時，雲南省就已計畫建設與東南亞、南亞連結的三條國際道路；[100] 然而卻沒能被納入為國家計畫，而雲南省又沒有能力自己負擔或自行籌資，此一道路建設計畫也就不了了之。[101] 最終在 2010 年時，雲南省與東南亞之間的主要運輸方式，還是只能依靠湄公河、紅河（雲南到越南爲鐵路）以及伊洛瓦底江（雲南到緬甸爲鐵路）。[102]

在此情況下，中國的中央政府批准廣西壯族自治區參加 GMS，並決定 2004 年 11 月的中國－東協博覽會（CAEXPO）主辦地點在南寧。決定批准廣西壯族自治區參與 GMS 的主要理由是廣西的地理條件。[103] 雲南省群山環繞，通往周邊國家的道路也沒有修築完成；而與其相鄰的緬甸、寮國以及越南等國的經濟發展都不發達。在中國締結 ACFTA 之後，從 2002 年開始注重與東協間的交流，且又全力爭取 CAEXPO 在南寧舉辦；[104] 與越南相連的廣西壯族自治區，取得了參與 GMS 計畫的資格。

而雲南省政府一方面持續積極參加 GMS，同時也開始在其他經濟合作找出路，加強與南亞各國的經濟合作。配合西部大開發的展開，雲南省政府從 1999 年開始，將自身的角色設定爲中國與東南亞，以及中國與南亞國際大通道的連接點。[105]1998 年 11 月，雲南省發展研究中心的車志敏，提出孟中印合作的構想。他在印度召開的中印經濟合作會議時，發表了一篇題爲〈建立中印緬孟次區域合作區〉的論文，得到了印度方面的積極反應。回國之後，雲南省發展研究中心也將會議中印度的反應，整理成報告書提交給外交部及雲南省政府，並正式提出「中國、印度、緬甸、孟加拉的次區域合作區」的提案。[106]

1999 年 8 月，在外交部和雲南省的主導下，雲南省在昆明召開第 1 屆「孟中印緬區域合作論壇」（Bangladesh-China-India-Myanmar Forum for Regional Cooperation, BCIM）。雲南省政府最初是想參照上海合作組織（SCO）的模式，成立一個「昆明經濟合作組織」，但是一直沒辦法得到中央政府的支持。[107] 於是 BCIM 構想便在四國的地方政府層級持續進行調整。雖然每年都會召開會議，但由於沒有中央政府的支持，幾乎沒有任何實際進展。

2008 年前後，雲南省政府再次確認雲南省的對外開放戰略，確定要積極參與 GMS，並同時與南亞各國強化關係。2008 年 4 月，雲南省提出中國河口與越南老街、中國瑞麗與緬甸木姐，以及中國磨憨與寮國磨丁的跨境經濟合作區構想。同年，雲南省副省長又向商務部申請在昆明主辦「GMS 經濟走廊論壇」，[108] 並成立專門機構來積極遊說中央各部委。[109] 在雲南省的積極推動下，2008 年 6 月，GMS 經濟走廊論壇正式在雲南召開。與此同時，雲南省政府也認識到雲南參與 GMS 的進展緩慢，而 ACFTA 給雲南省帶來的經濟效益也不會很大，[110] 因此也將目光放到南亞上面。從 2008 年開始，雲南省就強化與 BCIM 間的合作，並明確以南亞爲重點來進行雲南對外開放的方針。[111] 雲南省政府努力將 BCIM 的合作，從二軌推向一軌；此外，也構思強化與印度東北地區的合作。[112]

2009 年時，胡錦濤提出「要把雲南建成中國面向西南開放的重要的橋頭堡」。胡錦濤的發言使得雲南省在中國國家戰略的地位急遽上升。同年 12 月，全國邊境經濟合作區工作會議在昆明召開，會中決議了「關於規範和促進邊境經濟合作區發展的意見」，並公布 10 項有關邊境經濟合作區的優惠政策。[113] 中國又於 2010 年 6 月，正式將連結南亞的道路建設提上日程；另外還將雲南省的瑞麗指定爲開發開放的實驗區。接著在 2011 年 11 月，國務院又發布「關於支持雲南省加快建設面向西南開放重要橋頭堡的意見」。2012 年 7 月，國務院發改委批准廣西壯族自治區的東興、雲南省的瑞麗和內蒙古自治區的滿州里爲重點開發開放試驗區。[114]

在中央政策的推動下，雲南省政府又重新修改其經濟戰略。除了原本的東南亞與南亞的基本戰略，雲南省又提出了要開闢面向西方的貿易通道戰略，建設「第三歐亞陸橋」的構想。[115] 雲南省的新政策口號就是「一洋四區」，也就是利用印度洋來達成與南亞、東南亞、西亞與非洲東部印度洋沿岸地區的海上連結，開拓此一地區共五十餘國的市場，加強與這些國家的合作。[116]

在此一戰略下，雲南省政府更積極地投入並進一步強化與 GMS 各國的關係。例如在 2010 年 6 月，雲南省政府與越南老街省人民委員會簽訂《關於進一步推進中國河口—越南老街跨境經濟合作區建設的框架協議》，而 9 月則是由西雙版納磨憨經濟開發區管理委員會與寮國的磨丁政府，簽訂《中國磨憨—寮國磨丁跨境經濟合作區框架性協議》。[117]

此外，雲南省政府也在與南亞的關係建構上投注大量心力。從 2010 年 8 月 29 日到 9 月 7 日，雲南省長秦光榮帶領 200 餘人的代表團，前往孟加拉、斯里蘭卡以及馬爾地夫訪問。當時，與孟加拉簽訂農業、旅遊、電力、教育的相關合作備忘錄，與斯里蘭卡則是簽訂農業、高等教育、旅遊、電信、生物質能源與貿易投資合作備忘錄，而與馬爾地夫則是簽署觀光合作備忘錄。三個國家加起來，總共簽訂 14 項合作協定。[118] 除了這些協定之外，雲南省與孟加拉之間，也達成了從中國（昆明—瑞麗）經由緬甸（曼德勒、馬圭）到孟加拉（吉大港）的道路建設協議。[119] 接著在 2011 年時，雲南省商務廳派遣調查團，針對與印度、巴基斯坦、馬爾地夫的經濟合作可能性進行檢討。[120] 同時，雲南省政府還打出了「中國—泛南亞經濟合作區」的構想，並將此定位爲建設雲南橋頭堡的重要政策，以獲得中央政府的財政支援。[121] 此外，雲南省還積極說服中央政府，希望由昆明主辦「中國—南亞區域合作聯合博覽會」。雲南省獨自從 2008 年舉辦的南亞博覽會，到了 2013 年終於得到中央政府的支持，升格爲中國－南亞博覽會。

在雲南省與南亞的經濟合作中，保山占有重要的地位，被視爲聯繫南亞的橋頭堡。雲南省在 2010 年 9 月，設立了猴橋邊境經濟合作區管理委員會，準備籌建保山猴橋的邊境經濟合作區。[122] 由於中國在緬甸的投資有很大的不確定性因素，導致此一經濟合作區的建設受到許多質疑。從保山到緬甸的交通建設雖持續進行，但由於地理條件的關係，道路建設的成本相當高；同時也有很多人質疑，與緬甸或印度北部的經濟合作是否能帶來收益。[123] 由於中國沒有設置與緬甸及印度之間的通關地點，使得保山與南亞之間的貿易只能經由瑞麗。[124] 此外，保山與南亞之間目前也僅止於規模極小的貿易合作。[125]

由上可見，雲南省從 1990 年代初期一開始，就積極推動與周邊各國的經濟合作，同時配合中央政府的戰略，不斷摸索與 GMS 各國及南亞國家之間的各種合作形式。從國內政策決策過程來看，雲南省也是一開始就參與次區域的區域合作政策決策。在中央層級的 GMS「前期領導組」中，雲南省一直占有「前期領導組」副組長職位，參與中央的決策。在「GMS 峰會」召開之後，參與經濟閣僚會議的中國代表團副團長，也是由雲南省來擔任。而 BCIM 的設想是由雲南省提出的。雲南省試圖以上合組織爲模式，在昆明設立「昆明經濟合作組織」，並從地方積極持續推動此一倡議。現在雲南省參加的區域合作，除了 GMS 與 BCIM 以外，其他還有雲南－泰北工作組（2004 年 4 月～）、雲南－越南五省經濟走廊合作會議（雲南－越南邊境聯合工作組機制）（2004 年 9 月～）、雲南－寮國工作組（2004 年 9 月～）以及雲南－緬甸合作商務論壇（2007 年 6 月～）等。

在雲南省政府的積極運作下，從圖 3-2 可以看出雲南省與東協或南亞各國之間的貿易額，都在順利增加。要進一步推動東協與南亞之間的經濟合作，交通基礎建設是必要條件。然而在 2010 年時，雲南省的財政總收入爲 1,809.3 億元，從國家得到的財政轉移支付，要比鄰近的四川省與廣西壯族自治區還少[126]。由於交通建設投資金額相對較少，只靠雲南省本身的財源推動區域合作是相當困難的。而且，周邊各國對於與中國的經濟合作，也有熱度上的差異，目前合作現狀並沒有達到預期的效果。

二、廣西壯族自治區與泛北部灣經濟合作

　　與雲南省不同，廣西壯族自治區臨海，若從廣西出航就能實現前往東南亞、非洲及歐洲的最短航線。由於這樣的地利之便，廣西壯族

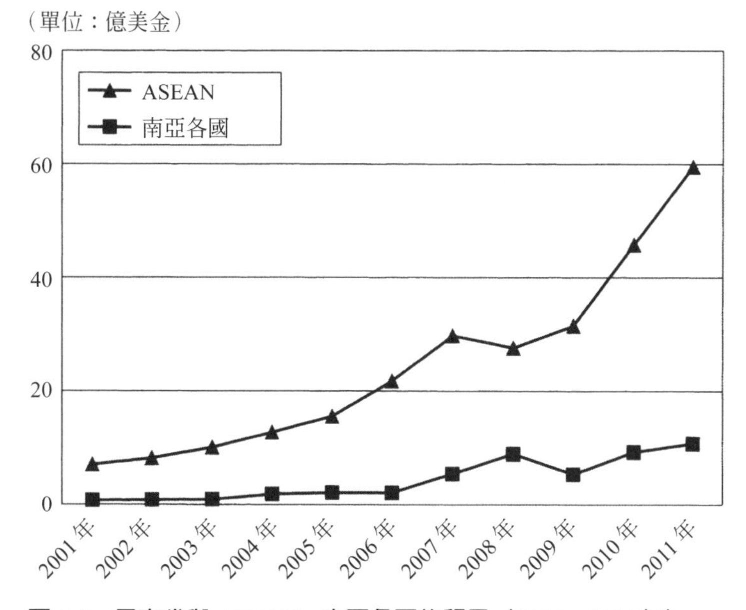

圖 3-2　雲南省與 ASEAN、南亞各國的貿易（2001～2011 年）

資料來源：依據雲南省商務廳統計資料，作者自行整理製作。

自治區政府制定的經濟振興戰略，便是優先發展沿海、沿邊境以及沿河川（西江）[127]地帶，並將自身角色定位為連結中國華南、華中與東協的門戶。廣西壯族自治區從1982年9月開始到1988年9月之間，就已經與越南互相開放9個邊境貿易地點。[128]之後雖然邊境貿易急速發展，但廣西壯族自治區認識到，邊境貿易的經濟發展前途不大。[129]因此很早就思考利用河川、海洋這些區位條件，著手將北海市、欽州市與防城港市等沿海碼頭，改造為西南出海大通道的主要貿易港口。[130]

2000年，中國政府提出與東協建立ACFTA之提案，廣西壯族自治區政府馬上開始重視建構與東協之間的關係。[131]2002年，廣西壯族自治區正式向中央政府申請在廣西主辦CAEXPO，於2003年得到商務部的許可，並在隔年11月於南寧召開了第1次CAEXPO。由於基礎建設的不齊全，以雲南省為中心的東南亞經濟合作沒有很大的進展。在此情況下，廣西壯族自治區在2004年申請加入GMS開發計畫，並於2005年獲得GMS的承認成為正式會員。

與雲南省不同，廣西壯族自治區是在中央政府方針明確後，才開始積極推進區域合作。2004年5月，越南政府向溫家寶總理提出了「二廊一圈」的提案，二圈是指昆明—老街—河內—海防—廣寧，以及南寧—諒山—河內—海防—廣寧這兩條道路，而一圈則是指泛北部灣經濟圈。在隔年2005年的第10屆全國人民代表大會第3次會議中，廣西代表團提出請求中央政府支持加快推進建構泛北部灣經濟合作圈的議案，並要求將北部灣經濟圈放在國家戰略，獲得國家財政上的支援。

從2006年左右開始，廣西壯族自治區便開始積極提出中國—東協M型區域經濟合作戰略的提案。這項M型戰略是以南寧—新加坡的經濟走廊[132]爲軸心，泛北部灣經濟合作與 GMS 爲兩邊側翼，故也稱爲「一軸二翼」戰略。此一 M 型戰略於 2006 年 7 月，由廣西壯族自治區共產黨委員會書記劉奇葆，在南寧召開的第 1 屆泛北部灣經濟合作論壇中首次提出的。[133]雲南省主導推動 GMS，廣東省則主導推動泛珠江三角洲經濟圈構想。在周邊省分都推出自己獨特的經濟發展和對外開放的戰略時，廣西壯族自治區湧現了危機感，乃提出由自身主導的區域合作計畫，也就是泛北部灣經濟圈構想。[134]這項戰略被放入 2006 年 11 月的自治區第 9 期黨大會決議中。廣西壯族自治區也將臺灣、香港、澳門、日本以及韓國，視爲廣西對外開放的重點區域，並確定要同時推動 GMS 與泛北部灣經濟合作圈的經濟關係，以強化與東南亞及南亞的經濟合作。[135]

泛北部灣經濟合作的參加國爲中國、越南、新加坡、馬來西亞、印尼、菲律賓、汶萊等七國。2008 年，中國國務院決議將泛北部灣經濟合作計畫編入國家計畫，而泛北部灣經濟合作論壇，則是每年持續舉辦。然而，泛北部灣經濟合作的眞正運作，是從 2012 年開始。該年 7 月的第 7 次泛北部灣經濟合作論壇，中國和東協通過了《泛北部灣經濟合作可行性研究報告》，中國起草了包含 7 項合作計畫在內的泛北部灣經濟合作行動路線圖，並與關係國進行審議。[136]

廣西壯族自治區強力推動 GMS 與泛北部灣經濟合作，同時也在雙邊合作中投注大量心力。2007 年，廣西壯族自治區與越南地方政府，簽訂設置中國憑祥—越南同登（Dong Dang）跨境經濟合作區、中國東興—越南芒街（Mong Cai）跨境經濟合作區、中國龍邦—越南茶岭跨境經濟合作區的架構協定。[137]2011 年，廣西壯族自治區與越南邊境區域的憑祥綜合保稅區，也開始運作。[138]這個保稅區是貿易、物流、加工、運輸之保稅一體化的綜合保稅區，也是中國國內第一個一體化的綜合保稅區。此外，中國在 2011 年成立第六個保稅區——欽州保稅港區，此一港灣保稅區也是全國首例。[139]

此外，在中越兩國之間嘗試構築一種跨國經濟合作模式，即由中國單一省分與越南多個省共同建設經濟走廊。廣西北部灣經濟區與越南的諒山、河內、海防、廣寧之間進行的區域合作，就是這種經濟合作模式的實驗區。2008 年 2 月，中國批准了廣西壯族自治區北部灣經濟區發展計畫；同年 7 月，越南政府也批准了諒山、河內、海防、廣寧經濟走廊發展計畫。[140] 廣西壯族自治區與越南 4 個省分的經濟合作，正式開始啓動。

2005 年末，中國商務部仿照新加坡的模式，[141] 推出在國外設置經濟貿易合作區的構想。接著在 2006 年 6 月，公布了國外經濟貿易區的基準與申請手續。商務部設定今後將設置 50 個境外經貿合作區的目標，[142] 並準備了 20 億元人民幣，資助中國企業建立境外經濟貿易合作區。[143] 在 2007 年與 2008 年這兩年間，共有 19 個國外經濟貿易合作區獲得認可。其中，在亞洲地區的超過 10 件以上。廣西壯族自治區積極地利用此項政策，在印尼貝卡西（Bekasi）設立經濟貿易合作區（joint industrial zone）、在馬來西亞設立關丹產業園區（Kuantan Industrial Park）、欽州產業園區（Qinzhou Industrial Park），另外也在泰國設立產業園區（China-Thailand (Chongzuo) Industrial Park）。[144] 廣西壯族自治區不只是投資海外，也在自治區內積極招募來自東協的外資，並與印尼在防城進行不動產的共同開發。[145]

如圖 3-3 所示，東南亞各國是廣西壯族自治區在亞洲最主要的貿易對象國。同時，廣西壯族自治區在與東南亞各國的文化關係上，也投注相當心力。廣西壯族自治區積極招收來自東南亞的留學生，更於 2011 年設立東協國留學生獎學金 1,000 萬元。[146] 不過，目前除了留

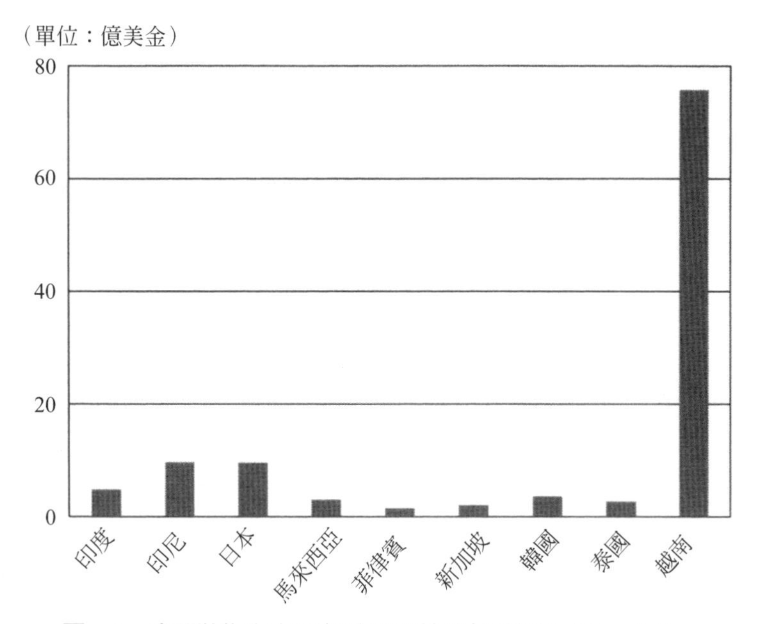

圖 3-3　廣西壯族自治區與重要亞洲國家的貿易（2011 年）

資料來源：參酌《廣西壯族自治區統計年鑑（2012）》，作者自行繪製。

學生以外，幾乎沒有其他文化上的交流。[147]

三、推進人民幣國際化

從 2000 年代開始，中國就試圖擴大人民幣在亞洲地區的流通。2005 年，中國向東協提出使用人民幣作爲清算貨幣之提案；[148] 接著在 2010 年 8 月 ACFTA 啓動之後，與東協的經濟閣僚會議中，中國再度提案要擴大與東協之間的人民幣交易，雙方進入協議階段。

與東北亞、西北地區相比，人民幣在西南地區的國際化較爲顯著。從 2002 年開始，緬甸政府爲了吸引中國觀光客，允許在緬甸國內用人民幣交易。[149] 從 2004 年開始，中國推行新的鼓勵政策，雲南省與緬甸、寮國、越南的邊境小額貿易，如果用人民幣結算就可以享受退稅政策。[150]2006年與2007年的雲南省邊境貿易，以人民幣進行的比率達到91%。[151]

而廣西壯族自治區也積極在推動人民幣的國際化。廣西壯族自治區從2001年開始，就已經在邊境貿易導入了人民幣清算機制；到了2012年，更成爲邊境省分、自治區中以人民幣清算比率最高的地方。[152]2008年，國務院決定在雲南省與廣西壯族自治區，實驗性地導入與東協十國之間的人民幣清算機制。[153]在中國中央政府和地方政府的同時推動下，人民幣在東南亞地區的流通變得更加擴大。而雲南省的昆明與廣西壯族自治區的南寧，藉此時機提出要將自身打造成亞洲金融中心的計畫。

四、小結

雲南省與廣西壯族自治區位於中國的西南地區，也是推動區域一體化戰略的重要地方省分。雲南省以GMS及BCIM這兩項架構爲中心，積極推動與東南亞及南亞的合作。另一方面，廣西壯族自治區將其心力投注在與GMS的合作以及與泛北部灣經濟合作上，並透過在鄰國設置海外經濟貿易合作區等方式，持續推動與東協各國之間的合作。

雲南省在與東南亞及南亞的關係建構上，道路等基礎建設的落後，是推動上很大的瓶頸。換個角度來說，只要能夠完善基礎建設，雲南省在強化與東南亞及南亞關係上，有相當大的潛在能力與可能性。現階段，緬甸對雲南省來說有相當特別的意義。2008年，中國與緬甸締結30年內的天然氣販賣、運送契約，另外在2009年時，雙方政府也就石油管線、天然氣管線以及水力發電的共同開發締結了政府間的協定。而位於管線終點的雲南省，也就成爲了中國的新能源基地。2013 年 5 月，中國石油天然氣集團公司（CNPC）發表計畫，要在雲南省建設年產 1,000 萬噸的製油所。[154]

以此國家戰略爲背景，雲南省政府推出石油天然氣國際運輸通路的構想，以中國雲南與緬甸爲基礎，連結印度與孟加拉。[155] 雲南省主張，其與緬甸皎漂、孟加拉吉大港（3,330 公里），或是印度加爾各答（3,978 公里）之間的距離，都比經由麻六甲海峽還要來得短；因此，透過雲南建立石油天然氣國際運輸通道，可迴避麻六甲海峽的風險。[156] 如前所述，雲南省政府與孟加拉之間，達成了建設從中國（昆明—瑞麗）經由緬甸（曼德勒、馬圭）到孟加拉（吉大港）的道路協議。因此，雲南省作爲中國能源基地的角色，今後會變得越來越重要。而地處南亞的孟加拉在中國外交政策中之重要性，也會日漸提升。

從 GMS 開發與泛北部灣經濟合作中可以得知，在區域合作之上，中國不論是中央政府或地方政府都投入了相當心力，雲南省甚至搶先在國家戰略形成之前，就已經積極投入區域合作。另一方面，廣西壯族自治區是在國家戰略逐漸形成後，才開始加入並推動區域整合。雖然兩省在參加亞洲區域合作過程中呈現差異，但在「中央戰略地方化」這一點上，雙方採取相同的戰略。「中央戰略地方化」是指，中國各個地方政府在制定出各自的地方經濟振興政策後，會努力遊說中央政府，試圖將地方經濟振興政策納入國家戰略。也就是說，雲南省和廣西壯族自治區參與國家政策決定時所，其所扮演的角色就是遊說「中央戰略地方化」。這是雲南省與廣西壯族自治區的共通點。在此意義下，兩個地方政府是在相互競爭中進行區域合作。

地方政府推行「中央戰略地方化」的最大動力，是試圖從中央政府獲取財源。從中國的中央—地方關係視角來看，由於中國的稅制存在地方政府依賴中央政府的特點，而許多地方政府又面臨財政困難。在此情況下，中國政策決定過程中，極少見到地方政策與中央戰略的對立，較常看到的是兩者之間的互補面向。從廣義來說，雲南省與廣西壯族自治區的 GMS 參與策劃，屬於「中央政府與地方政府協議型」，而 BCIM 則是屬於「地方政府主導型」。

就像雲南省參與 GMS 策劃的初期階段一樣，地方政府搶先國家戰略，由地方設定振興戰略並付諸實行，同時與周邊國締約以強化彼此關係的案例，是比較普遍的情況。在現階段中，由於無法籌出基礎建設所需的費用，只靠地方政府沒辦法將地方振興戰略付諸實踐，最終地方振興戰略還是會被納入中央制定的國家戰略內容中，由中央和地方合作推動。針對這類的決策和政策執行模式，很多批評認爲容易造成多頭對外與資源浪費。但是不可否認的，後冷戰時期有很長一段時間，正是地方政府的積極活動，成功地創造出周邊國家與中國關係的基礎。而在這種模式下，地方政府可在中國外交戰略中，獲得發揮的主動性，並起到積極的作用。此一發展，也爲中國的國家戰略提供很多的可能性。

第三節　西北地區開發與中亞之經濟合作

位處中國西北，在推行強化與中亞各國及蒙古關係之區域合作上，扮演重要角色的地方政府，包括新疆維吾爾自治區、甘肅省、內蒙古自治區以及寧夏回族自治區。其中，掌握中國西北對外開放關鍵鑰匙的是新疆維吾爾自治區。新疆總面積有 166.49 萬平方公里，約占中國陸地總面積的六分之一。此外，新疆維吾爾自治區的邊境長達 5,600 公里，與蒙古、哈薩克、吉爾吉斯、塔吉克、俄羅斯、阿富汗、巴基斯坦以及印度等八國相接壤。從地緣政治學的特徵來看，新疆一直以來都是中國面向中亞、歐洲、西亞與南亞的玄關。

甘肅省總面積為 19.2 萬平方公里，東西橫跨 680 公里，南北長達 550 公里。由於其地形較為細長，因此甘肅省的邊境線僅有 65 公里，與蒙古相鄰。內蒙古自治區的總面積為 118.3 萬平方公里，與蒙古及俄羅斯兩國相鄰，有長達 4,221 公里的邊境線。除了與蒙古及俄羅斯相鄰以外，在中國總體外交布局中，內蒙古自治區還扮演著連結中國東北地域與俄羅斯、歐洲各國的紐帶角色。寧夏回族自治區的面積有 6.64 萬平方公里，屬於回族居住密集的地區。寧夏回族自治區並沒有與他國相鄰，屬於「內陸」的自治區。然而，由於是回族集中的區域，在西北地區的對外開放，特別是與穆斯林國家的關係建構中，寧夏回族自治區扮演了重要的角色。

在本節中，首先分析新疆維吾爾自治區、甘肅省、內蒙古自治區、寧夏回族自治區在中國區域合作中各自的作為與角色，然後將針對握有西北地區對外開放關鍵鑰匙的新疆維吾爾自治區，進一步討論其與中亞的區域合作。

壹、西北地區的經濟振興策略與中亞區域合作

新疆維吾爾自治區、甘肅省、內蒙古自治區與寧夏回族自治區，雖然同樣地處中國西北地區，但是在對外開放的層面上，四個地方政府著力點各有不同，而其所面對的狀況也各有差異。

新疆維吾爾自治區與蒙古、哈薩克、吉爾吉斯、塔吉克、俄羅斯、阿富汗、巴基斯坦以及印度等八國相鄰，是中國同時連結中亞、

歐洲、西亞和南亞的唯一省分。然而實際上，由於基礎建設並不完善，再加上政治、安全和自然環境的影響，使得新疆維吾爾自治區與其西邊、南邊的周邊各國難以直接交流。在此情況下，與哈薩克、吉爾吉斯等上海合作組織（SCO）國家之間的區域合作，新疆維吾爾自治區的角色非常重要，彼此關係也出現一定的進展。如圖 3-4 所示，新疆維吾爾自治區在中亞各國之間與哈薩克、吉爾吉斯、塔吉克之間的經濟關係相對比較密切。

甘肅省只與蒙古相鄰，但其邊境線極短。1990 年代初期，伴隨著中國的邊境區域開放政策，馬鬃山於 1992 年 9 月被認定爲國境貿易的交易點。[157] 然而隔年 1993 年 8 月時，蒙古關閉了與酒泉進行邊境貿易的關口。[158] 之後，雖然中國與蒙古之間持續討論是否要重新啓動邊境貿易，但一直沒有具體進展。因此，在推進與中亞或蒙古的區域合作上，甘肅省面臨到困難的狀況。

與蒙古、俄羅斯相鄰的內蒙古自治區，自 1991 年開始對外開放。1991 年，內蒙古自治區的滿洲里被批准爲邊際貿易地點，1992 年時，二連浩特等 13 個都市也都相繼被批准爲邊境貿易地點。[159] 雖然滿州里與二連浩特是內蒙古兩大重要的邊境貿易地點，但內蒙古的

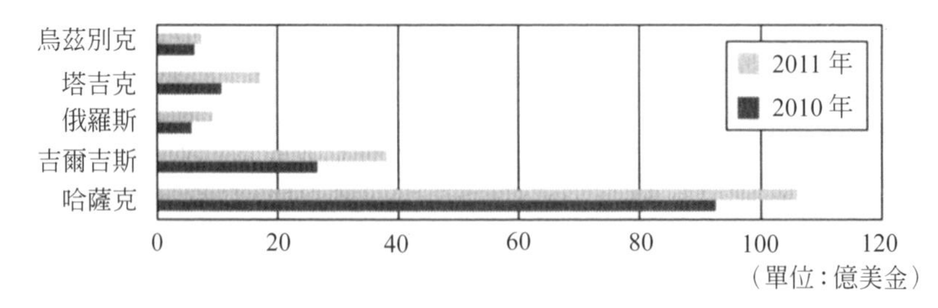

圖 3-4 新疆與中亞各國的貿易（2010～2011 年）

資料來源：參酌《新疆維吾爾自治區統計年鑑（2012）》，作者自行繪製。

主要角色是作爲物流的中繼地點。因此，雖然內蒙古自治區與俄羅斯、蒙古的經濟關係獲得了一定的增長，但一直沒有突破性進展。[160] 對內蒙古自治區來說，俄羅斯與蒙古是第一與第二大的貿易對象國。在與這兩國的貿易中有一個共通點，那就是存在著巨大的貿易赤字。[161] 從內蒙古自治區輸出到俄羅斯、蒙古的主要是農產品，而且出口量相當稀少；另一方面，從俄羅斯與蒙古的進口金額則相當大。

中國的中央銀行——中國人民銀行，在 2001 年及 2005 年分別與蒙古、俄羅斯簽訂了以本國貨幣清算的雙邊協定。伴隨著中央政府的方針，內蒙古自治區也積極推動與蒙古及俄羅斯間的人民幣貿易。2007 年，內蒙古自治區首次在與俄羅斯貿易中，以人民幣進行清算。因內蒙古自治區在與俄羅斯的貿易是以進口居多，所以雙邊貿易幾乎無法使用人民幣，而且人民幣在俄羅斯國內也不能通用，[162] 因此內蒙古自治區在對俄貿易中推動人民幣清算的進展不大。另一方面，與蒙古之間則是在 2002 年實現首次的人民幣清算。蒙古對人民幣清算的態度也比較積極，2005 年時蒙古的銀行也開始進行人民幣業務，且人民幣在蒙古國內某些區域也可以使用。[163] 在這種情況下，內蒙古自治區在對蒙貿易上以人民幣交易，進展相對順利。

內蒙古自治區除了畜牧業以外，也以全國第二的煤炭蘊藏量聞名，稀土金屬等礦產也相當豐富。至目前爲止，內蒙古自治區的經濟振興主要還是依靠畜牧與資源。就內蒙古自治區經濟振興政策需求來說，內蒙古自治區積極推動與俄羅斯及蒙古間的區域合作，在動機上相對薄弱。但在中國一帶一路倡議提出之後，內蒙古被定位爲中國向北開放的橋頭堡。連通俄蒙與建設中蒙俄經濟走廊的戰略，被提上了議程。內蒙古自治區也因此提出中國、俄羅斯與蒙古的三方自由貿易協定（FTA）構想。[164] 也就是說，內蒙古自治區的地方振興戰略，一方面持續倚靠畜牧與資源，另一方面則開始將心力放在對外開放上。

寧夏回族自治區雖然是「內陸」的自治區，但活用伊斯蘭教的連結，成功扮演與阿拉伯各國之間的「紐帶」角色。2002 年 12 月，爲了推進對外開放，在寧夏設立了寧夏伊斯蘭國際經濟文化友好促進會。[165]2004 年 9 月，中國與阿拉伯國家聯盟針對「中國—阿拉伯國家合作論壇」達成協議，並締結「中國—阿拉伯國家合作論壇行動計畫」。[166] 隨後，中國和阿拉伯國家也在貿易、資源合作、孔子學院與媒體等人文科學交流、反恐軍事交流等方面，進行相關的合作。寧夏回族自治區也呼應中央政府的政策，於 2005 年 8 月首次主辦投資貿易洽談會。

2008 年，國務院公布「關於進一步促進寧夏經濟社會發展的若干意見」，將寧夏經濟振興提升爲重要國策並持續推動。在此國策的帶動下，地方層級的寧夏投資貿易會也提升爲國家層級的「中國（寧夏）國際投資貿易會」。在 2009 年時首次舉辦會議時，商務部、中國國際貿易促進委員會等中央部委以主辦方的身分參加。2010 年 5 月，國務院批准於 9 月在寧夏銀川召開「中國—阿拉伯國家經濟貿易論壇」。之後，此一論壇與「中國（寧夏）國際投資貿易會」變爲中國—阿拉伯國家博覽會，成爲繼中國—東協博覽會（CAEXPO）與中國—東北亞博覽會（前身：中國吉林—東北亞投資貿易博覽會）之後，第三個國家級的博覽會。[167]2012 年 9 月，寧夏回族自治區獲准成立中國首個內陸開放型經濟實驗區。[168] 而後寧夏回族自治區，也提出中國與阿拉伯聯盟的 FTA 構想 [169]，並積極推動在阿拉伯國家的境外園區建設。中國—沙特（吉贊）產業園，就是其中之一。寧夏回族自治區阿拉伯國家的出口（阿拉伯聯合大公國、沙烏地阿拉伯等），以阿拉伯國家對寧夏回族自治區的投資（科威特、沙烏地阿拉伯等）都在增長，[170]因此，寧夏回族自治區也成為促進中國與阿拉伯各國關係的重要角色。

如上所述，在西部地區的對外開放上，新疆維吾爾自治區、甘肅省、內蒙古自治區、寧夏回族自治區所面臨的狀況各有差異。另外，由於新疆維吾爾自治區、內蒙古自治區與寧夏回族自治區，各有不同的經濟振興戰略，對區域合作的熱度也有所差異，重視的對象區域也有所不同。從本書主題「中國的亞洲外交」此一視角而言，新疆維吾爾自治區是中國與中亞關係強化中的一大推進力。有鑑於此，下一部分將詳細討論中國西北地區對外開發中，發揮關鍵作用的新疆維吾爾自治區與中亞各國之間的區域合作關係。

貳、新疆維吾爾自治區與中亞各國的區域合作

一、從對外開放到重視穩定：1992 年～1996 年

對總人口 60% 信仰伊斯蘭教[171]的新疆維吾爾自治區來說，安定與發展一直是兩大政策課題。1963 年，安定與發展首次被定為新疆的兩大政策課題。在冷戰時期，新疆維吾爾自治區兩大政策課題中，安定一直居於首位；因此，長期以來該自治區對開放採取消極的姿態。而新疆維吾爾自治區的官員，對開放都具有畏懼情緒，並將邊境城鎮視為「問題區、迴避區和禁區」，認為邊境地區和城鎮以「不開發、不開放、少建設、少出事為宜」。[172]然而，隨著中國在 1980 年代持續開放沿海地區以後，中國於 1992 年決定推行社會主義市場經濟，開始推進邊境地區的對外開放。

1990 年代初期，中國曾經有一段時期，高度期待歐亞大陸經濟

圈。1990 年 9 月，連結中國東部連雲港與西歐荷蘭鹿特丹的新歐亞大陸橋（歐亞大陸橫貫鐵路）開通，中國將此視爲一個好機會。1992 年，中國同意新疆的對外開放，並推出「積極防禦戰略」，試圖在開放的同時，也達成新疆社會安定與經濟發展。1992 年 6 月，國務院正式決定新疆維吾爾自治區的對外開放，並給予烏魯木齊、伊寧、博樂、塔城等四個城市優惠政策。另外，也開放奎屯與石河子兩處，並在新疆維吾爾自治區中設立了 3 個經濟技術開發區（烏魯木齊、奎屯、石河子）與 3 個邊境貿易合作區（伊寧、博樂、塔城），合計 6 個經濟開放地區。1992 年 9 月，首次召開烏魯木齊對外經濟洽談會。

在中央政府的帶動下，新疆維吾爾自治區訂定「全方位開放・向西傾斜」、「外引內聯・東聯西出」的經濟發展方針，[173] 打出「兩線開放，貿易興邊」的口號。兩條戰線指的，正是中國國內政策所提倡的邊境開放，以及歐亞陸橋沿線開放。在此政策下，新疆維吾爾自治區政府以伊寧、博樂、塔城這三個邊境經濟合作區，以及鐵道沿線的烏魯木齊、石河子、奎屯等三個經濟技術開發區爲重點區域，推進地方的經濟振興。[174]

然而，歐亞陸橋的開通並沒有給新疆帶來預期的成效。雖然歐亞大陸橫貫鐵路已經開通，但由於中國與哈薩克的鐵路軌道規格有所差異，運送能力有其極限。另外，從新疆維吾爾自治區向周邊亞洲國家的道路運輸能力，也嚴重受到地形與天候狀況的影響，大多都難以實現全天候運營。[175] 除此之外，新疆與巴基斯坦、阿富汗以及中亞各國之間的文化、語言及宗教羈絆，爲新疆維吾爾自治區政府帶來社會的不安。1980 年代以後，在新疆追求獨立的維吾爾族騷動日漸增加。特別在蘇聯解體後，中亞的東突厥斯坦運動變得更加活躍。1991 年 5 月，塔城發生武裝衝突，武裝群眾占領政府廳舍，並要求土耳其民族的獨立。[176] 隨後在新疆維吾爾自治區，恐攻事件時有發生。[177] 此外，新疆維吾爾自治區的民族騷動，經常與國外組織有所連結，交互影響下演變爲國際問題。對此，中央政府與新疆維吾爾自治區政府的危機意識，也不斷增加。就在此時，就任新疆維吾爾自治區黨委書記的王樂泉，實行「穩定壓倒一切」和「嚴打高壓」的政策。

如上所述，冷戰後的新疆維吾爾自治區背負著兩個「整合」的使命。第一個「整合」是將維吾爾族整合進中國，達成建立中國國民國家的使命。第二個「整合」是連結中國與中亞，推動中國與中亞各國的實質一體化，達成中國與中亞的區域整合。

蘇聯解體之後，在新疆境內的泛伊斯蘭主義、泛土耳其主義等認同意識逐漸高漲，並與中亞各國國內的民族獨立動向產生連動。再加上土耳其總統圖爾古特 ‧ 厄札爾（Turgut Özal）在 1992 年時，公開表示支持東突厥斯坦獨立運動，宣告中亞各國已從蘇聯獨立，接下來就應該輪到東突厥斯坦。[178] 在東突厥斯坦獨立與中國國家整合激烈撞擊的環境下，中國中央政府以及新疆維吾爾自治區政府，自然而然地出現嚴重的恐懼心理。[179]1995 年時，新疆維吾爾自治區黨委書記王樂泉，便決定將方向從對外開放轉爲重視穩定。

二、重視穩定的區域合作：1996 年～2009 年

1996 年是中國全力處理宗教問題的一年。同年 3 月，中國發布了一份關於宗教的指令（中央 7 號文件），並做出「當前影響新疆穩定的主要危險是民族分裂主義和非法宗教活動」的論斷。[180] 再次強調中國宗教的自辦原則，即脫離海外宗教團體影響，獨立管理；以及政教分離原則，即強調維護國家統一，規定不管信教或不信教都不能搞民族分裂。

另一方面，1996 年與 1997 年在新疆發生大規模襲擊漢族的反抗運動。1996 年 10 月，新疆有超過 10 個州的維吾爾人秘密集會，要求民族獨立，也設立了「伊斯蘭阿拉黨」。隨後，伊斯蘭阿拉黨在新疆維吾爾自治區的活動更加活躍，並在 1996 年與 1997 年兩年間，主導多起狙擊新疆政府當局人員的恐怖爆破及暗殺事件[181]。中國相當重視此一事態，在 1996 年與 1997 年連續兩年，於中央政治局常務委員會召開專門會議討論新疆問題。[182] 於是，從 1990 初期以來一直推行的對外開放政策，逐步倒向「穩定壓倒一切」的政策。

如同第二章所討論的，中國在 1996 年前後開始積極進行區域合作，而中央政府的西北區域政策中，推進西北地區和中亞經濟整合的色彩也日趨濃厚。1995 年上海五國會晤機制正式成立，接著在 1997 年時國務院公布「關於進一步促進新疆經濟社會發展的若干意見」，明確地提出面向中亞進一步擴大新疆對外開放的戰略，決定將新疆打造成連結中亞、南亞、西亞以及歐洲的貿易中心。[183] 然而，儘管中央方針是擴大新疆的對外開放，但受到新疆民族騷動的影響，新疆地方政府在 1990 年代後期一直採取更重視穩定的政策。

2000 年西部大開發計畫開始啓動，接著在上合組織成立 3 個月後（2001 年 9 月）召開的首腦會議中，上合組織成員國締結「關於區域經濟合作的基本目標和方向及啓動貿易和投資便利化進程的備忘錄」。該備忘錄參照 APEC 的貿易投資便利化內容，成員國各國同意要改善貿易和投資環境，協調各國貿易投資的法律，加強服務貿易領域的合作，建立和實施區域經濟合作機制。另外在 2003 年時，中國也提出要與上合組織成員國締結 FTA。

在中國中央政府積極推動中亞區域合作的氛圍下，新疆維吾爾自治區政府也開始貫徹進行其所制定的經濟振興政策。此一政策是以基礎建設、生態保護、科學技術與教育等三個區域合作政策為重點。可以看出，比起對外開放，新疆維吾爾自治區的區域合作政策主軸，是放在國內政策上。

2001 年美國恐攻事件（911 事件）以後，圍繞中亞東突厥斯坦運動的國際環境，產生了極大的轉變。東突厥斯坦伊斯蘭運動（East Turkistan Islamic Movement, ETIM）、東突厥斯坦解放組織（East Turkistan Liberation Organization, ETLO）、世界維吾爾青年代表大會（World Uyghur Youth Congress, WUYC）[184]，以及東突厥斯坦資訊中心（East Turkistan Information Center, ETIC）等各式各樣的運動，原本都在中亞開展各式活動。但在 2002 年 5 月，美國將 ETIM 與 ETLO 指定為恐怖組織。[185] 接著在 8 月時，美國政府更進一步凍結 ETIM 在美國的資產。[186] 同時，透過上海五國框架的反恐合作也有所進展。在中國政府的要求下，從 1990 年代中期左右開始，中亞各國已經開始對本國內的維吾爾獨立運動進行限制。[187] 另外巴基斯坦政府更是與中國合作，將 ETIM 的第三把手伊斯梅爾 · 卡迪爾（Ismail Kadir）引渡到中國。[188]

在中亞反恐局勢順利，而中國與周邊國家合作也有進展的情況下，新疆維吾爾自治區中國共產黨委員會，一方面將穩定視為第一要務，另一方面也開始推動與哈薩克、俄羅斯等周邊國家的貿易。[189] 此時新疆維吾爾自治區政府也開始推動 3 個區域合作計畫：中亞區域經濟合作、阿爾泰區域多邊合作，以及由中國與哈薩克合作所產生的霍爾果斯邊境經濟合作。

（一）中亞區域經濟合作

在亞洲開發銀行（ADB）的呼籲下，1997 年時中亞區域經濟合作（Central Asia Regional Economic Cooperation, CAREC）開始啓動，並於 2002 年確定合作架構。到 2019 年爲止，CAREC 以中國爲首，包括哈薩克、吉爾吉斯、烏茲別克、塔吉克、亞塞拜然、阿富汗、蒙古、巴基斯坦、喬治亞以及土庫曼等共 11 個國家參與，且與 ADB、世界銀行、國際貨幣基金（IMF）、聯合國開發計畫（UNDP）、歐洲復興開發銀行（EBRD）以及伊斯蘭開發銀行（IDB）等六個機構有所關聯。

從 1997 年到 1998 年，在 ADB 的主導之下，中國、哈薩克、烏茲別克與吉爾吉斯這四國針對基礎建設進行盤點，並確定重點合作領域與計畫。[190] 以盤點的結果爲基礎，從 1999 年到 2001 年之間，四國逐步完成 CAREC 的雛型。2001 年在馬尼拉召開的 CAREC 經濟合作高官會議中，提出 CAREC 五國構想；並在 2002 年 3 月的 CAREC 第 1 次閣僚層級會議中，確定了 CAREC 的重點領域。之後，在 2006 年 10 月的 CAREC 第 5 次閣僚層級會議中，則是發表了《烏魯木齊宣言》。「CAREC 綜合行動計畫（烏魯木齊宣言）」迎向實施階段，將區域基礎建設網絡（交通走廊、貿易與能源相關基礎建設等）、知識與能力建構、投資貿易及商業發展、區域公共財等四個領域，作爲中亞合作中的重點領域。

2011 年 11 月，在 CAREC 十國召開的第 10 次閣僚會議中，正式通過往後 10 年的開發戰略架構——「CAREC 2020」。「CAREC 2020」將交通基礎建設投資、貿易無障礙化與能源問題，視爲邁向 2020 年的優先事項。而在擴大貿易、強化競爭力的同時，建設經濟走廊也被視爲重要的戰略目標。[191] 在六條經濟走廊之中，有四條 [192] 連結新疆與中亞區域。[193]2017 年，CAREC 參加國又簽署了「CAREC 2030」。中國之所以積極推動 CAREC，是因爲連結中國與中亞之間的道路數量有限，而且現有的道路狀況均十分惡劣。由此不難想像中國為何要積極參與 CAREC。

中國國內也建構與 CAREC 相關的施行體制。國家發展和改革委員會是政策的協調者，負責包括能源合作在內的各種規劃。財政部則負責對外聯絡與協調，外交部負責對外政策，交通部負責交通合作，商務部負責貿易政策上的合作，海關總署則是負責貿易便利化的合作，各自肩負不同的責任。原本負責政策執行的只有新疆維吾爾自治區人民政府，但在 2008 年 4 月，國務院決定讓內蒙古自治區也參與 CAREC 計畫。[194]

中國政府一方面與 ADB 合作獲取資金，同時自己也提供資金，致力促進中亞的區域一體化。舉例來說，為了促進交通基本建設，2003 年中國提供其與吉爾吉斯、烏茲別克相連道路的 6,000 萬人民幣無償援助。雖然 CAREC 並不屬於區域組織，但與中國及上合組織之間的經濟、交通一體化有著相當密切的關係，在促進建構中亞區域合作關係上扮演著重要的角色。另外，地方政府，特別是新疆維吾爾自治區政府，也積極地參與 CAREC 計畫。

（二）阿爾泰區域的多邊合作

由中國、俄羅斯、蒙古、哈薩克四國與 6 個地方政府（中國新疆維吾爾自治區、俄羅斯阿爾泰共和國與阿爾泰地區、蒙古西南部、哈薩克兩個地方政府）所組成的阿爾泰區域多邊合作，在 2000 年開始正式啟動。阿爾泰區域多邊合作構想，可以追溯到 1995 年，是由新疆維吾爾自治區科學技術委員會所提出。當時新疆維吾爾自治區的黨委專門組織調研，並提出初步構想和行動方案。[195] 隨後，在新疆維吾爾自治區科學技術委員會的主導下，獲得中國國家科學技術部的認可後，即積極呼籲俄羅斯、蒙古、哈薩克的地方政府參加。2000 年 2 月，科學技術部批准新疆維吾爾自治區召開阿爾泰區域多邊合作國際研討會。同年 7 月 19 日到 21 日之間，由中國、俄羅斯、蒙古、哈薩克四國共 40 餘名專家，參與在新疆維吾爾自治區召開的科技合作與經濟發展國際研討會。接著在 2002 年 9 月，新疆維吾爾自治區政府設置了阿爾泰區域合作國際協調委員會。[196]

阿爾泰區域多邊合作國際研討會自 2000 年開始，而阿爾泰區域國際協調委員會工作組則是自 2002 年開始，定期召開會議。但事實上，並沒有得到什麼亮眼的成果。在阿爾泰地區中，基礎建設不完善是區域合作中的一大瓶頸，且此項目沒有得到各國中央政府的政策優惠與資金援助。在此狀況下，光靠新疆維吾爾自治區等地方政府，要獨自完成基礎建設幾乎是不可能的事。

（三）霍爾果斯邊境經濟合作

2005 年，中國與哈薩克簽訂設置了霍爾果斯邊境經濟合作中心。在中國與哈薩克邊境區域設置自由貿易區的構想，最早始於國家主席胡錦濤於 2003 年 6 月前往哈薩克訪問之際，由哈薩克政府提出來的。[197] 此後，中國也開始探討在新疆維吾爾自治區與哈薩克之間設置「新疆伊犁—哈薩克阿拉木圖自由貿易區」的可能性。在中央政府的指示下，新疆維吾爾自治區經過檢討後提出三個方案。第一個是霍爾果斯自由貿易區，第二個是中哈伊犁—阿拉木圖自由貿易區，第三個則是新疆維吾爾自治區—哈薩克阿拉木圖自由貿易區。[198] 針對新疆維吾爾自治區的三個提案，商務部也進行了可行性研究，最後決定建設霍爾果斯邊境經濟合作中心。這是因為，霍爾果斯有鐵路與公路連接，且能源運輸管線也通過這裡。

2004 年 9 月，中國與哈薩克之間簽訂了霍爾果斯邊境經濟合作中心的相關協定。接著在 2005 年 7 月，胡錦濤前往哈薩克訪問的時候，兩國正式簽署協定。而在 2006 年 3 月，國務院也正式公布霍爾果斯邊境經濟合作中心的相關具體優惠政策。如前所述，雖然中國向上合組織各國提出 FTA 的提案，隨後也與成員國之間簽訂了幾個經濟貿易協議，並決定經濟合作領域和優先項目，積極推進貿易投資便利化；但中國預期在 2020 年之前，無法實現貨物、資本、服務與技術的自由流動目標。在此情況下，中國成立霍爾果斯邊境經濟合作中心，把此中心作爲未來與上合組織各國簽署 FTA 的試金石。在此意義下，霍爾果斯邊境經濟合作中心並非只是一個單純的雙邊經濟合作區，同時也是中國主導在中亞的實質經濟統合的重要一步，對中國來說也是一個絕對不容許失敗的國家計畫。

中國從 1996 年左右開始正式展開周邊外交，並在 2001 年設立上合組織之後，積極推動與上合組織成員國之間的經濟合作。另一方面，由於民族分離獨立運動日漸高漲，新疆維吾爾自治區從 1990 年代中期開始就把重點放在社會安定，採取了穩定第一的政策，在參加中亞區域整合中的態度比較保守。而從 1990 年代後半展開的新疆維吾爾自治區三項區域合作計畫，性質上各有差異。阿爾泰區域多邊合作是在新疆維吾爾自治區的主導下實現，CAREC 則是由中央政府主導，霍爾果斯邊境經濟合作中心則是中央政府與新疆維吾爾自治區之間不斷協議後決定的。不管是哪一個，新疆維吾爾自治區在與中亞各國的區域合作之中，都是重要的參與者。對新疆維吾爾自治區來說，推動中亞區域一體化的進程，都是以不影響社會安定爲其基礎。

三、國民國家整合與中亞區域整合的兩難：2009 年～

2008年的西藏暴動之後，2009年在新疆維吾爾自治區發生「七五事件」的維吾爾族抗爭。「七五事件」對中國領導人來說，是涉及到「國家的統一與社會的穩定」之國家課題。因此事件發生後，中央新疆工作座談會準備工作指導小組，馬上在同年 11 月從全國 64 個機構派遣 500 餘人前往新疆進行視察。接著在隔年 2010 年 5 月 17 日到 19 日，也召開了中央新疆工作座談會。新疆維吾爾自治區共有 60 餘人前往參加座談會，而召開如此規模的大型新疆座談會，也是中國建國以來的首次。[199] 座談會中針對新疆維吾爾自治區的現狀進行審議，並決定今後新疆維吾爾自治區的基本方針。此基本方針，一言以蔽之就是「以發展來追求穩定」，意即透過區域的經濟發展來解決達成國家統一與民族問題。基本方針主要牽動兩項重要政策。

第一項政策是新疆維吾爾自治區的經濟發展。中國認爲之所以會發生「七五事件」，其主要原因是因爲新疆的主要矛盾，是「日益增長的物質文化需要和落後的社會生產之間的矛盾」。[200] 因此，決定舉國支持新疆維吾爾自治區振興經濟發展，並設定目標要讓新疆維吾爾自治區，於 2015 年達到全國水準，於 2020 年前到達小康水平。對中國來說，「七五事件」雖說是少數民族的抗爭，但這個事件也反映出漢族和少數民族之間的對立。在這種情況下，中國若擴大對少數民族的優惠政策，會引起漢族的不滿而帶來「社會的不安定」，威脅到政權的穩定。[201] 儘管如此，中國還是採行優惠政策，要優先發展新疆維吾爾族的經濟。爲了促進新疆發展經濟，2011 年開始實施「結對支援」，中國國內 19 個省市企劃了約 100 件項目援助新疆；而 19 個省市的對口援疆資金總規模，超過了 100 億人民幣。從這裡也可以看出，中國試圖在 10 年內，追求新疆維吾爾自治區社會穩定，完成國民國家的建設。

第二項政策加強是與上合組織成員國之間的合作，繼續推進新疆維吾爾自治區的對外開放。在「七五事件」以後，對中國來說，與上合組織成員國之間的合作變得越來越重要。爲了確保自身的國內的政治穩定，上合組織各國都非常重視邊境與區域穩定。上合組織各國在組織成立時就達成合意，表明不支持跨國民族運動。而在 2009 年的新疆抗爭時，上合組織的態度讓中國非常安心。新疆抗爭後的 7 月 10 日，上合組織便發出聲明表示「新疆維吾爾自治區屬於中國的一部分，在新疆發生的問題屬於中國內政問題」，且表明爲了與三股勢力（恐怖主義、民族分裂主義、宗教過激主義）對抗，今後將更明確在此方面的合作。另外，考慮到新疆維吾爾自治區與 8 國相鄰，並與中亞、歐洲各國、西亞以及南亞相互連結的地理特性，要推動中國與中亞的實質經濟統合，新疆維吾爾自治區的對外開放，是不可或缺的一環。同時，中央新疆工作座談會也確定了中亞是中國向西開放的最重要區域。

在此方針下，從 2011 年開始，中國政府就針對內陸開放提出了各種方針，雲南是西南開放，內蒙古是向北開放，黑龍江則是沿邊開放的橋頭堡，中央政府還批准了新疆維吾爾自治區設立喀什以及霍爾果斯經濟開發區。此後，圖們江區域合作中的琿春國際合作模式、廣西壯族自治區的東興、雲南的瑞麗、內蒙古的滿州里，也被認定爲重點開放實驗區。而在這一連串的政策中，中國對新疆與內蒙古在強化與中亞各國之間關係中的作用，抱持著相當大的期待。

因此，在「七五事件」之後接任新疆維吾爾自治區黨委書記張春賢，一改從 1991 年開始連續在任 15 年的前任書記王樂泉主導之

「穩定壓倒一切」政策，將新疆的政策轉爲「發展與穩定並重」政策[202]。爲了達到這個目標，張春賢加速建設對外開放經濟區，積極推進了喀什經濟開發區[203]、霍爾果斯經濟開發區，[204]以及位於維吾爾自治區與哈薩克邊境的霍爾果斯邊境經濟合作中心之建設。[205]2010年8月，新疆維吾爾自治區設置了喀什、霍爾果斯經濟開發區建設領導指導小組。[206]2011年10月，國務院的「關於支持喀什、霍爾果斯經濟開發區建設的若干意見」正式出台，並將新疆對外開放的第一步，即喀什經濟開發區與霍爾果斯經濟開發區的計畫，提升至國家戰略層級。

2007年開始進行工程建設的新疆維吾爾自治區與哈薩克邊境的霍爾果斯邊境經濟合作中心，於2012年4月正式開始運作。霍爾果斯邊境經濟合作中心是由中國提供3.43平方公里、哈薩克提供5.28平方公里所設立的。中國認爲該中心的推進，可以促進中國－俄羅斯、中國－蒙古、中國－塔吉克、中國－烏茲別克、中國－吉爾吉斯的FTA，是推動締結上合組織成員國間FTA，[207]重要的第一步。2010年6月，胡錦濤提出「中國－塔吉克邊境貿易合作」提案。[208]此一提案，基本上與新疆維吾爾自治區的提案一致，就是建立「一區三園」。「一區三園」是霍爾果斯經濟開發區的基本構想，包括霍爾果斯經濟開發區當中三個重要項目，即是霍爾果斯邊境經濟合作中心、伊寧市產業區、清水及河配產業區。[209]

2010年6月，中國也決定設置喀什經濟開發區。喀什是中國經由吉爾吉斯、塔吉克、阿富汗、巴基斯坦通向中亞、西亞、南亞以及印度洋的交通要塞。由於喀什擁有「五口同八國、一路連歐亞」的地理優勢，所以成立後逐步形成了其物流中心的地位。在此基礎上，喀什經濟開發區的新目標，就是連結中巴經濟走廊，推進與塔吉克邊境的自由經濟區建設，並持續推進與吉爾吉斯的自由經濟區。[210]

如同東北、西南的區域合作，中國相當重視西北地區的交通基礎建設。在泛亞洲鐵道網（Pan-Asia Railway）中，有四條鐵道是中國最重視的，包括東北亞迴廊（朝鮮半島、中國、蒙古、哈薩克）、東南亞迴廊（中國、越南、柬埔寨、馬來西亞）、南部迴廊（中國雲南、泰國、緬甸、孟加拉、印度、巴基斯坦、伊朗、土耳其）與北部迴廊（中國、烏茲別克、哈薩克、伊朗、俄羅斯、芬蘭）。與此同時，中國也認識到從鋪設軌道到開通為止，還有一段很漫長的路程。[211] 喀什經濟開發區設立之後，新疆維吾爾自治區更加重視中國與吉爾吉斯、烏茲別克之間的鐵路建設。

連結中國—吉爾吉斯—烏茲別克三國的鐵路，是在 1997 年由三國達成協議並開始鋪設。此後中國也發揮了其領導力，不斷推動鐵路構想的實現。在 1999 年，蘭州鐵道部完成了中國—吉爾吉斯—烏茲別克鐵道的可行性研究，並提出了南、北兩個提案。[212] 接著在 2004 年 1 月，國務院檢討「中長期鐵道網企劃」時，決定推動通過吉爾吉斯礦物產地的北線。之後，中國的北線提案也獲得吉爾吉斯政府的支持。包括中國—吉爾吉斯—烏茲別克鐵路在內，連接中國與歐亞大陸的鐵路共有三條。中國政府將此路線與麻六甲海峽石油運輸路線連接在一起，認為這條鐵路可以分散麻六甲海峽對中國造成的風險，對中國具有特別重要的戰略意義。

在中國—吉爾吉斯—烏茲別克鐵道建設中，最重大的問題就是在吉爾吉斯的鐵道建設。2000 年，中國提供資金完成吉爾吉斯鐵道段相關的可行性研究，並於 2005 年開始施工。之後雖因鬱金香革命使得鐵道建設暫時中斷，但在 2006 年時，吉爾吉斯的新政權再次承認了中國—吉爾吉斯—烏茲別克鐵道建設。2009 年，中國和吉爾吉斯政府採取了「資源換項目方式」；也就是說，吉爾吉斯政府給予中國企業在吉爾吉斯的金礦採礦權，而中國國家開發銀行則對吉爾吉斯鐵道建設費用進行融資。在以此方式下，吉爾吉斯國內鐵道建設也有一些進展。2010 年時的國內紛爭，導致吉爾吉斯的政權交替，而與中國的「資源換項目方式」，也遭到了吉爾吉斯議會的否決。[213] 在 2012 年的選戰中，中國—吉爾吉斯鐵道建設的問題，也變成選舉中政治鬥爭的話題；而中國在吉爾吉斯的鐵路建設，也成爲該國全國民眾注目的一大問題。

一帶一路倡議提出以後，中國—吉爾吉斯—烏茲別克鐵道被稱爲「鋼鐵絲綢之路」，成爲一帶一路的重要一環。2012 年吉爾吉斯選戰結束之後，中國—吉爾吉斯鐵道問題一度停滯不前，2018 年 10 月吉爾吉斯外交部長在談及中國—吉爾吉斯—烏茲別克鐵道時，表現出較爲積極的態度，但同時表示俄羅斯也將參加此一項目。這也反映出，此項目涉及到中國和俄羅斯之間的權力角逐，因此前途堪憂。

2008 年，中國批准在廣西壯族自治區與雲南省等區域，試行人民幣清算之後，新疆維吾爾自治區也開始討論以人民幣清算的可能性。2009 年，在喀什經濟開發區的中國—巴基斯坦邊境貿易中，首次導入以人民幣清算的機制。[214] 身爲獲得認可的 20 個省市之一員，新疆維吾爾自治區於 2010 年 10 月正式開始推動人民幣貿易。[215] 然而，與內蒙古自治區情況相似，新疆維吾爾自治區與蒙古的人民幣貿易雖有所增長，但與其他中亞各國的貿易仍是以美金貿易爲主流。有人認爲，這是因爲新疆維吾爾自治區的貿易，仍以邊境貿易爲主軸，[216] 但中亞各國與中國間的金融合作，遲遲沒有進展也是一項重要的因素。

如同前述，2009 年以後，新疆維吾爾自治區政策方針發生了很大的變化。新疆維吾爾自治區在2009年「七五事件」之後，新任新疆維吾爾自治區黨委書記張春賢，逐步採取「發展與穩定並重」的政策；而中國政府也積極推進新疆的經濟發展，並採取所謂「對口援助」的國內新疆支援政策。這些政策也獲得了一定成果，2012年時也達成了10.7%的GDP增長。[217]在追求經濟發展的同時，新疆維吾爾自治區全面取締「破壞社會穩定」的集團，[218]並實行「32個措施、24個方法、16點要求」的政策。[219]

然而，新疆維吾爾自治區民族獨立事件仍層出不窮。2014年接連發生了多起民族抗爭事件，致使中國中央領導層改變以經濟發展來促進中國國民國家建設的基本看法，開始強調思想改造的重要性。[220]習近平在5月28日至29日召開的中央新疆工作會議中，提出了新的處理宗教問題基本原則，即：「保護合法、制止非法、遏止極端、抵制滲透、打擊犯罪」。[221]2016年，接任新疆維吾爾自治區黨委書記陳全國，採行「鐵腕鎮壓」新疆獨立運動，設置維吾爾人的再教育營。在高壓遏制的政策下，中國聲稱在陳全國接任後，新疆再沒有發生暴力恐怖案件。[222]

進入2000年以後，新疆維吾爾自治區在「穩定壓倒一切」的政策[223]前提下，展開了一些區域合作的動作。一帶一路倡議提出後，新疆維吾爾自治區也被定位爲「絲綢之路經濟帶核心區」。而喀什經濟開發區、霍爾果斯經濟開發區、霍爾果斯邊境經濟合作中心的建設，也提高了新疆維吾爾自治區物流中繼的地位，擴大了邊境貿易及與其他中亞國家的貿易。近年來，新疆維吾爾自治區的貿易總額，正在緩慢地增加當中。新疆維吾爾自治區貿易的80%，來自與中亞各國之間的貿易[224]；而新疆對哈薩克的貿易依存度尤高，2000年以後，年平均達到56.18%。[225]

伴隨著道路、鐵路的建設，雖然有些議論[226]認爲，中國的影響力也會隨著基礎建設而持續擴大；但從新疆維吾爾自治區與中亞各國的例子來看，通往周邊國家的道路、鐵路等基礎建設，還只是剛剛站在起跑線上而已。

肆、小結

位於中國西北區域，推動與亞洲區域一體化戰略的重要地方政府，包括新疆維吾爾自治區、甘肅省、內蒙古自治區以及寧夏回族自治區。而從中國與中亞各國的關係來看的話，新疆維吾爾自治區與內蒙古自治區的動向最值得關注。由於區域經濟振興戰略的差異，新疆維吾爾自治區與內蒙古自治區在中亞的經濟合作上有明顯的熱度差。內蒙古自治區主要依賴畜牧及資源的戰略，與中亞各國的合作動機並不高。但在一帶一路戰略中，內蒙古與蒙古、俄羅斯的關係強化成爲重要課題。

另一方面，新疆維吾爾自治區在 1990 年以後，由於無法提出有效的經濟戰略，並在貿易強烈依賴中亞各國，因此對中亞的區域合作抱持相當大的期待。新疆維吾爾自治區立足於「連結中國東部與西亞（東連西出、西來東去）」的地理優勢，將對外開放當作區域振興戰略的重要支柱，但一直無法推出實際的方案。到了 1990 年代中期，新疆維吾爾自治區轉向與周邊國家的貿易來作爲產業振興政策（貿易先行，產業連動）。雖然 1990 年代初期與後期的政策，都未能得到預期的效果。但在 2009 年以後，中國便開始摸索「穩定與開放」的折衷策略，但依舊持續面臨國民國家整合和中亞區域整合的兩難。

儘管存在著溫度上的落差，各地方政府依然呼應中央政府的方針，執行著與中亞各國實質一體化的國家戰略，以及人民幣國際化的政策。在與中亞的區域合作中，有「地方政府主導型」（阿爾泰區域多邊合作）、「中央政府主導型」（CAREC）與「中央政府及地方政府協議型」（霍爾果斯經濟開發區、霍爾果斯邊境經濟合作中心）等三種模式並存。

而地方政府參與區域合作的過程中，出現了各式各樣的區域合作構想。從中國外交政策走向來看，有四個構想今後應該持續關注。第一個是 CAREC，第二個是阿爾泰區域的多邊合作，第三個是霍爾果斯邊境經濟合作中心，第四個是中國—吉爾吉斯—烏茲別克三國區域經濟合作。中國—吉爾吉斯—烏茲別克三國區域經濟合作上，若能順利開通中國與吉爾吉斯、烏茲別克之間的道路，有進一步發展的可能性，但目前還是只處於構想階段而已。

從地方政府的視角來看，在西北區域的區域合作中，地方政府最重視的便是上合組織各國。其中，哈薩克、吉爾吉斯、烏茲別克都是重要的合作對象國。另外，與塔吉克的合作也在地方政府的考量之中，接下來也有進一步強化的可能性。中國一直在積極推進和上合組織的合作，但是多數上合組織成員國對與中國的經濟合作都不太積極，此外，基礎建設的不完善，是推動中國與中亞各國合作上的一大阻礙。最後，中國國內的國民國家整合問題，導致地方政府無法推進和完全執行中央的政策，這也是中國和中亞各國合作的一大瓶頸。

第四節　結語

中國的亞洲外交中最重要的支柱之一，便是推進以中國爲中心，覆蓋亞洲全地區的經濟一體化。1990 年代後半開始，中國便持續推行自由貿易協定（FTA）、區域經濟合作等，促進中國與亞洲國家的經濟上的連結，並以此來強化中國在亞洲的政治、外交、軍事影響力。在此戰略中，位處邊境區域的部分地方政府，也積極參與次區域的區域經濟合作，並且成爲中央政府的區域戰略推動者。

爲了擴大經濟連結並創造實質的合作區塊，中國在東北、西南與西北地區，都積極地推動人民幣的國際化。過去中國國際金融戰略的三個重點，是人民幣國際化、金融合作與國際貨幣體制的再建。近年，中國則是將人民幣國際化作爲其政策重點。從這個意義而言，促使亞洲各國進行人民幣清算或進行人民幣投資，既是中國國際金融戰略的一環，同時也是中國亞洲外交戰略的一部分。中國試圖透過人民幣國際化，來促進中國的大國地位，並達成世界格局多極化之目標。

由於地區經濟振興戰略的差異，地方政府之間與周邊國家的關係發展，有其溫度上的差異。但是，在中央大戰略的促進下，地方政府已經是中國亞洲外交上重要的推進力。同時，地方政府的地區經濟振興政策，也在很大程度上改變了中國與亞洲國家的關係；而周邊國家在中國外交戰略中的重要性，也逐漸產生改變。例如，吉林省在推動東北亞區域合作時，非常強調與俄羅斯、北韓的關係；但在其實際的經濟戰略中，日本與韓國也是重要的合作對象國。而雲南省雖然也在強化與東南亞及南亞的關係，但與緬甸的關係則最爲關鍵。另外，中央政府雖然對位處中亞、西亞、南亞節點上的新疆維吾爾自治區抱有相當期待，但從新疆維吾爾自治區的區域合作戰略來看，哈薩克、吉爾吉斯以及烏茲別克扮演關鍵的角色。此外，在與阿拉伯各國的關係強化上，寧夏回族自治區的作用也逐漸受到重視。如上所述，中國國內的地方政府之間，也會有不同的政策傾向而形成不同的勢力，最終影響中國與亞洲國家的關係。

從中國國內的觀點來看，目前爲止雖然只有與亞洲各國相接壤的省分或自治區，參與了亞洲外交的策劃；今後邊境省分以外的地方政府，也會積極推動和亞洲國家的經濟關係。如此一來，中國的外交決策過程會更爲複雜。從中國的亞洲區域合作政策決定的觀點來看，現在有「地方政府主導型」、「中央政府主導型」與「中央政府及地方政府協議型」等三種決策模式同時存在，但在目前階段則是以「中央政府及地方政府協議型」爲最主流的形式。

從各地方政府與中央的「協議」過程中便可得知，各省分／自治區從各自的經濟利益出發所考量的各種對外政策主張，透過「地方政策國家戰略化」的調整、聚焦的過程後，提升成爲國家戰略。此一「中央戰略地方化」的過程，中國各地方政府省（自治區）遊說中央政府，進而實現各自的利益。

在中國的亞洲外交中，以邊境區域爲中心的次區域合作，其經濟因素重要性日益上升。而地方政府的行動，打造出周邊國家與中國關係的基礎。而地方政府的參與，也豐富了中國對外展開的政策內容。雖然地方政策與中央政策會有相互矛盾的可能，但目前沒能被納入國家戰略的地方政府地區振興政策，幾乎都處於停滯狀態，對中國外交戰略的影響甚微。其最大的原因在於中國的稅制。在現行中國的稅制下，地方政府資金不足，且無力自行籌措大筆資金，其結果導致必須依循中央的方針才能推行自己的政策。

註解

1　本書所記載的國境線長度是以中國各省公布的數據為準。

2　王占國、袁慶壽，〈黑龍江省沿邊開放十年回眸〉《學習與探索》，2000 年第 2 期，41 頁。

3　2007 年當時，黑龍江省的對外貿易依存度為 20.8%。

4　姜亦棟，〈黑龍江全方位對外開放的戰略構想〉《西伯利亞研究》，1994 年第 1 期，6 頁。

5 王占國、袁慶壽，〈黑龍江省沿邊開放十年回眸〉，43 頁。

6 宿豐林、孫麗，〈黑龍江省實施沿邊開放戰略的回顧與前瞻〉《東歐中亞市場研究》，2002 年第 9 期，43 頁。

7 李雁、王芳，〈關於中俄蒙黑龍江流域區域經濟合作的探討〉《國土與自然資源研究》，2000 年第 2 期，22 頁。

8 張曙霄，〈黑龍江省通日本的經貿合作與老工業基地振興〉《日本學論壇》，2004 年第 1 期，2-8 頁。

9 〈黑龍江、與「哈洽會」共同成長〉《新財經》，2010 年第 6 期，99 頁。

10 〈黑龍江省人民政府關於進一步擴大對外開放促進老工業基地振興的意見（黑政發【2006】70 號）〉《黑龍江政報》，2006 年第 18 期，16 頁。

11 〈開發在黑河〉《瞭望週刊》，1990 年第 17 期，24 頁。

12 姜紅雨，〈論建設中俄黑龍江大橋為黑河全方位對外開放帶來的戰略機遇〉《黑河學刊》，2005 年第 1 期，31 頁。

13 同上，32 頁。

14 徐廣國，〈綏芬河：東北亞邊貿區之「眼」〉《瞭望新聞週刊》，2005 年第 39 期，60-61 頁。

15 〈黑龍江省人民政府關於推進對韓經貿合作戰略升級的意見（黑政發【2007】60 號）〉《黑龍江政報》，2007 年第 16 期，9-12 頁。

16 金東珠，〈論黑龍江省對韓開放戰略升級的必要性、內涵及實現路徑〉《哈爾濱市委當校學報》，2008 年第 4 期，7 頁。

17 笪志剛，〈改革開放譜寫黑龍江省對日經貿合作新篇章〉《學理論》，2008 年第 16 期，20 頁。

18 張金平，〈次國家政府外交在「橋頭堡」開放戰略中的定位〉《學理論》，2010 年第 18 期，4 頁。

19 〈在深化對外開放中發揮黑龍江地緣優勢〉，http://www.qstheory.cn/zxdk/2013/201301/201212/t20121227_202444.htm，查閱時間：2019 年 3 月 3 日。

20 張鵬遠，〈牡丹江沿邊開放問題探析〉《中國科技信息》，2010 年第 5 期，262 頁。

21 綏芬河綜合保稅區的總面積為 1.8 平方公里，是當時中國國內第六個綜合保稅區。

22 〈黑龍江省綏芬河綜合保稅推介〉《西伯利亞研究》，2011 年第 5 期，13 頁。

23 〈中俄東北和遠東地區合作規劃要實施 4 年成果豐富〉，http://www.china.com.cn/international/txt/2012-06/07/content_25590467.htm，查閱時間：2019 年 3 月 3 日。

24 李濤，〈哈爾濱市在黑龍江省東北亞經濟貿易開發區建設中的作用研究〉《對外貿易》，2013 年第 2 期，89 頁。

25 洪欣，〈黑龍江省對韓經貿合作現狀與對策分析〉《對外貿易》，2012 年第 11 期，30-32 頁。李克華，〈黑龍江省對韓貿易合作戰略升級的問題與對策〉《商業經濟》，2011 年第 6 期，17-18 頁。

26 李慶絹，〈黑龍江省邊境貿易發展的現狀、問題及對策〉《商業經濟》，2012 年第 6 期，13 頁。

27 卒崇志，〈對俄人民幣境外直接投資的實踐與探索〉《理論觀察》，2011 年第 1 期，140-141

頁。

28 肖飛、張艷梅、池敏，〈對黑龍江省抓住政策放開契機推動跨境人民幣業務快速發展的建議〉《黑龍江金融》，2012 年第 9 期，23 頁。

29 30 年間，日美和對中國出口的重要度、每年會有變動。

30 崔日明、陳傳愉，〈遼寧省對外貿易 30 年發展回顧及前景展望〉《瀋陽工業大學學報（社會科學版）》，2008 年第 4 期，289-294 頁。

31 張穎，〈遼寧與朝鮮經貿合作的戰略思考〉《瀋陽工業大學學報（社會科學版）》，2008 年第 4 期，297-298 頁。

32 李岩，〈遼寧省沿邊開放的戰略思想〉《東北亞論壇》，1995 年第 4 期，61-65 頁。

33 1990 年代初圖們江區域開發構想啟動時，中國、北韓、韓國、盟國為參加國家，俄羅斯和日本是作為觀察國參加的。

34〈加快圖們江地區開放開發〉，http://www.chinajilin.com.cn/zhuanti/content/2007-08/28/content_916598.htm，查閱時間：2019 年 5 月 30 日。

35〈圖們江地區的大事簡摘〉，http://www.chinajilin.com.cn/zhuanti/content/2007-08/28/content_916596.htm，查閱時間：2019 年 5 月 30 日。

36 圖們江開發的前期研究協調組組長是國家科委副主任惠永正、副組長是國家計委副主任劉江。

37〈圖們江地區的大事簡摘〉。

38 1991 年 12 月，北韓政府正式設立了「先鋒」、「羅津」這兩個自由貿易區。

39 四個協議如下：①關於圖們江開發的三條原則；②同意成立圖們江地區開發公司；③北韓同意出租土地，準備出租 100 平方公里；④同意在三國出租土地上共同開發。

40〈加快圖們江地區開放開發〉。

41 徐承元，〈中國・朝鮮半島關係——兩個價值體系的競爭〉，國分良成編，《中國政治和東亞》，慶應義塾大學出版會，2006 年，306 頁。

42 倉田秀也，〈建立朝鮮半島和平體制問題與中國—東北亞地域安全保障與「多國間外交」〉，高木誠一郎編，《後冷戰時期的中國外交與亞太》，日本國際問題研究所，2000 年，231、227 頁。

43 倉田秀也，〈六方會談的成立過程與美中關係〉，高木誠一郎編，《美中關係——冷戰後的結構和展開》，日本國際問題研究所，2007 年，70-71 頁。

44 岩下俊司，《朝鮮民主主義人民共和國和中華人民共和國——「唇齒關係」的結構與變化》，世織書房，2010 年，226-227 頁。

45〈吉林省政府圖們江地區開發辦公室圖們江地區開發大事記〉，http://www.ecdc.net.cn/newindex/chinese/page/tumen/tumen_jishi/01/5.htm，查閱時間：2019 年 5 月 30 日。

46〈「北美自由貿易區」經驗對圖們江地域的啟示〉，http://www.ecdc.net.cn/newindex/chinese/page/tumen/tumen_jishi/07/12.htm，查閱時間：2019 年 5 月 30 日。

47 李燦雨，〈圖們江度與開發 10 年——評估與課題〉，http://www.erina.or.jp/jp/Library/booklet/pdf/bl2.pdf，查閱時間：2011 年 5 月 30 日。

48〈中國朝鮮簽約共同開發黃海油田〉《東方早報》，2005 年 12 月 26 日。

49〈借港朝鮮 吉林找至出海口〉《經濟觀察報》，2006 年 7 月 17 日。

50〈中國圖們江地域協力開發企劃綱要〉，http://www.jl.gov.cn/zt/cjtkfkfxdq/ghgy/200912/t20091207_663277.html，查閱時間：2011 年 5 月 30 日。

51 孟煒中、馬廷玉、洪英、劉永剛，〈「十二五」遼寧對外開放新思路〉《遼寧經濟》，2011 年第 5 期，11 頁。

52 李靖宇、劉長、吳超，〈遼寧沿海經濟帶開發區域價值論證〉《決策諮詢通訊》，2010 年第 5 期，13 頁。

53 潘廣雲，〈「中俄地區合作規畫綱要」背景下遼寧與俄羅斯經貿合作態勢分析〉《俄羅斯學刊》，2011 年第 6 期，33-41 頁。

54 長四保，〈吉林省「出海」通道及其開發戰略研究〉《地理科學》，2000 年第 4 期，281-285 頁。

55 李靖宇、劉長、吳超，〈作為國家戰略的遼寧沿海經濟帶開發區價值論證〉《東北財經大學學報》，2010 年第 4 期，32 頁。

56〈未來六年的中俄關係〉《瞭望東方週刊》，2012 年第 45 期，46 頁。

57 黃金坪島與丹東，原本之間有河相隔，但後來堆土填河工程後，現在兩地相接。

58 吳德烈，〈朝核危機與中朝經貿合作〉《世界知識》，2009 年第 18 期，32 頁。

59〈延邊企業投資朝鮮總額達 6823 萬美金〉《瞭望東方週刊》，2010 年第 12 期，18 頁。

60 吳德烈，〈朝核危機與中朝經貿合作〉，32 頁。

61 沈曉丹，〈丹東對朝邊境小額貿易發展問題探析〉《遼東學員學報（社會科學版）》，2009 年第 5 期，54 頁。

62〈2010 年 2 月 25 日外交部發言人秦剛舉行例行記者會〉，http://gw.china-embassy.org/chn/fyrth/t660166.htm，查閱時間：2011 年 5 月 30 日。

63〈羅先造城記〉《中國新聞週刊》，2012 年第 30 期，54 頁。

64《中國經濟新聞》，2012 年 9 月 15 日。

65 連結中國的圈河到北韓的元汀是作為國境線的一座橋。此橋全長 535.2 公尺，寬 6.6 公尺。2010 年 3 月起中國開始重建此橋。

66 這些國內報導包括〈中朝兩個經濟開發合作聯合指導委員會召開會議〉，http://www.gov.cn/gzdt/2012-08/14/content_2203984.htm，查閱時間：2012 年 8 月 14 日等。

67〈「東方鹿特丹」琿春崛起的「開放窗口」〉，http://news.china.com.cn/zhuanti/2012jlx/2012-12/09/content_27361579.htm，查閱時間：2019 年 12 月 9 日。

68〈近海聞潮亦澎湃 來自琿春國際合作示範區的報告〉《吉林日報》，2013 年 1 月 29 日。

69〈破解圖們江困境〉，http://www.lwdf.cn/wwwroot/dfzk/bwdfzk/201043/bmbd/255315.shtml，查閱時間：2012 年 6 月 10 日。

70〈中國東北內陸「借港出海」〉，http://today.banyuetan.org/jrt/120914/70744.shtml，查閱時間：2012 年 8 月 24 日。

71 羅津港有三個碼頭，中國使用第 1 和第 2 碼頭，俄羅斯使用第 3 碼頭，中國還獲得了 50 年的第 4、5、6 碼頭的使用權。

72〈「東北亞大通道」建設提速〉《瞭望新聞週刊》，2012 年第 37 期，44-45 頁。

73〈未來六年的中俄關係〉，46 頁。

74 "China-DPRK Trade Needs New Model", *China Daily*, September 13, 2012.

75〈前述多份「重量級」協議　中俄能源合作駛入快車道〉《經濟參考報》，2013 年 3 月 25 日。

76 CarLa P. Freeman, "Neighborly Relations: The Tumen Development Project and China's Security Strategy", *Journal of Contemporary China*, Vol. 19, No. 63, January, 2010, pp. 137-157.

77〈中韓俄蒙共推圖們江開放〉《人民日報海外版》，2016 年 7 月 12 日。

78 Peter T. Y. Cheung and James T. H. Tang, "The External Relations of China's Provinces", in David M. Lampton ed., *The Making of Chinese Foreign and Security Policy in the Era of Reform*, Stanford: Stanford University Press, 2001, pp. 119-120.

79 蘇長和，〈中國外交能力分析——以統籌國內國際兩個大局為視覺〉《外交評論》，2008 年第 4 期，7-13 頁。

80 磯部靖，《現代中國中央地方關係——廣東省的地方分權》，慶應義塾大學出版會，2008 年，344 頁。

81 益尾知佐子，〈向世界騰飛的南寧——中國地域主義展開中的廣西地方政府的作用〉《中國研究月報》，2010 年第 64 卷第 11 期，28-40 頁。

82 涉及中央與地方的對立的研究包括：郭蕾，〈地方利益崛起背景下中央與地方權限爭議分析及思路〉《探索》，2013 年第 1 期等。

83 吳德烈，〈朝核危機與中朝經貿合作〉，33 頁。

84〈朝鮮招商記〉《瞭望東方週刊》，2003 年第 15 期，10-12 頁。

85〈廣西打造平安新邊關〉《人民日報》，2013 年 5 月 8 日。

86 依據中國政府的數據，西藏自治區的國境線長達 4,000 多公里。

87 李濤、王新有，〈中國西藏與南亞鄰國間的邊貿研究現狀：問題與前景〉《南亞研究季刊》，2011 年第 2 期，72 頁。

88 Alice D. Ba, "China and ASEAN Renvigating Relations for a 21st Century", *Asian Survey*, Vol. XLIII, No. 4, 2003, pp. 633-635. Kuik Cheng-Chwee, "Multilateralism in China's ASEAN Policy: Its Evolution, Characteristics, and Aspiration", *Contemporary Southeast Asia*, Vol. 27, No. 1, 2005, p. 103.

89 楊立生，〈雲南參與國際經濟合作開發的思考〉《大理學院學報》，2005 年第 4 期，41 頁。

90 傅瑞紅，〈湄公河次區域經濟合作的階段演進與中國的角色〉《東南亞縱橫》，2009 年第 5 期，68 頁。

91 GMS 首腦會議每三年舉行一次。

92〈中國參與大湄公河次區域經濟合作國家報告〉，此後於 2005 年、2008 年、2011 年 GMS 首腦會議會期中公布了數次。

93 末廣昭、宮島良明、大泉啟一郎、助川成也、青木まき、Sompop Manarungsan，《從中國的視角重新審視大湄公河次區域開發（GMS）》，東京大學社會科學研究所，2009 年，28 頁。

94 雲南省社會科學院課題組，〈中國—東盟自由貿易區的建構與雲南的對外開放研究〉《雲南社會科學》，2002 年第 5 期，37 頁。

95 張瑞昆，〈中老關係框架下的雲南——老撾經濟合作〉《東南亞南亞研究》，2009 年第 4

期，46-47 頁。

96 白石昌也，〈湄公河區域合作和中國、日本、美國〉《Waseda Asia Review》，2012 年第 12 期，12-13 頁。

97 石田正美，〈新興經濟迴廊的開發、維修〉，http://www.ide.go.jp/Japanese/Publish/Download/PolicyBrief/Ajiken/pdf/014.pdf，查閱時間：2013 年 2 月 20 日。

98 〈中國參與大湄公河次區域經濟合作國家報告〉，http://www.gov.cn/jrzg/2011-12/17/content_2022602.htm，查閱時間：2019 年 12 月 25 日。

99 〈雲南邊境貿易區處境尷尬〉《中國經濟時報》，2010 年 2 月 4 日。

100 此三條國際道路為：①昆明—瑞麗—仰光；②昆明—西雙版納—寮國；③昆明—泰國曼谷—越南。1998 年，①昆明—仰光；②昆明—曼谷；③昆明—河內的三條道路已經得到了 GMS 的認可，但此後，昆明—仰光道路被排除到了 GMS 計畫外，而雲南省也因此失去了在 GMS 框架下和緬甸合作的熱情。王士錄，〈對雲南面向緬甸開放意義的再認識〉《東南亞》，2008 年第 3-4 期，53 頁。

101 〈面南向南〉，http://www.lwdf.cn/oriental/cover_story/2010011415531821.htm，查閱時間：2012 年 8 月 8 日。

102 〈雲南致力於開通四條出海通道〉《珠江水運》，2000 年第 2 期，31-33 頁。

103 田雲，〈對外開飯與雲南經濟的跨越式發展〉《中共雲南省委當校學報》，2007 年第 2 期，94 頁。

104 廣西壯族自治區爭取在南寧舉辦 CAEXPO 的過程，請參閱：益尾知佐子，〈向世界騰飛的南寧——中國地域主義展開中的廣西地方政府的作用〉《中國研究月報》，2010 年第 64 卷第 11 期，28-40 頁。

105 〈譜寫雲南對外開放新篇章——我省加快推進中國面向西南開放的橋頭堡建設〉《雲南當的生活》，2010 年第 5 期，25 頁。

106 〈南亞大通道啟程〉《瞭望新聞週刊》，2010 年第 31 期，20 頁。

107 同上，21 頁。

108 〈關於 GMS 經濟走廊論壇的材料〉，http://www.yn.xinhuanet.com/topic/2008-06/04/content_13458655.htm，查閱時間：2008 年 6 月 4 日。

109 〈戴傑：讓更多人共享 GMS 機制合作成果〉，http://www.csaexpo.cn/html/2013/jingjizoulanghuodong_0222/264.html，查閱時間：2013 年 2 月 22 日。

110 盧光盛、郜可，〈2009 年雲南省參與區域合作的成果、問題及建議〉《東南亞南亞研究》，2010 年第 2 期，67 頁。

111 楊傑，〈以南亞為重點　全面推進雲南對外開放〉《昆明理工大學學報（社會科學版）》，2008 年第 4 期，11-14 頁。

112 呂昭義，〈印度東北地區的戰略轉變及推進中國雲南與印度東北地區合作的建議〉《東南亞南亞研究》，2009 年第 4 期，37-40 頁。

113 〈六部門出台 10 項政策措施　支持邊境經濟合作區發展〉，http://www.gov.cn/jrzg/2012-12/05/content_2283241.htm，查閱時間：2019 年 12 月 5 日。

114 〈發展改革委：我國啟動重點開發開放試驗區建設〉，http://www.gov.cn/jrzg/2012-08/17/

content_2206113.htm，查閱時間：2020年6月5日。

115 王國平、陳亞山，〈新世紀以來雲南面向東南亞南亞開放回顧〉《東南亞南亞研究》，2012年第1期，16-17頁。

116 黃文川，〈加速建設面向西南開放重要橋頭堡——訪中共雲南省委書記秦光榮〉《求是》，2011年第20期，21頁。

117 羅聖榮，〈雲南省跨境經濟合作區建設研究〉《國際經濟合作》，2012年第6期，82頁。

118 王國平、陳亞山，〈新世紀以來雲南面向東南亞南亞開放回顧〉，19頁。

119 盧光盛、金珍，〈雲南對外開放的新增長點初步研究〉《經濟問題探索》，2010年第3期，155頁。

120〈與南亞合作：不同國家應採取不同路徑〉《雲南日報》，2011年9月21日。

121〈譜寫雲南對外開放新篇章——我省加快推進中國面向西南開放的橋頭堡建設〉，26頁。

122 王國強、楊文磊，〈對建設保山猴橋邊境經濟合作區的理性思考〉《保山學院學報》，2011年第2期，2頁。

123 何光文、吳臣輝，〈雲南保山通向南亞地緣經濟戰略探析與對策〉《黑龍江史志》，2009年第4期，132頁。

124 課題組，〈保山參與橋頭堡建設思路及對策研究〉《保山學院學報》，2011年第6期，4頁。

125〈走向南亞保山還須破「四難」〉《雲南日報》，2008年7月10日。

126 陳利君，〈雲南經濟發展與對外開放〉《雲南民族大學學報（哲學社會科學）》，2011年第5期，237-238頁。

127 汪宇明、廖赤眉，〈跨世紀的廣西區域開發戰略格局〉《人文地理》，1994年第4期，1頁。

128 甘霖，〈發展中的廣西中越邊境貿易〉《廣西民族學院學報（哲學社會科學版）》，1999年第3期，78頁。

129 盧文春，〈廣西邊境發展現狀與對策〉《東南亞縱橫》，1996年第4期，15頁。

130 廖業揚，〈廣西對外開放角色和戰略地位的轉變〉《廣西社會科學》，2006年第12期，20-21頁。

131 楊道喜，〈加強合作　共創未來——在中國（廣西）—東南亞經濟合作論壇上的講演〉《計畫與市場探索》，2002年第11期，7頁。

132 南寧—新加坡經濟走廊為從南寧經由越南、寮國、柬埔寨、泰國、馬來西亞至新加坡。

133〈構築南寧—新加坡經濟走廊的可行性研究〉，廣西經濟決策網，http://www.gx-info.gov.cn/Fazhan_Report/viewFazhan.asp?id=21597，查閱時間：2011年5月30日。

134 細川大輔，〈泛北部灣經濟合作的未來——廣西壯族自治區的挑戰〉《大阪經経大論集》，2010年7月第61卷第2期，87頁。

135〈劉奇葆出任廣西自治區黨委書記　深受萬里影響〉，http://news.eastday.com/eastday/node81741/node81762/node144854/userobject1ai2142959.html，查閱時間：2019年5月30日。

136〈專門組展開「泛北部灣經濟合作路線圖」指定工作〉，http://www.gov.cn/jrzg/2012-07/13/content_2182826.htm，查閱時間：2019年7月13日。

137 張旭華，〈跨境經濟合作區的購建與中國的跨邊境合作策略探析〉《亞太經濟》，2011年第4期，109頁。

138 黃興球、庄國土主編，《東盟發展報告（2012）》，社會科學文獻出版社，2012年，224頁。

139 黃克強，〈對接東盟　物流天下——記廣西欽州保稅港區加強對外開放和區域合作〉《廣西經濟》，2012年第9期，42頁。

140 阮輝貴（Nguyen Huy Quy），〈越南—中國跨境經濟合作區〉《東南亞縱橫》，2011年第11期，40-41頁。

141 關利欣，〈中新境外工業園區比較及啟示〉《國際經濟合作》，2012年第1期，57-61頁。

142〈我國境外經貿合作區建設與企業「走出去」戰略〉《國際金融與投資》，2011年第3期，48頁。

143 張廣榮，〈中國境外經貿合作區發展政策探析〉《國際經濟合作》，2013年第2期，41頁。

144 王鵬飛，〈廣西境外經濟貿易合作區建設與發展初探〉《對外貿易實務》，2013年第4期，20-23頁。

145 "China-Indonesia Joint Industry to be Located in Guangxi", http://m.skalanews.com/berita/detail/146080/China-Indonesia-Joint-Industry-to-be-Located-in-Guangxi，查閱時間：2019年5月21日。

146 趙明龍，〈新階段廣西對外開放的現狀與對策研究〉《桂海論叢》，2012年第6期，119頁。

147《大湄公河區域合作發展報告（2010～2011）》，社會科學文獻出版社，2011年，216-217頁。

148〈商務部：中國與東盟將就人民幣等問題進一步談判〉，http://www.chinanews.com/news/2005/2005-09-15/8/626280.shtml，查閱時間：2019年5月30日。

149 李捷，〈雲南邊境人民幣流通：形勢與對策〉《雲南金融》，2003年第6期，2頁。

150 劉光溪，〈人民幣國際化路徑選擇與雲南實踐〉《中共中央當校學報》，2012年第6期，59頁。

151 張立莉，〈雲南省參與GMS合作邊境貿易決算本幣化問題研究〉《雲南農業大學學報》，2010年第2期，38頁。

152 肖宗娜，〈以人民幣跨境貿易結算為契機構建南寧區域性金融中心〉《廣西經濟》，2012年第9期，39-41頁。

153 馬歡、韋杏伶，〈布局東盟：人民幣突圍猜想〉《中國評論》，2010年第11期，58頁。

154 針對中國石油天然氣集團公司的煉油項目，2013年5月在昆明發生了數百人的示威遊行。遊行市民抗議中國石油天然氣集團公司「煉油工廠擠壓生活用水」或「造成環境污染」。

155 馮慶庭，〈在雲南建立和利用油氣資源國際運輸通道研究〉《中共雲南省委當校學報》，2010年第4期，104-106頁。

156 劉稚、劉思遙，〈論雲南參與區域合作與橋頭堡建設的橋頭保建設的相互關係〉《雲南師範大學學報》，2011年第6期，25頁。

157〈國家有關部委沿邊地區開放開發調研組一行來甘肅省調研〉，http://gansu.mofcom.gov.cn/aarticle/sjshangwudt/201206/20120608187722.html，查閱時間：2019年6月20日。

158 同上。

159 楊文藍、李金玲，〈內蒙古口岸開放成效與不足分析〉《內蒙古財經學院學報》，2012年第6期，92頁。

160〈內蒙古口岸經濟發展回顧與展望〉《北方經濟》，2005年第3期，21-23頁。朱金鶴、崔登峰，〈促進新疆與中亞五國擴大邊境貿易之淺見〉《現代財經》，2011 年第 5 期，92-97 頁。

161 高宏強，〈內蒙古邊境貿易發展現狀與對策研究〉《理論研究》，2011 年第 3 期，9-10 頁。

162〈人民幣跨境貿易結算比較——以內蒙古自治區中俄、中蒙邊境貿易為例〉《銀行家》，2009 年第 11 期，98-101 頁。

163 張子君，〈內蒙古自治區對蒙人民幣跨境流動情況及政策建議〉《內蒙古金融研究》，2010 年第 12 期，3-6 頁。

164〈中俄蒙自由貿易區建設構想下內蒙古的樞紐效應分析〉《內蒙古大學學報（哲學社會科學版）》，2012 年第 6 期，29-33 頁。

165 王幗艷，〈試論寧夏與阿拉伯國家的交流與合作〉《寧夏社會科學》，2003 年第 3 期，40 頁。

166 孫俊萍，〈中阿經貿論壇與寧夏對外開放〉《回族研究》，2010 年第 4 期，73 頁。

167「中阿經貿論壇」目前開過四次，開會時間分別為：2010 年 9 月、2011 年 9 月、2012 年 9 月與 2019 年 9 月。

168〈國務院批准寧夏建立內陸開放試驗區　打造向西開放橋頭堡〉，http://www.eeo.com.cn/2012/0913/233461.shtml，查閱時間：2012 年 9 月 13 日。

169 朱琳，〈關於建立中國—阿拉伯國家聯盟自由貿易區的戰略構想〉《對外經貿》，2011 年第 12 期，6-8 頁。

170「中阿合作戰略研究」課題組，《中阿經貿關係的特點與寧夏對外開放的路徑選擇〉《寧夏黨校學報》，2011 年第 7 期，76-79 頁。

171 2001 年新疆維吾爾自治區公布的數據。

172 蔡守秋，〈西部邊境城鎮的法制建設〉《甘肅政法學院學報》，2002 年第 12 期，3 頁。

173 艾斯海提．克里木拜，〈新疆對外開放的回顧與展望〉《實事求是》，1997 年第 1 期，5 頁。

174〈新疆向世界敞開胸懷——新疆對外開放紀實〉《中國經貿學報》，1998 年第 3 期，20 頁。

175 文雲朝，〈「西部大開發」戰略與新疆的大開放〉《國際經濟合作》，2000 年第 4 期，29-30 頁。

176 加々美光行，《中國的民族問題——危機的本質》，岩波書店，2008 年，282 頁。

177 有關 1990 年代發生的民族紛爭時間請參閱：勒娟娟、金天義主編，《新疆邊防管理與邊防建設》，社會科學文獻出版社，2011 年，206-242 頁。

178 Yufan Hao and Weihua Liu, "Xinjiang: Increasing Pain in the Heart of China's Borderland", *Journal of Contemporary China*, Vol. 21, Issue 74, February 2012, p. 219.

179 王鳴野、寇新華，〈亞歐大陸橋的新疆〉《新疆社會經濟》，1998 年第 5 期，45 頁。

180〈新疆新局〉《中國新聞週刊》，2010 年第 19 期，24 頁。

181〈揭開「東突」恐怖分子的面紗〉，http://www.china.com.cn/chinese/2001/Nov/72147.htm，查閱時間：2019 年 8 月 1 日。

182〈王樂泉講述新疆反分裂鬥爭〉《共產黨員》，2008 年第 4 期，46 頁。

183〈解讀國務院 32 號文件：新疆構築面向中亞開放新格局〉，http://202.201.208.6/wjj/wsmg/News/200710820958.html，查閱時間：2011 年 5 月 30 日。

184 世界維吾爾青年代表大會是 2004 年成立的。

185 US Department of State, Counterterrorism Office, *Patterns of Global Terrorism, 2001*, Washington

D.C.: Department of State, 2002, pp. 16-17.

186 Colin Mackerras, "Xinjiang and Central Asia since 1990: Views from Beijing and Washington and Sino-American Relations", in Colin Mackerras and Michael Clarke eds., *China, Xinjiang and Central Asia: History, Transition and Crossborder interaction into the 21st Century*, London and NY: Routledge, 2009, p. 138.

187 Martha Brill Olcott, "Carving an Independent Identity among Peripheral Powers", in David Shambaugh and Michael Yahuda eds., *International Relations of Asia*, Lanham: Rowman & Littlefield Publishers, 2008, p. 247.

188 Elizabeth Van Wie Davis, "Uyghur Muslim Ethnic Separatism in Xinjiang, China", http://www.dtic.mil/cgi-bin/GetTRDoc?AD=ADA493744，查閱時間：2019 年 1 月 15 日。

189〈以新疆為橋頭堡構建中國路上能源大通道戰略〉《大陸橋視野》，2012 年第 1 期，77 頁。

190〈八國牽手共謀區域發展　交通、能源、貿易提上議程〉《新疆日報》，2006 年 10 月 25 日。

191〈中國與中亞近鄰打造「經濟走廊」促進西北邊疆安定〉，http://news.xinhuanet.com/world/2012-10/30/c_113550273.htm，查閱時間：2012 年 10 月 30 日。

192 連接新疆與中亞的四條 CAREC 走廊如下：

①俄羅斯—東亞（俄羅斯、哈薩克、中國新疆維吾爾自治區）；

②地中海—東亞（亞塞拜然、哈薩克、吉爾吉斯、塔吉克、烏茲別克、中國）；

③俄羅斯—東亞（俄羅斯、中國內蒙古自治區、新疆維吾爾自治區）；

④東亞—中東和南亞（阿富汗、吉爾吉斯、塔吉克、中國新疆維吾爾自治區）。

193〈CAREC 走廊表現測量和監測〉，http://www.carecprogram.org/uploads/events/CPMM-Workshop-Performance-Measurement-Monitoring-cn.pdf，查閱時間：2013 年 5 月 1 日。

194〈中亞區域經濟合作相關政策〉，http://www.xjcz.gov.cn/zy?p_p_id=general_articles_INSTANCE_8kHJ&p_p_lifecycle=0&p_p_state=maximized&p_p_mode=view&p_p_col_id=column-15&p_p_col_pos=1&p_p_col_count=2&_general_articles_INSTANCE_8kHJ_struts_action=%2Fgsoft%2Fgeneral_articles%2Fview&_general_articles_INSTANCE_8kHJ_articleId=45dfaeb9-187c-4a2f-ac0f-c6e28ed1d345&_general_articles_INSTANCE_8kHJ_target=_blank，查閱時間：2013 年 4 月 16 日。

195〈四國六方齊聚共續區域合作〉《中亞信息》，2010 年第 1 期，33 頁。

196〈阿爾泰區域科技合作經濟發展國際研討會大事記〉《大陸橋視野》，2005 年第 4 期，88 頁。

197〈霍爾果斯：「特區」預熱〉，http://www.lwdf.cn/wwwroot/dfzk/bwdfzk/201043/ss/251815.shtml，查閱時間：2011 年 9 月 12 日。

198 竹効民，〈淺議創辦中哈邊境自由貿易區的條件及難點〉《中共伊梨洲委黨校學報》，2005 年第 1 期，30-32 頁。

199 有關西藏問題，改革開放以後中共中央共召開了 6 次西藏工作座談會。1980 年在中國召開了首次西藏工作座談會。此後 1984 年、1994 年、2001 年、2009 年和 2015 年又召開了 5 次。

200〈中共中央國務院召開新疆工作座談會　胡錦濤溫家寶發表重要講話〉，http://cpc.people.com.cn/GB/64093/67507/11654261.html，查閱時間：2019 年 4 月 1 日。

201 星野昌裕，〈周邊的呼叫——多數社會與國家統合〉，國分良成編，《中國、現在》，岩波新書，2011 年，115 頁。

202〈新疆「換帥」背後〉《中國新聞週刊》，2010 年第 19 期，20 頁。

203 喀什經濟開發區總面積是 50 平方公里。

204 霍爾果斯經濟開發區總面積是 73 平方公里。

205〈不合複製和替代的地緣區位優勢〉《世界知識》，2010 年第 12 期，19 頁。

206〈新疆喀什、霍爾果斯經濟開發區成為中國向西開放窗口〉《大陸橋視野》，2011 年第 11 期，69 頁。

207 李寶琴，〈中國—中亞經濟貿易區建設研究——以次區域經濟合作為視角〉《邊疆經濟與文化》，2012 年第 8 期，7 頁。

208〈美欲在中亞搞「樣板」遏制中國「西部財富帶」〉，http://world.people.com.cn/GB/11938845.html，查閱時間：2013 年 4 月 1 日。

209〈加快建設一區三園——霍爾果斯經濟開發區發展紀實〉《新疆日報》，2013 年 4 月 19 日。

210〈喀什經濟開發區打造輻射周邊經濟新高地〉，http://www.xj.chinanews.com/xinjiang/2019-08-26/detail-ifzniivw4274823.shtml，查閱時間：2020 年 1 月 3 日。

211〈泛亞鐵路的現狀與理想〉，http://project.newsccn.com/2012-05-21/143947.html，查閱時間：2012 年 9 月 1 日。

212〈中歐高鐵迎來開工窗口〉，http://www.lwdf.cn/wwwroot/dfzk/bwdfzk/201043/bmbd/255321.shtml，查閱時間：2012 年 8 月 30 日。

213〈中吉烏鐵路好事多磨〉《南方週末》，2012 年 4 月 13 日。

214〈喀什打開新疆邊貿「人民幣決算」第一扇窗〉《中亞信息》，2009 年第 10 期，29 頁。

215 卡比努爾．庫拉西，〈新疆跨境貿易人民幣結算試點的現狀分析〉《金融經濟》，2013 年第 4 期，85 頁。

216 2010 年的新疆維吾爾自治區的貿易中，邊境貿易占到 59%。

217〈從戰略高度推動新疆跨越式發展和長治久安〉，http://www.gd.xinhuanet.com/newscenter/2012-12/04/c_113894133.htm，查閱時間：2012 年 12 月 4 日。

218〈積極推進創先爭優常態化長效化〉，http://www.jrxjnet.com/lingdao/luntan/201210/45821_3.html，查閱時間：2012 年 10 月 31 日。

219〈新疆策勒縣：「五抓措施」力促轉邊作風服務群眾活動深入展開〉，http://www.cnlzjd.com/index.php/index/News_content/id/5377，查閱時間：2013 年 5 月 2 日。

220〈「新疆文件」說明了甚麼？〉，https://cn.nytimes.com/opinion/20191121/china-xinjiang-documents/zh-hant/，查閱時間：2020 年 1 月 3 日。

221〈習近平第二次中央新疆工作座談會上發表重要講話〉，http://www.xinhuanet.com/photo/2014-05/29/c_126564529.htm，查閱時間：2020 年 1 月 3 日。

222〈新聞辦就穩定發展有關情況舉行新聞發布會〉，http://www.gov.cn/xinwen/2019-12/09/content_5459657.htm，查閱時間：2020 年 1 月 3 日。

223〈國務院關於實施西部大開發若干政策措施的通知〉（2000 年 10 月 26 日），中共中央文獻研究室、中共新疆維吾爾自治區委員會，《新疆工作文獻選編（1949-2010 年）》，中央文獻出版社，2010 年，511-515 頁。

224〈向西、前沿和門戶〉《世界知識》，2010 年第 12 期，17 頁。

225 王海燕，《新地緣經濟中國與中亞》，世界知識出版社，2012 年，260 頁。

226 Jonathan Holslag, "China's Roads to Influence", *Asian Survey*, Vol. 50, No. 4, July / August 2010, pp. 641-662.

第四章
中國安全保障與亞洲

冷戰結束之後，海洋主權、能源、水資源等問題，相繼成爲中國新的安全保障課題。在亞洲地區，特別是傳統安全領域的海洋主權，與非傳統安全領域的水資源問題，重要性與日俱增。這兩個問題，也經常被認爲是安全保障問題的導火線。1990 年代以後，在海洋問題上，中國與相關各國間的不信任感日漸增強，其中又以海洋主權問題尤其受到注目。隨著中國的崛起，中國周圍的安全保障情勢產生很大的變化，中國的安全保障政策也隨之發生改變。而海洋主權與能源安全這兩項問題，屬於中國對外政策中變化最大的領域。

環保、資源、移民、毒品、HIV/AIDS 或 SARS、恐怖攻擊等非傳統安全保障議題，在亞洲地區極爲重要。亞洲有許多河川的源流都在中國，位處上游的中國水壩建設，對下游周邊國家來說，在安全保障、經濟、國民生活上都有相當重大的影響。中國在國際河川上進行水壩開發等非傳統安全保障研究，涉及到多種研究課題。例如，上下游國家利益的問題、中國企業的經濟活動與政府對外政策方針關係的問題、中國非政府組織（NGO）與國家關係問題，以及權威主義國家輿論作用等問題。1990 年代後期開始，中國開始重視非傳統安全保障問題，也開始認識到金融危機、氣候變遷、核武擴散、能源安全、水資源、糧食安全等「新式威脅」。但在中國的對外政策中，水資源問題的重要性相對比較高。

在本章中，首先綜觀中國的崛起與亞洲區域的安全保障情勢，然後針對領土、能源、水資源，以及中國與周邊各國關係進行考察。領土、能源與水資源，既是外交問題，同時也是與國內經濟發展戰略深刻相關的問題。各個中央部委、地方政府、國有企業也都積極喚起輿論，試圖影響國家的政策決定。因此，本章將綜合考察中國對外政策形成過程中，相關政府部委與地方政府、國有企業、輿論等所扮演的角色與作用。

第一節　中國海軍的崛起與亞洲區域的安全保障

亞洲區域的安全保障情勢，產生了重大的變化。特別是以聯合國海洋法公約相關議題爲契機，圍繞著領海主權所產生的問題，讓亞洲地區的緊張關係快速提高。在安全保障情勢變化的背後，有各種要素的複合作用，但其中又以中國崛起所帶來的影響最大。中國採取的是「富國強兵」的政策，且隨著經濟力的上升，使得中國海洋軍事能力不斷增強。從歷史的角度來看，大陸國家與海洋國家會採用不一樣的海洋戰略。由於中國有著三面環陸一面向海的地緣政治特徵，在1990年代以後，「海陸複合型」國家的認知在中國國內迅速拓展開來。

國際上對於中國究竟算是「大陸國家」還是「海洋國家」的議論，至今仍在不斷持續。近年來分析海軍動向的許多研究[1]中，羅伯特．羅斯（Robert S. Ross）認爲，中國在本質上屬於「大陸國家」，而中國海軍的戰略是以「海上阻絕」（Sea Denial）爲基礎來增強海軍的實力。[2]對此，米歇爾．格羅斯尼與菲利浦．桑德斯（Michael A. Glosny, Phillip C. Saunders）則從中國的「海陸複合」特徵切入提出反論，認爲陸地威脅降低之時，中國就很有可能轉而追求海上權力（sea power）。[3]

雖然對於中國究竟是「大陸國家」還是「海洋國家」，意見仍然相當分歧，但中國正在強化海軍力量，則是有目共睹的事實。即便主張中國是「大陸國家」的著名學者葉自成，強調陸地發展戰略對中國的重要性之際，也同時認爲中國應該加強海軍實力，追求海洋權力。在此情況下，中國內部極爲重視阿爾弗雷德·賽耶·馬漢（Alfred Thayer Mahan）所提出的海上權力概念，對馬漢主義的信仰根深蒂固。

壹、海洋問題的浮現與中國海軍的崛起

伴隨著急速的經濟發展，海洋開始成爲中國重要的安全保障問題。其中，又以海上交通線（sea lines of communications, SLOC）的安全爲最緊要的課題。在中美、中日間的安全保障不信任感不斷上升的情況下，與海上交通線有關的問題上，中國對美國、日本的疑慮也逐漸升高。鄧小平的「先富論」戰略，使得中國經濟最爲發達的地區集中在沿海區域。中國的出口貨物和進口物資，無論是東出太平洋、南下大洋洲或西去印度洋，都必須穿越西太平洋的一系列島嶼。2010年時，中國貿易量的 86%，主要依賴五條海上通路。[4] 從朝鮮海峽向北美的海上通路需經由大隅海峽，但此水道距美軍的日本橫須賀基地大約 400 海浬，而距美軍的日本佐世保基地也不超過 200 海浬。另外往太平洋、中南美的海上航道，還要經過離日本較近的宮古海峽，或是離菲律賓較近的巴士海峽、巴林坦海峽，或是麻六甲海峽等。對石油依存度相當高的中國來說，進口石油的 90% 都是依賴海上運輸路線，而其中又有 80% 是經由麻六甲海峽。因此，中美日在安全保障領域互不信任的情況下，中國海上貿易和能源的交通線，受到了極大

的關注。

在海洋問題重要性日漸提高的同時，中國海軍的影響力也從沿岸開始向近海以及遠洋地區逐步擴展。在改革開放以前，中國海軍兵力主要將重點放在沿海防禦上。但自劉華清就任海軍司令官[5]（1982年）之後，在1983年所召開的海軍作戰會議中，提出海軍今後的目標是重視遠洋訓練。[6]此後，中國的海軍戰略開始產生了大幅轉變。此外，由於中蘇關係的改善，中國不再受到蘇聯的核武威脅，這也是中國更加重視海洋戰略的背後推力之一。[7]

1991年6月爆發波灣戰爭之後，解放軍召開了三次與波灣戰爭有關的高層級會議[8]。以波灣戰爭爲契機，中國軍事戰略開始轉換成以高科技兵器來應對局部戰爭的策略。接著在1993年時公布「新時期戰略方針」，將防衛空間從「本土」改訂爲「陸、海、空、宇宙」，強調優先發展海空軍力。[9]此外，在2004年6月召集的中央軍事委員會擴大會議中，認爲高科技戰爭在本質上是一種資訊戰，因此也開始強調資訊技術的重要性。[10]雖然中國的軍事戰略一貫方針都是「積極防禦」，[11]但現今中國國防現代化政策之目標，除了以抑制美國在中國周邊的軍事能力以及解放臺灣爲中心之外；近年來，遠洋出擊的綜合作戰能力，也成爲一項重要目標。[12]

目前，軍力增強的中國海軍，已經具備在第一島鏈範圍（從近海200海浬展開到1,000海浬），以10到13天的時間制勝之能力。[13]目前正在試圖經由黃海、東海、南海、宮古海峽以及臺灣海峽，向東進入太平洋，突破第一島鏈。[14]換句話說，中國海軍正處於要從棕水海軍（brown water naval power）轉向可以防禦200海浬的綠水海軍（green water naval power），至於建成能在遠洋開展的藍水海軍（blue water naval power），則還有一段相當遠的距離。

貳、美國主導的海洋秩序與中國海洋戰略

美國在日本、菲律賓、韓國、馬來西亞、泰國、馬歇爾群島、關島、威克島等地都設有基地，美國軍艦還在鄰近中國領海12海浬的區域進行日常航行。中國為了突破這樣的軍事包圍網，除了採用「反介入／區域拒止」（Anti-access/Area-denial, A2/AD）戰略，[15] 另外也強化或開發航空母艦、各式水上艦艇、潛水艇、戰鬥機、轟炸機、巡弋飛彈、彈道飛彈、反艦彈道飛彈（ASBM）[16] 等能力。[17] 日本學者道下德成認為，中距離彈道飛彈或長距離巡弋飛彈，雖然能夠給予在前方美軍與駐日美軍基地一定的威脅，但中國在實現ASBM上還存在技術上的困難，對美國海軍來說還不是現實威脅。[18]

為了與中國的A2/AD作戰對抗，在2010年的四年防務評估（Quadrennial Defense Review, QDR）中，美國提出了海空整體作戰（air-sea battle, ASB）的新作戰概念。也就是說，為了破壞中國的監視系統、發射系統以及導彈等武器，美國將進一步強化長距離攻擊能力與海空軍共同作戰能力。[19] 且「海空整體作戰」，是由美日兩國共同實施。

2008年12月，為了打擊西非地區的海盜攻擊和海上劫掠，中國海軍派遣戰艦前往索亞丁灣馬利亞海域護航。這個行動被認為是中國海軍從沿海防衛轉向遠洋海軍的一個象徵性行動，引起國際高度關注。然而實際上，雖然中國海軍不斷進行現代化，[20] 但在現階段中，中國海軍還面臨海軍與空軍的整合問題、ASBM、導航系統等各式各樣的問題，[21] 甚至在沿海攻擊與海洋封鎖方面也相當脆弱。[22]

2012年9月時，全世界總共有22艘航空母艦，美國擁有11艘，與第2名的西班牙、義大利（2艘）相比有著相當大的差距。[23]

而中國只有 1 艘航空母艦，且與俄羅斯幾乎相同等級，在技術上遠遠落後於美國。2012 年時，中國遠洋船艦只有 3 艘，海上補給艦（replenishment-at-sea, RAS）只有 5 艘。[24] 作爲海洋強國，這些遠洋所需船艦在數量上遠遠不夠。同時爲了維持全球軍事影響力，除了戰艦以外，確保停泊、給油、修理與維護等支援港口網絡也是必要的。[25] 例如，美國在冷戰時期就已經建立以同盟爲中心的海洋網絡，但蘇聯則只能使用古巴、敘利亞以及非洲友好國的港口。

現在中國的戰略中尚有很多不透明部分，但其所謂的「珍珠項鍊」（string of pearls）戰略，[26] 正是創造遠洋航海所必需的補給、修理等支援網絡的一環，其海洋戰略也是類似蘇聯型的友好港網絡。根據「珍珠項鍊」戰略，中國爲了確保能航向南海、麻六甲海峽、印度洋等海上通路的重要軍事據點，正在極力設法控制柬埔寨、緬甸（實兌）、孟加拉（吉大港）、斯里蘭卡（漢班托塔）以及巴基斯坦（瓜達爾）等地之海岸設施。雖然中國的海洋強國之路才剛剛起步，但是中國正在全力加速發展其海軍力量。目前，中國已經擁有 2 艘航空母艦，第三艘正在建設中。2017 年和 2019 年，中國 901 型大型綜合補給艦服役，另外兩艘也正在建設當中。[27]

2013 年 3 月，國家主席習近平的初次外訪，便與坦尚尼亞政府之間簽訂約 100 億美金投資的備忘錄，推動坦尚尼亞三蘭港西北部巴加莫約的港口建設與相關基礎設施。中國聲稱透過此一投資，巴加莫約便可成爲非洲與波斯灣地區最大的港口之一。除了巴加莫約港口建設之外，習近平還與坦尚尼亞政府達成協議，允許中國使用貝拉港。在此情況下，有許多意見認爲，[28] 中國正試圖構築以吉布地、葉門、阿曼、肯亞（拉姆）、坦尚尼亞（三蘭港）、莫三比克（貝拉）爲中心的西印度洋遠航補給體制，以及以賽席爾、馬達加斯加爲中心的中、南印度洋遠航補給體制。

以上這些港口建設，都是爲了商業目的而推進的計畫。雖然當作遠洋航海補給、補修等支援網絡，有其一定的效果；但一般認爲，要轉爲軍事基地使用，則有相當大的問題。因爲，其中很多港口幾乎沒辦法採取防禦態勢，從地緣政治的角度來看，其在戰爭爆發時的戰略價値不大。[29]

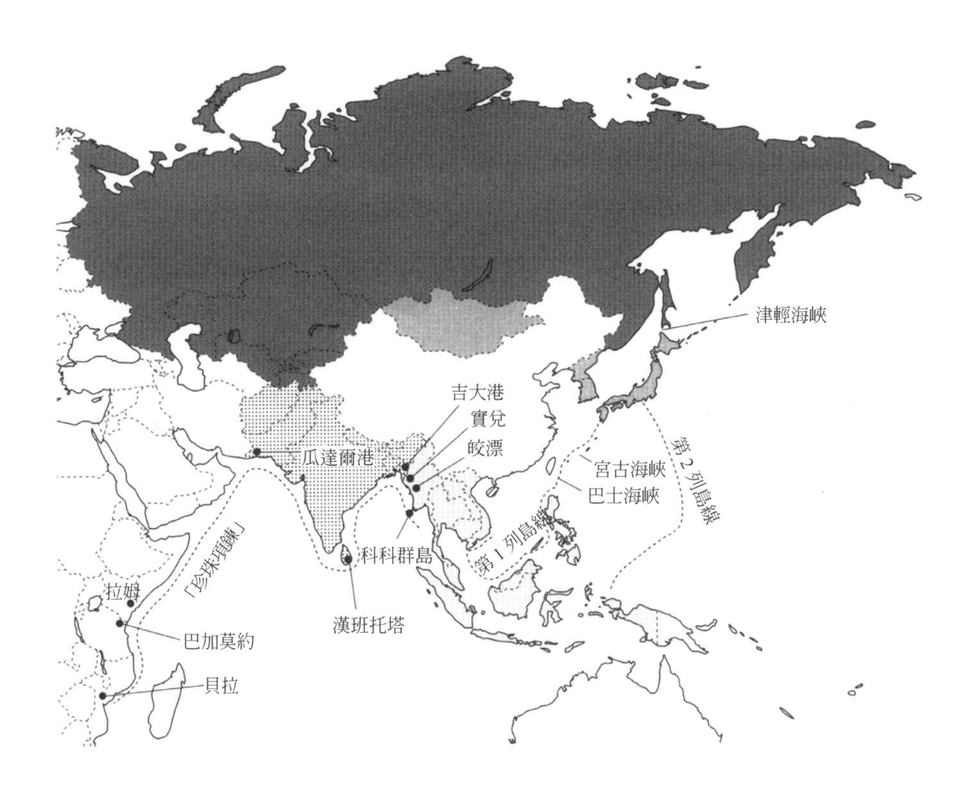

參、小結

如前所述，目前在海洋安全保障方面，美國依然擁有壓倒性的海洋軍事力量。雖然中國海軍不斷強化自身實力，目前依舊無法擺脫美國主導的海洋秩序。而且中國自身在很大程度上，也相當依賴美國海軍力量所維持的海上航行自由權。因此，有些學者對中國的海洋崛起做出樂觀的解釋，認爲不論在能力或意圖上，中國海軍都不打算挑戰美國的支配。[30]

但不可否認的，中國的軍事戰略正從大陸國家轉型至海陸複合型國家。對此，日本中國軍事問題專家平松茂雄警告，中國的外交和軍事考量並非以現在的邊境線爲基礎，中國信奉的是「失地回復主義」，以恢復「中華帝國」爲終極目標。在海洋問題上，平松指出中國的目標是擴大「海上戰略邊疆」，旨在取回「中國之海」。另外根據平松的說法，中國的這種「失地回復主義」戰略對周邊國家來說，如何拒絕被併入「中華世界」並維持獨立國家地位，是生死存亡的問題。[31]

無論如何解釋中國海洋崛起的意圖或能力，中國軍事戰略的轉換確實對亞洲海洋的權力平衡帶來了一定的變化。過去以來，亞洲地區除了美國以外，日本、印度的海軍實力也相當強大，是重要的海上強權。特別是日本海軍的能力，被歸類在美國同盟國中的最高等級。因此，現在印度與日本也都對中國的海洋擴張抱持著警戒心，而中國與日本、印度之間在海洋問題上的較量也日趨激烈。即使距離中國海軍眞正的崛起還有一段很長的路，但中國軍事崛起引發的亞洲地區安全保障困境，已日趨嚴重，而亞洲各國之間的軍事合縱連橫也正在展開。

第二節　海洋主權

圍繞著領海問題，近年亞洲地區的緊張感不斷升高，領海主權紛爭逐步升溫，成為威脅東亞安全保障的嚴峻問題之一。何以領海紛爭會在 2000 年代後期頻繁發生？國際社會對中國採取何種海洋政策？對此，國際間的關心也日益增高。

中國擁有超過 1.8 萬公里長的海岸線，並主張擁有 300 萬平方公里的領海區域。但中國主張擁有的領海中，約有一半處於與鄰國的紛爭當中。在東海，中國與日本便在尖閣諸島的主權，以及東海的排他經濟海域（EEZ）問題上呈現對立狀態，而中韓兩國也在蘇岩礁（韓文名：離於島）主權問題上對立。另外在南海，則與越南、馬來西亞、汶萊、菲律賓、臺灣等五方[32]發生主權爭議。其中，馬來西亞及汶萊與中國的主張差異相對較小，目前只要中國不對這兩國做出嚴重損害其安全與國家利益的行為，一般認為中國威脅論在這兩國當中不會急速升溫。[33]另一方面，越南與菲律賓則是與中國直接對立，彼此之間的紛爭持續不斷。[34]

2007 年以後，因為海洋主權問題，中國與其他關係國家之間的對立突然浮上檯面，並且沒有緩解的趨勢。一般認為，這是因為中國在經歷 30 年的經濟成長後，對自身國家實力過分自信而採取強硬的對外政策。羅伯特．羅斯將中國此種海洋主權政策稱為「民族主義外交政策」（nationalist diplomacy），認為中國將越來越依賴民族主義，因為民族主義是中國社會的政治穩定措施。[35]另一方面，伊恩．約翰斯頓則不同意羅伯特．羅斯的這種看法，認為中國雖然在南海問題上轉趨強硬，但並不能就此斷定中國對外政策在整體上轉為強勢的傾向。[36]

對中國海洋政策理解上的不同，自然也會導出不同的對中政策。在此意義下，在海洋秩序形成之際，持續成長的中國會採取何種政策？對此理解的過程與結果，也就成爲左右亞洲區域和平與穩定的重要問題。因此，在本節當中，將分析後冷戰時期中國所採取的海洋政策及其動向，並進一步討論今後中國海洋政策的方向性。具體來說，首先將對中國的海洋管理體制和目前海洋主權問題的特點加以說明。接著會依序分析和討論與中國海洋主權問題相關的外交政策、國內法、相關國際紛爭，及其地方政府對中國海洋政策的影響問題。最後則是總括中國海洋主權政策的特徵。

壹、海洋問題的管理體制

在 2013 年中國國家海洋局重組以前，中國的海洋問題管理和執法體制被稱爲「五龍治海」。意指由國家海洋局、中國海監、農業部中國漁政、海關總署、公安總署海上緝私等五個機構，聯合管理和執法。中國領海主權的政府體制，因其管理權限分散於 5 個機構，導致「條條塊塊」——各個政府機構之間缺乏溝通——的體制弊害十分明顯。中國也明確認識到此一機構體制弊端，對此做出各式各樣的政策調整，來強化國家海洋政策的一致性，確保各個機構能夠統一對外，但都沒有成功。例如，2008 年 7 月，國務院賦予國家海洋局國內「對海洋事務的綜合協調」的權限，[37] 但實際上國家海洋局的協調機能根本無法實現，此一規定並不能根本改變中國在海洋政策中「多頭對外」的行政管理體制。2009 年 5 月，外交部又新設了「邊界與海洋事務司」，負責制定陸地與海洋外交政策、指導協調海洋對外工作、處理有關邊界涉外事務以及國境、共同開發等。雖然外交部新設的

「邊界與海洋事務司」也承擔協調海洋事務的責任，但是其主要的職責還是在於對外交涉，因此對國內政策的權限還是相當有限。

2013 年 3 月發表的「國務院機構改革和職能轉變方案」中，將中國海監、農業部漁業局的中國漁政指揮中心及其下屬的海區執法總隊、中國公安邊防海上警察部隊，以及海關總署的緝私警察等與海洋相關的部門都移置到海洋局。[38] 重組後的國家海洋局，以中國海警局名義展開海上執法。同時中國又公布了新的國家海洋發展戰略，也新設了高層級負責協調海洋相關重大事務的「國家海洋委員會」。2018 年 7 月 1 日起，中國海警局被編入中央軍事委員會的下屬中國武裝警察部隊，由中國海警統一海上執法。

2013 年的國務院機構改革，基本結束了「五龍治海」的局面。整合各個部門之後，執法能力也得以統一，國家海洋局的權限進一步獲得強化，海上執法由中國海警統一執行。即便如此，2013 年改革後，中國國內分散執法的現狀並沒有得到完全解決。2013 年的改革目的本在於強化深海維權，因此改革中並沒有涉及交通部主管的中國海事和地方海上執法力量。[39] 在 2013 年後，中國海警、中國海事、地方海上執法力量還在各自管理執法。同時，新成立的國家海洋局是否可以眞正整合新編入的資源、如何展開與領海問題相關的政策，以及中央軍委管制下的中國海警局執法能力會提高到何種程度，這些仍需要謹慎地觀察。

貳、近年來的海洋主權紛爭之特質

聯合國海洋法公約是導致近年海洋紛爭最大的原因之一。中國在 1996 年 7 月成爲聯合國海洋法的締約國。在此之前的 2 個月（1996

年5月），第8屆全國人民代表大會常務委員會批准中國加入聯合國海洋法公約，並發表聲明重申，中國主張在所有爭議海域內擁有領土主權。

2006年夏天，中國重新定義了其對外政策的目的，強調了外交中維護國家主權、安全的重要性。在此外交政策轉變的影響下，2007年以後，針對海洋主權，中國與關係各國之間的對立不斷激化。在此之前，中國也不是沒有與其他國家因為領海問題而出現對立。例如，在南海主權上，中國便與越南交戰過兩次。1974年1月，兩國在西沙諸島針對永興島（Woody Island）發生武力衝突，接著在1988年1月中國占領永暑礁（Fiery Cross Reef）之後，3月時就在南沙諸島的赤瓜礁再次交戰。南海艦隊502隊的指揮者陳偉文在事前就收到了「不主動惹事、不首先開槍、不示弱、不吃虧、不丟面子」的「五不」指示，最終還是與越軍交戰，並占據了赤瓜礁、永暑礁、華陽礁、東門礁、南薰礁、渚碧礁等六個島嶼。[40]

在後冷戰時期，中國目前還沒有因為領土問題而發生過武力衝突的案例。特別是中國與菲律賓在1995年發生第1次美濟礁事件以後，中國和日本及東南亞各紛爭國政府，都努力擱置領土紛爭。因此，海洋主權問題的紛爭已受到一定控制。同時，在2006年政策轉變前，中國也顧慮到與周邊其他國家的關係，採取單方面克制的態度，一直沒有在爭議海域開採石油。1985年，國家海洋局曾派人前往視察黃岩島，隨後向中央提出開發黃岩島港口的計畫提案，但沒有得到中央的批准。[41] 此後在1992年，美國石油公司也向中國提出，希望和中國共同開發與越南有爭議的南海區域石油，此提案也沒有得到中國高層的批准。[42]

從1990年代後半開始至2000年代中期，中國和周邊國家在海洋主權問題的對立，獲得一定的控制。但在 2007 年以後，海洋主權問題又重新成爲中國與周邊國家發展關係的最大障礙之一。其主要原因有以下三項。

第一，聯合國海洋法公約（UNCLOS）問題。1994 年生效的聯合國海洋法公約，也被稱爲「海洋憲法」。在此海洋憲法中，導入了一個新的概念，即 12 海浬領海基線向外不超過 200 海浬的專屬經濟海域（EEZ）。EEZ 的導入引起了各國在新國際海洋秩序下的新一輪激烈競爭。1990 年代中葉至 2006 年，亞洲各國之間的漁民緝捕與釋放事件不斷發生；而在聯合國大陸棚邊界委員會的申請文書提出期限（2009 年 5 月 12 日）前後，相關國家在海洋問題上的對立更進一步白熱化。這是因爲，2009 年之前相關國家需要明確自己在領海和 EEZ 上的主張，並將其主張提交給聯合國；導致有關各國無法持續擱置爭議的政策，從而引發東亞的海洋領土爭議。

第二，美國的重返亞洲政策使得問題變得更複雜。歐巴馬政權的對外戰略中，亞太地區的重要性越來越高，圍堵中國的政策色彩也越來越濃厚。美國此一外交走向與中美兩大國在亞太地區的權力鬥爭，進一步加劇了亞洲地區的海洋紛爭。

第三，2007 年以後，中國在領海主權問題上的諸多紛爭，與中國本身的政策轉變也有密切的關係。2006 年夏天，中國重新定義其國家利益，除了經濟發展以外，「國家主權與安全」也開始放在國家利益的框架之下（參照第一章第二節）。在領土問題上，中國一貫揭示「主權在我，擱置爭議，共同開發」的原則，但在重新定義其國家利益後，海洋政策的主軸就從過去重視「擱置爭議，共同開發」，轉向主張「擁護主權」。接著在 2006 年 8 月，中國也發表排除強制爭端解決程序的聲明，表示不會接受聯合國海洋法公約所規定的國際司法或仲裁。此後也是根據此聲明，中國在 2013 年 1 月菲律賓提交南海爭議給國際法庭後，拒絕參加南海仲裁案仲裁庭，並聲稱此仲裁庭的判決是無效且沒有束縛力，中國不接受也不承認。[43] 即使在 2010 年代中葉，中國重新回到「共同開發」的路線之後，中國也沒有在海洋問題上做出妥協，仍然堅持「主權在我」的原則，使得亞洲地區海洋紛爭仍處於僵持狀態。

如上所述，近年持續激化的領海主權問題爭議，與聯合國海洋法公約有著相當深切的關係。且在中美於亞太權力鬥爭的背景下，反介入／區域拒止（Anti-access/Area-denial, A2/AD）的中美軍事攻防，也讓海洋主權問題開始帶有新的特質。對中國來說，目前領土問題已陷入不能單純擱置的困難局面。2006 年轉向揭示重視主權的對外政策，也是一項重視海洋主權問題的舉動。此後，中國在海洋主權問題上一直堅持絕不退讓的原則。

參、海洋主權問題上的中國外交姿態

冷戰終結之後，中國努力與東南亞國家協會（ASEAN）建構關係，希望消除中國威脅論，其中一項行動便是妥善處理南海領海的主權爭議（參照第二章第二節）。出於此一外交姿態，中國與日本、韓國、越南之間相繼簽訂漁業協定。2002 年 11 月，中國與東協簽訂《南海行動宣言》，接著在 2003 年 8 月，雙方又簽訂了《和平與繁榮戰略夥伴關係聯合宣言》。另外在 2003 年，中國首次加入《東南亞友好合作條約》（TAC）（11 月），成爲第一個以域外國家身分加入的成員。2004 年 6 月，中國也與越南簽訂了中國首份海上邊境協定。

2004 年 11 月，溫家寶總理提出與東協諸國在政治、經濟、文化領域強化關係的 9 個提案。[44] 提案除了包括中國提倡盡早與東盟締結東南亞非核區（SEANWFZ）議定書的主張之外，也包含期盼認眞落實《南海各方行動宣言》以及盡早啓動南海合作。另外，中國還提出期盼本著「擱置爭議，共同開發」的原則，在南海爭議海域中積極尋找共同開發的途徑與方式。

溫家寶在此時提倡南海爭議海域的領海與 EEZ 共同開發，與中國國內當時的能源狀況有很大的關係。2003 年 11 月，在溫家寶提案的一年前，中國就已經跟菲律賓國家石油公司（Philippine National Oil Company, PNOC）簽訂了共同探勘石油的相關契約。2005 年 3 月，在溫家寶的 9 個提案之後，中國又與越南、菲律賓的石油公司 [45] 簽訂「在南中國海協議區三方聯合海洋地震工作協議」（期限 3 年）；[46] 同年 7 月，中國又與越南、菲律賓達成在南海共同探勘的協議。在黃海，中國也有相應的動作。2005 年 12 月，中國與北韓簽訂共同開發黃海的協定，[47] 協定內容雖然沒有對外公開，但一般認爲共同開發的區域有極高的可能是北黃海盆地。[48]

除了共同開發，中國也持續摸索在安全保障領域的合作。2006 年 5 月，中國與菲律賓、越南達成強化南沙群島周邊海域的安全保障合作協議。2007 年 11 月，溫家寶也對東協各國提出強化軍事交流與軍事交流制度化的提案，呼籲擴大各國軍方間的非傳統安全領域合作。[49] 在溫家寶提案之後，中國馬上表明將支援確保麻六甲海峽的安全，在海盜對策上展現出區域合作的積極姿態。[50] 然而，隨著聯合國大陸棚邊界委員會申請文件提出期限（2009 年 5 月 12 日）的逼近，中國與相關國家之間在海洋問題上的紛爭持續激化，成爲中國與周邊國家對立的一個焦點。

2010 年 7 月的東協區域論壇（ARF）時，美國第一次應邀參加，在南海問題上中美激烈對峙，中國表示出強硬的態度。楊潔篪外長的「中國是大國，別的國家都是小國。這就是事實」的發言，也受到海內外廣泛的關注。2010 年，中國漁船與日本巡船在釣魚島海域發生相撞事件，國務委員戴秉國在 2010 年 12 月的《人民日報》發表一篇署名文章，將鄧小平制定，中國長期以來奉行的「韜光養晦」外交方針，修正為「堅持韜光養晦，積極有所作為」。[51] 在這樣的情況下，國家主席習近平在 2013 年 1 月，表示「決不拿核心利益做交易」，[52] 受到內外媒體的廣大報導。接著在同年 2 月 21 日，《解放軍報》也呼籲為了守護和平、遏制危機並從戰爭中勝出，必須積極進行戰爭的準備。

當然，在美國對中國的高壓態度、中國和東協國家關係因南海問題蒙上陰影之際，中國也不得不做出一些讓步。在 2010 年 10 月所召開的中國─東協首腦會議中，中國同意制定「南海區域行動綱領」的談判（參照第二章第二節），並表示會參與化解對立的相關對談。另外，2011 年 11 月進行的中國─東協首腦會議當中，溫家寶更呼籲要擴大海上實務合作，表明將會提供 30 億人民幣，與東協共同設立中國─東協海上合作基金。2012 年 10 月，中國再次向東協約定履行提供基金建立海上合作基金一事，[53] 而在此前的 2012 年 3 月，中國就已經與印度外交部長決定進行中印海洋協議之事宜。[54] 而在 2010 年代中葉以後，中國也開始強調此區域的經濟合作，強化與鄰國之間的合作框架。

在此一政策開展下，可以看到現行中國海洋政策的一個重要的特徵，便是同時存在兩種姿態：協調姿態與強硬姿態。2013 年 7 月，習近平在國家海洋權益上，表示必須同時重視「維穩、維權」；[55] 這也表明 2006 年以後，特別是習近平執政以後的中國海洋政策或周邊政策的基本走向，就是在重視維權的前提下，探索新的合作的方式。因此，中國海洋政策同時具有協調與強硬的兩個方向。

在此需要強調的是，協調姿態並不僅限於外交領域，其他政府機關對於國際協調也極為積極。例如，國家海洋局在 2006 年 8 月，於大連召開與東協各國之間的海上執法機構之會談。另外，中國也在推進海上搜索與救助領域的國際合作。目前為止，也與韓國、越南等國進行了聯合演習，與柬埔寨之間也正在推進次領域的合作。[56]2010 年，公安部主辦中國與東協的打擊海盜行為相關會議；中國海軍也在 2011 年 6 月，於北部灣與越南海軍進行聯合巡邏。[57] 中國與印尼之間，則是在 2012 年 12 月首次於北京召開海上合作委員會會議。

從這些政策上的脈絡來看，中國今後應該也會持續在傳統與非傳統安全保障領域進行強化合作。另一方面，受到了聯合國海洋法公約的強力影響，並在中國堅持國家主權與安全的外交目標下，中國與周邊國家在海洋權益上的摩擦，將難以避免。

肆、海洋主權相關的國內法制定與執行

中國從建國開始，就十分重視與周邊國家劃分確定的陸地邊境線。相對於陸地邊境線的行動，中國在建國之後的領海意識一直相對低落。1958 年，中華人民共和國才首次發表「領海聲明」。「領海聲明」將離岸 12 海浬以內的水域作為領海，並主張對東沙（普拉塔斯）、西沙（帕拉塞爾）、中沙以及南沙（斯普拉特利）群島握有主權。但這份聲明當時並沒有對外公開，也沒有提到領海基線的基點問題。

對於海洋的調查與管理，中國的行動則是更加遲緩。在建國 15

年後的 1964 年，中國才首次設立專門管轄海洋問題的國家機關：國家海洋局。不過隨後受到文化大革命的影響，國家海洋局到 1970 年代之後才開始正式運作，著手進行海流調查，展開海洋調查船的製造或進口等業務。然而，中國對於劃定領海、海洋立法與管理的意識開始明顯上升，是 1990 年代以後的事。1991 年，中國首次召開與海洋活動相關的全國會議，開始正式啓動相關領海的法律制定。在這樣的進程下，「海洋權益」的概念，則開始被放入新制定的各式法律與法案之中，媒體也開始頻繁提及。

1992 年 2 月時，在第 7 屆全國人民代表大會常務委員會第 24 次會議上，通過了《中華人民共和國領海及毗連區法》決議案。這是中國第一次對外公布有關領海主權的國內法律。1992 年的領海法，依據 1958 年的領海聲明，對外宣示中國領海的第一批領海基線（包含西沙群島的領海基線），並明確寫明中國對釣魚島（尖閣諸島）的主權。在此一法律制定的過程中，對於是否將釣魚島（尖閣諸島）主權寫入法律中，曾在人大召開的討論會上出現激烈爭論。因爲人民代表大會法律工作委員會的堅持，最終還是寫入法律之中。[58]

接著在 1996 年 5 月，中國首次對外發表關於領海基線的聲明，並於 1998 年 6 月公布《中華人民共和國專屬經濟區與大陸架法》。如上所述，進入 1990 年代之後，中國制定並公布了各種法律，填補了海洋立法的空白。雖然這些國內法與國際法之間仍缺乏整合性，[59] 但經過 1990 年代的行動後，中國的領海相關法律也逐漸趨於完善。

在法律制定之後，中國又開始著手制定與國內法相關的管理規定。其中，對於島嶼的管理強化則是較爲吃緊的課題。面積超過 500 平方公里的島嶼逾 6,500 座，散布在中國周邊各地，其中有 94% 爲無人島。另外，在中國主張的 77 個領海基點當中，有 66 個是無人島。

中國在 1988 年到 1996 年開始在領有海域進行島嶼調查，並依據此調查結果，自 2001 年開始著手制定無人島管理規定的作業。接著在 2003 年 6 月，國家海洋局、民政部、人民解放軍總參謀部聯合制定《無居民海島保護與利用管理規定》（2003 年 7 月 1 日生效）。根據這項無人島管理規定，允許個人或機構開發使用中國 6,000 多個無人島，租用時間最長爲 50 年。2013 年 9 月爲止，中國保釣運動人士周文博等人總計申請了 4 次，希望租借釣魚島（尖閣諸島），[60] 但目前爲止中國還沒有批准過任何申請。

在逐步完成關於海洋主權的國內法與管理規定之制定後，中國又開始著手島嶼保護的相關立法。全國人民代表大會在 2003 年 11 月，組織了島嶼保護法起草小組；2009 年 12 月，《島嶼保護法》在全人代常務委員會中決議通過。與此同時，中國也開始推進國內法與管理規定的執行強化作業。1999 年 1 月，中國在國家海洋局下成立中國海監總隊。隨後，在中國各沿海區域省縣也都設立海監總隊下層組織。因此，海監總隊的巡航區域也在 2000 年代之後慢慢擴大。2008 年中國確立「全海域巡航制度」，從 2009 年開始，中國開始在包含西沙與南沙等在內，中國實際擁有行政支配權的海域進行定期巡航。中國宣稱巡航的目的是爲了「顯示自身存在，體現有效管轄」。[61]

在加強島嶼管理的過程當中，2005 年 10 月中國開始在全國啓動島嶼命名計畫 [62]，同時也開始進行在無人島領海基點立碑的作業。2004 年 2 月，國務院與中央軍事委員會批准了「領海基點建設」的國家計畫。這是由外交部、軍方總參謀部指揮與海軍方面共同進行的國家計畫作業。[63] 而島嶼命名和立碑行動，都是「領海基點建設」國家計畫的重要環節。

如前所述，1990 年代以後，中國持續推進領海相關法律與管理規定的制定，也不斷落實與強化執法體制。與此同時，中國國內對海洋權益的意識也不斷攀升，海洋權益問題被視爲國家安全保障問題，維護海洋權益問題也成爲政界和學者的重要討論議題。在 1997 年公布的中國《國防法》第 26 條就明文記載，要「保衛領陸、內水、領海、領空的安全，維護國家海洋權益」。

依據 1990 年以後指定的國內法律，中國充實其執法體制，並對相關海域強化其實際控制權。與海洋主權相關的海洋執法機構爲國家海洋局。國家海洋局將 2002 年訂爲「海洋行政管理年」，並在同一年開始以海域使用管理、環境保護以及海洋權益維護等三個領域爲中心，展開正式的活動。2002 年以前，凡遇他國巡邏艦與偵察機進入中國的 EEZ，中國只是發表聲明表示「重大關心」，或者同時透過外交途徑抗議「希望尊重中國的權利與關心」；但以 2002 年的「海洋行政管理年」爲契機，中國開始在本國的 EEZ 中由海監總隊實施巡航作業。而巡航的重要目的之一，是爲了在中國主張的 EEZ 中，監視日本與韓國的海洋調查與美國的軍事探測。[64]

伍、因海洋主權而生的國際衝突

圍繞著海洋主權而產生的國際衝突，可以分爲兩種：在 EEZ 內的軍事活動或軍事情報收集活動，以及領海問題。此外，漁民違法執業的情形也是一大問題。中國與北韓、韓國、俄羅斯及越南等國之間，都不斷有涉及漁民權益的摩擦。[65] 在本項中，將關注在 EEZ 內的軍事活動或軍事情報收集行動，以及領海問題這兩個議題，分析中國在應對海洋主權問題時的政策特質。

一、EEZ 內的軍事活動或軍事情報收集行動

在聯合國海洋法公約中，對於 EEZ 內的軍事行動或軍事情報收集行動，並沒有明確規定。[66]1982 年 12 月的聯合國海洋法公約締結過程中，對於爭議海域，日本、印尼等 23 國主張依據中間線，而中國則是主張大陸棚的延伸。[67] 此外，當初對軍用船隻的領海無害通過權問題，也有爭執。中國在當時主張軍用船隻的無害通過，需要得到領海主權國的許可；而 EEZ 所屬國在 EEZ 內，也擁有對外國軍事活動或軍事設備的管轄權。[68] 聯合國海洋法公約最後的條文（聯合國海洋法公約第 19 條）中，針對領海無害通過權的規定則是「只要不損害沿岸國家的和平、良好秩序或安全，則將之視爲無害」。另外，中國對國際海洋法法庭（ITLOS）的權限抱持否定的態度，因此並未在相關的議定書上署名。

另一方面，至今尚未加入聯合國海洋法公約的美國，極力主張領海無害通過權、公害自由航行權。同時，美國也強調在 EEZ 內軍事活動（情報收集行動）的合法性，並認爲在他國 EEZ 內的軍事活動（情報收集行動），不需要得到 EEZ 所屬國的認可。在 1995 年發生第 1 次美濟礁事件後，美國就表明應該保障在南海上的自由航行權利。[69] 對於美國的主張，中國則是極力反對。在中國的《專屬經濟區與大陸架法》或《海洋科學研究管理規定》等本國法律及管理規定中，明確規定其他國家若要在其 EEZ 內進行軍事情報收集行動，必須事前通告中國並獲得其許可。

關於美軍在中國 EEZ 中的行動，由於美中兩國截然不同的立場，使得兩國的對立不斷加深。2001 年 4 月，在中國海南島區域發生了美軍偵察機與中國戰鬥機的空中擅機事件（EP-3 中美軍用機擅機事

件）。在事件之後，《人民日報》主張「美國在中國近海上空的偵察行動，已經給中國國防安全與國防利益帶來明顯的損害，與海洋法公約規定的飛行自由之範疇差異極大，是濫用航空自由」，並且強力抨擊其爲「對中國國家主權的挑戰」。[70] 近年來，美軍在中國 EEZ 中的情報收集行動越來越活躍。另一方面，在 EP-3 中美軍用機撞機事件後，中國對領海與 EEZ 的管理也日漸強化。在此背景之下，中美之間因海洋主權所形成的緊張關係，在 2000 年代之後持續升溫。

2002 年 9 月，美軍海洋勘測船鮑迪奇號（USNS Bowditch）進入黃海的 EEZ 之際，曾受到中國巡邏機的攔阻。在 2009 年以後，類似這樣的衝突也變得越來越頻繁。在 2009 年 3 月及 5 月，在黃海進行情報收集行動的美軍調查船勝利號（USNS Victorious），也遭受中國的強制驅離。而同年 3 月在南海中國與美軍調查船對抗的事件，當時有 5 艘中國船接近在海南島南方約 70 海浬進行調查行動的美軍海洋研究船無暇號（USNS Impeccable），並試圖將之逼出海域。每當發生這些問題時，中國就會批評美國偵察行動違反聯合國海洋法公約，而美國也對中國的危險行爲進行強烈抗議，中美之間相互攻訐的情形不斷持續。除了調查船以外，也發生讓兩國海軍同感憂慮的事件。2006 年 10 月，中國宋級潛水艇在美國小鷹號航空母艦（USS Kitty Hawk）周圍浮起，逼近美國航母。此外，2009 年 6 月還發生中國潛水艇撞擊美國海軍驅逐艦麥凱恩號（USS John S. McCain）水中聲納的事件。

中美兩國爲了降低對立，2009 年 10 月，中國中央軍委副主席徐才厚訪問美國，中美兩國在 7 個優先領域的軍事交流與合作上達成協議，其中包括了促進海上軍事安全的合作。[71] 另外在同年 11 月，歐巴馬總統前往中國訪問之際，在此一問題上也做出一定的讓步。在中美共同聲明中，中美雙方同意「依據國際法準則，在相互尊重管轄權和利益的基礎上，妥善處理軍事安全和海上安全問題」。此項文件是中美兩國的妥協的結果，但也可以理解爲是美國在很大程度上顧慮了中國的立場。

然而，美國對中國的妥協姿態並未持續很久。2010 年 8 月召開的 ARF 中，中美雙方在南海自由航行權的問題上出現激烈衝突對立，接著在隔年 2011 年 1 月胡錦濤訪美時所做出的中美共同聲明，比起 2009 年 11 月的共同聲明可以說是大開倒車。在 2011 年的聲明中，雖然明訂要推進 7 個領域的軍事交流，但並沒有像 2009 年一樣，放入「在相互尊重管轄權和利益的基礎上，妥善處理軍事安全和海上安全問題」等文字內容。

二、領海問題

（一）南海主權爭議

在南海中，中國的主張是九條斷續線連接起來的 U 型「九段線」（nine-dotted line, U-shape line）海域，並在 2009 年時向聯合國提出以此主張做成的地圖。而菲律賓、越南等國，則在海洋主權問題上不斷修正其國內法律。由於聯合國海洋法公約在內容上的不明確，因此各主權聲索國都在採取行動強化其實際的控制權。而各主權聲索國的舉動，更進一步激化海洋利害關係的對立，南海主權爭議就是一個典型的案例。在南海主權爭議上，從 1990 年代開始，中國與越南、菲律賓等關係國之間的相互攻訐就不斷持續。在 2000 年代後半，這樣的對立也變得越來越激烈。例如在 2005 年，中越兩國的紛爭甚至在北部灣發展成槍擊戰，另外在 2007 年 12 月，因爲與中國海洋主權問題的紛爭，越南河內與胡志明市發生爲期兩週的抗議行動。

2011 年 2 月，菲律賓開始著手進行禮樂灘（Reed Bank）的開發，引來中國與臺灣的強烈抗議。[72]3 月時則發生菲律賓租借的英國公司調查船，受到中國巡視船的妨害事件；[73]5 月時，中國在南沙的安塘礁（Amy Douglas Reef）上開始施工建設新的建築物，被認爲違反 2002 年中國簽署的南海各方行動宣言而遭受各方指責批評。接著在 2011 年 6 月時，針對無視中國反對而在南海開採石油的越南勘探船，中國巡邏艇切斷其纜線，導致中越雙方的攻訐越發激烈。

這樣的對立結果，也爲此前在亞洲地區形成海洋合作的動向帶來影響。在前述 2005 年締結的《南海地震工作協議》之後，中國開始與越南、菲律賓進行共同地質調查，也因此發現了新的油田。然而，2008 年時，菲律賓國內對於與中國共同開發的批判升高，儘管中國提出了出資 20 億美金援助此合作項目，但兩國的契約依舊在期滿之後失效。[74] 而菲律賓政府也拒絕與中國、越南的三國共同開發；此後則是與英國商社簽訂契約，開發紛爭區域的石油。

在對立上升的趨勢下，中國也從 2012 年開始在領土問題上展現強硬姿態，並採取經濟制裁手段來制裁他國，強勢主張本國的海洋主權。2012 年 4 月初，由於菲律賓的海洋監視船試圖逮捕在黃岩島附近執業的中國漁民，導致中國與菲律賓的監視船開始對立並陷入了膠著狀態。身爲菲律賓第三大貿易對象國的中國，採取了經濟措施希望逼迫菲律賓在此問題上進行妥協。包括開始對菲律賓產的香蕉進行嚴格的檢疫，以及限制中國旅客前往菲律賓的人數等。同時，中國海洋監視船在南海紛爭海域的巡邏也成爲常態。此一行動事實上改變了紛爭海域由菲律賓一國實際支配的現狀。對此，菲律賓強烈批判中國，認爲中國的行爲是在改變現狀，是一種事實上的占據（de facto occupation）。[75]

2012 年 5 月中國發行了新版護照。新版護照把包含中國與他國的紛爭海域。視爲中國領土印刷在護照封面上。此舉引發越南與菲律賓的強力反彈。接著在7月18日時，中國海洋石油總公司（CNOOC）也開始仿效其他相關國家的做法，發表歡迎外國企業在與越南有爭議之南海海域投標、共同開發的計畫。如同前述，中國過去對爭議區域的石油開發，採取謹慎與單方面克制的態度；而 2012 年 7 月的 CNOOC 公開招標，可以說是大幅改變了之前的政策，顯示中國海洋政策進一步趨於強勢。

2012年6月21日，越南議會通過了《越南海洋法》，並將西沙、南沙列入越南領土，而這也引發中國的反彈。在越南議會通過海洋法的同一天，中國中宣部宣布設立管轄西沙、南沙與中沙群島等海域的三沙市。另外在同年 12 月，海南省也宣布該省有權對違法入侵中國海域的船隻進行逮捕。[76]2013 年 1 月，針對南海爭議，菲律賓向國際法庭遞交了仲裁申請。如同前述，中國從 1982 年起就對國際仲裁機制抱持否定的態度，主張不接受聯合國海洋公約所規定的國際司法或仲裁。對於菲律賓的行動和南海仲裁案仲裁庭，中國採取「不接受、不承認」的政策，並強烈批評菲律賓此舉違反了南海行動宣言。此外，2013 年 3 月時，包括中國最大級的兩棲攻擊艦「井岡山號」在內的 4 艘公務船艦，接近了與馬來西亞爭議中的曾母暗沙。因曾母暗沙只離馬來西亞約 80 公里，與汶萊相距也不超過 200 公里，特別引發了馬來西亞的反彈。

仁愛島（Second Thomas Shoal）是中國和菲律賓政府紛爭的一個焦點。在 2013 年 5 月時，中國有 3 艘公務船接近仁愛島，菲律賓對此強烈反彈，批判中國此舉是違法且挑釁的行爲。[77] 仁愛島的中菲紛爭起源於 1999 年第 2 次美濟礁事件後，當時菲律賓刻意讓軍艦擱淺在仁愛島上，之後也繼續駐軍在擱淺的軍艦上。另外，菲律賓也在 2010 年時，在爭議區域禮樂灘附近允許盎格魯．菲力賓諾公司（Anglo-Filipino）開發天然氣田。對此，2012 年時中國曾出動公務船，逼迫並中斷該公司的天然氣田開發。而 2013 年 5 月的中國公務船行動，截斷了駐守在軍艦上的軍隊補給，一般認爲是有意強制使菲律賓軍隊撤退。[78]

綜上所述，特別是在 2000 年以後，對於越南、菲律賓在爭議區域開發油田或強化統治的行爲，中國在領海問題的回應是以對抗的形式居多。[79] 另一方面，中國的對抗行動中，也開始出現如發動經濟制裁、在爭議區域開發石油或打破實際統治等新的手段。從這個意義上來說，中國的海洋政策確實比起以前轉趨更爲強硬的態度。

（二）海洋主權中的中日關係

圍繞著釣魚島（尖閣諸島）而產生的日中臺爭議，可以追溯到 1968 年。[80] 當時的美日同盟對中日的海洋紛爭起到了遏止作用，而中日兩國也在尊重實際行政控制權的原則下，採取防止擴大紛爭的策略。[81] 因此，在中日建交後很長一段時間中，中日雙方都在低調處理釣魚島（尖閣諸島）問題。然而，中日兩國各自主張的 EEZ 與大陸棚產生的重疊海域，在聯合國海洋法公約生效後，引發兩國之間的尖銳對立。2000 年代以後，中日雙方在領海及 EEZ 之間的攻防也日漸激化。從中國的政策變遷歷程來看，1990 年代開始，中國國內對東海與釣魚島（尖閣諸島）問題的意識就不斷提高。2002 年之後，在國家海洋局的主導下，中國爲了強化實際的控制權，加強對其主張的領海和 EEZ 進行監視與巡航的行動。對此，日本在表達強力抗議的同時，也積極推展強化其實際控制權的海洋政策。

2001 年年底，奄美大島海域一艘北韓工作船被當作可疑船隻，遭到海上保安廳巡視船砲擊並被擊沉。2002 年，日本海上自衛隊著手進行北韓工作船的打撈作業。關於打撈一事，日本非常重視各國的反應。當時有許多日本媒體都在緊戒美軍或駐日美軍是否會參與到日本的打撈作業，以及關注北韓的動向。由於中國展現出謹慎的姿態並保持緘默，因此日本當時並未注意到中國國內關注此一問題的角度和政策變化。

2002 年正值中國的「海洋行政管理年」，中國國內的海洋主權意識十分高漲。北韓工作船的沉船地點正是在中國的 EEZ 海域，在前述中國強化對 EEZ 實際控制權的背景下，中國政府與其國內輿論，一開始就以海洋權益的視角來看日本打撈沉船的問題。外交部發言人孔泉就強調，中國同意日本的打撈行爲是以日本承認中國的管轄權爲前提。而中國的《中國海洋報》在報導打撈沉船問題時，則將此事和 EP-3 中美軍用機撞機事件（2001 年 4 月）聯繫起來，並報導和分析自 2001 年以來，有關中國海洋權益的一系列重大事件。[82] 而且，2002 年 4 月起，中國海監總隊就在空中進行了百餘日的監視，對日本打撈沉船的作業也進行了海陸雙方的監視。而中國這一系列的行動，在中國國內普遍被認爲是中國擁護其國家海洋權益的象徵性重要行動。

雖然從中國政府的言論以及中國國內的輿論動向，可以明顯看出中日雙方在海洋問題上的摩擦。但在 2002 年的打撈沉船問題上，中日兩國還是盡量避免採取民族主義式的政治對立姿態。打撈沉船的作業導致船內燃料漏出，造成海域的污染。當時日本的媒體報導的重心在於，中國派遣監視船是因爲中國擔心海洋污染對此海域漁業資源的影響，沒有涉及海洋主權的問題。而對於日本因海洋污染對中國支付漁業補償一事，中國媒體則完全沒有報導。因此，打撈沉船的作業使中國漁業受到影響一事，在中國國內沒有被媒體炒作，也沒有影響到中日關係。

然而在此之後，中日兩國因爲東海天然氣田的開發而產生糾紛，加速了雙方在海洋問題上的對立。2004 年 7 月，日本包下挪威調查船，針對海底構造進行相關調查；而中國也強化對日本海底調查作業的監視。從 2004 年 7 月開始到 2005 年 6 月爲止的 12 個月，中國海監總隊一共進行了 146 次飛行以及 18 次巡航。[83] 總的來說，中日兩國在 2004 年以後，爲主張本國的 EEZ 而逐漸採取針鋒相對的行動。

2004 年 3 月 7 日（小泉純一郎內閣時期），中國保釣運動人士共有 7 人登上尖閣諸島（釣魚島／釣魚臺，以下就以尖閣諸島代替），沖繩縣警察以違反出入國管理法的嫌疑將 7 人逮捕，並在 2 天後將他們遣送至國外。雖然日本國內也有聲音批評政府處理保釣運動人士的做法，認爲遣送國外的處分過輕。但日本政府則認爲遣送國外的做法，一方面可以向世界展示日本對尖閣諸島的實際控制權，另一方面又可以不使日中雙方關係惡化，因此稱此舉爲「必要的且足夠的對應」。[84] 中國則是積極主張對釣魚島的主權，強烈抗議日本政府拘禁中國人的行爲。外交部副部長張業遂向中國國內宣稱，外交部曾與日本進行約 10 次交涉。不過在 7 人被遣送國外之後，中國政府卻控制了媒體的報導，不讓問題擴大。

在中國保釣人士的登陸事件之後，日本強化了對尖閣諸島的實際行政控制權，並進一步加強阻止登陸的警備體制。2005 年 2 月 9 日，也開始管理位於尖閣諸島的「釣魚臺燈塔」。到了福田康夫內閣時期，在海洋主張尖銳對立，兩國關係持續緊張關係的環境中，中日兩國針對紛爭問題的風險管理上，獲得了一定的成果。兩國首先啓動海洋法問題相關的協議，並締結了漁業協定與在海洋調查行動的事前通報架構上達成協議。同時，中日兩國亦達成協議，同意共同開發東海的白樺（中國名：春曉）、翌檜（中國名：龍井）等天然氣田。[85]

然而，外交層面的協調並未減少海洋主權的抗爭。從日本的角度看，日本十分警惕中國海軍軍艦出入日本的津輕海峽、對馬海峽東水道或大隅海峽等「特定海峽」。在尖閣諸島海域，中國巡航艦和日本海上自衛隊護衛艦也屢次發生「異常接近」事態。從 2006 年開始，中國海監便在東海實施定期巡航；2008 年 12 月 8 日，中國海洋調查船（中國漁政 310）首次進入尖閣諸島 12 海浬之內，繞著尖閣諸島環行三周半，距離島嶼最近僅有 0.96 海浬，進行所謂「維權巡航執法」行動。[86] 對此，日本則是透過外交途徑表達強烈抗議，並使用最新型的巡邏船與大型噴射機，強化巡邏警備。

2010 年 9 月 7 日，在尖閣諸島海域執業的中國漁船，與海上保安廳的巡邏船發生相撞，導致中日兩國關係急遽惡化。撞船事件後，中國停止對日本出口稀土，並拘留 4 名未經許可進入軍事管理區拍照的日本企業員工。中國對日本展現強硬姿態，希望迫使日本在尖閣諸島問題上做出讓步。

2012 年 8 月 15 日，發生香港保釣人士 7 人登上尖閣諸島的釣魚島事件。在 9 月 11 日，日本將尖閣諸島及其附屬島嶼國有化，此事也引起中國國內的大規模反日抗議行動。中國在 9 月 10 日時公布尖閣諸島的領海基線，接著在 9 月 13 日向聯合國提出以尖閣諸島爲基點及基線的座標表與海圖。9 月 16 日則向聯合國大陸棚界線委員會（CLCS），提出包括東海 200 海浬在內的大陸棚案。接著在 9 月 25 日，中國發表了以「釣魚島是中國的固有領土」爲題的白皮書，將尖閣問題與《波茨坦宣言》做出連結論述。先不論這項論述的正確與否，從這裡就可以看出，中國有意將尖閣諸島與戰後國際關係秩序問題做連結，並以此來獲得國際輿論支持。如上所述，日本將尖閣諸島國有化之後，中國採取了法律戰、實際控制權的事實化、輿論戰等一連串措施，在外交上作出攻勢。

中國最高指揮部也相當重視尖閣諸島問題。習近平在 2012 年中期成為中國共產黨海洋安全指導小組的負責人，而同年 9 月日本將尖閣諸島國有化之後，習近平則變為「釣魚島應變辦公室」的負責人。[87] 然而依據報導，習近平就任國家主席之後，沒有出席過此一辦公室的會議。[88] 在中日因尖閣諸島而持續加深對立的同時，美國在 2013 年 1 月 2 日通過了 2013 年度國防授權法（NDAA）。[89] 在該法案中，美國政府認定尖閣諸島是在日本實際控制下，因此美日安保條約第 5 條適用於尖閣諸島。

陸、推進擁護海洋權益的地方政府

在 1993 年中國制定了第一個「全國海洋開發計畫」，接著在 1995 年時又通過了《中國海洋 21 世紀議程》，制定了海洋資源與永續發展與保護的行動方案。在 2002 年召開的中國共產黨第 16 屆全國代表大會（第 16 次黨代會）中，國家主席江澤民進行的報告中也放入了「海洋開發」方針，意味著海洋開發與管理成為中國的重要政策議程。在這之後，國務院也陸續推出《全國海洋經濟發展規劃綱要》（2003 年 5 月）、《國務院關於進一步加強海洋管理工作若干問題的通知》（2004 年 9 月）等政策。在 2006 年 3 月的全國人民代表大會通過的第十一個五年計畫中，也開始提及「強化海洋意識」、「擁護海洋權益」、「開發海洋資源」等政策。接著在 2007 年 10 月，國家主席胡錦濤在第 17 屆黨代會的報告中，也強調了「海洋產業發展」的必要性。

可以看出，自 2002 年以後，海洋維權、開發與管理開始變成國家的重要政策。在此背景下，沿海地方政府也開始在地方產業政策中重視海洋問題，希望將地方政策納入國家戰略中。而諸多地方政府中，與領土問題相關的海南省動向最值得關注。海南省是中國最南方的省分，一直積極推動著漁業、石油開發與觀光等事業；同時，該省政策又與中國的西沙、南沙政策密切相關。

雖然直到 2002 年中國才把海洋政策放入國家計畫，但海南省在此之前就已開始訴求國家策劃海洋政策的重要性，並積極遊說中央政府。海南省還隸屬於廣東省的時候，就提出「以海興島」之「海洋大省」的概念。[90] 在 1988 年 4 月，第 7 屆全國人大第 1 次會議通過決定設立海南省。新成立的海南省，兼管西沙、南沙以及中沙群島，海南省管轄的海域也占中國全國的三分之二。即便如此，海南省從國家得到的國家漁業數量指標，卻只是倒數第 4 名。另外，石油、天然氣等開發也都不是與海南省簽訂契約，使得海南省得不到本應可以獲得的稅收。這些都引起海南省的強烈不滿。[91] 與此同時，海南省制定十五年海洋計畫，並喊出同時發展漁業與石油天然氣的「油漁並舉」口號。

爲了實現海南省的構想，並獲得中央政府的財務援助，有必要推進將海洋政策放入國家基礎政策之中。因此在 2000 年的全國人大會期中，海南省代表杜碧蘭與前海軍副總司令張序三，共同提出「海洋強國戰略」，[92] 引起了社會上的廣泛議論。接著在 2001 年時，又有很多人大代表認爲應該警戒由馬來西亞、越南、菲律賓等進行的石油開發；因此在中國第十一個五年計畫中，納入了南海開發的主張。[93]

翌年，海南人大代表杜碧蘭再次提及了南沙諸島的漁業權，以及南海石油開發權的問題。[94]

在國務院發表了《全國海洋經濟發展規劃綱要》之後，海南省將其經濟發展策略的重點置於石油天然氣開發方面，同時遊說中央政府認定海南省爲石油天然氣的生產基地。[95]2003 年 10 月 CNOOC 的衛留成社長就任海南省黨委副書記，以及 2004 年就任省長以後，海南省就不斷招攬石油相關企業，正式展開以重工業爲重心的經濟振興政策。2006 年 3 月，海南省政治協商會議的委員聯名向全國政治協商會議，提出了強化維護南海海洋權益的相關建言。強調中國在南海進行石油開發的重要性，並且主張透過石油、漁業及觀光等三支柱來振興海南經濟。接著在 2007 年 3 月，海南省繼續向中央政府提出申請，尋求在西沙群島實施觀光事業，以及南海進行石油天然氣探查及開發。[96]

然而，重工業的推進給海南省帶來嚴重的環境污染，同時也沒有帶來期待的經濟成長，且中央政府也沒有對海南省的計畫進行財政援助。在此情況下，海南省不得不轉換其政策方向，在 2007 年 4 月的省黨代會中，正式提出國際旅遊島的構想。[97] 隨後，海南省制定了行動計畫，全力推動「觀光立省」的戰略。2008 年時，海南省政府針對海南國際旅遊島計畫，進行各式各樣的研究調查，而海南省政府官員與政協委員，從 2008 年到 2009 年這段期間，也到北京進行數次陳情活動。

菲律賓從 2008 年 5 月開始，著手進行了南沙群島的觀光調查。在此情況下，海南省的努力終於奏效，中央層級領導人也開始使用「海南國際旅遊島」名稱，首肯海南島觀光立省的計畫。接著在同年 6 月，中國中央政府派遣了超過 100 人的大型調查團前往海南省，進行了約 10 天的觀光產業相關調查。2010 年 1 月，中國公布了《國務院關於推進海南國際旅遊島建設發展的若干意見》，開始積極推動西沙群島的開發。除了西沙群島的旅遊之外，此《意見》也提及將進一步推進南海的石油天然氣、觀光、漁業等資源開發上。雖然越南對此表示強烈的反彈，但中國還是在 2013 年 4 月，開始啓動西沙群島的觀光旅遊。

海南省依據其地理條件策定「海洋立省」的區域經濟振興政策，並將石油天然氣開發、漁業以及觀光，視爲其經濟振興政策的三項基本產業。但是，海南省本身的財政並不足以實現其政策，因此該省積極運作希望獲得國家補助，乃提出海洋之重要性訴求，試圖將海洋政策納入國家政策當中。在中央政府開始重視海洋問題的 2002 年以後，海南省又制定以石油等重工業爲中心的經濟振興政策，釋出警戒菲律賓與越南石油開發動向的訊息，希望以此獲取在南海進行石油與天然氣的開發許可。在其經濟政策沒有成效，且又等不到中央支持的情況下，海南省自 2007 年開始將觀光政策視爲振興策略的中心項目，而「海南國際旅遊島」的構想也在 2009 年時獲得了中央政府的承認，並從 2010 年開始正式啓動。

柒、小結

中國從 2006 年開始將主權視爲其重要的國家利益，改變了此前以擱置爭議、共同開發爲主軸的海洋政策，打出擁護海洋主權的政策。2007 年以後，圍繞著海洋主權所產生的對立日漸升高。2006 年以後，中國海洋政策逐步強硬的重要原因，包括聯合國海洋法公約的問題，以及美國亞洲政策的轉變等。有人認爲，經濟成長給中國帶來了自信，因此中國的對外政策越來越具有攻擊性。但在海洋主權上，中國政策其實並不是這麼一致對外，各個國家部委與地方的主張、立場都有所差異；各自的政策變遷歷程和主張維護主權的理由，也都有所不同。外交部、海軍、國家海洋局以及沿海各地方政府，都各自從其權益出發，強力主張擁護海洋主權；同時，這些部門和省分也並不抗拒在海洋問題上的國際合作。

關於海洋問題，現在的中國國內同時存在著「合作、參與、強硬」這三種姿態，並具體呈現在下列層面。第一，中國在傳統與非傳統安全保障領域中，依舊對區域合作展現出積極的姿態。麻六甲海峽的安全保障就是一例。中國重視國際反海盜合作，一直積極參與確保麻六甲海峽的安全行動。第二，爲了提高中國對國際秩序的影響力，中國對參與國際海事組織（IMO）、亞洲反海盜及武裝搶劫船隻區域合作協定（ReCAAP）等海洋相關的國際機構與區域組織，也表現出積極的姿態。[98] 第三，在海洋主權問題上，則是強化中國的實際控制權。在中國垂直分割（行政條塊）領導體制之下，「合作、參與、強硬」的三種政策，今後應該還會繼續同時推動。

中國在「五龍治海」的時期，問題層出不窮。特別是資訊共享問題、權力分散問題以及政策分離問題特別突出。目前，國家海洋局機能獲得強化，在中央層級也設立中央維護海洋權益工作領導辦公室，由國家海洋局、外交部、公安部與軍方等相關機構參與，協調統籌海洋事宜。[99] 特別是在與日本、菲律賓及越南之間的領海對立問題上，由於其國際注目度較高，中國還強化了漁業組織、國家海洋局以及軍方之間的協調。在海洋執法上，明確民間行動與軍方行動的區別；軍方雖然執行護衛，但還是儘可能避免直接介入海洋紛爭。

另一方面，在國內政策的形成過程面向，「分裂式威權主義」的基本構圖沒有什麼改變。共產黨雖然把持著巨大權力，但權限卻分散至執行政策的各部委或地方政府。在中國越來越重視海洋主權的過程中，中央政府的戰略成爲了各省委或地方政府的主張。地方政府的部分政策也在此一過程中被升級爲國家戰略，呈現「地方政策的國家戰略化」與「各部委政策的國家戰略化」現象。

圍繞著海洋問題，中國與其他關係各國都以堅決的態度來面對。在主權問題上，任何國家都很難做出妥協與讓步；因此，海洋問題不是一朝一夕可解決的。雖然中日、中美主權之間的對立，在很大部分是起因於對聯合國海洋法公約的不同解釋，但這也反映出隱藏在海洋問題深層，中國與美日之間強烈的不信任感和不安全感。從這樣的觀點來看，中日兩國與中美兩國之間有必要盡早做出迴避紛爭的行動方針。另外，爲了讓南海行動宣言的實效性提高，三國間行動基準的制定也是不可或缺的。

第三節　能源安全保障

對中國來說是，能源安全是極爲重要的安全保障課題。被揶揄爲「飢餓巨龍」的中國，其能源安全保障政策的動向，對國際關係有很大的影響。中國取得海外能源的行爲，不只會讓能源供給的版圖出現大幅改變，也有可能與重視善治（good governance）的歐美先進國家發生衝突。

從能源需求供給面來看，如何應對急速擴大的石油、天然氣需求，一直是中國極爲重要的安全保障課題。中國在 1993 年成爲石油純進口國，1996 年成爲原油純進口國，而 2007 年則爲天然氣純進口國（參照圖 4-1、圖 4-2）。2009 年時，原油的對外依存度超過了

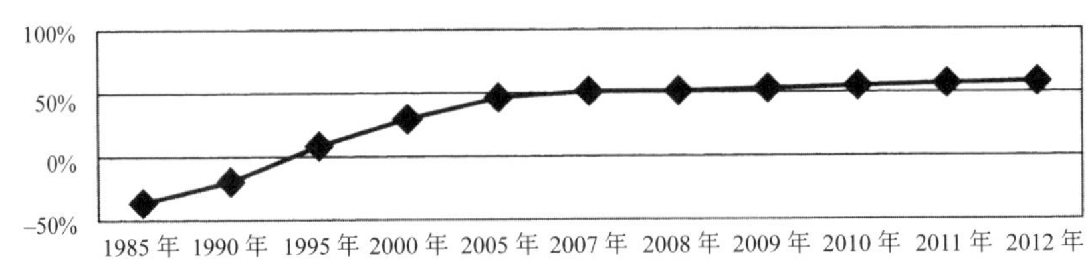

圖 4-1　中國原油對外依存度（1985～2012 年）

資料來源：1985～2009 年數據來自 IEA: *China Energy Statistical Yearbook 2012*，2010～2012 年數據來自中國國土資源部統計數據。

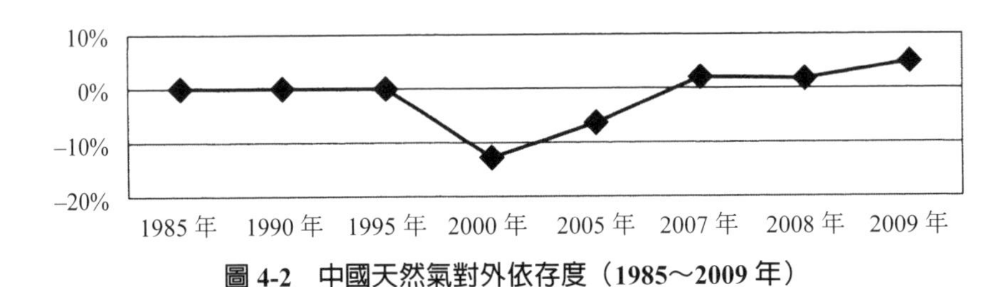

圖 4-2　中國天然氣對外依存度（1985～2009 年）

資料來源：IEA: *China Energy Statistical Yearbook 2012*。

50% 的警戒線。當時的國家發展和改革委員會能源研究所曾預測，在 2020 年時，中國石油的對外依存度將會達到 60～70%。[100]

進入 21 世紀後，中國便開始從國內與國際兩個層面，進行能源安全戰略的重新建構。國內政策的重點，在於能源轉型發展構架的改革，包括節約能源、調整煤炭、油氣以及再生能源之間的能源配比等方面。另外，能源外交政策的主軸，則是實現能源來源地的多元化，以及能源運輸通道的多元化。長期以來，中國的經濟一直依靠外部需求的牽引，而亞洲則爲中國提供了重要的市場與豐富的資源。中國與日本同爲世界石油進口大國，而東南亞、俄羅斯及中亞國家都是世界上重要的石油及天然氣產地。另外，中國進口的石油有 90% 依賴海運，而其中更有 80% 是經由麻六甲海峽。因此，無論是從能源供給還是從能源運輸來說，亞洲在中國能源安全保障戰略中都占有重要地位。

在本節中，將以中國能源運輸通道問題爲中心，討論中國能源安全政策的形成過程，同時也將探討中國新制定的能源安全保障戰略爲中國與亞洲各國關係帶來的影響。此外，本節也將分析國有石油企業在中國能源安全保障政策形成過程中扮演的角色。

壹、國家資本主義、國有石油企業與能源決策

近年來，圍繞國家資本主義的問題，在中國國內爭論不休。然而，關於國家資本主義，始終不存在一個明確且共同的定義。日本野村資本研究所關志雄認爲，國家資本主義指的是「國家透過國營或國有企業來積極介入市場，並以經濟發展爲目標」。[101] 而伊恩．布藍默（Ian Bremmer）則指出，「（威權主義體制）利用各式各樣的國營企業對國家認爲極爲貴重的資源利用進行管理，旨在維持並創造高水準的工作機會，活用優秀的民間企業，以及支配特定的經濟領域。也就是說，國家會利用政府基金將剩餘資金進行投資來創造國家財政最大利益。爲了實現以上三個目的，國家透過市場來創造財富，並以上層認爲合適的用途來分配財政。」[102]

從上述從經濟視角對國家資本主義的定義可以看出，國家資本主義絕非中國的特有現象。如果從政治學角度來討論的話，國家資本主義其實也只是威權主義體制的一種型態，也可稱作「開發獨裁」體制。在這個意義下，國家資本主義中的中國問題，其實並不只在於政府是否要持續介入市場，更是涉及中國的國家治理方式問題。[103]

近年來，在中國持續展開「國進民退（國有企業躍進，民間企業後退）」的討論，其實就是圍繞中國應該堅持還是應該放棄國家資本主義的論爭。由於國家資本主義會妨礙公平的市場競爭，因此在美國等西方國家，對於近年全球國家資本主義勢力的不斷擴大，發出越來越強的警戒聲音。布藍默認爲，國家資本主義最大的問題在於它的動機。他指出，「國家資本主義雖是資本主義的一種型態」，但是「國家作爲經濟主體起著控制支配的作用，爲了獲得政治上的利益而利用市場」，而且與一般的跨國公司不同，「在國家資本主義之下，國營企業經營者最關心的不是股東，而是回應政治指導者的期望」。[104]

以布藍默的邏輯來分析中國情形的話，有關國家資本主義的論爭，無疑直接關係到從改革開放以來持續糾結不清的「政企關係」，也直接關係到一直以來都被認爲是貪汙溫床的「官商」問題。從本書的問題關心點來說，探討中國能源戰略中三大國有石油企業扮演的角色時，也可以從側面對中國國家資本主義中，國家與企業之間的關係做出一個解釋。

根據國家統計局，從 2003 年開始到 2011 年之間，國有企業的淨利從 3,262.3 億元急增到 1.94 兆元，年平均增加率達到 25% 以上。[105] 另外，在中國政府直接控制下的農業領域以外國有企業，創造了 40% 的國家 GDP。[106] 而國有企業在銀行利息等各方面都享有各式優惠，在海外投資之際也受到國家外交政策的強力後援。以本節探討的能源安全保障（石油）來說，中國石油天然氣集團（CNPC）、中國石油化工集團（Sinopec）、中國海洋石油總公司（CNOOC）等三大石油公司，就屬於這類國有企業。

對於究竟該如何看待中央政府與三大國有石油企業之間的關係，學者的意見討論相當分歧。歐美多數國際政治學者認爲，中國國有石油企業向海外發展，是爲了對抗美國的單極支配，也是中國爲了擴大其政治影響力的一種戰略手段。[107] 針對這種想法，有學者主張國有石油企業不一定就會按照中央政府的戰略來運作。中國學者姜璐與肖佳靈分析中國對蘇丹的石油投資，指出石油企業扮演主導的角色，而政府只是保護國有企業的海外推展而已。[108] 另外，中國學者朱峰也贊同此觀點，他批評 CNPC 等國有企業爲了自身利益而犧牲國家利益，認爲這些國有企業綁架了中國的外交政策。[109] 而艾莉卡・道恩斯（Erica S. Downs）則表示，中央政府與國有企業的關係，在 2000 年代後半開始產生了很大變化。道恩斯指出，在中國石油企業海外發展的初期，國有企業之間的競爭激烈（CNPC 和 Sinopec 在非洲激烈競爭），而這些國有石油企業在海外的經營競爭讓中國的國家利益蒙受負面影響。此時，中央政府與外交部對國有石油企業的統御力有其限度。[110] 然而，在 2002 年投標俄羅斯 Slavnet 油田的失敗，以及併購美國優尼科公司失敗後，以往注重追求自身獨立性的國有企業，開始逐漸增加與中央政府的合作。[111]

以上述先行研究爲基礎，以下將先整理介紹中國能源管理體制，同時解析近年形成的中國能源安全戰略全貌。接著則是試圖探討國有石油企業爲中國能源安全政策形成帶來的影響，最後透過東西伯利亞輸油管線案例，分析其對中國能源安全戰略形成所帶來的影響，以及中國能源運輸通道的政策決定過程。

貳、中國的能源管理體制

自國家能源部 [112] 在 1993 年被撤銷後，中國的能源政策便由煤炭工業部以及電力工業部這兩個部門來進行管理。國家能源部廢除後，中國國內一直沒有一個能夠統合管轄中國能源問題的組織，因此設立一個專責機構被認爲是國家的當務之急，中國國內圍繞這個問題的議論也持續不斷。如下所述，中國政府嘗試了很多的改革方案，希望能解決這個問題。

爲了從大局視角來統括國家能源戰略，中國在 2005 年 2 月決定設立國家能源領導小組，組長爲總理溫家寶，副組長由黃菊、曾培炎兩位副總理來擔任。設在國家發展和改革委員會（2003 年由國家發展計畫委員會改組成立）的能源領導小組辦公室，其領導人則是副部長級（辦公室主任爲國家發展和改革委員會的主任馬凱）。2008 年，中國政府又對能源機構進行改革，成立了國家能源局，由國家發展和改革委員會管理。伴隨著這些機構的改組，管理能源問題的組織除了國家能源指導小組與其辦公室之外，還有國家發展和改革委員會的國家能源局以及國家電力監管委員會等共 4 個。2013 年的機構改革，中國合併國家電力監管委員會與國家能源局，重組了國家能源局，並由國家發展和改革委員會管轄。而油氣儲備問題，則於 2018 年後不再由國家能源局管理。

本書主要討論 2013 年以前，在當時的能源體制下，中國的一系列改革並沒有解決國家統一管理能源的政策課題。雖然國家能源指導小組是由國家最高領導人參與，但是實際上只在 2005 年 6 月與 2006 年 4 月召開過兩次會議，並沒有實際運作。而國家能源指導小組在其後設立了專家諮詢委員會，由邱中建、曹湘洪、曾恒一、張德廣等 40 名專家所構成。邱中建曾在 CNPC、Sinopec 工作過，曹湘洪則是 CNOOC 的董事，曾恒一是 Sinopec 的總工程師，而張德廣則是上海合作組織（上合組織）的秘書長。從專家諮詢委員會的成員來看就能知道，國家能源指導小組的工作主要是調整機能，不可能在中國能源政策轉換上起到實質的作用。

能源局的局級身分也註定此機構很難發揮指導作用，因爲能源局難以管理比自己級別高的國有石油企業領導人（副部長級）。改革開放後的國有企業，既是經濟組織也是行政組織，擁有「雙重身分」。1988 年廢除石油工業部時設立 CNPC，從經濟角度來看這是將 CNPC 從行政機關轉爲企業。但在行政組織結構上，國有石油企業的領導，要比管轄該企業的組織領導層級要來得高。有的時候，國有企業領導人的層級，甚至比國務院國有資產監督管理委員會領導人還要高，而且是由中央直接任命。[113]

2008 年，中國政府在 3 月公布了「國務院機構改革方案」，再度嘗試構築能源問題指導體制。在此方案之下，同年 8 月國家決定成立能源委員會與國家能源局，同時廢除國家能源指導小組與能源指導小組辦公室。而新設的國家能源局則是副部長層級，且在這項國務院機構改革後的能源問題管理權限，分散於國土資源部、國家電力監視管理委員會、國家發展和改革委員會、商務部、環境保護部等機構。由張國寶[114]擔任局長的國家能源局，屬於「高層級的事務協調」機構，而非實權機構。其職務是總體能源領域的管理機能，調節國家能源安全與能源發展戰略。但其內部組織、權限、分工等都不明確，而其結果就是無法發揮其能源政策調整機能。[115]

在 2010 年設立的國家能源委員會中，集結了總理溫家寶、副總理李克強、外交部、安全部、商務部、財政部、國土資源部等重要行政機構與軍方高層。國家能源委員會第 1 次會議是在 2010 年 4 月召開，溫家寶在會議中舉出 6 項今後能源領域中的政策重點。[116]

1. 加強能源發展戰略研究。

2. 加速能源調整優化結構，大力培育新能源產業，要將非石化能源消費比重在2020年以前提高到15%。
3. 積極對應氣候變遷問題，讓國內生產總值二氧化碳減排，在2020年以前減少40～50%。
4. 提高能源相關的科學創新能力。
5. 持續實施「走出去」戰略，深化能源國際合作。
6. 推進能源機制創新，加強能源法制建設。

國家能源委員會中設置了煤炭、電力、石油天然氣、新能源與再生能源、能源經濟等五個專家諮詢委員會。石油天然氣專家諮詢委員會主任徐錠明，也是國家能源指導小組辦公室的副主任。此一專家諮詢委員會與以前國家能源指導小組的專家諮詢委員會一樣，並非行政獨立的機構，而是一個能將各關係省廳、企業的意見反映給中央高層的組織。石油天然氣專家諮詢委員會由9名委員組成，其中也包括了CNPC副總裁賈承造、CNOOC董事曹湘洪以及Sinopec總工程師曾恒一等人。

2012年9月，中國能源研究會提出設置「能源大部制」的建言。[117] 中國能源研究會雖然只是隸屬於中國科學技術協會底下的其中一個智庫，但此一報告書引起了廣大的社會迴響，隨後大能源部的討論變得更加活躍。然而，在2013年3月發表的國務院行政機構改革案中，並沒有成功設置國家能源部，只決定將國家能源局與國家電力監視管理委員會合併，設置新的國家能源局。雖然國家能源局一樣是在國家發展委員會的管轄之下，但全權負責制定、實行國家能源發展戰略、進行能源體制改革提案，並負責能源的監督管理責任。而前國家電力監視管理委員會主席吳新雄，[118] 則被任命爲國家發展和改革委員會副主任兼國家能源局局長。[119]

如同上述，從 1990 年代以後，雖然在能源問題的管理體制上做了很多嘗試，但改革內容大多沿襲過去的管理體制，並沒有根本上的變革。2008 年在國家發展和改革委員會內設置的國家能源局，屬於副部長級，並沒有足夠權力管轄國有石油企業。習近平執政以後，在 2013 年重新編制的國家能源局。國家發展和改革委員會與國家能源局，成爲管轄中國能源領域的最高組織。但在垂直分割體制下，管理國有石油企業的組織除了國家能源局以外，石油價格則屬國家發展和改革委員會其他部門管理，國土資源部也有管理權限。因此，目前中國的石油能源相關管理，很難說是一種整備完成的狀態。

但是，爲了使這兩個中央機構對國有石油企業發揮強力領導力，中國政府對中國能源系統的國有企業人事，做了大幅度調整。從 2017 年起，中國的「三桶油」（CNPC、Sinopec、CNOOC）高層領導集體大換血，各個能源國有企業的黨組權限也得到擴大。在習近平政權的強力推動下，中央對能源國有企業的管制逐步得到加強。

參、能源安全保障戰略的形成

中國的能源相關改革是在 1993 年開始啓動，到習近平政權爲止總共分爲兩個不同的階段。在這兩個不同的階段，中國政府採取了不同的政策。從 1993 年到 1998 的第一階段中，改革主軸是爲加入世界貿易組織（WTO）的組織做準備。因此在此階段，中國政府致力於國內的機構改革，並強力扶植國有石油企業使之成爲有國際競爭力的強韌企業。[120] 而第二階段是 2000 年以後，中國政府開始重視國家的能源安全保障問題，並開始著手制定了能源安全戰略。習近平執政後，針對能源政策的組織結構，中國做了進一步的改革，並對國有石油企業的人事做了大幅度的調整。透過這一系列改革，中國基本上限制了各個國有企業的權限，強化了中央政府的權力。本段所考察之中國能源安全保障戰略形成過程，基本是在第二階段中國加入 WTO 後，習近平擔任國家主席以前的階段。

爲了準備加入 WTO，也爲了培育具有國際競爭力的石油產業，中國在國有企業的組織再造上花費相當大的心力。1997 年時，總理朱鎔基提及國有企業的今後方針時明確指出，能源、鋼鐵、運輸、電力、通訊等重點戰略領域的大企業，將繼續由黨與國家統制。同時對這些領域的企業進行組織改造，使之成爲有國際競爭力的企業，也就是要「抓大放小」。在此國家戰略政策下，國有企業從政府方面獲得了相當豐厚的補助金，在對外發展則是得到了政府的全面支援，而在金融政策上也享有銀行借貸等優惠政策。此一背景下展開之中國能源安全戰略決策的過程，國有石油企業進行了改組，並逐步成爲龐大的產業組織。

2001 年 3 月公布的第十個五年計畫中，中國首次使用了「能源安全保障」的概念，將海外設置石油天然氣供給基地，以及石油進口能源地多元化設爲政策目標。在 2001 年美國發生 911 事件之後，美國在石油產地區域中的影響力也持續提高，這是促使中國重視本國能源安全政策的原因之一。[121]

在此趨勢下，胡錦濤就任中國共產黨黨總書記接任國家主席以後，中國便開始積極著手處理能源安全問題。2003 年 3 月開始，以美國爲首的多國軍隊向伊拉克發動攻擊，此一事件是中國開始正式著手制定能源安全戰略的一項契機。從 2002 年年底到 2004 年這段期間，中國國內面臨嚴重電力不足。2003 年到 2008 年期間，國際原油急遽上漲。這些都讓中國感受到能源危機問題，進一步推動中國能源安全戰略的形成。在伊拉克戰爭發生之後，爲了討論中國原油的海上運輸通道安全問題，以及在伊拉克等中東區域的中國油田、礦區權益問題，胡錦濤與溫家寶召開了特別會議。參加會議的包括世界石油大會中國國家委員會主席（曾任中國石油工業部部長）王濤、CNPC 總裁馬富才、黨中央政治局委員周永康等人[122]。

「石油安全保障」的概念，也是在 2003 年 11 月底召開的中央經濟工作會議中，由胡錦濤首次提出來的。在會議上，胡錦濤發言表示：「中國的石油進口嚴重依賴中東與非洲，且進口原油的運輸有五分之四都是經由麻六甲海峽。但是有好幾個大國都在對麻六甲海峽的海上運輸通道出手，試圖控制麻六甲海峽。」[123] 從胡錦濤的這番話中，明確地展現出當時中國高層在石油安全保障問題上，對美國保有很高的警戒感。

2004 年 6 月，中國通過《能源中長期發展規劃綱要（2006-2020）（草案）》。此規劃綱要確切表明中國能源政策的指導方針，[124] 也規定中國在 5 年中要高度重視能源安全保障問題，要實現能源供給多元化，要確立石油戰略儲備體制。從 2006 年開始，中國開始正式著手石油儲備問題，並提出要在 2020 年時具備 90 天的戰略儲備。[125] 然而，從 2000 年代初期開始建構的中國能源安全保障戰略，並不能改變中國石油進口的區域戰略構圖。2011 年時，中國主要的原油供給國依然是沙烏地阿拉伯、安哥拉、伊朗等。因此，中國的石油安全保障戰略，第一步是注重解決能源運輸通道的多元化，第二步才是達成能源來源地的多元化。

2010 年代初期，中國的石油安全保障前景不算樂觀。2012 年 10 月中國公布的白皮書——《中國能源政策（2012）》中，強調由於石油海運的風險逐漸升高，而中國能源儲備依舊稀少，因此中國的能源安全保障情形依舊相當艱辛。中國為了減輕對中東方面的石油依賴並減輕海運的威脅，決定往後要增加從俄羅斯、中南美（委內瑞拉、巴西、哥倫比亞等）、亞洲太平洋（印尼、澳洲、馬來西亞等）的石油進口比例。[126]

除了確保原油開採權，並實現能源資源的來源多元化之外，中國首先重視的是能源運輸通道的多元化。目前中國的石油運輸通道多元化已經逐漸成形，主要來自下列四條路徑（「四面來油」）。

1. 東北通道：中俄輸油管線。
2. 西北通道：中國－哈薩克輸油管線，以及與中國－中亞天然氣管線。
3. 西南通道：中國－緬甸油氣管線。
4. 海上通道：海上能源運輸通道。

圍繞著東西伯利亞輸油管線的中日競爭，正是中國在訂定能源安全保障政策時所發生的事情。以結果來說，「四面來油」的中國能源安全保障構圖，在一定程度上也受到中日在能源問題上競爭的影響。以下將詳述中日在東西伯利亞輸油管線上的競爭，以及中國的四條能源運輸通道的形成。

肆、中日在東西伯利亞能源管線上的攻防戰

俄羅斯石油產量為世界第二，石油蘊藏量則是世界第七。從能源安全保障的視角來看，西伯利亞油田不僅可以降低對中東石油的依

賴，還可繞過麻六甲海峽便運輸石油，對日本與中國來說都有著相當大的意義。中國與俄羅斯之間，本來就有鋪設從俄羅斯的伊爾庫次克州安加爾斯克（Angarsk）到中國大慶的東西伯利亞原油管線計畫。此管線預計從 2005 年到 2030 年之間，由俄羅斯供給中國 51.3 億桶原油。[127]1994 年時，CNPC 與俄羅斯民營石油公司 Yukos 簽訂了備忘錄，雙方約定要共同展開從安加爾斯克到大慶爲止的原油管線鋪設的可行性研究。[128]

1996 年 4 月，中俄兩國政府簽訂了「戰略合作夥伴關係」的協約，此後兩國之間的合作，特別是能源方面的合作開始迅速開展。中俄兩國政府首先成立了「石油天然氣合作委員會」，接著在 1999 年 2 月，中國總理朱鎔基與俄國總理葉夫根尼・馬克西莫維奇・普里馬柯夫（Evgenii Maksimovich Primakov），針對「安加爾斯克—大慶」間石油管線建設，簽署事業化調查協定。[129] 在俄羅斯政府進行此項目的可行性研究之前，江澤明於 2001 年 7 月訪問俄羅斯時，兩國之間便針對可行性研究相關的主要原則締結了協定。[130] 同意從 2005 年開始，俄羅斯每年會供給中國 2,000 噸石油，而 2010 年之後會每年供給 3,000 噸。此後，2003 年 3 月「安加爾斯克—大慶」石油管線計畫，也得到俄羅斯政府的承認，中俄之間的輸油管線合作似乎一帆風順。

然而在 2003 年 1 月，日本首相小泉純一郎前往俄羅斯訪問之際，日俄兩國之間也簽訂了「日俄行動計畫」。[131] 在這項小泉與普丁簽訂的「日俄行動計畫」中，一個重要支柱便是能源合作，而其核心便是「太平洋輸油管線計畫」。以此爲契機，中日兩國在東西伯利亞原油管線上的競爭與對立日趨激烈，在 2005 年西伯利亞、太平洋輸油管線路徑大致確定以前，兩國間的爭議從未停止。小泉前往俄羅斯訪問之後，日本政府便展開積極的外交攻勢。首先在 2003 年 2 月時，日本政府寄了一封信給俄羅斯政府，表明有意每日接受 100 萬桶原油。[132] 爲了實現連接日本和西伯利亞的石油管線鋪設，日本資源能源廳長官岡本巖也在同年 3 月 5 日到 7 日前往俄羅斯訪問，並針對國際合作銀行的低利貸款，以及油田開發技術援助等事項進行相關探討。[133]

2003 年 5 月，俄羅斯政府發表其政府構想案，提出將以「太平洋路線」作爲主要路線，同時鋪設兩條支線分別通往日本與中國。在此俄羅斯政府案發表之後，支線施工的優先順位問題，成爲中日兩國競爭的焦點。2003 年 6 月 15 日，前首相森喜朗銜命前往俄羅斯訪問。6 月 27 日，日本政府便決定在西伯利亞、太平洋輸油管線建設上，透過國際合作銀行的低利貸款與石油公團的貿易保險，提供 7,500 億至 9,000 億日圓的財政支持。[134]6 月 28 日時，日本外相川口順子前往海參崴附近的納霍德卡訪問，提出只要俄羅斯先建設「納霍德卡路線」，日本便會與俄國共同開發對該區域的油田。[135] 俄羅斯指出，要實現成本較高的納霍德卡路線，有必要增加目前日產量 100 萬桶的東西伯利亞產油量；同時，作爲實現這條路線的前提條件，俄羅斯還要求日本必須在油田開發上進行合作。[136]

中國爲了展現重視俄羅斯的姿態。胡錦濤在就任國家主席之後，選擇俄羅斯作爲他第一個海外訪問的國家（2003 年 5 月）。另外，在 2003 年 9 月時，中國國家發展和改革委員會主任馬凱與 CNPC 董事長馬富才一同訪俄，要求俄羅斯按照原定石油管線鋪設計畫進行。[137] 儘管如此，2003 年後半的情勢還是逐漸往對中國不利的方向進行。俄羅斯國內對中國本來就有著相當強烈的不信任感，在 2003 年 10 月，中國的能源合作對象——Yukos 公司社長因爲逃稅而被起訴。接著在同年秋季時，由俄羅斯天然資源部所進行的貝加爾湖周邊之環境影響調查中，也提出通往中國的輸油管線油可能影響濕地環境。

2004 年以後，俄羅斯開始進行從安加爾斯克西方的泰舍特到納霍德卡之新路線調查，[138] 實際上也等於確定了納霍德卡路線。2004 年 4 月，俄羅斯召開西伯利亞能源發展會議，決定往後的天然氣、石油管線全部都要從伯力到納霍德卡。[139] 另外在同年 12 月，俄羅斯聯邦政府確定總長約 4,200 公里，年輸油能力 8,000 萬噸的石油管線建設之提案，路線是從泰舍特到納霍德卡附近的佩雷波茲納亞。[140]

關於 Yukos 公司社長被起訴的問題，中國外交部發言人對此只簡單地表示「Yukos 事件不會對中俄關係產生任何影響」，俄羅斯將會「履行修建中俄原油管道項目的承諾」（2003 年 11 月 4 日）。[141] 但在其背後，也有報導說中國政府也曾揚言如果「大慶路線」不能成功實現的話，中國會妨礙俄羅斯加入 WTO 來進行報復。[142] 如果此一臆測正確，當時的中國是在軟硬兼施下，強力推行實現「大慶路線」。

在這樣的情況下，圍繞著東西伯利亞開發的中日情勢，在 2004 年後半開始逐漸出現逆轉。2004 年 10 月，總統普丁前往中國訪問，中俄兩國在強化能源合作上的意見達成一致。而受到中俄首腦會談的影響，俄羅斯國營天然氣公司 Gazprom 與 CNPC 在石油、天然氣領域上，也對建構戰略夥伴關係一事達成協議。Gazprom 代替了 Yukos，成爲俄羅斯對中能源合作的主角。接著在 2005 年 2 月，俄羅斯能源署的長官賽爾蓋·歐甘內西恩（Sergei Oganesian）表明，將優先建設「面向中國的支線」想法。

對於俄羅斯決定優先執行「面向中國的支線」，日本展現出其強烈的反對姿態。經濟產業大臣中川昭一向俄羅斯傳達，若是優先執行面向中國的支線，那麼日本政府今後將不會在石油開發上進行財政援助。[143]同時日本也表示，如果俄國優先建設通往日本的太平洋路線，日本可以向俄羅斯提供相當於管線建設費用的50%（50億美金）貸款，並展開技術面的合作。不過，日方此一提案遭到俄羅斯的拒絕。[144]

到了2006年，中俄兩國更進一步推動了能源領域的合作，並開始落實石油管線項目。2006年，中俄兩國在29個能源合作項目上達成了協議，CNPC也與俄國公司簽訂了《關於俄羅斯對中國供應天然氣的諒解備忘錄》、《成立中俄合資企業神話石油合作的基本原則協議》和《中俄管線運輸公司會談紀要》等協定。中俄兩國在2006年中期又開始進行協議，商討天然氣領域的合作計畫（從阿爾泰到新疆的阿爾泰管線）。同時普丁也有意強化作為「能源俱樂部」的上合組織機能，[145]因此，能源合作便成為了上合組織合作的重要項目之一，在上合組織內部也成立了與能源相關的工作坊。

2009年時，中國開始採取「貸款換石油」（Loan for Oil）的戰略。[146]在很大程度上，此一戰略推動了中俄兩國在管線上的合作。2月17日，中俄的石油天然氣公司簽署了7項能源合作的協議，最後在4月21日時，中俄兩國簽訂了《中俄石油領域合作政府間協議》。依據東西伯利亞輸油管道的協議，俄羅斯從2011年到2030年這20年間，每年要對中國出口1,500噸的原油；而中國則對俄羅斯的兩間公司，分別進行150億美金及100億美金的貸款。[147]中俄間的這項協定，也就成為「貸款換石油」戰略最初的適用案例。接著在2011年1月，東西伯利亞石油管線的中國支線宣告完成，[148]每年開始向中國進行1,500噸的原油供給。同一年，通過南西伯利亞的天然氣管線工程也開始動工。

圍繞著東西伯利亞輸油管線的一連串中日攻防戰中，雖然日本、中國與俄羅斯三國在安全與經濟權益上有著不同的考量，但最後在俄羅斯的決定下，中日間的對立也逐漸收斂。在中日兩國的對立上，除了政府戰略之外，政府與企業的關係以及政府參與市場的方式等因素，也影響到國家戰略的成敗。日本的石油企業與中國國有石油企業不同，需要自負盈虧，這也造成了日本石油企業對日本政府的石油管線計畫的消極態度，最終使得重視市場經濟的日本，無法對抗不必承擔經濟風險的中國攻勢。

伍、東西伯利亞石油管線與中國能源運輸通道多元化的形成

美國從中東撤退以後，中國面臨到的最重要問題便是石油、天然氣運輸的安全問題。[149] 雖然來自俄國或中亞的石油供給，並不能完全代替中東；但因不必經過第三國、不用擔心受到歐美各國的影響，使其在中國國內獲得相當高的評價。[150]

關於石油輸送路徑，中國宣告已經完成中國─俄羅斯、中國─中亞、中國─緬甸以及海上運輸的四條石油運輸通道。在中國國內開始討論石油運輸路徑的政策課題時，曾經出現各種各樣的提案。包括有學者提倡應該鋪設連結中國新疆與巴基斯坦的能源管線，也有學者主張應該鋪設從孟加拉到西藏的能源管線，甚至有人提出應該打通泰國的克拉地峽（Kra Isthmus）透過運河運輸石油。[151] 在諸多提案中，中國最後還是決定前述四條路線。而此一決定，則與中日兩國在東西伯利亞石油管線上的紛爭有著相當大的關係。

中日開始競爭東西伯利亞石油管線之後，2003 年 5 月，中國正式啓動持續發展石油天然氣資源戰略的課題研究。此課題研究的團

隊，是由中國工程院的31名院士和全國120位專家所組成；而其諮詢委員會則由23位專家所組成，中國國家領導人偶爾也會出席會議。[152]該研究課題組曾提出警示，表示今後的中日的能源爭奪將會在包括非洲等世界各地展開，能源問題有可能成爲割裂兩國關係的利刃。[153]

在能源爭奪戰可能激化的危機意識下，中國認爲，作爲國家戰略的能源政策必須要有一個統括制定、執行、調整的機構。從此一想法出發，中國國內也開始討論與能源安全政策相關的機構改革問題。然而，如前所述，當時並沒有建立一個可進行各省廳、企業之利益調整的組織，而中國也沒有一套國家能源戰略。在此狀況下，以中日能源爭奪戰爲契機，中國開始摸索能源輸送通道的多元化。1997年9月，總理李鵬前往哈薩克訪問的時候，哈薩克曾向中國提出建設中國與哈薩克之間管線鋪設的提案。中國同意此項提案，之後CNPC也與哈薩克締結了管線契約。[154]

當時哈薩克境內只有通往俄羅斯與伊朗的管線，如果與中國之間的管線能夠完成，在一定程度上哈薩克就能夠減輕來自俄羅斯的壓力。借用哈薩克總統努爾蘇丹·納札爾巴耶夫的話來說，就是「將中國變成距離哈薩克最近的夥伴」[155]將有利於哈薩克的對外戰略。但對中國來說，與哈薩克的管線連接並不一定是最好的選擇。首先，與哈薩克相鄰的新疆，其石油蘊藏量有328億噸、天然氣蘊藏量也有18兆立方公尺，分別相當於世界總蘊藏量的8%與5%。且新疆在2013年9月時，供給了全國30%的石油與天然氣。因此，如果完成從哈薩克到新疆的管線，那麼中國需要優先使用哈薩克的石油與天然氣，從而有必要減少新疆在石油與天然氣上的產量。此外，由於從哈薩克的阿塔蘇（Atasu）地區到新疆的管線路徑會經過結凍區，爲了防止石油凍結，中國還需要在哈薩克產出的石油內加入一些其他的油。因此，雖然中國與哈薩克簽訂了契約，因爲此一管道不是中國最理想的選擇，計畫也因此停滯不前。而在中俄石油管線（「安加爾斯克—大慶」）構想順利進行的情況下，中國在 1999 年時，決定擱置中國—哈薩克管線計畫。[156]

然而，由於日本的參與使得「安加爾斯克—大慶」石油管線的前景變得不明朗，因此中國不得不重新開始思考俄羅斯以外的可能性。最後，在 2004 年 9 月底，此前遭到擱置的中國與哈薩克之石油管線（Kazakh-China Oil Pipeline, KCOP），開始正式動工，並於 2005 年 11 月竣工。在 2006 年 7 月時，從哈薩克阿塔蘇到新疆阿拉山口這條全長 1,240 公里的石油管線開始運作，每日供給 20 萬桶的原油。此外，2008 年 7 月時，中國與哈薩克的天然氣管線建設也開始施工。

繼哈薩克之後，連接中國與中亞的第二條管線經過土庫曼、烏茲別克以及哈薩克，並由新疆霍爾果斯接續中國國內東西兩條管線。中國與土庫曼的管線鋪設決定過程，幾乎與哈薩克是同一種模式。1994 年 4 月總理李鵬前往土庫曼訪問之後，土庫曼總統薩帕爾穆拉特．尼亞佐夫（Saparmurat Niyazov）提出了鋪設中國—土庫曼天然氣管線的提案。在兩國同意下，1996 年時由 CNPC、埃克森（Exxon）及三菱商事三家合作完成可行性研究。[157] 但這條管線直到中日雙方在東西伯利亞原油管線的攻防越來越激烈之後，才開始建設，並於 2009 年 10 月時完成中亞天然氣管線的正式運行。2010 年春季，中國與土庫曼兩國簽訂合約，將年運輸量從每年 300 億立方公尺提升到 400 億立方公尺。自此，土庫曼、烏茲別克以及哈薩克這三國的天然氣供給，大約就占中國一年天然氣消費量的 80%。[158]

爲了確保中國南方的運輸通道，中國開始在面海的巴基斯坦、孟加拉以及緬甸的港口建設道路與鐵路。中國此舉被美國等西方國家視爲「珍珠項鍊」戰略，是爲中國海軍在海外擴張做準備，引起了一些國家的關注和安全保障上的警戒。如前所述，依據「珍珠項鍊」戰略，中國透過確保在柬埔寨、孟加拉與巴基斯坦等地的灣岸設施，作爲其在南海、麻六甲海峽與印度洋等地的重要軍事基地。這些港灣設施將來是不是能夠眞正轉用爲軍事用途，尙有許多的未知數。從中國國內的脈絡來看，這些港灣設施本來就是爲了實現能源運輸通道多元化才建設的；而且管線在途經國家中受到了不少質疑，反對聲浪也相當強。雖然進入習近平時代後，中國政策出現重大改變；但在 2000 年代的胡溫政權時，客觀地說，對中國「珍珠項鍊」戰略的批評未必符合中國的實情。

對於通過泰國克拉地峽的路徑，泰國運河開發委員會幾度向中國進行遊說。由於擴張運河需要花費 10 到 15 年的時間，而且預估要花掉 250 億美金的工程費用。此外，中國國內有很多人認爲，泰國與美國關係密切，在政策上很容易受到美國影響，因此通過泰國克拉地峽路徑運輸石油的政治風險很大。從巴基斯坦的瓜達爾港到新疆烏魯木齊的管線，也在此時被提出來探討。關於巴基斯坦與中國的連結管線建設，雖然巴基斯坦非常積極，但由於管線工程將會經過極寒地帶，工程的難度很高，導致中國對此躊躇不前。

另外，印度也提出了連結中國的石油管線提案。2006 年 1 月，印度石油天然氣部長馬尼・尙卡爾・艾雅（Mani Shankar Aiyar）前往中國訪問，並提出以印度爲中心來連結巴基斯坦、孟加拉、緬甸、伊朗的管線構想。[159] 另一方面，2006 年 2 月時，巴基斯坦也提出要將沙烏地阿拉伯的石油，以巴基斯坦—中國的管線來運輸（巴基斯坦瓜達爾港—中國喀什）的構想。2001 年時，中國決定援助瓜達爾港的建設。[160] 中國雖然沒有與印度、巴基斯坦在管線問題上做出任何決定，但決定先著手建設瓜達爾港。由於瓜達爾地區的不穩定情勢，使其無法獲得預期的經濟效果。[161] 在這樣的情況下，中巴間的瓜達爾—新疆之間鐵路建設討論，又開始有了進展。2013 年再次當選的總理納瓦茲・夏立夫（Nawaz Sharif）表示，巴基斯坦已經同意建設連結瓜達爾與新疆的道路與鐵路，且中國政府也將瓜達爾—新疆的陸路與鐵路建設計畫，視為中國與巴基斯坦經濟合作的一環。[162] 因此，瓜達爾—喀什之間的道路與鐵路建設，一下子變帶有現實性的話題。

於此同時，連結孟加拉—緬甸—雲南的路線一案，也開始浮上檯面。[163] 雖然之前也有鋪設從孟加拉吉大港到西藏管線的提案，但由於此管線路徑會經過地形險峻的山岳地帶而遭遇挫折。在這之後，中國決定鋪設從孟加拉吉大港到緬甸的鐵路，同時也鋪設了從中國到緬甸的能源運輸管線。鋪設從緬甸到中國雲南的石油管線，是在 1990 年代就被提出來的提案。在 2001 年時，國家主席江澤民前往緬甸訪問之時，緬甸政府同意中國使用伊洛瓦底江作為中國的印度洋出口。[164] 然而，由於當時石油價格下降，因此國內對於鋪設緬甸—雲南石油管線的反對意見相當強烈，認為管線的成本效益不佳，所以當時並沒有付諸實現。

2004 年，與緬甸的管線計畫再次浮上檯面。2004 年 8 月，雲南大學國際關係學院能源問題專家吳磊等人，向雲南省發展和改革委員會提出中國昆明—實兌的管線建設（總工程費 20 億美金）之政策建言。在雲南省政府的推動下，2005 年 7 月中日在東西伯利亞的石油管線爭議暫告一段落之際，國家發展和改革委員會也與緬甸政府簽訂管線的相關備忘錄。而管線計畫也因此由地方層級提升到國家層級，有望被納入國家計畫。隨後，在雲南省政府、雲南省人民代表大會[165]

和雲南省政治協商會議、CNPC、重慶市[166]等單位的強力支援下，2006 年 4 月時，國家發展和改革委員會承認與緬甸的管線計畫，並放進第十一個五年計畫當中。2008 年，由於與緬甸、印度、孟加拉的連結管線計畫遭遇挫折，中國開始推動中緬能源管線的鋪設計畫，決定先行展開天然氣管線鋪設計畫，雙方並締結期限長達 30 年的天然氣運輸販賣合約。接著在 2009 年 3 月時，中國又與緬甸政府簽訂石油、天然氣管線，以及共同開發水力發電等政府間協定。

連結中國與緬甸的管線，[167]每年最多可運輸 4,000 萬噸到 6,000 萬噸的原油，以及 120 億立方公尺的天然氣。管線全長 1,100 公里，其中緬甸占了 793 公里。緬甸國內管線建設一直面臨環保的壓力，以及伴隨管線建設而產生的移居問題。在 2012 年 3 月時，有超過 100 位以上的緬甸人進行抗議遊行。伴隨著管線建設出現的環境問題與人權問題，反對管線建設的聲音逐漸增多。[168]透過 VOA 及路透社等西方媒體報導，這項瑞區天然氣運動（Shwe Gas Movement）影響力逐步擴大，[169]因此，中國國內也開始關注緬甸民主化動向，擔心此運動會對管線建設帶來很大阻力。同時，中緬的管線工程也受到緬甸反政府組織的攻擊。在此情況下，中國開始介入緬甸安全問題，擔任起緬甸政府與克欽州的反政府組織——克欽獨立組織（KIO）之和平交涉中介角色，[170]積極參與以維持緬甸穩定。此外，爲了確保進入孟加拉灣的入海口，中國也開始推進皎漂（Kyaukpyu）港之商業開發。然而，視孟加拉灣爲自家後院的印度，對此開發計畫抱持高度警覺和批評。

如上所述，在 1993 年中國轉爲石油的純進口國之後，各式各樣的能源運輸通道多元化之提案都浮出檯面。但是，由於建設費用和效益等問題，很多計畫並沒有得到中央政府的認可，因此被擱置下來。

但是，圍繞東西伯利亞石油管線的中日對立，導致能源管線建設費用和效益等問題被置之度外，原本擱淺的各種計畫重新復活，變身成爲了 2000 年初期中國能源安全保障戰略中的樞紐管線。

值得一提的是，中國能源安全保障戰略的制定過程中，美國因素起了決定性作用。從 911 事件之後，美國在中亞地區的勢力大幅增長，特別是吉爾吉斯的美軍基地又與中國邊境之距離相當近。在這樣的狀況下，中國管線計畫的制定時，必然會強烈意識到美國因素的存在。因此，在鋪設管道時也注重選擇與美國政治影響力較低的國家合作。

陸、小結

以中日在東西伯利亞石油管線的對立爲契機，中國推進了能源運輸通道的多元化。在中美、中日以及中印在安全保障上的相互不信任，以及 1990 年代中國國內學者專家提出各式各樣運輸管線案的背景下，中國建構了中國—俄羅斯輸油管線（東北通道）、中國—中亞油氣管線（西北通道）、中國—緬甸油氣管線（西南通道）以及海上能源運輸通道等四條運輸路徑。以目前狀況來說，中國依然大幅依賴海上能源運輸通道，事實上還是沒有辦法完全排除中國所擔心的美國威脅。此外，確立了四條能源輸送通道的同時，也讓俄羅斯、哈薩克、土庫曼、烏茲別克以及緬甸等國家，在中國對外關係上擁有極爲重要的戰略地位。也正因爲如此，中國不斷與俄羅斯、緬甸強化政治關係，同時也不斷敦促希望早日促進與哈薩克及烏茲別克的定期首腦會談。

伴隨著中國能源安全保障戰略的成形，能源領域上的合作成爲上合組織的重要經濟合作支柱。強化上合組織之間的能源合作，同時對上合組織國家間的經濟合作與軍事合作帶來深刻的影響，也影響到中國與亞洲各國的軍事合作。以上合組織各國之間展開的「和平使者」軍事演習（參照第二章第三節）爲例，2005 年第一階段的軍事演習，就是在東西伯利亞石油管線經過的重要地點——海參崴所進行。[171] 2007 年與 2008 年所進行的中印聯合軍演，地點選在昆明，而昆明正是中國與緬甸的石油管線終點。由此可以看出，在中國的軍事戰略中，保障能源管道的安全占了相當大的比重。與此同時，與中國進行聯合軍演的國家，並不一定都是反美國家。換言之，中國的能源安全保障戰略和反美陣線，目前還沒有直接的因果關聯。

當然，與俄羅斯、哈薩克、土庫曼、烏茲別克等國的關係強化，也讓中國在中亞地區的重要性逐步上升。然而，中亞各國在歷史上與俄羅斯有著強力連結，強化與中國的關係並不意味會將中國視爲最重要的國家。另外，相對於俄羅斯遠東區域只有 600 萬人口，光是黑龍江省的人口就已經高達 4,000 萬人。[172] 針對遠東中國化的恐懼（yellow peril），依舊在俄羅斯根深蒂固；而俄國對於中國軍事力量的增強，也感受到強烈的威脅。這些安全保障上的不安，也會阻礙中國在遠東地區的影響力，以及中俄在能源領域上的合作進展。

受到頁岩氣革命的影響，同時 CNPC 前董事長蔣潔敏與副總經理王永春等石油幫接連被「雙開」（開除黨籍、開除公職），習近平政權下的中國能源保障政策發生了相當大的改變。然而，中國能源安全保障戰略形成的過程中，特別在 2000 年代與日本能源競爭日趨激烈的背景下，政府與國有石油企業的連結也更加顯著。另一方面，在中國的石油能源運輸通道形成過程中，也可以看到「企業戰略的國家戰略化」。也就是說，雖然成本等問題使得國有石油企業在運輸通道計畫上，遭遇一時挫折；但在國家能源戰略的形成過程中，國有石油企業的提案死而復生，並受到國家財政面與外交面上的大力支援，讓國有企業的政策提案直接升格爲中央政策。由此可以看出，國有石油企業是中國石油能源戰略的策劃主體，在其對外戰略形成中具有實質的影響力。

第四節　水資源

由於全球性的氣候變遷、人口增加以及經濟開發等因素，水資源成爲今日社會中極爲重要的戰略資源。在人類的歷史上，因爲水資源而引起的戰爭雖然不多見，但圍繞水資源而產生的國家紛爭卻不在少數。亞洲地區的國際河川大多數是從喜馬拉雅山脈、西藏高原以及天山山脈發源，而中國作爲諸多跨國合流的上游國家，其水資源利用與環境保護等政策與行爲，都會爲下游國家的安全、農業、漁業與自然環境等帶來莫大的影響。

因爲水資源的問題，近年來中國與周邊國家的對立相當頻繁。因此，作爲非傳統安全保障問題的水資源問題，現在被視爲與恐怖行動、核武安全同列爲安全保障上的重要政策課題。[173]

在本節中，將以跨國河流水資源爲焦點，檢討在非傳統安全保障領域的水資源問題，以及中國的對外政策之走向，並討論在威權體制下的多元化聲音與對外政策的關聯性。

壹、跨國水資源問題中的中國與周邊國家的關係

如同表 4-1 所示，亞洲國際河川的發源地大多都是中國，而近年

來中國與周邊國家的水資源對立越來越明顯。這些對立大致可以分爲以下三類。

第一類是因爲中國國內的環境污染所產生的對立。例如，2005年11月13日，中國石油天然氣集團（CNPC）分公司的吉林石油化學，雙苯廠發生爆炸造成約100噸的苯流入黑龍江最大支流松花江。在事件發生的9天後的11月22日，中國政府才向俄羅斯通報，[174] 並在隔天由國家環境保護總局（2008年改組爲國家環境保護部、

表4-1　流經中國的主要國際河流／國境河流

地點	名稱	全長（km）	流經國家
東北	阿穆爾河（黑龍江）（國境河流）	5,498	中國、俄羅斯、蒙古
	鴨綠江（國境河流）	795	中國、北韓
	圖們江（國境河流）	525	中國、北韓、俄羅斯
	烏蘇里江（國境河流）	905	中國、俄羅斯
	綏芬河（國境河流）	449	中國、俄羅斯
西南	湄公河（瀾滄江）	4,909	中國、緬甸、寮國、泰國、柬埔寨、越南
	布拉馬普特拉河（雅魯藏布江）	2,840	中國、印度、孟加拉
	紅河（元江）	677	中國、越南
	薩爾溫江（怒江）	3,240	中國、緬甸
	伊洛瓦底江	2,714	中國、緬甸
	印度河	2,900	中國、印度、巴基斯坦
	北崙河（國境河流）	109	中國、越南
西北	額爾濟斯河	4,248	中國、哈薩克、俄羅斯
	伊梨河	1,236	中國、哈薩克
	烏倫古河	821	中國、蒙古
	霍爾果斯河（國境河流）	137	中國、哈薩克

資料來源：作者自行整理。

2018 年再改組爲國家生態環境部）向國內公開松花江的水污染事件。在這之後，總理溫家寶與外交部長李肇星也向俄羅斯道歉，並向俄羅斯無償提供了水質檢測的相關器材。俄羅斯一直關注松花江中的化學含量問題與事件處理過程，[175] 中俄兩國的環境當局此後以兩年一次的頻率，召開相關會議，探討松花江水質問題。[176]

第二類是作爲上游國家的中國水資源利用所引發的對立。中國與周邊國家的水資源使用對立中，特別顯著的是中國與哈薩克、俄羅斯的對立、中國與印度的對立，以及湄公河水資源利用問題。中國在上游進行經濟開發與水壩建設，是引起中國與哈薩克及俄羅斯對立的主要原因。哈薩克水資源匱乏，而流經哈薩克的兩大河川——伊犁河與額爾濟斯河，源頭都在中國。1997 年，中國爲了保障烏魯木齊地區的供水和棉田灌溉，開始建設全長共 300 公里的運河。運河完成後，額爾濟斯河將會有 20% 流入運河之中。[177] 另外，中國還在額爾濟斯河的主流建設 3 座梯級大壩，在其支流建設了 3 座水壩，而在伊犁河也建了 133 座水壩，以及建設了 64 條引水路。

雖然中國在 2001 年與 2008 年時，分別與哈薩克及俄羅斯簽訂了國際河川的利用與保護協定，但一直迴避簽署水資源的具體問題之協議，且不進行三國間的交涉，堅持「不管是哪個案例，都需要雙邊個別接觸」的立場。[178] 特別是哈薩克一直強烈要求中國明確其用水量的數據規定，但中國與哈薩克在 2001 年所簽訂的協約中並未明定此點；隨後，兩國在設立的工作坊交涉上也陷入停滯 [179]。因爲協議沒有進展，哈薩克總統努爾蘇丹．納札爾巴耶夫也在 2008 年對中國進行強烈批評。雖然中國與哈薩克於 2011 年 2 月簽訂國際河川水質保護的相關協定，並於 6 月簽訂環保合作協定；但關於取水量等具體的規範，還是沒能得到解決。

中國與印度之間，則是在2002年4月簽訂備忘錄，規定布拉馬普特拉河這條從中國西藏南部流向印度東北部、孟加拉的國際河川，在漲水期時中國將提供印度奴各沙、羊村與奴下等三地的水文情報。[180]另外在2005年4月，中印兩國也簽訂關於薩特萊傑河的備忘錄，中國在漲水期將向印度提供水文情報。儘管中印兩國簽訂跨國河流的相關備忘錄，印度一直對中國的水資源利用存有很大的疑慮。因爲，中國在布拉馬普特拉河的上游（即雅魯藏布江）的水壩建設計畫，以及中國的「南水北調」計畫，對於位處下游的印度關係重大。2010年11月，中國雅魯藏布江藏木水壩的工程開始施工。中國外交部發言人強調，「此水壩對雅魯藏布江的水利用率不滿1%」[181]、「水壩建設有考慮到下游國家」，[182]並解釋說雅魯藏布江的水壩建設對印度的影響甚微。圍繞此一問題，中國與印度之間也設立工作坊，持續對雅魯藏布江的問題進行討論。但這些討論沒有達到預期的效果，既無法讓印度停止對中國的批判，也無法打消印度的疑慮。

第三類是他國的水資源利用，對中國造成不利所引起的國家間對立。阿克蘇河是從吉爾吉斯流向中國的國際河川，上游國家吉爾吉斯的大規模開發利用，也對中國阿克蘇流域及塔里木流域的發展造成影響。

以上三類，是近年來中國與周邊各國在水資源問題上對立的主要類型。1997年5月，聯合國總會通過《國際水道非航行使用法公約》。中國對於公約中「如果紛爭當事國提出要求，將會進行強制性事實調查」此一規定表示反對，並在表決中投下了反對票。[183]目前中國對國際河川的相關多邊協議，均抱持消極的態度。追求上游國家權益的中國，是否會改變其態度，將爲中國與周邊各國的關係帶來巨大影響。

貳、威權主義中國的輿論與對外政策

關於輿論與對外政策的關係，一般認爲「聽眾成本」（audience cost）越高，國際談判交涉的難度就越高；若將本國的高聽眾成本反映給對手，則有可能迴避妥協。聽眾成本的概念是在 1994 年由詹姆斯．費倫提出，意思是指國家領袖在國際談判交涉場合，若違反民眾意願進行妥協時所需背負的成本。與獨裁國家相比，民主國家的國內存在著聽眾成本，一般認爲較能將本國的對外政策意圖明確地傳遞給對手。[184]

近年來，相對於費倫等人的說法，越來越多的研究認爲，非民主國家中（獨裁國家或威權主義國家）也存在著聽眾成本。[185] 有學者主張，因爲民族主義情緒的提高導致中國政府的聽眾成本也隨之升高，從而使中國政府很難在對外政策上採取妥協政策。潔西卡．陳．魏斯以 2005 年的反日事件爲例，認爲中國容許反日抗議會威脅政權的安定，是一種自掐脖子的行爲；但由於國內聽眾成本的提高，使得中國政府能向日本政府明確顯示其不退縮與不妥協的決心。[186]

不可否認，就像魏斯所主張的一樣，威權主義國家爲了在國際上占據有利的位置，會有意利用國內民族主義式的輿論或抗議行動。但是同時也應該看到，威權主義國家的聽眾成本並不一定都是政府有意操作的結果。在民族主義高漲的背景下，中國政府也有可能妥協並展示「新外交」[187] 的國際合作姿態。特別是 1990 年代後半開始，在國內民族主義呼聲增大同時，中國還是積極參與國際秩序，慢慢地接受國際規範。換言之，就如同在中日關係中看到的，中國政府有意創造聽眾成本，使其成爲對日不妥協的後盾；但有時也可以看到，在民族主義高揚之下，中國政府採用協調的對外政策案例。而在本節中所討論的怒江、湄公河（瀾滄江）水壩開發案例，則是屬於後者。

媒體是輿論的表現空間，在輿論的形成過程中扮演重要角色。改革開放之後，中國媒體受到了市場化、分權化、全球化三個浪潮的影響。市場化是指導入市場機制；全球化是指人才、物品、金錢以及資訊的跨國流通；分權化則是指 1980 年代以後的權力下放趨勢，在此過程中國家在強化宏觀控制權力的同時，中央的權限逐步轉讓給各部委和地方政府。很多研究是從市場化角度，分析媒體報導自由在政治所扮演的角色，指出在政府嚴格控制媒體報導的中國，媒體所能享受到的自主性就像是「鳥籠裡的自由」[188] 一樣，其所扮演的政治角色也非常有限。從分權化及全球化的角度分析中國媒體的政治作用，目前研究還不是相當充分。本章則是以跨國水資源問題爲切入點，討論造成中國與周邊國家對立的中國怒江、湄公河（瀾滄江）水壩開發問題之中，分權化、全球化對中國媒體帶來何種影響，也期望解析輿論與中國對外政策的關聯性。

參、國際議題中的怒江、瀾滄江水壩開發

湄公河（在中國國內的部分稱爲「瀾滄江」）全長共約 4,350 公里，是流經中國、緬甸、寮國、泰國、柬埔寨以及越南等六國的國際河川。中國計畫在瀾滄江總共建設 15 個梯級水力發電廠，其中位於瀾滄江中游及下游的功果橋、小灣、漫灣、大朝山、糯扎渡、景洪、橄欖與勐松等八個水壩已著手興建，總發電量預計突破 2,000 萬 kw。[189] 薩爾溫江（在中國國內的部分稱爲「怒江」）全長共約 2,410 公里，是流經中國與緬甸的國際河川。從 1990 年代後半開始，中國提出怒江的電力開發戰略，並在西部大開發的號令發出後，啓動怒江水壩的

可行性研究。2003 年，中國政府發表了怒江的 13 座梯級水壩的建設計畫。

中國在湄公河、薩爾溫江等國際河川進行大規模的梯級水壩建設，不只在國內引起了反彈，位處下游的國家更是強力反對。1993 年，在瀾滄江主流展開第一個水壩（漫灣水力發電廠）建設工程前後，中國的瀾滄江水壩建設就引發海外各界的諸多批評。怒江水壩也是一樣。怒江開發計畫一被公開，海外非政府組織（NGO）就表達強力反對。中國國內媒體也幾乎是在同一時期，一方面大幅報導對於怒江水壩建設的反對聲浪，另一方面也對已經完成的瀾滄江水壩之經濟效益，提出很多的質疑。

2002 年，中國與湄公河委員會（MRC）簽訂交換水文數據的條約，並於 2003 年時接納下游國家的意見，暫時停止船運建設。[190] 2010 年年初，中國西南地區與東南亞四國遭逢乾旱。當時不只是 NGO，就連美國以及湄公河下游的泰國及越南媒體都指出，引發乾旱的元凶就是中國所建設的水壩。[191] 面對與日俱增的國際批判，中國一方面否定水壩與乾旱的關聯性，另一方面也展現其國際協調的姿態。2010 年 3 月，中國承諾會把景洪與曼安兩個水壩的乾水期水位，以及降雨量的相關數據提供給 MRC 事務局。雖然泰國與越南肯定中國提供數據的行動，但也有環保團體批評認爲，中國並沒有正確且即時地提供資訊，且只是將資訊一點一點地擠出來提供（drop by drop）。[192]

以瀾滄江及怒江的水壩開發爲例，分析中國民主化進程的研究已經有一些成果。這些研究對利益團體與 NGO 在政治過程中所扮演的角色，提出了一些先驅性的看法。[193] 如圖 4-3 所示，NGO 與國家環境保護部進行相互合作，展開反對水壩開發的活動。另一方面，國家發展和改革委員會、國家電力監督管理委員會（2013 年改組為國家能源局）與雲南省等也合作應戰，力辯水壩建設的優點。如同表 4-2 所示，中國的媒體也立足於其管轄組織各自的利益，而進行了各種報導。因此，中國各種媒體之間也形成激烈的論戰。以下將先以怒江水壩開發為例，透過怒江水壩開發與瀾滄江水壩開發的關係，討論中國國內媒體對水壩開發報導的變化過程。接著將分析 2010 年乾旱時，中國國內輿論的動向以及中國的對外政策的關係。

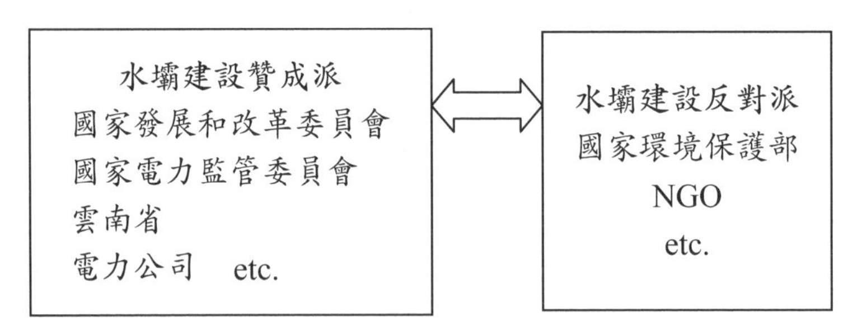

圖 4-3　中國國內的水壩爭論

資料來源：作者自行繪製。

表 4-2　中國報紙的四大類型

分類	主要報紙
黨刊	《人民日報》
利益攸關者所管報刊	《中國經濟導報》（國家發展和改革委員會） 《中國電力報》（國家電力監管委員會） 《雲南日報》（雲南省） 《中國環境報》（國家環境保護部）
沒有直接利害關係的商業報	《新京報》etc.
NGO 團體經常利用的報刊	《中國青年報》etc.

資料來源：作者自行整理。

一、有關怒江水壩的中國國內輿論

2003 年，怒江水壩開發計畫被公布後，中國媒體就對住民移居問題、環境影響等爭議，開啓了水壩建設是非的大論戰，贊成和反對的兩種輿論完全對立。以下將怒江水壩開發之輿論動向，分成三個時期進行相關考察。

（一）正反意見並存期（2003 年～2004 年）

怒江的水力發電計畫是在西部大開發以前，就已經開始計畫的國家發展戰略，而雲南省則是計畫的主力省分。在此期間，推進國家發展和改革委員會與地方政府，以及後來成爲反對水壩開發主力的國家環境環保總局，都是抱持著贊成的態度。然而，到了 2006 年，新聞報導怒江水力發電計畫正式啓動。同年 8 月，由國家發展和改革委員會在審查會中批准了這項計畫。之後，中國國內輿論開始出現分歧。國家環境保護總局反對怒江水壩開發的態度也逐漸明確。在政府對輿論相對寬容的背景下，各種媒體的報導也在相對自由的環境中展開。各有關部門立基於各自的利益，利用其所管轄的新聞組織，積極提出水壩開發的相關政策建言。

對於怒江開發表現出反對姿態的是國家環境保護總局。如前所述，在怒江水壩開發的企劃階段，國家環境保護總局是站在贊成的立場；但在 2003 年 8 月由國家發展和改革委員會主辦的怒江水壩開發事前評估會議中，環境保護總局首次公開明確採取反對的立場。環境保護總局主管的《中國環境報》報導中，持續主張水壩會破壞寶貴的自然景觀，並有誘發地震災害的可能性。此外，也提出在瀾滄江運作的漫灣、大朝山水壩開發，並未改善當地居民的生活。同時亦刊載文章，高度評價 NGO、一般民眾參與國家政策決策過程。

相反地，贊成派則強調環境保護與水壩開發可以兩全，主張水壩可以讓當地居民脫離貧窮。國家發展和改革委員會旗下的《中國經濟導報》中，對於怒江水壩開發的相關報導較其他報紙為少；但從2004年開始，便訴求水力發電與環境保護可以兩全，並強調水力發電的優點，[194] 主張不能讓現地居民的貧窮，[195] 作為生態環境保護的代價。[196]

與國家改革發展委員會站在同一立場的，是與水壩建設有利害關係的政府機關管轄之新聞媒體——《中國電力報》與《雲南日報》。在《中國電力報》所報導的怒江相關新聞，都是支持水壩開發；然而，這些新聞報導的風向也有微妙的變化。2003年，圍繞著怒江水壩開發，各大媒體都一同參與論戰；其中，《中國電力報》更是描繪了「西電東送」與「雲電外送」（雲南向東協國家開拓電力市場的構想）等光明未來景象。2004年2月以後，《中國電力報》刊登的報導，全都是有關推進怒江開發的理由，以及對反開發論者的反駁。

積極推動怒江水壩開發的雲南省，利用旗下的《雲南日報》來傳達自身的政策建言。雲南省將水力發電作為該省的支柱產業，在怒江水壩開發以前，雲南省就把小灣、景洪[197] 等多處水力發電設施，作為西部大開發計畫的一部分來推進，並開始啓用建設水壩工程。另外，雲南省還在緬甸、寮國以及越南展開水壩建設事業。雖然在2003年8月召開的怒江水壩開發事前評估會議中，《怒江中下游水力發電企劃書》獲得正式承認，但在此會議的2個月前的6月13日，《雲南日報》就已經率先報導怒江水壩開發計畫。在怒江水壩開發爭議不斷擴大的情況下，《雲南日報》與《中國電力報》一樣，認為水壩計畫已經是既定方針不會再有變更。在這樣的認知下，《雲南日報》一直都只報導雲南省水力發電基地的發展戰略以及其進展情況。

水壩開發的反對聲浪不只在國內，在海外也引發了相當反響。在 2003 年怒江水壩開發計畫公布之後，國際河川網絡（International Rivers Network）、薩爾溫 Watch（Salween Watch）、東南亞河川網絡（Southeast Asia Rivers Network）等國際環境 NGO，都展開了反對怒江水壩開發的運動，並密切關注中國國內的水壩開發動向。此一時期的中國媒體，也關注著這些外國反應，對海外 NGO 的動向以及怒江開發引起的泰國及緬甸疑慮，也進行了廣泛的報導。

在這個時期也可以看到中國 NGO 與海外 NGO 的協調行動，而這些行動也在國內受到了一定的報導。從 2003 年 11 月到 12 月之間，在泰國召開的第 2 次關於水壩影響的住民會議中，中國的 NGO 如綠家園、自然之友、綠島以及雲南大眾流域也都有參與，而該會議也以會議名義向聯合國提出保護怒江的書狀。2004 年 3 月，在韓國召開的聯合國環境計畫（UNEP）特別總會，自然之友與綠家園的代表也都在該會議上，對怒江的環境保護提出訴求。

之後，關於水壩的爭議在國內持續升溫，且水壩開發問題也逐漸演變成國際議題。2003 年 7 月，「雲南三江並流保護區」正式被登錄爲聯合國教科文組織的世界遺產（自然遺產）。然而，由於怒江水壩開發計畫的影響，在登錄爲世界遺產 3 個月後的 10 月，聯合國教科文組織表示對「三江並流」抱持「強烈疑慮」，因而對中國政府提出質疑書。在此情況下，溫家寶於 2004 年 2 月針對怒江水壩開發，表示應「愼重研究、科學決策」。由於溫家寶的指示是在怒江開發環境事前評估會議認可怒江水壩開發之後（1 月）的發言，一般都認爲這項溫家寶的指示是叫停怒江水壩開發的號令。自此，圍繞著開發問題所引起的爭議更進一步白熱化。

（二）開發與環保的兩立（2004 年～2006 年）

2004 年 10 月，中國舉辦水力發電與永續發展論壇。國家發展和改革委員會在該論壇中提出「在開發中保護，在保護中開發」的口號。以此為契機，中國國內的輿論開始產生明顯的變化，贊成水壩開發的各政府機關，也開始提倡環境保護。

雲南省作為開發推進派的急先鋒，過去一直忽視反對開發的論點，但到了 2004 年後半，其所管轄的媒體也開始報導「在開發中保護，在保護中開發」的口號。然而，這並不意味著雲南省已經轉變其經濟發展戰略。雲南省還是持續透過《雲南日報》報導該省的貧窮狀態，並主張要從理性客觀的角度來看水力發電，認為水力發電可以促進生態環境保護。另外，雖然《中國電力報》也持續提到環境保護的重要性，但也不斷傳達水力發電的必要性與重要性。另一方面，反對派的《中國環境報》則是在 2004 年以後，開始揶揄這些水力發電廠是一種「圈地運動」，嚴厲批評水壩開發將會帶來新的環境問題。此外，《中國環境報》也刊載了雲南三江並流保護區被登錄為世界遺產後，聯合國教科文組織的擔心與中國政府的應對。該報也持續報導 NGO 的意見與 NGO 在國內的活動，旗幟鮮明地反對怒江水壩開發案。2006 年 6 月，在公布《中國環境保護白皮書（1995-2005）》的場合中，國家環境保護總局副局長甚至表示，怒江水壩開發的環境事前評估還在進行中；考慮到國際社會的反應，有可能會大幅調整原案。[198] 很明顯地，國家環境保護總局試圖在開發上踩煞車。

經過這些爭議之後，環保意識也開始在中國社會逐漸萌芽，而怒江水壩問題也更加國際化。2005 年 12 月 26 日，《紐約時報》便針對怒江水壩問題進行了相關報導。[199] 雖然《紐約時報》的報導全文並沒有被中國的文字媒體介紹，但贊成開發怒江的方舟子在人民網上發表了對《紐約時報》報導的反對意見，也讓《紐約時報》的該則報導在中國變得廣爲人知。

在怒江水壩開發贊成派逐漸處於劣勢的情況下，溫家寶在 2005 年 7 月再次發出新的批示，表示要「加緊論證研究，儘快拿出自己的意見」。溫家寶的批示使得怒江水壩建設的整體氣氛瞬間轉變。與上次不同，溫家寶是在前往雲南視察時接受地方政府陳情後做出這番發言；因此，他此番發言被解讀爲怒江水壩開發的許可。此後在 NGO 與水壩反對派之間蔓延著悲觀的想法，認爲怒江水壩開發遲早都會啓動。

（三）報導管制期（2006 年～）

從 2006 年後半，特別是在進入 2007 年以後，政府所管轄的新聞媒體關於怒江水壩開發的新聞都相當少。然而在 2008 年之後，相關報導卻又開始出現（參見圖 4-4）。從這樣的報導傾向來看，不難發現 2006 年後半到 2007 年這段期間，水壩相關報導應該受到了中央政府的管制。

在嚴格管制媒體報導的同時，中國中央政府也悄悄地開始重新檢討水壩建設計畫。2006 年 5 月，中央設立一個新的課題研究小組，專門探討怒江水壩問題。國家發展和改革委員會、國務院西部地區開發領導小組辦公室、國家環境保護總局等八個機構，以及與雲南省及怒江州政府也都參與其中。而此研究小組提出來的怒江問題解決方案，是「怒江州在開發水力發電的基礎上，導入生態補償機制」。很明顯，這項方針基本上是繼承了 2004 年以來的中央政策，強調追求環境保護與水力發電的兩全。

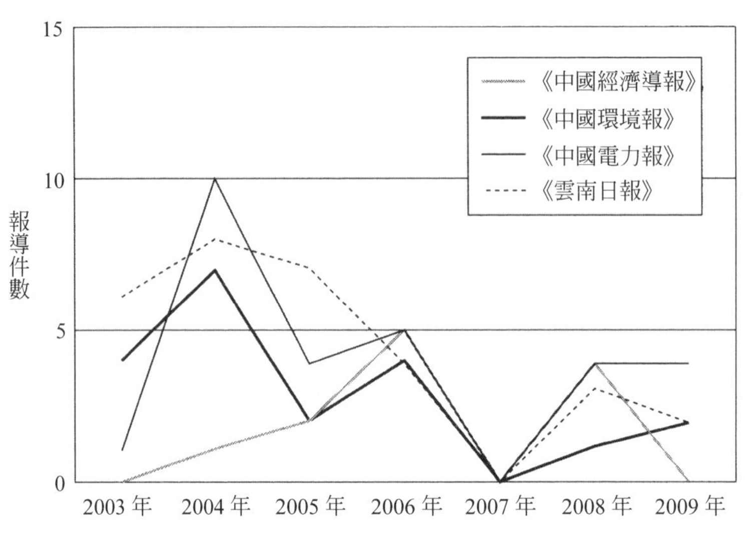

圖 4-4　關於怒江開發的中國國內報導（2003～2009 年）

資料來源：作者自行繪製。

在這個新的政策提出來以後，怒江水壩開發擁護派在怒江水壩的議論上也開始變得慎重起來。從 2006 年下半年以後，各大媒體不再使用「怒江水壩開發」此一敏感詞，而改成「怒江問題」。雲南省政府、各電力機關、電力公司等，也開始重複強調水力發電計畫對保護環境的效果。另一方面，國家環境保護總局也從 2006 年 6 月以後，開始減少對怒江水壩開發的相關評論；2009 年以後，怒江水壩相關報導更是大幅減少；在其偶爾的報導中，主題也變成「反對水壩建設並不是要否定中國水力發電」之類的發言。

伴隨著國內的報導管制，此前有關國外動向的相關評論，包括國內 NGO 與海外 NGO 的合作行動、怒江水壩開發的國外反應等報導，也都消失了。2007 年 11 月 27 日，雖然《紐約時報》再次報導了怒江相關新聞，但在中國並沒有任何報導機關將其文字化。在這個時期，中國國內官方媒體所報導的怒江相關國際新聞，只有世界自然保護基金（WWF）報告書的相關報導、中國 NGO 運動家獲得國際環境獎的獲獎報導等，都只是間接報導，且對國外針對中國水壩建設的反應隻字不提。

當然在網路時代下，各 NGO 都還可以透過部落格、網頁來傳達海外動向以及與中央政府政策相左的意見。但是由於中國環境 NGO 的行動特徵，是採取「合法抵抗」[200] 方式、「迴避與政府正面衝突的集體行動」，[201] 因此在政府的言論管制之下，環境 NGO 網頁與個人部落格也都不再提及有關海外NGO活動反對怒江水壩開發的行動。

二、瀾滄江水壩上的中國國際合作姿態

在瀾滄江主流計畫建設的 8 個水力發電廠中，漫灣水壩（1993 年）、大朝山水壩（2002 年）、景洪水壩（2008 年）以及小灣水壩（2009 年）等四個都相繼竣工。從 1993 年曼灣水壩開始運作之後，海外的 NGO 開始發聲批判中國政府的水壩建設，認為 1993 年湄公河流域的乾旱與瀾滄江水壩開發有密切關係，展現反對水壩開發的姿態。到目前為止，海外 NGO 水壩反對運動最主要的針對項目之一，就是中國的瀾滄江水壩開發。在中國國內，反對瀾滄江水壩開發的運動，要比海外反對運動晚了許多。中國的湄公河水壩反對運動是在怒江水壩開發爭議之後才浮上檯面。這是因為目前在中國擁有一定影響力的環境 NGO，多半是在 1990 年代後半才成立的。

下面會將中國國內圍繞瀾滄江水壩開發之輿論動向，分為三個時期來討論：從 1990 年代初期到 2000 年代後半的中國國內議論動向；瀾滄江水壩開發成為國際輿論焦點的 2000 年代末期後中國國內輿論動向；以及 2010 年 4 月初召開湄公河高峰會時期的國內輿論動向。

（一）瀾滄江水壩開發之議論（1990年代初期～2000年代後半）

從1993年漫灣水壩開始運作之後，海外NGO就主張，湄公河下游國家所遭受的自然災害是由中國水壩所造成的，並強烈批評中國以本國爲中心的政策與其不合作的姿態。如前所述，在2003年左右，中國國內關於瀾滄江水壩開發問題，還沒有成爲媒體焦點。雖然媒體沒有什麼報導，但有關瀾滄江水壩開發的海外動向，中國國內還是有受到關注。

1990年代開始，就已經有聲音批評瀾滄江水壩開發，將會是中國與東協在經濟合作上的瓶頸。東南亞研究者馬燕冰就曾指出，針對瀾滄江—湄公河流域開發項目對環境、水質、漁業等方面造成的影響，湄公河下游國家越來越關注，國際有關機構也正在加強研究國際河流水資源開發，對環境、生態造成的影響。[202]然而，馬燕冰對於當時現況的認識非常樂觀，認爲對中國水壩建設有較大顧慮的只有寮國與柬埔寨，而泰國與越南已經對中國的立場有所理解。

極力推動大湄公河流域（GMS）開發的雲南省，很早就關注湄公河流域各國的主張與海外NGO的反對運動。1997年，在雲南省智庫——雲南省社會科學院東南亞研究所陳建明發表的論文中，詳細介紹了1996年召開的湄公河委員會（MRC）會議，並指出MRC關係國對水資源非常關心，且對開發造成生態環境影響存有很大的疑慮。另外，文章也介紹NGO提倡永續發展的主張。[203]

到了2003年左右，瀾滄江水壩開發問題開始成爲中國國內問題，並迅速浮上檯面。如前所述，在2003年展開的怒江水壩開發議論中，開始質疑瀾滄江水壩開發所帶來的經濟效果。在漫灣發電所開工之時，曾經提出「漫灣發電之日，就是百姓富裕之時」的口號。但漫灣發電所完工之後，當地人完全沒有受到發電廠帶來的好處。而從媒體的報導可以得知，甚至有人變得更窮。

另外在 2003 年之後，從居民移住問題、環境問題等視角來反對瀾滄江水壩開發的聲音逐漸升高，而中國從 2004 年後半也提出「開發與環境保護之兩全」的口號。在政府的這種重視環境保護的背景下，爲了實施環境政策，政府各機關進行各式各樣的調查。影響所及，水壩開發的問題點變得更爲明確，社會對水壩的相關認識也逐步加深。

雲南省雖然是水壩開發的贊成派，但同時也進行了好幾項研究調查，並出現水壩開發會帶來負面影響的調查結果。根據雲南省環境觀測機構的觀測結果，雖然漫灣水壩與景洪水壩對水質雖然沒什麼影響，但在乾水期時，從中國國內流出的水量將會減少，特別是對寮國永珍的影響尤爲明顯。[204] 在雲南師範大學觀光地理科學院的報告、雲南省政府研究室以及雲南財貿學院的研究成果，也指出了水壩開發的負面影響。[205] 實際上，參與調查的著名水壩開發贊成派的何大明也發表了論文，他一方面訴求水壩開發的必要性，但同時也喚起重視跨境生態環境問題的必要性。[206]

中央層級也實施了環境調查。2008 年初，國務院研究室調查研究小組開始進行長江、黃河與瀾滄江的水源地區調查。在視察調查後的調查報告中，提出應該將長江、黃河、瀾滄江的水源地區生態環境保護，提高到國家戰略的角度來考量。這是因爲，長江、黃河、瀾滄江的水源地區氣候變遷，將會對中國、東南亞乃至全球帶來影響。而該地區的生態環境保護，是中國爭取「全球生態保護中的地位和話語權」最重要的「生態牌」。[207]

如同上述，從 1990 年代初期開始，中國政府明確認識到海外

NGO對中國瀾滄江水壩開發的主張，以及其展開的反對運動；同時，也明確地認識到MRC關係國對水資源關心的高漲。另外，在水壩開發在國內引起大論戰之後，透過政府主導的環境調查，中國政府與國內輿論也認識到環境保護的重要性。這種環境意識，使得水壩開發在中國日漸受到注目。值得一提的是，在國內的討論中，環境保護問題不僅是經濟發展的問題，也逐漸和中國的國家利益相連結。對中國的外交來說，推動環境保護可以提升中國的國際地位，並可擴大中國在國際社會發言權。

（二）國際議題化的瀾滄江水壩開發（2000年代末期～）

2000年代初期，反對瀾滄江水壩開發的主要聲音，來自於NGO以及一部分的MRC關係國家。但2000年代後期以後，各方都開始關注並質問水壩開發的問題點，國際批評成為了中國政府無法忽視的存在。2009年5月，UNEP提出報告認為，在湄公河建設水壩應該更加謹慎。[208]2010年2月，美中經濟暨安全檢討委員會召開聽證會，[209]在此聽證會上也提及中國的水壩問題。且同年華盛頓的研究機構史汀生中心的報告書，也提出警告稱「由於中國在湄公河上游持續進行建設一連串大型水壩，因此侵蝕了下游流域各國的經濟與環境，也許會造成國家之間的紛爭」。[210]

WWF也在2010年7月，發表了湄公河報告說湄公河上的水壩可能導致幾種魚類瀕臨滅絕的危機。[211]針對WWF的報告，中國政府沒有提出反對意見，而其報告內容也在國內受到廣泛的報導。然而，中國政府以及水壩建設贊成派，針對瀾滄江水壩開發的反對意見提出嚴厲的反駁。例如，針對UNEP的報告，中國外交部發言人在記者會提出強力反擊。《中國能源報》也在2009年6月9日，刊登以

「中國瀾滄江建大壩將緩解湄公河的水資源危機」爲題的評論來反駁UNEP報告。另外，作爲水壩開發強力推進派的中國土木水力工程學會副秘書長，同時也是網路意見領袖的張博庭，也在自己的部落格發表相同的論點。

對於來自海外的批評，中國媒體本來就有提出反駁的傾向。即使在2004年對於水壩開發報導較爲自由的時期，作爲反對派大本營的《中國環境報》，對於海外批評中國水壩開發對環境的惡劣影響，引用中國政府在MRC的見解反擊海外報導，提出中國水壩開發對下游流域反而會帶來好處。[212] 接著在中央政府加強管制水壩開發報導的情況下，中國國內媒體雖然不能報導贊成水壩建設的論調，但採取反駁海外觀點的評論偶爾會在媒體上刊登。針對前述的美中經濟暨安全檢討委員會聽證會、UNEP報告書、史汀生中心報告書等提及中國湄公河水壩開發時，中國國內媒體就會刊載政府的官方與學者意見，以各式各樣的形式反駁海外批評並維護中國的立場。而且，幾乎所有反擊論點就是重複政府官方說法，稱「從瀾滄江流往湄公河的水量不超過送總水量的13.5%，因此水壩建設不僅與乾旱沒有關係，反而應該說中國的水壩建設還具有調節乾旱時的水量之優點」。[213] 其結果導致媒體表現出來的輿論，其民族主義色彩越發強烈；而擁護水壩開發的論調也變得越來越強，更進一步地刺激著中國的民族主義情緒。

除此之外，中國學者也相當關注，從2009年以後展開的美國與湄公下游四國（除了中國、緬甸）部長級會談，以及日本與湄公區域各國（除中國以外的五國）首腦會議。這些學者基本認爲，美國與日本出於政治、經濟上的企圖，對湄公河水資源虎視眈眈；其對中國水壩建設的批評，是美日兩國從外圍來牽制中國的一張牌。[214] 這些學者也同時認爲，若從權力政治的視角來看，美國與日本對湄公河的介入，將使中國陷入相當困難的立場。中國的專家也指出，中國如果成爲 MRC 的正式成員後，瀾滄江水壩開發將會被納入湄公河開發計畫之中，這樣中國將被迫提供水壩的相關數據。但是，中國成爲 MRC 的正式成員，就能以大國身分來參與湄公河的整體發展計畫與管理，對中國的外交有利。[215]

如上所述，在瀾滄江水壩開發問題發展成國際議題後，對海外批評之反駁成爲中國國內報導的重心。因此從表層來看，中國的輿論日趨強硬，而且國內民族主義高漲。但從深層的角度來看，實際上對於水壩的開發，已經不僅僅是經濟利益的考量，其中還摻雜著中國大國傾向的心理狀態，以及與美國、日本等國抗衡的競爭意識。換言之，水壩開發已經不是單純的經濟發展問題，而是關係到中國國家利益的國家戰略問題。

値得注意的是，在媒體逐漸市場化的今日中國，NGO 並非完全沒有發言空間。在中央政府媒體、中國共產黨媒體、各地方政府或企業所管轄的媒體，均共同對海外媒體批評提出反駁之際，環境 NGO 運動家汪永晨還是在 2010 年 3 月 23 日，於《新京報》發表一篇署名文章，質問「在中國西南發生的乾旱中也含有人災的要素，難道可以說瀾滄江水壩與乾旱完全沒關係嗎」。另外，對於中國官方提出的論點，也就是瀾滄江流向湄公河的水量不超過總送水量的 13.5%，同樣身爲 NGO 運動家的于曉剛也提出疑惑，認爲水壩在乾水期時，爲了發電需求而蓄水，導致無法對下游流域放水。如此一來，很難說水壩是眞的爲下游帶來利益。[216]

（三）湄公河高峰會

2010 年 4 月 4 日到 5 日，在泰國華欣召開了第 1 屆湄公河流域各國首腦會議（湄公河高峰會）。原本應該是慶祝 GMS 成立 15 年來的發展與成果會議，但因 2010 年湄公河區域出現 50 年來的大旱災，使得湄公河水資源管理成為會議的主要議題。

在會議之前，中國政府承諾會在 3 月向 MRC 提供景洪、曼安這兩個水壩的水量與降水量數據。[217] 事實上，中國自 2002 年開始即向 MRC 提供雨季時景洪與曼安的水量數據。而從 2005 年開始，也與 MRC 就洪水問題進行協議。這次提供景洪、曼安的水壩水量與降水量數據，對中國來說這是一種妥協。接著在 2010 年 6 月，中國同意 MRC 成員前往視察景洪、小灣這兩個水力發電廠。

在湄公河高峰會前後，中國一方面展現其國際合作姿態，一方面利用各種場合來主張水壩開發的正當性。2010 年 3 月 9 日，中國外交部部長助理胡正躍在曼谷也提出解釋，表示湄公河水位降低與中國水壩建設沒有關係。3 月 11 日在曼谷的中國大使館召開記者會，參事官陳德海強調中國也是乾旱的被害者。接著在 3 月 12 日時，中國新華社及旗下的英文報紙《China Daily》也報導陳德海的發言。湄公河高峰會之前的 3 月 26 日與 30 日，外交部發言人指出，水力發電廠的營運所造成的水消耗與蒸發量很少，再次聲明瀾滄江流向湄公河的水量不超過全部水量的 13.5%，主張中國是有負起責任的上游國家。而前往參與湄公河高峰會的外交部副部長宋濤，也重複中國的官方見解。

中國雖然展現出合作姿態，但卻並沒有因此而改變「在開發中保護，在保護中開發」的既定路線。在湄公河高峰會中，宋濤提出「平等協商、加強合作、互利共贏、共同發展」的口號，並提出往後的 5 個合作領域，其中一個便是「積極展開水力發電的開發合作」。中國在湄公河高峰會時期確實提供景洪、曼安的數據，但並沒有提供已竣工的 4 個水壩中，儲水規模最大的小灣水壩數據。對此，湄公河下游國家還是有很大的不滿。越南的 MRC 代表黎德中（Le Duc Trung）便明確批評中國，表示「水力發電帶來的影響是毫無疑問的，問題只是怎麼影響，以及究竟影響到什麼程度而已」。[218]

肆、小結

如同本節所討論的，怒江與瀾滄江水壩開發問題經歷了三個階段。第一階段是到 2000 年代中期為止的這段期間。各部委、地方政府與企業都主張各自的權益，國家環境保護部、NGO 等水壩開發反對派，與國家發展和改革委員會、雲南省、電力公司等水壩開發贊成派之間，不斷產生激烈爭論。

接著在第二階段，怒江、瀾滄江水壩開發發展成國際性議題，中國政府也對國內媒體實施了報導管制。儘管國內反對水壩開發的論點仍舊存在，但是在國際批評日趨高漲的情況下，各個媒體開始反駁海外的批評來維護中國的立場。就算是反對開發水壩的國家環境保護部，也發表文章闡述水壩開發的必要性。其結果就是在中國國內只有水壩開發贊成派的聲音浮上檯面，同時中國國內也出現民族主義的高漲。

在民族主義高漲的表象背後，中國國內也有推動國際合作的外交舉動。首先，在怒江、瀾滄江水壩開發問題成為國際輿論之後，水壩反對派的聲音雖然不易浮上檯面，但反對派則還是與國際批評站在同一陣線，甚至比以前更加活躍。此外，由於水壩問題成為國際議題，中國政府已經不能只從過往「環境 v.s. 開發」的視角來看水壩建設的問題，而必須與中國外交戰略中的國家利益相互結合來思考，而這也是推動中國進行國際協調的原動力。其次，以國內論爭爲契機，透過環境調查而使得水壩開發問題更加明確，環境意識的提升也促進了水壩開發的重新思考。

由於這些深層的動向，因此在第三階段中，中國政府展現其國際協調姿態，並於 2010 年 4 月向 MRC 提供景洪與曼安的數據資料。

近年來，中國與周邊各國因水資源而產生的對立不斷，而在怒江、瀾滄江水壩開發的案例中，一方面呈現出中國民族主義高漲的趨勢，另一方面也展現中國的行動模式之一，即採取國際協調政策。但是，在二分化的國內輿論中，中國政府很難大幅轉變政策立場，只能小幅調整政策。值得注意的是，中國的民族主義從 1990 年代後半開始蓬勃發展，但民族主義的高漲與中國不妥協的對外政策是否有直接關聯，有必要進行思考。

例如，在反日抗議行動上，中國政府確實是有意提高國內聽眾成本，向對手國傳遞不妥協的意志。但是，又應該如何理解國內民族主義高漲，而中國政府卻小幅度妥協的現象？如前所述，在水壩開發問題上，雖然表象是民族主義高漲，但實際上國內的聽眾成本並沒有那麼高。這是因爲，國內輿論一直是正反意見相持不下。因此，中國政府不論採取國際協調路線還是對外強硬路線，都會得到一定的支持。

中國輿論與對外政策的關係，可以從「分裂的威權主義體制下媒體市場化」角度分析。中國國內的政治制度自 1980 年代之後，開始實行分權化（權力從中央向各省廳與地方政府下放）；接著在 1990 年代初期，開始進行媒體的市場化。媒體的分權化與市場化，爲中國輿論帶來下述兩種重大影響。

第一，在威權主義體制下，中國媒體受到強烈的政治管制。分權化讓權力從中央移交到各部委與地方政府，這並不表示國家放鬆對媒體的管理，各省委與地方政府所管轄的新聞，依然受到各上屬國家機關組織的嚴格管制。在此一意義下，中國輿論持續受到政府政策的強力管控。除了政府的輿論管制之外，「合法抵抗」、「迴避與政府直接衝突」等中國 NGO 與活動家的行動特點，更加高了中國國內輿論與國際輿論的障礙，導致中國國內很難出現國際輿論的空間。

第二，中國政府對輿論的控制，反而促進中國輿論的多元化。在中國媒體受到嚴厲控管的情況下，各省委、地方政府甚至各國有企業所管轄的新聞與雜誌，成爲各政府部會與國有企業的利益代言人，結果反而爲中國創造出多元的言論空間。

測量政治民主化程度時，民主主義的政治與社會機構之有無，是重要的指標。[219] 依據這個定義，只有獨立於權力之外的媒體，才可能對特定議題提供多元資訊並保證自由論爭。但是在中國的情況中，由於國家政府權限的分割，雖然缺乏獨立於上屬機關組織的自律性，但媒體還是可以提供多元的言論空間，並發揮設定政策議題的功能。就像水壩開發的例子一樣，雖然各媒體只能從部委或地方政府、國有企業的立場來傳達資訊；但以多元官僚主義（bureaucratic pluralism）爲背景，從中國社會的整體的角度來看，贊成派與反對派雙方的論點都能明確提出，並對水壩問題提供多元資訊，發揮媒體與政策議題設定的機能。換言之，中國的媒體機能不是靠各個媒體單獨來完成的，而是透過被關在不同鳥籠中的媒體，一起合唱來實現的。

最後必須提及的是，網路在中國發揮了兩個功能。首先，網路是各省委、地方政府、國有企業發表意見的地方，同時也是各種意見論爭的場所。其次，由各媒體所經營的網路新聞平台，都會轉載各自管轄的報紙、雜誌的新聞，使得在新聞報導件數處於劣勢一方（反對水壩開發者）的意見，也可以被一般市民廣泛得知。

中國與周邊國家因水資源所產生的對立，既是外交上的問題，同時也與國內經濟政策有很深的關聯。中國第十二個五年計畫中就明確提出要發展水力發電，也提到在瀾滄江及雅魯藏布江等的水壩建設計畫。在嚴格要求各個媒體保持單一聲音的習近平時代以前，對於頻發的水資源紛爭，中國輿論對各種問題基本上都是維持二分，而民族主義會因反擊國際壓力而持續高漲。另一方面，中國政府在政策決定上也一直享有一定的自由，既可採取強硬的外交姿態，也可以採取漸進式的國際協調模式。

第五節　結語

在亞洲的海洋秩序中，美國不僅是現在而且會在未來很長一段時間內，都將繼續保持讓他國望塵莫及的海軍軍力。而在貿易、石油的海上運輸通道上，今後中國也不得不在美國海軍壓倒性的實力下，依賴美國的海上航行自由。另一方面，隨著中國的崛起，亞洲地區的安全保障情勢也發生很大的變化。以聯合國海洋法公約爲契機，中國與關係各國之間因海洋主權所產生的對立更加激化。在海洋主權的爭議中，相關國家如果持續採取強硬政策而不做出妥協的話，因爲偶發事件而發展成軍事衝突的可能性，也會相對提高。

在領土問題上，中國的對外政策中同時存在著「協調、參與、強硬」的三種姿態。中國一方面採取經濟制裁，或通過推進既成事實來改變現狀等強硬手段，但另一方面又積極參與國際海洋秩序的形成，以及海洋問題中傳統與非傳統領域的安全保障區域合作。從 2002 年開始，中國《國防白皮書》就已加入了「人道救援」，因此中國的非戰爭軍事行動（Military Operations Other Than War, MOOTW）頻率也在不斷提升。

在安全保障面向上，由於中國與日美相互不信任，在2000年以後形成的中國能源政策，也影響了中國與周邊國家的關係。與中國之間有管線連結的國家包括俄羅斯、哈薩克、土庫曼、烏茲別克與緬甸，對中國來說，這些國家都有戰略上的重要性。強化與這些國家的能源關係，不僅促進經濟合作，也促進中國與這些國家的政治合作以及軍事合作。

此外，在胡溫時代的中國，與巴基斯坦、孟加拉、泰國的管線計畫，雖然沒有被列入中央的石油戰略之中，但是相關的企業活動已經開始展開，而這些方案也持續浮上檯面。到了習近平時代，這些提案都被納入一帶一路戰略。例如，從新疆喀什到巴基斯坦瓜達爾港的鐵道計畫，搖身一變成為一帶一路的旗艦項目「中巴經濟走廊」，瓜達爾港則被譽為「陸海絲綢之路的交匯點」。如果中國持續推動利用鐵道從瓜達爾向中國運送石油的計畫，就表示巴基斯坦、孟加拉、泰國在中國的石油戰略中，占有潛在的重要位置。

總的來說，在中國安全保障情勢產生變化的情況下，海洋主權問題與能源安全問題，是中國對外政策中變化最大的領域。另一方面，由於水資源的重要性在亞洲受到廣泛的認識，因此近年來在國際河川問題上，中國與周邊國家頻繁發生對立。然而，只要水資源議題不發生突發事件，以現在來說，要立即產生重大政治對立，並讓中國對外關係產生重大改變的可能性還是很低。

此外，在中國的對外政策決策之中，輿論扮演的角色越來越重要。在對外關係出現對立時，中國民族主義持續高揚，不一定顯示中國政府在表明不退讓的意志；即使中國國內民族主義高漲，中國政府還是有可能妥協的。而各式各樣的行為主體，也深入參與中國對外政策的形成。以現狀來說，被指定爲國家戰略的政策／戰略，有很大的一部分是由各省委、地方政府、國有企業所發案、推動與執行的。因此，在中國對外政策的形成過程中，各省委、地方政府、國有企業的「政策／戰略的國家戰略化」現象越來越明顯。中國對外政策形成過程還有一個特點，就是原本立基於經濟原理的國有企業行動，在各國之間權力政治競爭激烈之際，會被逐漸收斂至國家整體的對外戰略下，並提升至中國的國家戰略。

註解

1 Cortez A. Cooper, "The PLA Navy's 'New Historic Missions' Expanding Capabilities for a Re-emergent Maritime Power", Before the U.S.-China Economic and Security Review Commission, June 11, 2009.

2 Robert S. Ross, "China's Naval Nationalism: Sources, Prospects, and the U.S. Response", *International Security*, Vol. 34, No. 2, Fall 2009, pp. 46-81.

3 Michael A. Glosny, Phillip C. Saunders and Robert S. Ross, "Correspondence: Debating China's Naval Nationalism", *International Security*, Vol. 35, No. 2, Fall 2010, pp. 161-175.

4 〈尋求國際新通道的衝動與考驗〉，http://news.sina.com.cn/c/sd/2010-01-11/160919444897_4.shtml，查閱時間：2019 年 1 月 14 日。

5 中國海軍第一任總司令是蕭勁光，接下來兩任是葉飛和劉華清。

6 劉華清，《劉華清回憶錄》，解放軍出版社，2004 年，491-492 頁。

7 Bernard D. Cole, "More Red than Expert: Chinese Sea Power during the Cold War", in Andrew S. Erickson, Lyle J. Goldstein, and Carnes Lord eds., *China Goes to Sea: Maritime Transformation in Comparative Historical Perspective*, Maryland: Naval Institute Press, 2009, p. 331.

8 〈忍耐的軍隊〉《瞭望東方週刊》，2013 年 2 月 1 日總第 480 期，29 頁。

9 平松茂雄，《中國的戰略性海洋擴張》，勁草書房，2002 年，49 頁。

10 M. Taylor Fravel, "Economic Growth, Regime Insecurity, and Military Strategy: Explaining the Rise of Noncombat Operations in China", in Avery Goldstein and Edward D. Mansfield eds., *The Nexus of Economics, Security, and International Relations in East Asia*, Stanford: Stanford University Press, 2012, p. 179. 趙耀輝，〈論新時期我軍軍事鬥爭準備基點的三次轉變〉《南京政治學院學報》，2006 年第 4 期，86-87 頁。

11 關於這種看法，請參閱美國的 *Annual Report to Congress: Military and Security Developments Involving the People's Republic of China 2012*。

12 茅原郁生，《中國軍事大國的原點——鄧小平軍事改革研究》，蒼蒼社，2012 年，27 頁。

13 Bernard D. Cole, *The Great Wall at Sea: China's Navy in the Twenty-First Century*, Annapolis, Maryland: Naval Institute Press, 2010, p. 201.

14〈海軍衝出第一島鏈〉《瞭望新聞週刊》，2013 年 4 月 4 日，44 頁。

15 美國的國防部將中國的海軍戰略命名為 A2／AD、2001 年以後在美國 A2／AD 這個概念開始廣泛使用。Michael McDevitt, "Critical Military Issues: The Rebalancing Strategy and Naval Operations", paper for New Approach to Security in Northeast Asia: Breaking the Gridlock Workshop, Washington D.C., October 9-10, 2012.

16 ASBM 的射程在小笠原諸島和美國關島所連結的「第二島鏈」內，被稱為「航艦殺手」。

17 柳澤協二，《質詢嚇阻力——前政府高官與防衛專家們的對話》，かもがわ出版，2010 年，38 頁。

18 道下德成，〈中國的動向和日本的海洋戰略〉，http://www.nippon.com/ja/in-depth/a00504/，查閱時間：2019 年 8 月 1 日。

19 同上。

20 關於中國的海軍能力，請參閱：淺野亮，《中國的軍隊》，創土社，2009 年，45-46 頁。

21 Bernard D. Cole, "The Energy Factor in Chinese Maritime Strategy", in Gabriel B. Collins, Andrew S. Erickson, Lyle J. Goldstein, and William S. Murray eds., *China's Energy Strategy: The Impact on Beijing's Maritime Policies*, Maryland: Naval Institute Press, p. 338.

22 James Mulvenon, "Dilemmas and Imperatives of Beijing's Strategy Energy Dependence: The PLA Perspective", ibid., pp. 6-8.

23〈專家解讀中國第一艘母艦〉《北京青年報》，2012 年 9 月 20 日。

24 Cole, "The Energy Factor in Chinese Maritime Strategy", p. 339.

25 Scott Jasper, *Conflict and Cooperation in the Global Commons: A Comprehensive Approach for International Security*, Washington, DC: Georgetown University Press, 2012, p. 76.

26 所謂珍珠鏈戰略是在 2005 年 1 月美國國防部公布的報告中首次提到，由伯斯・艾倫・哈米爾頓（Booz Allen Hamilton）命名的。

27〈第二艘 901 大型綜合補給艦入役　卡伴隨遠洋航母〉，https://www.guancha.cn/military-affairs/2019_02_14_490073.shtml，查閱時間：2019 年 8 月 1 日。

28〈海軍批建海外戰略支撐點〉《國際先驅報》，2013 年 1 月 10 日。

29 James R. Holmes and Toshi Yoshihara, "China's Naval Ambitions in the Indian Ocean", pp. 126-129.

30 Qiang Xin, "Cooperation Opportunity or Confrontation Catalyst? The Implication of China's Naval Development for China-US relations", *Journal of Contemporary China*, Vol. 21, Issue 76, April 2012, pp. 603-622.

31 平松茂雄，《中國的安全保障戰略》，勁草書房，2006 年。

32 在南海，中國和印尼各自主張擁有的 EEZ 有重疊的地方，兩國也在南海問題上存有爭議，在此問題上相互對立。

33 Cheng-Chwee Kuik, "Making Sense of Malaysia's China Policy: Asymmetry, Proximity, and Elite's Domestic Authority", *The Chinese Journal of International Politics*, April, 2013, pp. 1-39.

34 菲律賓總統杜特地（Rodrigo R. Duterte）執政以後，與中國關係相對改善。

35 Robert Ross, "Chinese Nationalism and Its Discontents", *The National Interest*, No. 116, November/December 2011, pp. 45-51.

36 Alastair Iain Johnston, "How New and Assertive is China's New Assertiveness?", *International Security*, Vol. 37, No. 4, Spring 2013, pp. 7-48.

37 劉明，〈我國海洋經濟安全形勢〉《海洋開發與管理》，2008 年第 12 期，12 頁。

38〈中國行政機關改革　統一海洋執行能力〉，http://japanese.china.org.cn/politics/txt/2013-03/11/content_28204292.htm，查閱時間：2019 年 8 月 1 日。

39〈李林：還上執法力量的改革永遠在路上〉，http://aoc.ouc.edu.cn/26/13/c9821a206355/pagem.psp，查閱時間：2019 年 8 月 1 日。

40〈六次海戰親歷者　常勝將軍陳偉文訪談錄〉《現代船舶》，2011 年第 10 期，10-15 頁。

41〈黃岩島、炎黃島〉《中國新聞周刊》，2012 年第 16 期，26 頁。

42 薛理泰，〈對南海政策來者可追〉《經濟觀察報》，2011 年 10 月 28 日。

43〈中華人民共和國外交部關於應菲律賓共和國請求建立的南海仲裁案仲裁庭所作判決的聲明〉，https://www.fmprc.gov.cn/nanhai/chn/snhwtlcwj/t1379490.htm，查閱時間：2020 年 4 月 1 日。

44〈溫家寶在第八次中國—東盟領導人會議上的講話〉，http://news.xinhuanet.com/world/2004-11/29/content_2274734.htm，查閱時間：2004 年 11 月 29 日。

45 參加簽約的是中國的 CNOOC、菲律賓的 the Philippine National Oil Company（PNOC）、越南的 Vietnam Oil and Gas Corporation（PETROVIETNAM）的三家公司。

46 日本學者佐藤考一認為中國之所以與東協各國探討在地震領域的合作，是因為中國認為南海中心部的南沙群島的海域石油探勘的可能性很小。佐藤考一，〈中國和「邊疆」：海洋國境〉《境界研究》，No. 1，2010 年，35 頁。

47〈中國和朝鮮正式簽訂協議共同開發黃海海域油田〉《東方快報》，2005 年 12 月 26 日。

48〈朝能源供應短缺、黃海油氣開發對朝鮮意義重大〉《國際先驅導報》，2006 年 1 月 10 日。

49〈溫家寶總理在第 11 次中國與東盟領導人會議上的講話〉，http://www.china.com.cn/international/zhuanti/wjbxjp/2007-11/21/content_9262940.htm，查閱時間：2007 年 11 月 21 日。

50 有關麻六甲海峽、馬來西亞、新加坡、印度尼西亞在 2004 年達成協議、三個國家將實施海上巡邏並共享情報。泰國從 2008 年開始參加了麻六甲海峽的海上巡邏，2009 年開始參加了空中巡邏。

51 戴秉國，〈堅持走和平發展道路〉《人民日報》，2010 年 12 月 13 日。

52〈習近平——絕不拿核心利益做交易〉《北京晨報》，2013 年 1 月 30 日。

53〈越南稱中國承諾提供 30 億與東盟建立海上合作基金〉《環球時報》，2012 年 10 月 8 日。

54 "India, China to Hold First-Ever Maritime Talks", *The Indian Express*, March 1, 2012.

55〈習近平——進一步關心海洋認識海洋經略海洋〉，http://cpc.people.com.cn/BIG5/n/2013/0801/c64094-22402107.html，查閱時間：2020 年 5 月 21 日。

56 "Maritime Cooperation Promised", *China Daily*, November 1, 2012.

57 曹雲華、鞠海龍主編，《南海地區形勢報告 2011-2012》，時事出版社，2012 年，197 頁。

58〈海洋「鬥法」〉《中國新聞周刊》，2012 年第 43 期，30 頁。
59〈關於「海洋國土」法定權益維護決策的思考〉《中國海洋報》，2005 年 3 月 4 日。
60〈中國人租用釣魚島成為可能？〉《南方周末》，2003 年 7 月 17 日。
61〈中國海監北海總隊　開展維權巡航執法行動〉《中國海洋報》，2005 年 11 月 8 日。
62〈我國啟動海島地名管理工作〉《中國海洋報》，2005 年 10 月 14 日。
63 江淮，〈領海基點——沿海國海上權力的起點〉《世界知識》，2009 年第 3 期，65 頁。
64〈中國海監——護衛國家海洋權力〉《中國國防報》，2008 年 5 月 13 日。
65〈漁民越界捕撈為何屢禁難止〉《瞭望新聞周刊》，2012 年第 34 期，12-13 頁。〈海洋深處的中國漁民們〉《南風窗》，2012 年第 17 期，64 頁。
66 坂本茂樹，〈專屬經濟海域中的軍事活動〉，栗林忠男、秋山昌廣編著，《海洋國際秩序與海洋政策》，東信堂，2006 年，96 頁。
67〈海洋約法——中國參與聯合國海洋公約談判始末〉《瞭望東方周刊》，2012 年 12 月總第 471 期，21 頁。
68 同上，20 頁。
69〈中國社科院部委員談南海爭端的由來和解決之路〉《經濟參考報》，2009 年 5 月 5 日。
70〈中美有關軍機衝突的談判〉，http://j.people.com.cn/2001/04/20/jp20010420_4854.html，查閱時間：2020 年 4 月 20 日。
71〈徐才厚與美國防長談判　雙方達成 7 項共識〉，http://www.chinadaily.com.cn/zgzx/2009-10/28/content_8862728.htm，查閱時間：2019 年 9 月 24 日。
72 臺灣政府的抗議聲明，請參閱：http://www.taiwanembassy.org/ct.asp?xItem=201095&ctNode=3591&mp=202，查閱時間：2013 年 8 月 1 日。
73 Ian Storey, "China and the Philippines: Implications of the Reed Bank Incident2", *China Brief*, Vol. 11. Issue 8, May 6, 2011.
74 Aileen S. P. Baviera, "The Influence of Domestic Politics on Philippine Foreign Policy: The Case of Phillippines-China Relations since 2004", *RSIS Working Paper*, No. 241, June 5, 2012, p. 16.
75 "Philippines Accuses China of 'De Facto Occupation", http://www.straitstimes.com/breaking-news/se-asia/story/philippines-accuses-china-de-facto-occupation-20130426，查閱時間：2013 年 4 月 26 日。
76〈海南規定可扣押海南規定可扣押非法侵入海域外國船〉《南方都市報》，2012 年 12 月 1 日。
77 "We Can Fight Back vs Any Threat", http://globalnation.inquirer.net/75177/philippines-protests-chinese-warships-presence，查閱時間：2020 年 5 月 20 日。
78 "Tension Mounts at South China Sea over Territorial Dispute", http://www.ndtv.com/article/world/tension-mounts-at-south-china-sea-over-territorial-dispute-372635，查閱時間：2020 年 5 月 20 日。
79 Johnston, "How New and Assertive is China's New Assertiveness?", pp. 45-46. Michael D. Swaine, "China's Maritime Disputes in the East and South China Seas", Testimony before U.S.-China Economic and Security Review Commission, April 4, 2013.
80 Min Gyo Koo, *Island Disputes and Maritime Regime Building in East Asia: Between a Rock and Hard Place*, New York: Springer, 2009, p. 109.

81 傅泰林，〈日美中關係與尖閣諸島（釣魚島）〉，王輯思、柯傑瑞、國分良成編，《日美中三角關係——通往三國協調之路》，岩波書店，133-141 頁。

82〈特別聚焦《東海沉船》掃描〉《中國海洋報》，2002 年 7 月 2 日。〈擎法律之劍　護海洋權益〉《中國海洋報》，2003 年 1 月 28 日。

83〈國家海洋局發布「2005 年中國海洋行政執法公報」我國海洋行政執法工作穩步推進〉《中國海洋法》，2006 年 2 月 14 日。

84 藪中三十二，《國家的命運》，新潮社，2010 年，151 頁。

85 2008 年 6 月的中日聯合聲明全文請參照：http://www.mofa.go.jp/mofaj/area/china/higashi_shina/press.html，查閱時間：2009 年 3 月 3 日。對此，中國國內的報導強調了「日本法人依照中國的海洋石油資源合作開發的有關法律，參加春曉（日本：白樺）的油田開發」，因此報導論調是日本參加中國油田的合作沒有損害到中國的國家利益。

86〈東海海監維權十年〉《瞭望新聞周刊》，2012 年第 37 期，21 頁。

87 Linda Jakobson, "China's Foreign Policy Dilemma", http://lowyinstitute.cachefly.net/files/jakobson_chinas_foreign_policy_dilemma_web2.pdf，查閱時間：2003 年 3 月 3 日。

88 Linda Jakobson, "How involved is Xin Jinping in the Diaoyu Crisis?", http://thediplomat.com/2013/02/08/how-involved-is-xi-jinping-in-the-diaoyu-crisis-3/，查閱時間：2013 年 3 月 3 日。

89 美國 2013 年度國防授權法 S. 3254 (112th): National Defense Authorization Act for Fiscal Year 2013. 全文請參照：http://www.gpo.gov/fdsys/pkg/BILLS-112s3254es/pdf/BILLS-112s3254es.pdf，查閱時間：2019 年 8 月 1 日。

90〈發展海洋經濟，面向 21 世紀的戰略選擇〉《能源基地建設》，1997 年第 3 期，17 頁。

91〈三沙「升級」〉《中國新聞周刊》，2012 年 6 月，43 頁。

92〈今年「兩會」涉海熱點前瞻〉《中國海洋報》，2001 年 3 月 6 日。

93〈眾多代表關注海洋、紛紛獻策共謀大業〉《中國海洋法》，2001 年 3 月 16 日。

94〈杜碧蘭：維護南海權益應漁業先行〉《人民日報》，2002 年 3 月 13 日。

95〈「兩會」專稿〉《今日海南》，2003 年第 4 期，14 頁。

96〈海洋大省的「藍色」訴求〉《海南日報》，2007 年 3 月 6 日。

97〈海南的戰略選擇路徑〉《新財經》，2010 年第 3 期，93 頁。

98 有關中國的海洋合作請參照：Mingjiang Li, "China and Maritime Cooperation in East Asia: Recent Developments and Future Prospects", *Journal of Contemporary China*, Vol. 19, No. 64, March 2010, pp. 291-310。

99〈「大部制」開閘〉《財經》，2013 年總第 348 期，88 頁。

100〈待破的能源困局〉《節能與環保》，2011 年第 4 期，26 頁。

101 關志雄，〈中國，需儘快擺脫國家資本主義「體制轉型之陷阱」〉，http://www.rieti.go.jp/jp/papers/contribution/kwan/10.html，查閱時間：2020 年 6 月 1 日。

102 伊恩．布藍默著，有賀裕子譯，《自由市場的終焉——如何抵抗國家資本主義》，日本積極新聞出版社，2011 年，11-12 頁。

103 Margaret M. Pearson, "The Business of Governing Business in China: Institutions and Norms of the Emerging Regulatory State", *World Politics*, Vol. 57, No. 2, January 2005, p. 296.

104 伊恩·布藍默著，有賀裕子譯，《自由市場的終焉——如何抵抗國家資本主義》，12、31頁。

105〈改革焦點的戲劇性變遷〉《南方周末》，2013年1月10日。

106 Andrew Szamosszegi and Cole Kyle, "An Analysis of State-owned Enterprises and State Capitalism in China", paper prepared for U.S.-China Economic and Security Review Commission, October 26, 2011, p. 1.

107 Chih-Shian Liou, "Bureaucratic Politics and Overseas Investment by Chinese State-owned Oil Companies: Illusory Champions", *Asian Survey*, Vol. 49, No. 4, July-August 2009, p. 671.

108 姜璐、肖佳靈，〈中國對蘇丹的石油外交——政企角色研究〉《阿拉伯世界研究》，2011年第5期，40-53頁。

109 朱峰，〈中國一些國企海外投資有損國家利益〉，*Financial Times*, http://www.ftchinese.com/story/001017987，查閱時間：2008年3月17日。

110 Erica S. Downs, "The Fact and Fiction of Sino-African Energy Relations", *China Security* Vol. 3, Issue 3, Summer 2007, pp. 42-68. http://www.brookings.edu/views/articles/fellows/downs20070913.pdf，查閱時間：2008年3月3日。

111 Erica S. Downs, *The Energy Security Series: China*, Washington DC: The Brookings Foreign Policy Studies, December 2006.

112 中國政府在1988年4月，廢除了煤炭工業部、石油工業部、核工業部、水力電力部，成立了國家能源部。

113〈「組織化利益」與「政治性行動」——國有企業對中國外交政策制定的影響分析〉《國際政治研究》，2012年第3期，169頁。

114 張國寶從1999年開始在國家發展和改革委員會中負責能源問題。2003年4月國務院改組後，張國寶擔任國家發展和改革委員會副主任，管理油氣管線等問題，任期中他特別重視中國與中亞的油氣合作，並積極推動核電廠建設。2011年1月退休。

115 李婷、王超、張紀海，〈我國能源管理體制改革探討〉《天然氣技術與經濟》，2011年第5卷第5期，9頁。

116〈溫家寶：保障能源供給安全　支撐經濟社會發展〉，http://www.gov.cn/ldhd/2010-04/22/content_1589828.htm，查閱時間：2020年4月22日。

117〈健全與市場經濟和低碳經濟相適應的能源管理體制〉報告全文，請參照 http://cers.org.cn/nyyjh/ceip/ztyj/201211/t20121105_470844.htm，查閱時間：2013年7月2日。

118 吳新雄曾任江西省省長、國家電力監管委員會主席。

119 改組前的國家電力監管委員領導人為正部級、國家能源局的領導人為副局級。

120 神原達，《中國的石油與天然氣》，亞洲經濟研究所，2004年。Michal Meidan, Philip Andrews-Speed, and Ma Xin, "Shaping China's Energy Policy: Actors and Process", *Journal of Contemporary China*, Vol. 18, No. 16, September 2006, pp. 591-616.

121 Hasan H. Karrar, *The New Silk Road Diplomacy: China's Central Asian Foreign Policy since the Cold War*, UBC Press, 2009, p. 124.

122 郭四志，《中國的能源情勢》，岩波書店，2011年，13頁。

123 同上，15 頁。

124 能源問題的指導方針包括以下 8 個方面：(1) 把省能放在首位，提高能源利用效率；(2) 調整和優化能源結構，堅持以煤炭為主體，電力為中心，油氣和新能源全面發展的戰略；(3) 搞好能源發展合理布局，兼顧東部地區和中西部地區，城市和農村經濟社會發展的需要，並綜合考慮能源生產、運輸和消費和配置；(4) 充分利用國內外兩種資源、兩個市場，立足於國內能源的勘探開發與建設，同時積極參與世界能源資源的合作與開發；(5) 依靠科學進步和創新；(6) 加強環境保護；(7) 高度重視能源安全，高耗能源供應多元化，加快石油戰略儲備建設；(8) 充分發揮市場機制作用。

125〈石油戰略儲備警鐘噹噹響〉《中國石油企業》，2012 年第 1-2 期，44 頁。

126〈我國石油安全形勢與對策〉《合作經濟與科學技術》，2011 年 3 月號，16 頁。

127 John C.K. Daly, "China and Japan Race for Russian Crude", *China Brief*, Vol. 3, Issue 16, 2003.

128 Metallinou Spyridoula-Amalia, "Energy Security: The Russian Trans-Siberian Pipeline and the Sino-Japanese Courtship", September 2006, http://www.idis.gr/GR/Ekpaideutika/hydra_papers/metallinou_amalia-spyridoula.pdf，查閱時間：2013 年 7 月 2 日。

129〈1999 年中俄關係大事記〉，http://world.people.com.cn/GB/8212/104201/104367/10168617.html，查閱時間：2020 年 6 月 2 日。Rutlan Peter, "The Chinese Perspective on the Daqing Pipeline Project", *China Brief*, Vol. 4, Issue 2, 2004.

130〈中俄原油管道項目備忘錄〉《中國石油報》，2003 年 3 月 19 日。

131 全文請參閱：http://www.mofa.go.jp/mofaj/area/russia/kodo_0301.html，查閱時間：2020 年 6 月 2 日。

132《日本經濟新聞》，2003 年 2 月 14 日。

133《朝日新聞》，2003 年 3 月 5 日。

134《日本經濟新聞》，2003 年 6 月 28 日。

135《朝日新聞》，2003 年 6 月 29 日。

136《日本經濟新聞》，2003 年 6 月 28 日。

137 葉秋蘭，〈冷戰後日中能源爭奪戰——以東西伯利亞輸油管線為例〉《問題與研究》，第 36 卷 5 號，53 頁。

138《日本經濟新聞》，2004 年 4 月 1 日。

139 Andre Mommen, "China's Hunger for Oil: The Russian Connection", *Journal of Developing Scocieties*, Vol. 23, No. 4, 2007, p. 447．

140 日本經濟產業省資源能源廳，《能源白皮書　2009 年》，https://www.enecho.meti.go.jp/about/whitepaper/2009pdf/，查閱時間：2020 年 6 月 2 日。

141〈霍氏案決定不了「安大線」運命〉，http://www.people.com.cn/GB/guoji/1030/2175118.html，查閱時間：2020 年 6 月 2 日。

142 岩城成幸，〈東西伯利亞石油管線計畫與我國的努力——現狀與問題〉《參考》，2004 年 10 月號，31 頁。

143《日本經濟新聞》，2005 年 4 月 25 日。

144《朝日新聞》，2005 年 4 月 13 日。

145 Kevin Rosner, "China Scores Again in Energy: Russia & Central Asia", *Journal of Energy Security*, January 2010.

146 採用貸款換石油方式的第一個政府協議是 2004 年中國與安哥拉之間簽署的協議。

147〈中俄原油供給分歧已解決，中方開始支付欠款〉，http://www.china5e.com/show.php?contentid=180981，查閱時間：2020 年 1 月 6 日。

148 從斯科夫羅迪諾到大慶的俄羅斯國內管線由俄羅斯政府負責鋪設，為了加快進程，2007 年 3 月起中國替代俄國擔當鋪設工程。

149〈中國能源消費總量控制路徑〉《瞭望新聞周刊》，2013 年第 2 期，35 頁。

150 趙劍，《世界能源戰略與能源外交》（中國卷），知識產權出版社，2011 年，259 頁。

151〈中緬原油管道：能源多元進口戰略拼圖〉，http://www.china5e.com/show.php?contentid=75126，查閱時間：2020 年 1 月 6 日。

152 溫家寶總理參加了 2003 年 5 月和 10 月的兩次會議。

153〈鷸蚌相爭誰得利？中日能源對抗必將兩敗俱傷〉《中國青年報》，2004 年 7 月 6 日。

154 趙永勝，《中國的中亞外交》，時事出版社，2008 年，56 頁。

155 "Pipeline Opens Immediate Prospects for China in Central Asia", *Yahoo Business*, November 30, 2005.

156〈中俄安大線最終夭折內幕揭開，中俄印線浮出水面〉《東方早報》，2004 年 12 月 22 日。

157 Xuanli Liao, "Central Asia and China's Energy Security", *China and Eurasia Forum Quarterly*, Vol. 4, No. 4, 2006, pp. 61-69。

158〈「上合」拉動新疆下西〉，http://www.lwdf.cn/oriental/world/20100624153919735.htm，查閱時間：2012 年 1 月 6 日。

159 張抗，〈南亞—新疆與緬甸—雲南油氣管線方案的分析〉《中外能源》，2006 年第 11 卷，1 頁。

160〈瓜德爾項目的瑜亮情結〉《南風窗》，2006 年第 3 期，11 頁。

161〈南亞局勢考驗中國的外交智慧〉《21 世紀經濟報導》，2011 年 12 月 14 日。

162〈2013 年 6 月 6 日外交部發言人洪磊主持例行使記者會〉，http://www.fmprc.gov.cn/mfa_chn/fyrbt_602243/t1048073.shtml，查閱時間：2013 年 6 月 6 日。

163〈南線：四大構想的權衡〉《世界知識》，2006 年第 8 期，17-21 頁。

164〈中緬油氣管道：留載磨劍功始成〉《創造》，2010 年第 7 期，74 頁。

165 2006 年 3 月人大開會期間，雲南省人大代表 91 人進言，提交了「雲南省代表團有關中緬石油管道建設及雲南省煉油基地建設的提議」。

166 從 2005 年起，重慶市主張鋪設從雲南到重慶的能源管線，並開始支持鋪設中緬管線計畫。

167 中緬天然氣管線於 2013 年 6 月完工，7 月開始運作。

168〈中緬油氣管道的「政治生態」〉《南風窗》，2012 年第 8 期，47 頁。

169〈中緬油氣管道「六年磨一劍」 談判初期曾有分歧〉，http://news.xinhuanet.com/herald/2010-06/11/content_13648799.htm，查閱時間：2010 年 6 月 11 日。

170 中國第一次參加緬甸政府與克欽州的反政府組織——克欽獨立組織（KIO）的和平交涉是在 2013 年 2 月 4 日。此交涉在中國雲南省瑞麗舉行，作為觀察員身分參加的中國擔任了中介角色。

171 第二階段的軍演，中國提議在福建舉行，由於俄羅斯反對改為山東半島，中國的提議地點據說是針對臺灣的。

172 Marlene Laruelle, "Moscow's China Dilemma: Evolving Perceptions of Russian Security in Eurasia and Asia", Robert E. Bedeski and Niklas Swanström eds., *Eurasia's Ascent in Energy and Geopolitics: Rivalry or Partnership for China, Russia and Central Asia,* Routledge, 2012, p. 82.

173〈非傳統的安全挑戰中國未來周邊環境的影響〉，http://www.idcpc.org.cn/globalview/sjzh/120905.htm，查閱時間：2012 年 9 月 9 日。

174〈水利部採取措施　減少松花江汙染影響〉，http://www.chinawater.com.cn/ztgz/xwzt/shjswr/200511/t20051125_121269.htm，查閱時間：2020 年 1 月 25 日。

175 2006 年俄羅斯政府稱在松花江查出了化學物質氯酚，其濃度為法定安全指標的 50 倍。

176 "China, Russia Discuss Pollution Control for Cross-border River", http://english.people.com.cn/90001/90776/90883/7398476.html，查閱時間：2011 年 6 月 2 日。

177 李志斐，〈跨國界河流與中國周邊安全〉，http://iaps.cass.cn/upload/2011/03/d20110314105636647.pdf，查閱時間：2012 年 9 月 1 日。

178 "The Irtysh River in the Hydro Policy of Russia, Kazakhstan and China", http://russiancouncil.ru/en/inner/?id_4=437，查閱時間：2012 年 5 月 29 日。

179 "Flowing Downstream: The Sino-Kazakh Water Dispute", http://www.jamestown.org/single/?no_cache=1&tx_ttnews%5Btt_news%5D=4131，查閱時間：2020 年 5 月 16 日。

180 India-China Co-Operation, http://india.gov.in/sectors/water_resources/index.php?id=6，查閱時間：2013 年 7 月 2 日。

181 2012 年 3 月 2 日外交部例行記者會，http://www.mfa.gov.cn/chn/gxh/tyb/fyrbt/jzhsl/t910460.htm，查閱時間：2012 年 3 月 3 日。

182 2011 年 6 月 14 日外交部例行記者會，http://www.mfa.gov.cn/chn/gxh/tyb/fyrbt/t830587.htm，查閱時間：2011 年 6 月 15 日。2011 年 3 月 29 日外交部例行記者會，http://www.fmprc.gov.cn/chn/gxh/tyb/fyrbt/jzhsl/t810580.htm，查閱時間：2011 年 4 月 15 日。2010 年 11 月 18 日外交部例行記者會，http://ss.china-embassy.org/chn/fyrth/t770294.htm，查閱時間：2011 年 12 月 20 日。

183 清水學、伊能武次，〈有關國際河流的政治經濟學分析——中東與中亞視角〉，http://www.econ.hit-u.ac.jp/~kenkyu/jpn/pub/DP/shimizu04-06.pdf，查閱時間：2013 年 7 月 2 日。

184 James D. Fearon, "Domestic Political Audiences and the Escalation of International Disputes", *American Political Science Review*, Vol. 88, No. 3, September 1994, pp. 577-592.

185 有學者主張非民主主義國家也存在聽眾成本，此研究包括 Jessica L. Weeks, "Autocratic Audience Costs: Regime Type and Signaling Resolve", *International Organization* 62, Winter 2008, pp. 35-64 等。

186 Jessica Chen Weiss, "Autocratic Audiences, International Bargaining, and Nationalist Protest in China", http://www9.georgetown.edu/faculty/jrv24/Weiss_08.pdf，查閱時間：2013 年 7 月 7 日。

187 Evan S. Medeiros and M. Taylor Fravel, "China's New Diplomacy", *Foreign Affairs*, Vol. 83, No. 6,

November/ December 2003, pp. 22-35.

188 加藤千洋，〈中國媒體，何時騰飛〉《朝日新聞》，2008 年 12 月 14 日。

189 陳文靜、邁夫，〈淺議經濟發展與環境保護的協調構建——以中國參與湄公河次區域經濟合作為例〉《雲南財經大學學報》，2009 年第 1 期，37 頁。

190 中山幹康，〈國際河流水分配的紛爭與合作〉，http://www.geog.or.jp/journal/back/pdf116-1/p043-051.pdf，查閱時間：2013 年 7 月 2 日。

191 "Drought Grips Parts of China, Southeast Asia amid Dam Concern", http://edition.cnn.com/2010/WORLD/asiapcf/04/06/china.mekong.river.thailand.laos/index.html，查閱時間：2020 年 4 月 11 日。

192 "China Blamed for Holding Back Important Mekong Info", *Thanh Nien Daily*, April 4 , 2010.

193 從政治學角度研究怒江水壩問題的代表性研究包括：林秀光，〈中國的利益團體和政策過程——以中國華電集團公司的怒江水利開發為例〉，慶應義塾大學法學研究會編，《法學研究》，2007 年 8 月第 80 卷第 8 號，29-73 頁。Ralph Litzinger, "In Search of the Grassroots: Hydroelectric Politics in Northwest Yunnan", in Elizabeth J. Perry and Merle Goldman eds., *Grassroots Political Reform in Contemporary China*, Cambridge, Mass.: Harvard University Press, 2007. Andrew C. Mertha, *China's Water Warriors: Citizen Action and Policy Change*, Ithaca & London: Cornell University Press, 2008.

194 〈水電與環境並非水火難容〉《中國經濟導報》，2004 年 8 月 26 日。〈發展與環保、何必二者爭一〉《中國經濟導報》，2006 年 3 月 9 日。〈在生態保護與「富民」間「探路」〉《中國經濟導報》，2008 年 8 月 9 日。

195 〈水力資源開發利大於弊〉《中國經濟導報》，2005 年 11 月 29 日。

196 〈別讓「生態貧民」付出「溫飽代價」〉《中國經濟導報》，2006 年 11 月 4 日。

197 雲南和泰國的湄公河合作項目之一就是景洪水力發電廠，詳情請參照：http://www.sandelman.ottawa.on.ca/lists/html/dam-l/2000/msg01867.html，查閱時間：2012 年 7 月 2 日。

198 〈中國的環境保護〉《中國環境報》，2006 年 6 月 6 日。

199 "Seeking a Public Voice in China's Angry River", *New York Times*, December 26, 2006.

200 Kevin J. O'Brien, *Rightful Resistance in Rural China*, Berkeley: University of California Press, 2006.

201 Jonathan Sullivan and Lei Xie, "Environmental Activism, Social Networks and the Internet", *The China Quarterly*, 198, June 2009, p. 426.

202 馬燕冰，〈瀾滄江——湄公河流域合作開發形勢及其影響〉《現代國際關係》，1996 年第 7 期，22 頁。

203 陳建明，〈近年來圍繞瀾滄江——湄公河流域開發的環境問題述評〉《東南亞》，1997 年第 3 期，19-25 頁。

204 馮彥、何大明、甘淑，〈瀾滄江水資源系統與湄公河次區域合作的關聯分析〉《世界地理研究》，2005 年第 4 期，55 頁。

205 〈水電拉鋸戰：金沙江項目叫停背後〉《第一財經日報》，2009 年 7 月 8 日。

206 陳麗暉、曾尊固、何大明，〈國際河流流與開發中的利益衝突及其關係協調〉《世界地理研究》，2003 年第 1 期，74 頁。〈中國積極維護跨境生態安全〉《中國環境報》，2010 年 4 月 28 日。

207 陳文玲，〈三江源生態恢復保護和建設應上升國家戰略——三江源生態問題調查研究報告〉《中國經濟時報》，2008 年 6 月 3 日。

208 UNEP 的報告請參照：www.unep.org/cpi/briefs/2009May22.doc，查閱時間：2010 年 9 月 1 日。

209 2010 年 2 月 14 日召開的美中經濟暨安全檢討委員會的題目為 “China’s Activities in Southeast Asia and the Implications for US Interests” 的聽證會內容，請參閱：http://www.uscc.gov/hearings/2010hearings/hr10_02_04.php，查閱時間：2010 年 9 月 1 日。

210 *Mekong Tipping Point: Hydropower Dams, Human Security, and Regional Stability* 的全文請參照：http://www.scribd.com/doc/31131248/Mekong-Tipping-Point-Hydropower-Dams-Human-Security-and-Regional-Stability，查閱時間：2020 年 6 月 2 日。

211 *River of Giants: Giant Fish of the Mekong* 的全文請參照：http://wwf.panda.org/wwf_news/news/?194313/Mekong-dams-threaten-rare-giant-fish，查閱時間：2010 年 9 月 1 日。

212〈環境嚴重退化威脅湄公河〉《中國環境報》，2004 年 4 月 6 日。

213〈湄公河峰會舉行在即　乾災引發國際用水爭端〉，http://www.infzm.com/content/43225，查閱時間：2010 年 9 月 1 日。

214〈湄公河流域乾旱不怪中國水壩〉《環球時報》，2010 年 4 月 6 日。

215〈湄公河「共識」：中國推演跨國界流域開發棋局〉《21 世紀經濟報導》，2010 年 4 月 7 日。

216〈西南大旱：從大災到大害有多遠？〉《南風窗》，2010 年第 8 期，56 頁。

217 有關水資源，MRC 在 2003 年通過了水資源監控條約，在 2010 年通過了數據、情報共享條約，2011 年通過了有關通告、事前協商案、合意的條約。

218 “China Blamed for Holding Back Important Mekong Info”.

219 James Miller, “NGOs and ‘Modernization’ and ‘Democratization’ of Media: Situating Media Assistance”, *Global Media and Communication*, Vol. 5, No. 9, 2009, p. 10.

終章
中國的亞洲外交及其未來走向

壹、中國的亞洲外交

冷戰終結之後，中國便開始積極展開其亞洲外交，並在與亞洲各國建立關係過程中，對亞洲地區有了新的認識。而在此一過程中，中國也開始萌生亞洲區域主義，且亞洲外交也成爲了中國對外政策中的重要支柱之一。中國的亞洲外交受到權力政治、中國的自我認識、國家統一與確保周圍穩定，以及經濟發展戰略等四個要素的強烈制約。回顧1990年代以後的中國外交開展，可以看到其亞洲外交經歷以下三個時期的變化。

一、關係的回復與改善：冷戰終結～1996年

從冷戰終結後到1996年爲止，中國的亞洲外交基本上是以回復關係與劃定領土爲主，致力於改善周邊環境。1980年代後半，亞洲地區雖然出現區域主義的潮流，但由於其經濟起跑較慢，且當時需要美國與日本等先進國的資金及技術，因此中國立基於「南北的視角」，支持「開放性的區域主義」，並將重點放在亞洲太平洋架構中的合作。也就是說，中國當時是以亞洲太平洋區域爲合作框架，希望乘勢而起，嘗試加入亞太經濟貿易圈，並將其作爲本國經濟發展的催化劑。

二、中國的接觸政策：1996年～2006年

從1996年到2006年之間，是中國積極展開亞洲外交的時期。中國除了在東北亞主導六方會談之外，在東南亞地區也與東南亞國家協會（ASEAN）的關係有所進展，包括簽署《南海行動宣言》，締結《中國－東協全面經濟合作架構協定》與《東南亞友好合作條約》（TAC）。在南亞地區，中國也成爲南亞區域合作聯盟（SAARC）的觀察員。在中亞則是將上海五國會晤機制升格爲上海合作組織（上合組織），而中國也發揮其中心角色功能。

在亞洲地區展開的活躍外交，也可稱中國的接觸戰略。在亞洲地區之中，中國以經濟領域與非傳統安全保障爲中心將亞洲各國包攝進來，並爲了形成能發揮自身領導力的亞洲區塊而不斷努力。也就是說，當西方國家對中國採取積極接觸政策的時候，中國也採取了積極的接觸政策，努力將周邊國家包攝到自己的勢力範圍中。

此一時期的中國接觸戰略，是在美國的亞洲軸輻模式軍事同盟前提下進行的。1990年代後期的美日安保強化趨勢，以及NATO東擴的展開，增強了中國對美國主導軍事同盟圍堵中國的強烈疑慮。中國對此提出「新安全保障觀」，在默認美國的亞洲軸輻模式軍事同盟，並迴避與美國產生對立的同時，以非傳統安全保障作爲切入點，強化與亞洲各國的關係，試圖突破美國的圍堵戰略。這個時期的中國接觸戰略，也與西部大開發有著密切關聯。接觸戰略下的西部對外開放，既可以強化中國與周邊各國關係，也有助於西部區域的經濟振興，可收一石二鳥之效。

三、領土紛爭再起與權力政治的回歸：2006 年～

2006 年以後，中國重新定義其國家利益，「國家主權與安全」被提升到與經濟發展同樣的重要地位。此一中國外交姿態的變化，起因於「聯合國大陸棚界限委員會」提出的排他性經濟水域（EEZ）概念與其申請期限（2009 年 5 月）。在中國的亞洲外交中，同時重視國家主權、安全與經濟發展的姿態，也隨之鮮明化。從 2007 年左右開始，中國與周邊國家之間的海洋紛爭持續增加。此後中國與周邊國家的關係中，不穩定因素逐步增加。

中國與相關國家在海洋問題上的紛爭持續激化之際，美國採取了重返亞洲政策。歐巴馬政權強化美國在亞洲太平洋區域的軍事同盟之外，也持續推進了跨太平洋夥伴協定（TPP），明確展現要在亞洲維持一國獨強的意志。而在亞洲區域，基於權力政治原理的運作變得更爲強烈。美國的舉動在根本上動搖了中國的亞洲政策。在這樣的情況下，中國一方面以穩定中美關係爲最優先事項，同時也持續推進其亞洲外交戰略。中國在領土問題不讓步的前提下，努力從美國主導的圍堵戰略中創造缺口，持續摸索新的亞洲政策。

在 1990 年代後半展開的中國亞洲戰略，基本特徵是推進亞洲區域整合，建立自己的勢力範圍。在美國重返亞洲的攻勢下，中國實現亞洲區域統合戰略目標的可能性越來越渺茫。即便如此，中國還是持續推動其亞洲區域整合政策，因爲中國認爲，這個戰略至少可以瓦解美國在亞洲的單極體制。1990 年代以後中國展開的亞洲戰略，有以下三根戰略支柱。

第一，透過促進中國與亞洲國家的經濟關係，實現以中國爲媒介的區域經濟一體化。中國在 2000 年，向東協提出建立東協—中國自由貿易區（ACFTA）的提案，同時在 2003 年時，又向上合組織成員國提出自由貿易協定（FTA）的提案，另外中國還對南亞區域大國印度提出 FTA 的提案。很明顯地，中國試圖透過經濟領域的 FTA 以及人民幣的國際化等政策，建立以中國為中心的自貿圈，以此擴大自身在亞洲經濟、政治與外交領域的存在感與影響力。而在中國未能夠實現建立亞洲勢力圈的情況下，美國就已經打出重返亞洲的政策，明確其維持亞洲優勢的決心。為了避免美國單極主導的亞洲區域秩序，並建構多層次的區域合作架構，中國決定持續推行其既定方針。

第二，積極推進與亞洲國家的非傳統安全保障領域的合作，是中國亞洲外交的另一顯著特點。中國推行的非傳統安全保障框架中，其實也包含促進實質性軍事交流的因素。1990 年代以後，中國人民解放軍除了展開確保國境安全的軍事合作之外，也積極參與災害救助、海盜對策、反恐等不同領域的跨國軍事行動及非戰鬥行動（noncombat operations）。[1] 舉例來說，中國是聯合國常任理事國當中，派出參與聯合國維持和平行動（PKO）人員最多的國家（2013 年時）。從 1998 年到 2011 年之間，中國參與災害救助的次數，與日本的 13 次相同。[2]2008 年 12 月，中國海軍派出首批護航編艦，前往索馬利亞海域的亞丁灣實施護航，打擊索馬利亞海域的海盜。另外，中國也積極參與以反恐、海上搜救為目的的亞洲各國聯合軍演，並且有意擴大在北部灣、湄公河的多國聯合巡邏。

第三，伴隨著中國國力增強，中國政府也開始努力提供區域公共財，試圖發揮在亞洲的領導能力。目前中國提供的國際公共財主要集中在亞洲，其特徵是與經濟相關的區域公共財較多。中國自 2000 年代以後，不只積極參與區域聯合巡邏、災害救助、海盜對策與毒品取締等，同時在區域組織或為推進區域合作的資金籌措上，努力發揮其領導者的角色。也就是說，中國期望透過提供區域公共財來提升擴大自身在亞洲的角色。

如上所述，冷戰終結後的中國相當重視區域組織，並試圖透過跨國合作來擴大其影響力；雖然在領土或水資源合作等諸多問題上未能適用，但多邊主義開始在中國外交中萌芽。對於亞洲地區中，很多人都認爲「在安全保障領域，美國依舊扮演著重要的角色；但在經濟方面，中國已經開始成爲該地區的中心」，但這種「經濟與安全保障不均衡狀態」下的「雙重依存困境」，其實也是中國亞洲外交政策所造成的。這是因爲，中國亞洲外交戰略的重要支柱之一，就是要透過經濟依存和整合，擴大其在亞洲的影響力，同時將重點放在非傳統軍事安全領域的合作。

貳、中國與亞洲各國的關係轉變

1990 年代後的中國亞洲外交，讓其在亞洲區域的經濟領域與非傳統安全領域中的影響力逐漸擴大。然而，比起經濟合作，中國與他國之間在傳統安全領域的進展相對緩慢，既無法參與美國軸輻式安全保障秩序，也未能建構中國主導的安全保障網絡。對於中國來說，要將逐漸攀升的經濟影響力轉換爲政治影響力，不是一件容易的事，其主要原因有三。

第一點是權力政治。力量相對弱小的亞洲國家思考外交戰略時，往往不是從零和遊戲的觀點切入，而是盡力讓大國捲入，透過大國勢力均衡來創造出戰略空間。在此意義下，促使中國成爲區域中的一極，有其充分的國際政治背景。另一方面，不論是在東北亞、東南亞、南亞以及中亞，中國都不是唯一的大國，也很難成爲唯一的區域超級大國。在東北亞，由美國與日本兩個大國主導；在東南亞與南亞，則以美國、日本及印度爲主角；在中亞，美國、俄羅斯與 NATO 的存在感相當強烈。由於中國與美國、日本、俄羅斯及印度等區域大國互不信任，戰略性的競爭將不斷重複發生；而亞洲相對弱小國家的外交戰略，也將促使此一趨勢持續發展。

因此，雖然經濟崛起讓中國的政治與外交影響力，在亞洲地區也不斷提升，但序章引用過的康燦雄預言中國爲金字塔頂點的亞洲中華秩序，在權力政治角逐明顯化的亞洲，目前很難實現。中國會成爲亞洲強國，但也只不過是亞洲區域中的一極而已。

第二，綜合中國在東北亞、東南亞、南亞以及中亞的影響力來看，中國在亞洲各地區的影響力增長不均等。中國雖然傾注心力在與亞洲各國的經濟合作，以及傳統、非傳統安全保障合作上，但由於他國政策的走向與中國國內情勢的差異，中國在東北亞、東南亞、南亞以及中亞，其影響力擴張的基礎也均不相同。也就是說，中國在亞洲各地區的影響力增長之所以不均等，其重要原因在於各區域的狀況顯著不同。不僅是多國合作，這種情況在兩國關係中一樣明顯。中國與亞洲各國在政治、經濟、文化與軍事關係四個領域的交流，呈現出各式各樣的樣貌。這表明，雖然中國在各個領域的影響力都在不斷提升，但要形成亞洲對中國的向心力，目前中國的能力還遠遠不及。

第三，中國的亞洲戰略和中國的經濟發展需求不相符合。從 1980 年代到 1990 年代初期，中國將自己定位在發展中國家，採取了加強與美國、日本等先進國家關係爲主軸的外交戰略。此一外交戰略有利於中國引進西方先進國家的資金與技術，從而促進了自身經濟的急速發展。然而，1980 年代至 1990 年代初期，這種經濟戰略與外交戰略相輔相成的狀況逐漸消失，中國的亞洲戰略逐步與其經濟發展的需求脫節。到了 1990 年代後半以後，中國在亞洲地區的大國意識開始高漲，積極在亞洲推進區域經濟整合，希望以此擴大其在亞洲的影響力。但是此戰略高估中國的經濟實力，也忽視其經濟發展的需求。西部大開發的邊境地方政府，並沒有牽引周圍亞洲國家的經濟力量，因此要推動次區域合作仍有其極限。

2006 年，中國對自身的國家利益重新定義，其外交目標變爲同時追求國家主權、安全與經濟發展。與此前只追求經濟發展的時期相比，這樣「逐三兔」的政策，經常導致外交戰略與經濟戰略的相剋。此外，雖然中國人均 GDP 在 2019 年突破 1 萬美金，但中國還處於中等收入國家；而中國在「出口導向」經濟模式下的產業結構，也註定中國的經濟發展在很大程度上必須依靠西方發達國家。這也註定中國牽引亞洲經濟發展的作用有限。此一外交戰略與中國實情脫離的情況，降低了中國經濟力量的溢出效應。

如上所述，在亞洲區域中，中國不論在經濟、政治、文化以及軍事等方面的影響力都在不斷擴大，其影響力甚至滲透至東北亞、東南亞、南亞以及中亞等地區。中國雖然逐漸在東北亞、東南亞、南亞以及中亞的權力政治中崛起成爲區域一極，但中國的崛起有其侷限。在今後相當長的時期內，中國將只是亞洲地區的其中一極，不至於改變亞洲區域整體的權力平衡，以及亞洲各個地區的多極局勢。

雖然中國的崛起並沒有爲亞洲整體權力平衡帶來戲劇性的大轉變，但中國的亞洲外交卻讓中國與周邊各國之間的關係，出現了相當大的改變。1992 年，中國提出「社會主義市場經濟」，在中國全境實施改革開放，正式導入市場經濟。這些政策完全改變了過去透過意識形態連結的中國與周邊各國關係。進入後冷戰時期，中國與周邊國家的新關係發展日趨快速。

亞洲的權力政治開展、中國軍事戰略與能源安全保障戰略的變化、中國自身的經濟發展戰略的走向，以及中國國內少數民族獨立運動的起伏等，對於這些各式各樣要素的綜合考量，決定了亞洲各國在中國亞洲戰略中的重要性。改革開放之後，特別是中國在冷戰終結後與亞洲各國關係的錯綜複雜，已經不能單純只用後社會主義的單一詞語來表述。

冷戰結束後，中國開始從「大陸國家」轉向「海陸複合型國家」，在這樣的轉型過程中，出於與美國、日本及印度等海權國家之間的戰略性不信任，以及爲了建構遠洋航海所需要的補給體制，中國不斷試圖強化與巴基斯坦、孟加拉、斯里蘭卡等南亞國家之間的關係。

從 2000 年代初期開始，中國逐步形成新的能源安全保障政策。在中國能源運輸通道劃定之後，與中國管線連結的俄羅斯、哈薩克、土庫曼、烏茲別克以及緬甸等國家，在中國外交和安全保障戰略中更具有其戰略重要性。從能源的角度來看，強化與泰國、巴基斯坦、孟加拉、吉爾吉斯之間的關係，對中國來說也是相當吃緊的一項政策課題。此外，中國爲了確保能源運輸通道，在海外進行的聯合軍演多半是選在運輸通道的要衝來實施；同時，中國強化與這些國家之間的軍事關係。另外，中國還持續推動強化與西藏自治區、新疆維吾爾自治區等民族獨立運動相關的印度、尼泊爾、不丹以及上合組織各國等周邊國家關係。

此外，各邊境地方政府所推進的各種次區域合作構想，也爲中國與周邊國家之間的關係帶來很大影響。雖然吉林省相當重視與俄羅斯及北韓的關係，但是從其經濟發展戰略上來看，日本與韓國也是重要的合作國家。雲南省則是希望強化與東南亞及南亞各國之間的關係，對雲南來說，特別是與緬甸之間的關係最爲重要。而從新疆維吾爾自治區的角度來看的話，哈薩克、吉爾吉斯以及烏茲別克則是占據相當重要的位置。

如上所述，冷戰終結後的中國與亞洲各國關係的展開，既是一個美國與日本等先進國家將中國拉進國際秩序中的參與過程，也是一個由亞洲各國將中國拉進區域秩序中的過程，同時也是一個中國積極參與亞洲區域，進而將亞洲各國包攝進來的過程。在這些過程當中，中國與亞洲各國之間的關係出現了相當大的改變，並且呈現出非常複雜的樣貌。

參、分裂式威權主義中國的亞洲政策決策

目前的中國已經不是一元社會。在對外政策上，黨、政、軍、地方、企業、輿論等六個層面，都與政策的形成、決定有所關聯。冷戰終結之後，中國政策的決策樣貌也產生很大的改變。

如同序章所論，中國政治體系最大的特徵，便是「權力集中」以及「權限分散」的分裂式威權主義。由於中國採行黨國體制，因此中國共產黨直至今日依然擁有極大的權力。但在政策層面，共產黨的權力卻會分散給實際執行政策的各部委、地方政府與大型國有企業，這就是「分裂式威權主義」的基本構圖。以此中國政治體系爲基礎，本書將擁有極大權力的中央指導部，以及擁有各自權限的各部委、地方政府與大型國有企業，視爲國際權力分布和國內政治的媒介變數（輔助變數），同時討論政策形成與決策過程中，政策決策者與輿論之間的相互關係。本書認爲，分裂式威權主義體制中的對外政策特徵，呈現在兩層次決策模型、多次元性與多向性，以及僵固性。

一、兩層次決策模型

威權主義中國的對外政策決策，是透過兩個層次來進行的。第一層次是中央高層的政策決定。毛澤東或鄧小平等中國最高的國家領導人，或集體領導體制下的中共中央政治局常委，屬於中央高層領導。中央高層決定國家對外戰略的原則與基本方針，同時決定敏感度高且被認爲極重要的對外政策。而這些由中央高層決定的對外戰略原則與基本方針，只是指出中國對外戰略的方向性，具有很大的曖昧性。

而中國政策決定的第二個層次是決定具體的對外政策，由各部委、地方政府與大型國有企業參與。各部委、地方政府與大型國有企業，自行解釋曖昧的對外戰略原則與基本方針，並有確定和執行具體對外政策的權限。也就是說，中國的對外政策決策是兩層次決策模型：中央制定基本方針，各部委、地方政府與大型國有企業制定具體政策。

二、多次元性與多向性

在分裂式威權主義體制下，制定並執行對外政策的各部委、地方政府與大型國有企業，追求各自利益的傾向日趨明顯。這些政府機構優先實現自身利益，爲了將自身利益最大化而自行解釋中央基本方針，指定具體對外政策。而這也促成中國對外政策的多次元性與多向性。

在對外政策的兩層次決策模型下，建立在各種不同的利益上的多樣政策，被放入國家對外政策之中，而這也就產生了對外政策的多次元性。在本書中也有詳細討論，對北韓政策除了國家安全上的考量之外，也包含了地方經濟發展的戰略。謀求制海權的中國海軍海洋戰略，也與國家能源政策有很深的關係。也就是說，對外政策不只是中央高層與外交部所制定的方針而已，其中也會結合石油、水力等國內經濟政策或地域振興政策，而由安全保障、經濟、能源等多次元來形成與決定。

如同前述，中國中央的政策方針大多包含著曖昧的成分，而中國的國家體制也缺乏對行政的監督機能；再加上近年來，即使是最重要的戰略決策也通常採用自下而上的決策方式，也就是透過中央各部委、地方政府與大型國有企業以及專家學者協議來進行決策。這種共同協商決定的例子相當多，但各部委、地方政府與大型國有企業之間的齟齬，也使得政策決策的透明性降低。而此一中國對外政策的多樣方向性，有時也會帶來相互矛盾的政策對應。

三、僵固性

一個國家的國家戰略雖以國內社會的偏好爲基礎，但國內的各組織會因各自的經濟利益，而有不同的對外政策偏好。

對外政策的決策就是整合這些對立的利益，並形成共識的過程。

近年來，在中國出現的既得利益層，使得中央階層的利益調整變得較爲困難。在許多場合中，都沒有統一而明確的中央決定，意即「有討論沒結果」的狀態不斷持續。在這樣的過程中，以現行外交政策得利者爲中心，存在一群強力擁護現行對外政策的部委、地方政府與大型國有企業。2006 年 12 月召開的中國共產黨第 16 次中央委員會第 6 回全體會議，首次提及這類「特殊利益集團」的存在。該會議認爲，由於這些既得利益層而使得國家政策出現分裂，阻礙了中國成長模式的結構性轉變。這樣的現象並不只發生在國內政策層面，在對外政策上也存在著既得利益層，造成中國對外政策的僵固性。

在威權主義體制之下，中央高層的政策方針在對外政策決策上依然擁有非常重要的意義。因此中國的對外政策，無論是在東北亞、東南亞、南亞還是在中亞地區，其政策開展經常呈現出同心圓的構造，實施相同的戰略。另一方面，軍方、各部委、地方政府、國有企業及輿論等，也都參與了對外政策形成的過程。然而，不是所有的參與者都能對政策決策有所影響，且軍方、各部委、地方政府、國有企業等組織，在對外政策的參與程度也各有不同。從中國對外政策的兩層次決策模型角度來看，對國家對外政策決定的影響力差異，來自於中央的基本方針走向及各組織的財政基礎。具體來說，首先要先被中央指導部指定爲國家戰略，相關組織才會擁有政策形成的具體發言權。而這些與國家戰略相關的組織中，財政基礎強韌的中央部委、國有企業，與缺乏財源的邊境區域地方政府，兩者在對外政策的參與方式就會有所不同。

本書所提到的這些離邊境較近的省分，大致在經濟發展方面都較爲落後。因此對這些省分而言，來自中央的財政支援至關重要。因此，雖然在亞洲區域合作中，「地方政府主導型」、「中央政府主導型」、「中央地方政府協議型」這三種模式是並存的，但在現階段仍是以「中央地方政府協議型」爲主流。

另一方面，財政基礎強韌的中央部委或國有企業之行爲模式，則不同於邊境地方政府。中央各部委也跟地方政府一樣，爲了讓自身管轄領域的政策被認定爲國家戰略，有必要對中央高層進行遊說。一旦與自身利益相關的國家政策獲得中央認可，擁有豐富財源的中央部委就能與國有企業相互連結，推行實現自身利益最大化的政策。

另外，不論財政基礎的強弱，從各地方政府與中央的「協議」過程中，可以發現「地方政策國家戰略化」和「中央戰略地方化」

的現象。也就是說，從各省／自治區的利益出發的對外政策主張，會在中央和地方政策調整過程中升格為國家戰略（「地方政策國家戰略化」），而中央的戰略最終也成為了地方政策（「中央戰略地方化」）。

在威權主義國家中，輿論的角色與其影響力也可以透過這對外政策的兩層次決策模型來進行思考。在威權主義體制下，中國媒體雖然受到政治的強力管制，但管轄權限則分散至各部委、地方政府與大型國有企業。正如水壩爭議所示，各個媒體分別接受不同的上級組織管理的情形，推動了中國輿論的多元化。從中國社會全體來看，當時的媒體也可以說是發揮了議題設定效果與框架效果的機能。此外，在中國的對外政策決策中，輿論的重要性不斷提升，但中央高層政策方針，會很深地影響到輿論所扮演的角色與輿論的影響力。當中國與他國發生紛爭時，中國國內民族主義一定會持續高漲。然而，這種民族主義的高漲有可能是中國表明不退讓的信號，但中國政府也有可能重視合作而做出妥協。

而各部委、地方政府、國有企業都在利用輿論來參與政策形成的情況下，中國的對外政策又是立基於何種原理來形成？如同本書所述，軍方、各部委、地方政府、國有企業都會從各自的利益來出發，特別是各部委、地方政府與國有企業會偏向以經濟原理為基礎來行動。另一方面，在中央高層的政策決策中，國際政治的權力分布是其政策決定的基礎。在這樣的情況下，立基於不同社會偏好的各組織政策會朝向國家戰略收斂；而此一過程中，國際政治的權力政治原理會發揮強力作用。值得注意的是，沒有收斂至國家戰略的各項對外政策，既不是由權力政治來主導，而是基於各組織的社會偏好來進行與開展。

肆、思考亞洲的將來

亨利・季辛吉（Henry A. Kissinger）曾說：「控制了石油就能控制所有國家，控制了糧食就能控制全人類，而控制了貨幣就能夠控制全世界。」後冷戰時期的中國，明確地認識到石油、糧食以及貨幣的重要性，並將此問題作爲重點來進行處理。邁向「富國強兵」道路上的中國崛起，不僅對亞洲區域的和平與穩定上，在國際秩序上也有相當重要的意義。

如前所述，目前中國雖然成長爲亞洲的一極，但充其量也不過就是亞洲的其中一極而已。在 2003 年的博鰲亞洲論壇中，中國改革開放論壇理事長鄭必堅提出「中國的和平崛起道路」說法，而在 2013 年的中國《國防白皮書》中也宣示中國並不會追求霸權。然而，究竟中國能不能和平崛起，還是一個未知數。

如同序章所討論過的一樣，在過往的研究中已經指出，經濟的相互依賴、規範與機制的形成可有效地抑制紛爭，也指出追求相對權力最大化的修正主義國家之危險性。如果限定在中國的對外行動上，可以推測下列的情況。

本書一直不斷重複提到，中國的亞洲外交中，最大的特徵是跨國合作。透過不同層級的跨國合作，後冷戰時期的中國積極參與既有國際秩序與區域秩序，中國外交的多邊主義也開始萌芽。在此多邊主義下，中國無法過度使用其增長的實力，在某種程度上抑制了中國的強勢外交。

然而，中國也一直在追求擴大自身的相對權力。在海洋主權之上，中國與相關各國之間的對立不斷激化，呈現出安全困境的樣貌，也讓亞洲區域和平的不穩定因素持續增加。在胡錦濤時代，中國政府一邊迴避對外摩擦，一邊致力擴大自身的軍事力量，並提高其在跨國場域中的發言權，希望能透過促進經濟關係與經濟合作來擴大政治影響力。中國的對外政策很難單純用強硬或協調來概括，因其包含了協調參與（國際秩序與區域秩序）以及強硬的多方向性。一般認爲，目前中國的民族主義正在不斷升高，然其背後的媒體報導其實也都立基於各部委與地方政府各自的「省益」之下，而這也造成中國輿論的垂直分割與分裂化，這些都是不能忽略的發展。

在分裂式威權主義體制之下，曖昧的國家戰略包含了多樣的政策解釋，並與經濟發展戰略、區域振興戰略等各種政策交織在一起。要理解中國對外政策的決策過程，需要一個一個來檢視對外政策曖昧性中所包含的多面性。這對於如何引導中國在亞洲，乃至於在國際秩序中發揮具建設性角色上，有極爲重要的意義。

在美國學者歐岡斯基（A. F. K. Organski）等人的權力轉移理論（power preponderance theory）中，指出對現狀不滿的崛起國家，意即正在增加權力的國家比較容易引起戰爭。另一方面，戴爾・科備蘭（Dale C. Copeland）著名的「權力差異理論」（power differential theory）中「戰爭預防理論」（preventive war theory）則主張，權力衰退的國家才容易引起戰爭。[3] 在這樣的意義之下，亞洲的和平與穩定不只是中國的對外行動，其他大國及亞洲各國對中國的反應也相當重大。而進入習近平時代，中美兩國的對外政策都趨向強硬，這也使得日本、印度、東協等中間勢力，左右亞洲局勢的可能性增大。

在現今的時間點，亞洲還沒有一個包括美國、中國、日本、印度、俄羅斯等區域大國全部參與，且可以處理亞洲政治、安全保障與經濟問題的綜合性區域組織。隨著亞洲經濟的持續增長，俄羅斯、歐盟等世界大國都開始介入亞太事務，亞太地區的權力競爭將日趨激烈。最後必須強調的是，亞洲局勢目前還是處於變動的狀態，要了解激烈變動的亞洲未來走向，有必要更深入地關注中國的亞洲政策轉變。

註解

1 有關中國的非戰鬥軍事行動，請參閱：M. Taylor Fravel, "Economic Growth, Regime Insecurity, and Military Strategy: Explaining the Rise of Noncombat Operations in China", in Avery Goldstein and Edward D. Mansfield eds., *The Nexus of Economics, Security, and International Relations in East Asia*, Stanford: Stanford University Press, 2012, pp. 177-210。

2 Jeffrey Engstrom, "Taking Disaster Seriously: East Asian Military Involvement in International Disaster Relief Operations and the Implication for Force Projection", *Asian Security*, March 2013, Vol. 9, Issue 1, p. 41.

3 野口和彥，《權力轉移和戰爭——東亞的安全保障》，東海大學出版社，2010 年，3-4 頁。

國家圖書館出版品預行編目資料

中國的亞洲外交／青山瑠妙著；李世暉譯.
——初版.——臺北市：五南圖書出版股份
有限公司，2021.09
面；　公分
譯自：中国のアジア外交
ISBN 978-626-317-079-7（平裝）

1.中國外交 2.亞洲

574.18　　110013111

1PSC

中國的亞洲外交

中国のアジア外交

作　　者 — 青山瑠妙
譯　　者 — 李世暉
發 行 人 — 楊榮川
總 經 理 — 楊士清
總 編 輯 — 楊秀麗
副總編輯 — 劉靜芬
責任編輯 — 呂伊真
封面設計 — 王麗娟
出 版 者 — 五南圖書出版股份有限公司
地　　址：106台北市大安區和平東路二段339號4樓
電　　話：(02)2705-5066　　傳　　真：(02)2706-6100
網　　址：https://www.wunan.com.tw
電子郵件：wunan@wunan.com.tw
劃撥帳號：01068953
戶　　名：五南圖書出版股份有限公司
法律顧問　林勝安律師事務所　林勝安律師
出版日期　2021年9月初版一刷
定　　價　新臺幣480元

經典永恆・名著常在

五十週年的獻禮——經典名著文庫

五南，五十年了，半個世紀，人生旅程的一大半，走過來了。
思索著，邁向百年的未來歷程，能為知識界、文化學術界作些什麼？
在速食文化的生態下，有什麼值得讓人雋永品味的？

歷代經典・當今名著，經過時間的洗禮，千錘百鍊，流傳至今，光芒耀人；
不僅使我們能領悟前人的智慧，同時也增深加廣我們思考的深度與視野。
我們決心投入巨資，有計畫的系統梳選，成立「經典名著文庫」，
希望收入古今中外思想性的、充滿睿智與獨見的經典、名著。
這是一項理想性的、永續性的巨大出版工程。
不在意讀者的眾寡，只考慮它的學術價值，力求完整展現先哲思想的軌跡；
為知識界開啟一片智慧之窗，營造一座百花綻放的世界文明公園，
任君遨遊、取菁吸蜜、嘉惠學子！